"十三五"国家重点出版物出版规划项目
现代机械工程系列精品教材
新工科·普通高等教育汽车类系列教材

氢能与燃料电池电动汽车

主　编　史　践
副主编　夏基胜
参　编　丁元章　陶泽天　郑竹安
　　　　严　军　熊永莲　孙婷婷

机械工业出版社

本书是"十三五"国家重点出版物出版规划项目。

我国燃料电池汽车在2016年通过"电电混合"的技术路线，逐渐在商用车领域形成了"中国特色"，预期可在"蓝天保卫战"中发挥重要作用。"燃料氢"和氢能的利用也因此得到了新的重视和拉动。本书介绍了氢能和燃料电池电动汽车的发展趋势和动向，提出了相应的对策和建议。

本书主要内容包括氢、氢能、氢的应用、氢的制取和纯化、氢与燃料电池以及燃料电池电动汽车。

本书可作为高等院校汽车类专业学生的教材，也可作为氢能和燃料电池以及相关产业专业人员的参考读物。

图书在版编目（CIP）数据

氢能与燃料电池电动汽车/史践主编. —北京：机械工业出版社，2020.12（2024.8重印）

"十三五"国家重点出版物出版规划项目　现代机械工程系列精品教材. 新工科·普通高等教育汽车类系列教材

ISBN 978-7-111-67348-4

Ⅰ.①氢… Ⅱ.①史… Ⅲ.①汽车-氢燃料-燃料电池-高等学校-教材 Ⅳ.①U463.63

中国版本图书馆 CIP 数据核字（2021）第 009729 号

机械工业出版社（北京市百万庄大街22号　邮政编码100037）
策划编辑：宋学敏　责任编辑：宋学敏
责任校对：王　延　封面设计：张　静
责任印制：单爱军
北京虎彩文化传播有限公司印刷
2024年8月第1版第7次印刷
184mm×260mm·17.25印张·2插页·416千字
标准书号：ISBN 978-7-111-67348-4
定价：48.00元

电话服务　　　　　　　　　　网络服务
客服电话：010-88361066　　　机　工　官　网：www.cmpbook.com
　　　　　010-88379833　　　机　工　官　博：weibo.com/cmp1952
　　　　　010-68326294　　　金　书　网：www.golden-book.com
封底无防伪标均为盗版　　　　机工教育服务网：www.cmpedu.com

序

在全球能源结构向清洁化、低碳化转型的大背景下,氢能作为能源尤其是可持续能源载体正迎来重要的发展机遇。氢能作为二次能源,具有来源多样性、能量密度大和应用范围宽等多种优势,已被视为能源系统及清洁能源存储系统的新型且更优越的能源方式。氢能最有利可行的方式是通过燃料电池将其转化成清洁电能以作为动力电源驱动如氢能燃料电池汽车等运载工具,以有效地解决燃油汽车带来的环境污染问题,同时也是对目前电动汽车技术的一个重要补充。

当前,人类对能源枯竭及环境污染等诸多问题已有认识,对基于氢气的清洁能源也逐渐认可。因此,世界主要国家对燃料电池技术及其在汽车动力中的应用都有孜孜不倦的追求,表明了氢能燃料电池对人类社会可持续发展的重要意义。但氢能燃料电池技术已经历了长时间跌宕起伏的发展,主要是由于其技术的复杂性、价格的高昂以及氢能燃料供给基础设施的不普及等,限制了其大规模的产业化。为继续发展氢能燃料电池及其氢能燃料电池汽车技术以实现真正的可持续产业化,出版一本系统介绍燃料电池和燃料电池汽车技术的书是十分必要和及时的。本书作者史践博士是中国最早一批从事新能源汽车研发和产业化的开拓者,其研发的电动汽车包括铅酸蓄电池电动汽车、锂离子电池电动汽车及燃料电池电动汽车。史践博士的这本书从氢能的背景出发,系统介绍了氢能的制备、利用形式以及燃料电池电动汽车系统的全面知识,具有重要的科普和行业引领意义。作为在燃料电池领域工作数年的科技工作者,我认为这本书对于燃料电池和燃料电池汽车行业的研发工作者,包括科学研究人员、在校学生、工程技术人员、新能源汽车制造商和市场开拓者都是非常有益的资源。我推荐这本书,愿您从中受益。

张久俊博士,上海大学教授
加拿大皇家科学院院士,加拿大工程院院士,加拿大工程研究院院士
国际电化学学会会士,英国皇家化学学会会士,国际电化学能源科学院主席

2020 年 4 月于中国上海

前言

随着新一轮科技革命和产业变革的孕育和兴起,新能源汽车产业正进入加速发展的新阶段,不仅为各国经济增长注入强劲新动能,也有助于减少温室气体排放,应对气候变化挑战,改善全球生态环境。

氢燃料电池汽车具有零排放、续驶里程长等特点,它是适应市场需求的良好选择之一。在2019世界新能源汽车大会上,氢燃料电池汽车更是获得肯定。

能源是人类社会赖以生存的物质基础,安全、环保、可靠、便捷和廉价的能源是经济稳定和持续发展的保障。如今煤炭、石油和天然气等不可再生能源的消耗不断加剧,且对生态环境造成严重的污染和破坏,大力发展清洁能源、可再生能源及其应用技术,已成为未来全球发展的趋势。人类环保意识的增强正推动能源利用向着绿色、清洁化的方向发展,2015年召开的第21届联合国气候变化大会,表明了国际社会采取《巴黎协定》的措施以加强全球应对气候变化的意愿。为了应对21世纪能源和气候的挑战,氢能是一种适合的解决方案。氢是一种理想的洁净能源载体,在构成宇宙物质的元素中,氢元素约占据宇宙质量的75%。氢气利用产物是水,可以真正做到零排放、无污染,被看作是最具应用前景的清洁能源之一,因此被誉为21世纪的绿色二次能源。

当今,人们的共识就是通过环保汽车和智能网联创新打造未来汽车社会。氢燃料电池汽车是氢能源产业的发展重点,但各国政策支持重点有所不同。从发展规划来看,美国、韩国、法国以及我国现在比较注重氢燃料电池产业基础设施(如加氢站)的建设,而日本在全面发展的基础上则更加重视氢能源技术(如储运技术)的发展。

《中国氢能产业基础设施发展蓝皮书》明确提出我国氢能产业基础设施发展路线图,预计到2050年,加氢站覆盖全国,燃料电池运输车辆保有量达1000万辆;燃料电池发电得到推广应用。

本书介绍了氢气与燃料电池的基础知识、发展状况以及燃料电池电动汽车的基本构成与发展路线,由浅入深、循序渐进,符合认知规律,同时兼顾了实践性和应用性。本书共6章,主要介绍了氢、氢能、氢的应用、氢的制取和纯化、氢与燃料电池以及燃料电池电动汽车。

本书由江苏国新新能源汽车有限公司史践担任主编,盐城工学院夏基胜担任副主编,编写人员及分工为:史践(前言、第1~3章、第4章4.1~4.4节),陶泽天(第4章4.5节),郑竹安(第4章4.6节),熊永莲(第4章4.7节),夏基胜(第5章5.1节),丁元章(第5章5.2节、第6章),严军(第5章5.3节),孙婷婷(第5章5.4节)。

本书在编写过程中,得到许多同行的指导和支持,在此我们深表感谢。同时,对参考资料的原著作者以及对本书的编写提供过帮助的同事和专家表示深深的谢意。

由于水平有限,书中难免有不安之处,希望读者予以批评指正!

编　者

目 录

序
前言
第1章 氢 ··· 1
1.1 氢的特性 ··· 2
1.1.1 最轻的气体 ····························· 2
1.1.2 活泼好动的氢原子 ················· 2
1.1.3 易燃易爆的氢气 ····················· 3
1.1.4 氢气的还原性 ························· 4
1.2 氢气的储存 ····································· 5
1.2.1 成熟的储运氢技术 ················· 5
1.2.2 新型储运氢技术 ··················· 11
1.2.3 技术进展 ······························· 17
1.3 氢在储运和使用中的安全性分析 ······ 25
参考文献 ·· 27
第2章 氢能 ··· 28
2.1 化石燃料带来环境问题 ················· 28
2.2 不排放污染物的能源——清洁能源 ···· 30
2.2.1 太阳能 ··································· 30
2.2.2 核能 ······································· 31
2.2.3 海洋能 ··································· 32
2.2.4 风能 ······································· 34
2.2.5 生物质能 ······························· 34
2.2.6 地热能 ··································· 35
2.2.7 氢能 ······································· 36
2.3 世界氢能开发进展 ························· 38
2.4 氢能利用现状和前景 ····················· 41
2.4.1 氢能的战略定位 ··················· 42
2.4.2 以燃料电池为核心的氢能应用 ···· 43
2.4.3 以氢为载体的可再生能源应用 ···· 45
2.4.4 氢在化石能源清洁利用中的
      应用 ······································· 47
2.4.5 绿氢 ······································· 49
2.5 我国氢能发展现状和展望 ············· 50

2.5.1 氢能特点 ······························· 50
2.5.2 氢能生产与消费现状 ··········· 51
2.5.3 环境影响分析 ······················· 52
2.5.4 技术经济性分析 ··················· 54
参考文献 ·· 56
第3章 氢的应用 ····································· 57
3.1 概述 ··· 57
3.2 氢用作清洁的燃料 ························· 58
3.2.1 依靠氢能飞上天 ··················· 58
3.2.2 利用氢能可行车 ··················· 60
3.3 氢原子能——核聚变 ····················· 69
3.4 氢在工业领域中的应用 ················· 70
3.4.1 炼油用氢 ······························· 71
3.4.2 化工产品用氢 ······················· 73
3.4.3 钢铁生产用氢 ······················· 75
参考文献 ·· 76
第4章 氢的制取和纯化 ························· 79
4.1 简介 ··· 79
4.2 常规原料转化制氢 ························· 80
4.2.1 甲烷制氢 ······························· 80
4.2.2 甲醇制氢 ······························· 81
4.2.3 氨制氢 ··································· 85
4.3 化石燃料制氢 ································· 87
4.3.1 天然气转化制氢 ··················· 87
4.3.2 地面煤气化制氢技术 ··········· 89
4.3.3 地下煤气化制氢技术 ··········· 90
4.3.4 煤气化制氢技术的前景及存在的
      问题 ······································· 91
4.4 生物制氢技术 ································· 91
4.4.1 光催化产氢 ··························· 91
4.4.2 光发酵产氢 ··························· 92
4.4.3 暗发酵产氢 ··························· 93
4.4.4 两步发酵工艺 ······················· 94
4.5 水电解制氢 ····································· 95

- 4.5.1 水电解技术简介 …………… 95
- 4.5.2 水电解的电化学过程 ………… 96
- 4.5.3 碱性水电解 …………………… 97
- 4.5.4 质子交换膜水电解 ………… 101
- 4.5.5 固体氧化物水电解 ………… 105
- 4.6 光解水制氢 ………………………… 113
- 4.7 我国制氢技术介绍 ………………… 116
  - 4.7.1 我国制氢现状 ……………… 116
  - 4.7.2 制氢技术比较 ……………… 118
  - 4.7.3 我国制氢企业状况 ………… 123
- 4.8 工业氢与燃料氢 …………………… 128
- 参考文献 …………………………………… 131

第5章 氢与燃料电池 ……………… 135

- 5.1 概述 ………………………………… 135
  - 5.1.1 燃料电池——一种能效转换率高、清洁可靠的新兴动力 …………………… 135
  - 5.1.2 燃料电池的发展和系统组成 …… 136
- 5.2 燃料电池 …………………………… 139
  - 5.2.1 质子交换膜燃料电池 ……… 140
  - 5.2.2 熔融碳酸盐燃料电池 ……… 161
  - 5.2.3 固体氧化物燃料电池 ……… 164
  - 5.2.4 磷酸燃料电池 ……………… 169
  - 5.2.5 碱性燃料电池 ……………… 172
- 5.3 燃料电池的特点及现状 …………… 174
  - 5.3.1 燃料电池的特点 …………… 174
  - 5.3.2 燃料电池的发展瓶颈 ……… 176
- 5.4 燃料电池的应用前景 ……………… 178
- 参考文献 …………………………………… 182

第6章 燃料电池汽车 ……………… 183

- 6.1 全球燃料电池汽车产业发展 ……… 183
  - 6.1.1 产业化发展窗口期的到来 … 183
  - 6.1.2 上游产业链环节的重大突破 … 185
- 6.2 燃料电池汽车和电动汽车对比分析 ………………………………… 187
  - 6.2.1 燃料电池汽车和电动汽车总体发展情况及技术对比分析 ……… 187
  - 6.2.2 燃料电池汽车和电动汽车的全生命周期成本对比分析 ……… 189
  - 6.2.3 燃料电池汽车全生命周期的能源消耗和环境影响分析 ……… 194
  - 6.2.4 燃料电池汽车加氢基础设施建设总投资成本的核算与比较 …… 198
- 6.3 质子交换膜燃料电池系统在车辆上的控制 …………………………… 201
  - 6.3.1 简介 ………………………… 201
  - 6.3.2 燃料电池系统模型 ………… 203
  - 6.3.3 燃料电池控制系统 ………… 220
- 6.4 燃料电池汽车系统 ………………… 227
  - 6.4.1 客车 ………………………… 227
  - 6.4.2 其他道路车辆 ……………… 231
- 6.5 世界燃料电池汽车的发展 ………… 231
  - 6.5.1 日本燃料电池汽车产业发展情况 ………………………… 231
  - 6.5.2 韩国燃料电池汽车产业发展情况 ………………………… 236
  - 6.5.3 欧洲燃料电池汽车产业发展情况 ………………………… 236
  - 6.5.4 中国燃料电池汽车产业发展情况 ………………………… 238
- 6.6 国内氢能产业发展及运行情况 …… 242
  - 6.6.1 北京车用氢能产业发展与燃料电池汽车示范运行 ………… 242
  - 6.6.2 长江三角洲地区氢能及燃料电池汽车产业进展 …………… 245
  - 6.6.3 佛山/云浮车用氢能产业发展与燃料电池汽车示范运行 …… 258
  - 6.6.4 聚焦2019年氢能零突破 …… 264
- 参考文献 …………………………………… 269

第1章

氢

早在16世纪,瑞士的一名医生就发现了氢气——把铁屑投到硫酸里,会产生气泡,像旋风一样腾空而起,而且这种气体还可以燃烧。

而在17世纪,又有一位医生发现了氢气。但那时人们认为不管什么气体都不能单独存在,既不能收集,也不能进行测量。因此,这位医生认为氢气与空气没有什么不同,很快就放弃了研究。

最先把氢气收集起来并进行认真研究的是英国的一位化学家卡文迪什(Cavendish)。在一次实验中,他不慎把一块铁片掉进了盐酸中,意外发现盐酸溶液中有气泡产生,这个情景引起了他的注意。于是卡文迪什又做了几次实验,把一定量的锌和铁投到充足的盐酸和稀硫酸中(每次用的硫酸和盐酸的质量是不同的),发现所产生的气体量是固定不变的。这说明这种新气体的产生与所用酸的种类没有关系,与酸的浓度也没有关系。他用排水法收集了新气体,发现这种气体既不能帮助蜡烛的燃烧,也不能帮助动物的呼吸,但把它和空气混合在一起,一遇火星就会爆炸。卡文迪什经过多次实验终于发现了这种新气体与普通空气混合后发生爆炸的极限,并写在论文中:如果这种可燃性气体的含量在9.5%以下或65%以上,点火时虽会燃烧,但不会发出震耳的爆炸声。随后不久他测出了这种气体的比重,接着又发现这种气体燃烧后的产物是水,无疑这种气体就是氢气了。卡文迪什的研究已经比较细致,他只需对外界宣布他发现了一种氢元素并为它命名即可。但卡文迪什受到"燃素说"的影响,坚持认为水是一种元素,不承认自己无意中发现了一种新元素。

后来拉瓦锡(图1-1)听说了这件事,他重复了卡文迪什的实验,认为水不是一种元素,而是化合物。在1787年,他正式提出"氢"是一种元素,因为氢燃烧后的产物是水,便用拉丁文把它命名为"水的生成者"。

图1-1 拉瓦锡——法国著名化学家,近代化学之父

1.1 氢的特性

1.1.1 最轻的气体

氢是一种化学元素，排在元素周期表的第一位。氢的化学符号为 H，原子序数是 1。氢通常的单质形态是氢气，氢气在通常条件下为无色、无味的气体，氢的气体分子由双原子组成。氢在不同的压力和温度下，会呈现不同的状态。例如，在 101kPa 压强下，温度为 $-252.87℃$ 时，氢气可转变成无色的液体；温度继续下降，达到 $-259.1℃$ 时，液态的氢会变成雪状固体。氢原子"藏"在水中，可以使水具有特强的导热能力。氢气与氧气作用就会生成水。氢气是世界上最轻的气体，在 0℃ 和 1 个大气压下，1L 氢气的质量只有 0.09g，仅相当于同体积空气质量的 1/14.5。

氢气的这种特点很早就引起了人们的兴趣。早在 1780 年，法国化学家布拉克便把氢气充入猪的膀胱中，制成了世界上第一个氢气球。之后，人们通过在橡胶薄膜中充入氢气开始制造氢气球。现在，氢气球已经很常见。在日常生活中，人们可以用氢气球做装饰或者增加气氛等。

不止用于生活，氢气球在其他领域也发挥了不小的作用。人类经受了多次的洪水、干旱和地震等自然灾害。随着科学的发展，人们开始认识并研究这些自然现象，甚至可以对它们进行预测。

例如，凶猛的洪水会淹没村庄、毁坏农田，有时甚至会危及生命。对洪水的形成进行预判，并且提前防范，可以更好地应对洪水。那又如何才能预测呢？科学家通过研究发现，长期的暴雨是形成洪水的主要原因，暴雨又是从雨云中降下的。如果能观测到云层的厚度和水分，就可以预报天气，人们在听到暴雨来临的消息后便会做好预防措施，这样就减轻了洪水带来的危害。

可是如何测定云层的厚度和水分呢？

这个问题的答案就是氢气球。科技工作者准备了许多氢气球，让它们带上观测仪器，然后放飞升空，氢气球把这些观测仪器带进云层，用来观测云层的变化，从而帮忙预测天气情况。

不仅可以携带观测仪器，氢气球还可以携带干冰、碘化银等药剂升空，在云层中喷洒，从而进行人工降雨，缓解旱情。

氢的原子是 109 种元素中最小的，由于它又轻又小，"跑"得最快，如果让每种元素的原子进行一次赛跑，那么冠军非氢原子莫属。有时可能发现充好的氢气球，在第二天就飞不起来了。这是因为氢气能钻过橡胶上肉眼看不见的细孔，偷偷溜走。甚至在高温、高压下，氢气可以穿过很厚的钢板。

1.1.2 活泼好动的氢原子

活泼好动的氢原子有时也会"闯大祸"。

1938 年，在英国发生了一起飞机失事的空难事故，造成机毁人亡，失事的飞机是一架英国的"斯皮菲尔"式战斗机。事发当日，晴空万里，是适合特技飞行的绝好天气。飞行员驾驶飞机升空，在天空中做着各种飞行动作。忽然，飞机像断了线的风筝，迅速向地面坠落，随着一声巨响，整架飞机爆炸起火，化成一堆废墟，飞行员当即死于这场空难。飞行员的驾驶技术是过硬的，好好的一架飞机突然失事，很令人疑惑。于是，相关机构对飞机失事的原因展开调查。

调查结果发现，这起事故并非人为破坏，而是飞机发动机的主轴发生断裂。经过进一步检查，发现在主轴内部有大量像人头发丝那么细的裂纹，为什么会出现这种现象？要如何做才能防止这种裂纹造成的断裂呢？后来发现，钢中的"裂纹"是由钢在冶炼过程中混进的氢原子引起的。氢原子混进钢中后就像潜伏在人体中的病毒一样，刚开始并不"兴风作浪"，一旦"时机成熟"，就跑出来变成小的"氢气泡"，像"定时炸弹"一样，在外力作用下就会一触即发，使钢脆裂，这种脆裂就称为"氢脆"。

1.1.3　易燃易爆的氢气

人类曾经的梦想就是像鸟一样在空中飞翔。在18世纪80年代初，欧洲出现了热气球，人们很想乘坐热气球上天，可又担心有危险，于是决定先用动物做实验，尽管已经成功了，但是人们仍心存疑虑，没有人愿意冒这个风险。

终于在1783年，法国国王在科学界的一致要求下批准了用热气球送人上天的计划，但要送的却是两个死刑犯。两个勇敢的青年向国王请求让他们替下死刑犯，国王被他们的勇敢打动了，准许了他们的要求。1783年11月21日，这两个青年乘上热气球，成功地实现了热气球载人首飞。第二年，他们又计划乘热气球飞越英吉利海峡。这时人们已经制出了氢气球，他们决定把氢气球和热气球组合在一起，同时乘坐两个气球飞向英国。出发这一天，他们把两个气球绑在一起，然后点火升空。没想到，意外的事情发生了，不久，气球发生了爆炸，他们都在事故中遇难身亡。气球为什么会爆炸？这是因为在热气球的下面，有一个用来给空气加热的火盆，正是这个火盆导致了悲剧的发生。由于不知道氢气是一种易燃、易爆的气体，它一见火星就会发生爆炸，才导致这场灾难的发生。

常温下，氢气的性质很稳定，不容易跟其他物质发生化学反应。但是，当条件发生变化时，如加热、点燃和使用催化剂等，氢气就会发生燃烧、爆炸或者化学反应。当空气中所含的体积占混合体积的4%～74.2%时，只要把氢气点燃就会发生爆炸，这个体积分数范围称为爆炸极限。

氢气和氟气、氯气、氧气、一氧化碳以及空气混合均有爆炸的危险，其中，氢气与氟气的混合物在低温和黑暗环境就能发生自发性爆炸，与氯气的混合比为1∶1时，在光照下也可爆炸。氢气由于无色无味，燃烧时火焰是透明的，其存在不易被感官发现。因而在许多情况下，向氢气中加入乙硫醇，乙硫醇是一种无色液体，有蒜气味，以便氢气泄漏时能嗅到，并可同时赋予火焰颜色。

氢气易燃易爆，曾经闯过不少祸。历史上的"兴登堡"火灾就是一起著名的氢气事故（图1-2）。1936年3月，德国的齐柏林飞艇公司完成了梦幻般的飞艇LZ129"兴登堡"号的建造，它是齐柏林飞艇为德国政府建造的飞艇舰队中的最先进也是最大的一艘。它是20世纪30年代"空中的豪华客轮"，曾经连续34次满载乘客和货物横跨风急浪高的大西洋，到达北美和南美。"兴登堡"号飞艇堪称是当时世界上最大、最先进，也是最豪华的飞艇，它所搭载的旅客也都是成功商人和社会名流。1937年5月6日，这艘大飞艇正在新泽西州莱克赫斯特海军航空总站上空准备着陆，在着陆过程中突然起火，仅仅几分钟的时间，华丽的"兴登堡"号飞艇就在这场灾难性的事故中被大火焚毁，97名乘客和乘务人员中有23人死亡。为什么会突然起火？原因目前尚不清楚，不过很多人认为它是由发动机放出的静电或火花点燃了降落时放掉的氢气所致。

图1-2　氢气爆炸

另一种说法是，地面静电通过绳索传到艇身，使凝聚在气囊蒙布上的一层水滴导电，把整个艇体变成一个巨大的电容器；雷电交加的暴雨点燃了集结在飞艇后部的氢气。但不管是什么原因，飞艇却因为"兴登堡"号失事而退出历史的舞台。

众所周知，水可以用来灭火。如果说海水也能燃烧，海面上燃起通天大火，人们可能会感到不可思议，甚至认为是天方夜谭。但是，事实证明，海水的确能燃烧。

1977年11月19日，在印度东南部的马德里斯某海湾的海面燃起了熊熊大火。大火燃起的原因是时速达200km的大风与海水发生猛烈摩擦，一瞬间产生了特别高的热量，将水中的氢原子和氧原子分离，在大风中电荷的作用下，使氢离子发生爆炸，从而形成一片"火海"。据科学家估算，这场大火所释放的能量等同于200颗氢弹爆炸时所释放的全部能量。

这个事件很新奇，但也带来了不小的启发。浩瀚的大海竟然可以燃起炽烈的火焰，那海水中蕴藏的氢，就可能意味着巨大的能量，如果把海水中的氢原子和氧原子分离，就可以把氢作为能源加以利用，那么，波涛汹涌的海洋也可以成为人类取之不竭的能源宝库。

1.1.4　氢气的还原性

氢气还有一个特点，就是还原性。例如，氧化铜遇氢气发生的还原反应，实质就是氢气夺取氧化铜中的氧生成水，使氧化铜变为红色的金属铜。

在这个反应中，氧化铜失去氧变成铜，即氧化铜发生了还原反应——含氧化合物失去氧的反应。能夺取含氧化合物中的氧，使它发生还原反应的物质，称为还原剂。一般金属都是以其氧化态存在的，如氧化铁、氧化锆等。而氢气可以夺取它们当中的氧，从而把它们还原成金属单质。

根据氢气的还原性，可以用于冶炼某些金属材料等。在高温下用氢将金属氧化物还原来制取金属的方法，和其他方法相比，产品的性质更容易控制，同时金属的纯度也高。这种方法早已经广泛用于钨、钼、钴及铁等金属粉末和锗、硅的生产。

1.2 氢气的储存

1.2.1 成熟的储运氢技术

1. 钢质氢瓶储运氢技术及其产业化进展

高压气态储氢是目前最常用并且发展比较成熟的储氢技术,其储存方式是采用增压设备将氢气压缩到一个耐高压的容器里。钢制储氢瓶(图1-3)是目前技术最成熟的储氢瓶,它的优点是结构简单、成本较低及安全可靠。国内钢制的072储氢瓶设备分为钢质气瓶和钢质容器两大类,前者主要运用在移动储运氢气设备上,少量用于固定加氢站;后者用于固定式储氢。

2002年,石家庄安瑞科气体机械有限公司在国内率先成功开发大容积钢质气瓶(容器),并成功将该气瓶应用于工业气体领域氢气的运输,该领域氢气的储运压力一般为20/25MPa,继而开发的45MPa氢气储气瓶组也成功应用于45MPa加气子站中,为2010年上海世博会燃料电池汽车[一]示范运行提供了服务。国内各高压设备制造企业也正加速研制高压储氢设备,如张家港富瑞氢能装备有限公司研发了车载供氢系统设备,京城股份正积极推进氢气储运装备的技术研发及制造等。

图1-3 钢制储氢瓶

我国制备钢制储氢装置的主要材料为铬钼钢4130X,该材质不仅强度高,而且具有良好的抗氢脆能力,已通过高压氢环境下抗氢致开裂测试,用此钢制备的储氢瓶也通过了疲劳、爆破试验等各项形式的试验。此种材料用于储氢时,国际的强度控制一般在950MPa以下,而我国要求控制在880MPa以下,安全控制更加严格。

目前我国45MPa以下的钢质氢瓶设计制备技术已经非常成熟,45MPa钢质氢瓶已在国内近10个运行的加氢站中使用,通过跟踪使用发现,在使用过程中均未发生任何异常,装置运行正常。2018年7月,中国特种设备检测研究院对郑州宇通加氢站的钢质氢瓶进行了一次大检,检测发现钢瓶各项指标正常,证明材料与氢气兼容性良好。我国储氢装置的技术成熟也得到了国际认可,美国从石家庄安瑞科气体机械有限公司大批量采购了45MPa钢制储气容器。

与此同时,国家进一步完善了对于钢质氢瓶的监管,2011年国家质检总局发布了TSG R0005—2011《移动式压力容器安全技术监察规程》,在其附录E中,对运输氢的长管拖车、管束式集装箱均提出了明确要求。2016年发布的TSG 21—2016《固定式压力容器安全技术

[一] 燃料电池汽车,即燃料电池电动汽车的简称,是指作为燃料的氢在汽车搭载的燃料电池中与大气中的氧发生化学反应,产生电能并通过电动机驱动的汽车。本书正文均采用了简称。

监察规程》对盛装氢气的瓶式容器提出了明确的技术要求。

但钢质氢瓶在氢气的运输环节仍存在运输效率低的缺点，单次运送量通常仅为几百千克，未来高压氢气的运输将向高压力、轻量化方向发展。未来主要的氢气运输装置应以Ⅲ型和Ⅳ型气瓶为主，而加氢站的固定储氢装置073还应以钢质氢瓶为主，因其对重量要求不敏感，更注重产品性能和价格。

2. 玻璃纤维缠绕钢瓶储运氢技术及其产业化进展

大容积钢内胆纤维（图1-4）缠绕高压氢气储气瓶（纤维缠绕钢瓶，图1-5），是继钢质气瓶之后又一种高压储气瓶，其具有压力设计范围更高、容重比更大的特点。该类储气瓶结合钢质内胆及复合材料的优势，在储运气瓶设计中灵活性更高，与钢质气瓶相比，运输效率也更高。纤维缠绕钢瓶按内胆承压及设计结构型式可以分为环向缠绕气瓶（Ⅱ型）和全缠绕钢质内胆气瓶（Ⅲ型），其中环向缠绕气瓶的内胆至少承担一半的压力，而全缠绕钢质内胆气瓶的内胆则承压更低，因此全缠绕钢质内胆气瓶的内胆壁更薄，气瓶重量更轻，但是复合材料的用量却会增加，如果采用性能好、价格相对较高的碳纤维缠绕制造，储气瓶的储运性能进一步提高，但是其制造成本会大幅增加，如何选择，需要根据用户的实际需要综合评估。

图1-4　玻璃纤维

图1-5　纤维缠绕钢瓶

目前，国内对于大容积纤维缠绕钢质气瓶的研制还没有相应的标准，2009年石家庄安瑞科气体机械有限公司率先研制出Ⅱ型纤维缠绕钢瓶，并通过了大连锅炉压力容器检验研究院要求的各项形式试验，制定了国内第一部企业标准《大容积钢内胆环向缠绕气瓶》。国际标准 ISO 11515⊖《可重复充装的水容积为450～3000L的复合材料增强型管道———设计、制造和试验》的发布则使国际上制造大容积纤维缠绕气瓶变得有据可依。

用于纤维缠绕的钢质内胆，采用与钢质氢气储气瓶相同的材质。在2011年国家质检总局发布的 TSG R0005—2011《移动式压力容器安全技术监察规程》附录E中，对储氢气瓶中的钢管化学成分和力学性能均提出了明确要求，如碳（C）≤0.350%、磷（P）≤0.020%、硫（S）≤0.010%，抗拉强度 R_m≤800MPa 等。依据企业标准或 ISO 11515 等要求，在缠绕气瓶整体性能设计阶段，综合各方面因素，计算出内胆壁厚。

用于纤维缠绕钢瓶的纤维材料，可以是玻璃纤维、碳纤维和芳纶纤维等，材料的选择需

⊖ Gas cylinders. Refillable composite reinforced tubes of water capacity between 450L and 3000L. Design, construction and testing

要综合考虑产品的性能要求及气瓶的经济性等因素。采用玻璃纤维作为增强材料，应充分考虑材料耐疲劳特性，选用性能优越的 E 级无碱玻璃纤维或 S 级高强玻璃纤维。选用碳纤维作为增强材料，应给出合理的措施，避免在使用过程中纤维材料与钢质内胆材料间发生电化学腐蚀。

一般来说，纤维缠绕钢瓶需要经过内胆成形加工、表面处理、复合材料缠绕、固化、自紧处理等工序加工而成（图 1-6）。

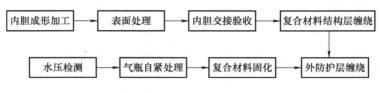

图 1-6　纤维缠绕钢瓶加工

对于钢质缠绕气瓶，尽管爆破压力合乎要求，但由于里层钢内胆的弹性模量高（260GPa），而外层纤维复合材料缠绕层的弹性模量低（如玻璃纤维仅在 40GPa 左右），由此导致在工作压力下钢内胆的环向应力水平很高，而复合材料的环向应力很低。这样一方面不能充分利用复合材料层的高强度，另一方面将因钢内胆环向应力过高，而极大地降低了容器的安全性和耐疲劳性能。因此，必须采取适当措施提高工作压力下复合材料的应力水平，降低钢内胆的应力水平，从而提高容器的安全性及疲劳寿命。

为了达到上述目的，工程上常采取两种措施，一种是在缠绕时采用很大的张力，使内衬处于压缩状态而纤维处于受拉状态，即加预应力。这种方法适用于干法缠绕，特别是热塑性预浸带，因为这种作用不会因固化而松弛掉。该方法对设备的张力控制系统要求非常高，不仅要求张力控制非常精确，而且所施加的张力也应足够大。另一种方法是挤压预紧，即采用常规方法缠绕成形，固化后给容器施加超过水压试验压力的某个压力，使内胆产生屈服变形，卸压后钢内胆有一部分变形不可恢复（产生残余应变），而复合材料由于是弹性材料要恢复，这样使复合材料受拉应力作用而钢内胆受压应力作用，使其内外应力状态得到较好匹配。结合生产的具体情况，大型钢内胆环缠气瓶一般采用挤压预紧的方法。

纤维缠绕钢瓶可采用与钢质气瓶同样的结构组成储气瓶组，既可用于氢气运输长管拖车，也可用于加氢站。当用于长管拖车时，纤维缠绕钢瓶比钢质气瓶具有明显的容重比优势，运输效率可提升 50%。目前，市场上作为氢气运输的主要纤维缠绕钢瓶车型最大容积可达 336m³，压力为 20MPa。国内的纤维缠绕气瓶技术已经成熟，石家庄安瑞科、中材科技等公司已经量产，并已实现批量出口。当作为站用储气瓶组使用时，其工作压力可以设计到 87.5MPa，石家庄安瑞科气体机械有限公司开发的此种气瓶已在大连示范应用，但由于缺乏相关的标准支持，目前 35MPa 以上的纤维缠绕钢瓶还不能进入市场，但相关技术已有所突破。

3. 35MPa 碳纤维缠绕瓶储运氢技术及其产业化进展

目前大规模储氢应用的方法是高压气态储存，从钢质氢瓶发展到复合材料氢瓶，实现了高压储氢向轻质高密度储存的转变。我国从"十五"期间开始碳纤维缠绕氢瓶的研究，目前已具备 35MPa 车用铝内胆纤维全缠绕高压氢气瓶的批量设计制造能力。

35MPa碳纤维缠绕瓶由内至外包括铝合金内胆、纤维缠绕层及外保护层。内胆主要作为储存氢气的容器，纤维缠绕层为主要承压部分。内胆通过冲压拉深及旋压收口等工序制成，内胆制造完成后，在内胆的外侧缠绕碳纤维，通过合理的缠绕程序及固化制度，最终完成氢气储气瓶的加工。

对于具有较高压力、较大外径以及较高疲劳寿命要求的氢气储气瓶的设计，其内胆设计、缠绕层设计和自紧设计等均对储气瓶的疲劳性有较大影响，需要进行充分的设计和验证，才能得到合理的内胆、缠绕层线形及自紧压力等工艺参数，从而保证储气瓶产品的疲劳性能。

为了保证整车的重量利用效率，应尽量提高储气瓶的储氢效率，在考虑安全性和可实施性的情况下，储氢效率宜不断提高。因此，对于储气瓶的重量需要进行优化设计，在保证储氢量的条件下尽可能减小储气瓶的质量，同时还要保证内胆厚度和缠绕层厚度均能满足各项试验要求。储氢效率的研究是35MPa氢在设计生产过程中的技术难点。

目前，35MPa碳纤维缠绕瓶在经过合理的设计及试验验证后已达到国内外标准要求，实现了国产化，依靠成熟的技术已经在汽车领域得到了普遍应用（表1-1）。

表1-1　氢气储气瓶在汽车领域的应用

实　例	氢气储气瓶生产商
2008年北京奥运会氢燃料电池客车	加拿大Dylene
2010年上海世博会上汽氢燃料电池汽车	沈阳斯林达
2010广州亚运会上汽氢燃料电池观光车	沈阳斯林达
佛山公交	北京科泰克
青年汽车	北京科泰克
东风特汽（十堰）专用车、东风特汽（十堰）客车	张家港富瑞氢能、沈阳斯林达
上汽大通FCV80	北京科泰克
上汽申沃客车	沈阳斯林达
2022年冬奥会用车	北京天海

近年来，国内外已大批量生产了35MPa储氢Ⅲ型气瓶，氢气储气瓶的性能也随着产品的不断改进而进步。通过统计对比国内外产品的性能可以发现，国内35MPa储氢Ⅲ型气瓶的储氢质量密度已经接近或达到了国外产品水平（表1-2）。

表1-2　35MPa储氢Ⅲ型气瓶国内外生产情况

	储氢气瓶生产商	工作压力/MPa	容积/L	储氢质量密度（%）
国外	Luxfer（Dynetek）	35	68~250	43~51
国内	沈阳斯林达	35	9~307	38~49
	北京科泰克	35	140	43
	张家港富瑞氢能	35	70~140	35~40
	北京天海	35	5~230	40~49

除Ⅲ型气瓶外，Ⅳ型储氢气瓶也以其储氢质量密度和成本优势得到了迅速发展。Ⅲ型和

Ⅳ型储氢气瓶性能对比见表1-3。

表1-3 Ⅲ型和Ⅳ型储氢气瓶性能对比

序 号	气瓶类型	工作压力/MPa	储氢质量密度（%）
1	Ⅲ型	35	38~45
2	Ⅳ型	35	40~70

通过对比可以看出部分Ⅳ型气瓶型号的储氢质量密度要高于Ⅲ型气瓶，国外已成功研制并生产了Ⅳ型气瓶，用于汽车领域，但由于Ⅳ型气瓶的生产工艺稳定性及安全性在我国仍存在问题，目前Ⅳ型气瓶仍被明令禁止使用。

国内厂家最初主要参照氢燃料电池汽车全球技术法规（HFCV-GTR）和ISO/TS 15869⊖《车用氢气及氢气混合气储存气瓶》等国外标准进行高压氢气储气瓶的研制，进入产品阶段后，很多国内厂家又依照国外标准制定了相应的企业标准，从而造成各公司间因参照不同国外标准，而使其设计生产的储气瓶标准不一。为统一氢气储气瓶的行业标准，全国气瓶标准化技术委员会于2017年12月29日发布了标准GB/T 35544—2017《车用压缩氢气铝内胆碳纤维全缠绕气瓶》，并于2018年7月1日开始实施。标准要求35MPa碳纤维缠绕瓶的使用环境为 -40~85℃，其最小爆破压力应不低于2.25倍公称工作压力，充装次数为11000次。

近年在国内外市场的强势拉动下，我国已迅速具备了批量生产25MPa氢气储气瓶的能力，目前我国已有多家公司的35MPa氢气储气瓶产品通过了型式试验，预计气瓶行业满载年出货量可达30000个。

随着整车厂新车型的不断开发，对储气瓶也提出了多样化的要求，目前35MPa氢气储气瓶的型号定制基本趋于系列化，如100~160L广泛应用于物流车、商务车以及公交车等车型中；5~15L应用于无人机领域，这种型号统一化及标准化的趋势有利于行业的快速发展。

4. 低温液氢储运氢技术及其产业化进展

液氢温度低达-253℃，储氢密度约为71g/L，相同有效装载容积下液氢罐的重量比各种类型的高压储氢装置都要轻，因此液氢容器比高压储氢装置更适合远距离运输，具有更高的运输效率和更低的运输费用。液氢与高压氢的运营费用差异还在于获得与使用过程中的能耗，氢液化的能耗比氢压缩的能耗高一倍以上，但在运输环节，液氢的运输成本只有高压氢的1/5~1/8。因此在储运环节，在一定规模和距离以上的运输时，液氢会体现出比高压氢气更好的经济性。

高真空、绝热性能好的储氢容器是目前研究的重点。由于液氢蒸发损失量与储罐表面积和容积的比值成正比，储罐的容量越大其液氢的汽化率就越低。

储罐的最佳形状为球形，球形储罐同时也具有应力分布均匀和良好的机械强度等优点，但大尺寸的球形液氢储罐制造加工相对困难，制造成本较高，通常需要在项目现场制造。

目前经常使用的是圆柱形储罐，圆柱形储罐通常作为公路车辆或铁路车辆运输液氢的容器。采用圆柱形筒体，椭圆形、蝶形或半球形封头的容器，其表面积和容积的比例只比球形容器高约10个百分点，由于蒸发损失与低温储存容器的表面积和容积的比值成正比，随着

⊖ ISO/TS 15869，即 Hydrogen and hydrogen mixed gas storage cylinders for vehicles.

储罐尺寸的增加，蒸发率将大幅减小。就双层真空绝热球形储罐而言，50m³ 储罐的日蒸发率为 0.3%～0.5%，100m³ 储罐的日蒸发率为 0.2%。

我国航天科技集团六院 101 所早在 20 世纪 70 年代就设计制造了 20m³ 真空多层绝热液氢储箱，目前我国自行设计制造的大型卧式可移动液氢储罐集中在海南文昌航天发射场及配套液氢工厂。

将氢气进行液化之后运输是一种高效、经济的运输方式。但液氢是一种超低温（-253℃）、易汽化、易燃和易爆的物质，其安全储运技术面临诸多挑战。对于液氢的运输可采用槽车（公路、铁路）运输、罐式集装箱包装运输、船舶散装运输以及管道运输等。目前，液氢的槽车运输技术已经成熟，罐式集装箱包装运输及船舶散装运输正处于发展之中，管道运输由于本身存在局限性，一般只应用于航天发射场和试验场等相对封闭的局部场所。

（1）槽车运输　在我国，一些火箭发射项目正在开展小规模液氢运输。例如，西昌卫星发射中心的部分液氢是由航天科技集团六院 101 所通过铁路槽车从北京运输到西昌。目前，工业界也启动了民用液氢运输研究项目，主要考虑我国西部太阳能光伏发电并网困难，为了减少电能的浪费，用此电能来电解水制氢，液化之后运输到其他地区使用。

（2）罐式集装箱包装运输　当液氢生产厂离用户较远时，可以把液氢装在专用低温绝热槽罐内，放在货车、机车、船舶或者飞机上运输。这是一种既能满足较大输送量，又比较快速、经济的运输方法。液氢槽车是关键设备，常用水平放置的圆筒形低温绝热槽罐。汽车用液氢储罐储存液氢的容量可达 100m³，铁路用大容量的槽车甚至可运输 120～200m³ 的液氢。

（3）船舶散装运输　美国宇航局（NASA）建造了输送液氢的大型专用驳船。驳船上装载有容量很大的液氢储存容器。这种驳船可以通过海路把液氢从路易斯安那州运送到佛罗里达州的肯尼迪航天中心。驳船上低温绝热罐的液氢储存容量可达 1000m³。显然，这种大容量的液氢海上运输要比陆上的铁路或高速公路运输更经济，同时也更安全。日本、德国和加拿大都有类似的研究，图 1-7 所示即为日本研发的全球首艘液态氢运输船。

（4）管道运输　在空间飞行器发射场内，常需由液氢生产场所或大型储氢容器输送液氢给发动机，此时就必须借助液氢管道来进行输配，例如美国肯尼迪航天中心用于输送液氢的真空多层绝热管路。

目前世界上较为成熟的液氢储运技术主要包括罐式集装箱、铁路液氢储运罐、固定式液氢储罐（球罐）以及液氢运输船进行海上长距离运输。罐式集装箱由于使用方便、运输途径灵活等特点，未来有望成为液氢运输的重要方式。

图 1-7　日本研发全球首艘液态氢运输船

当前的液氢储运技术都是对常压液氢进行储存和输送，高压液氢相对常压液氢而言，具有更高的密度，并且大大降低了蒸发热损失。因而高压低温的液氢储运技术是目前液氢储运技术的重要研究方向。从事液氢储运相关研究的主要机构见表 1-4。

表 1-4 从事液氢储运相关研究的主要机构

序号	名 称	相关研究内容	相关研究成果
1	(美国) NASA	球形液氢储罐蒸发损失	3800m^3 球形液氢储罐
2	(俄罗斯) JSC	球形液氢储存系统	1400m^3 球形液氢储罐
3	(日本) 种子岛宇宙中心	球形液氢储罐珍珠岩真空绝热技术	540m^3 液氢储罐
4	(法国) 圭亚那太空中心	移动卧式液氢储罐	360m^3 移动卧式液氢储罐
5	(中国) 航天科技集团六院101所	液氢加注,液氢性能测试	液态储氢加氢站,车载液氢系统

然而,由于液氢储运属于超低温装备,基于较高的技术壁垒,其生产制造、运行管理均受到相关法规和标准的严格规定,目前民用液氢主要分布在欧洲、日本和美国等发达国家及地区,我国基于商业化应用空白和标准缺乏等方面的原因,液氢仅在军用(航天领域火箭发射)领域使用,而在民用领域一直未能推广。但鉴于数十年来我国在航天领域液氢产业的发展,目前在制氢、液氢储存输送及其应用技术等方面已具备一定经验和能力,系统及设备的设计、制造和运营等方面的标准和生产能力均有一定储备。同时近年来,为了适应氢能产业燃料电池车辆示范运营的需求,在技术研发方面也取得了一些成果和技术积累,产业链瓶颈已从装备技术转移到法规标准和使用管理的突破。

1.2.2 新型储运氢技术

1. 70MPa 碳纤维缠绕瓶储氢技术

70MPa 车用高压氢气储气瓶具有安全性好、单位体积储氢密度高等优点,国际燃料电池汽车的研发和示范都正在向 70MPa 车载储氢方向发展,因此迫切需要开发具有自主知识产权的 70MPa 氢气储气瓶,对 70MPa 氢气储气瓶的研发设计已成为国内外诸多气瓶厂商的研究重点。

70MPa 高压车载氢气储气(下文简称储气瓶)瓶的研发主要包括内胆壁厚、内胆端部形式、纤维缠绕层(包括缠绕角、缠绕张力及成层纤维排列状态)和自紧等方面的设计,完成 70MPa 高压车载储气瓶的加工制造后,还需对气瓶进行一系列的型式试验,使之满足车载储氢要求。

70MPa Ⅲ型储气瓶的结构与 35MPa Ⅲ型储气瓶的结构基本相同,包括铝合金内胆、纤维缠绕层及外保护层。与 35MPa Ⅲ型储气瓶相比,相同外形尺寸 70MPa Ⅲ型储气瓶的缠绕层更厚,但 70MPa Ⅲ型储气瓶的体积效率明显增高。同等外形尺寸下 70MPa Ⅲ型储气瓶的单位体积储氢密度高于 35MPa Ⅲ型储气瓶,但气瓶的重量也有所提高。在使用寿命上,35MPa Ⅲ型储气瓶的使用寿命为 15 年,70MPa Ⅲ型储气瓶的使用寿命为 10 年,同时,35MPa Ⅲ型储气瓶的压力循环次数为 11000 次,而 70MPa Ⅲ型储气瓶的压力循环次数为 7500 次。

2016 年沈阳斯林达公司率先研制出 70MPa Ⅲ型纤维全缠绕高压储气瓶,经过合理的设计及试验验证后,已达到国内外标准要求,其中水容积 52L 的 70MPa 车用储气瓶已经通过了型式试验,进入批量生产阶段,并已批量应用于上汽荣威 950 氢燃料电池汽车,该储气瓶的储氢密度可达 38%,可与国外生产的 70MPa 高压储气瓶的储氢密度相媲美。另外,北京科泰克以及北京天海也陆续研制并进行 70MPa 气瓶的型式试验,并有望推向市场。

塑料内胆复合材料全缠绕气瓶(Ⅳ型瓶)因重量轻、耐腐蚀和抗疲劳等特点而具有独特的优势，自20世纪80年代中期由法国ULLIT公司研制推出以来，发展速度较快，目前全世界使用数量超过15万个，其中主要集中在欧美发达工业国家。我国从20世纪90年代中后期引进该项技术以来，已累计制造生产出约2万个Ⅳ型瓶在全国范围内使用。但目前还没有相关的国家标准。车载Ⅳ型瓶属于储存易燃、易爆介质的高压容器，具有高危险性，一直是汽车产业发展的瓶颈。Ⅳ型瓶的基本结构由内胆、纤维增强层及外保护层等部分构成。内胆材料为聚乙烯塑料，内胆的加工成形一般采用旋转成形（滚塑）、注塑和吹塑工艺。纤维增强层是连续的玻璃纤维或碳纤维浸渍树脂，按照铺层设计工艺缠绕在内胆上，然后通过固化处理得到的复合材料层。

塑料内胆纤维全缠绕气瓶（Ⅳ型气瓶）在70MPa氢能气瓶的应用上，相比于金属内胆纤维全缠绕气瓶（Ⅲ型气瓶）在重量上有一定的优势，但受限于我国生产工艺不成熟，早期国产的Ⅳ型气瓶存在一定缺陷。高压气体容易从塑料内胆向外渗透造成泄漏，且金属阀座与非金属内胆的连接部位密封性难以保证。同时，因为内胆与缠绕层线膨胀系数相差巨大，多次充装后内胆容易向内"鼓起"与外层脱离。由于2003年和2004年发生的几起安全事故，其至今被禁止在国内销售。

气瓶的设计、生产和使用必须有相应的标准规范，以保障其安全性。新型高压储氢相关标准的研究与缠绕高压氢气储气瓶的研究同步进行，国际化标准组织、美国、欧盟、日本等已经制定相应的标准或者草案，如国际化标准组织的ISO/TS 15869《车用氢气及氢气混合气储存气瓶》、欧盟的NO 406/2010—2010《欧盟委员会关于实施氢动力机动车辆型式认可的（EC）NO 79/2009号欧洲议会和欧盟理事会条例的条例》、美国的SAE J2579《燃料电池汽车燃料系统安全》以及日本的JARISOO1《氢能汽车用高压储氢气瓶技术标准》等。我国已完成能够适用于35MPa或70MPa的高压氢气储气瓶的相应标准规范GB/T 35544—2017《车用压缩氢气铝内胆碳纤维全缠绕气瓶》，并于2017年12月29日发布，2018年7月1日开始实施。标准规定了车用压缩氢气铝内胆碳纤维全缠绕气瓶的型式和参数、技术要求、试验方法、检验规则、标注、包装运输和储存等要求。规范了国内各个单位对高压储气瓶的设计和生产，为储气瓶国产化提供了有力的依据。

2. 钢带缠绕氢瓶储氢技术及其产业化进展

固定式高压储氢容器主要用于加氢站和制氢站等固定场所的高压氢气储存。固定式储氢传统上通常采用钢制无缝压缩氢气储罐。该储罐是由无缝钢管经两端局部加热锻造收口而成，属于整体无焊缝结构，避免了焊接可能引起的裂纹、气孔和夹渣等缺陷，但其使用的高强钢对氢脆敏感，还存在单台设备容积受限，难以实现安全状态在线检测等缺点。

为了克服现有高压储氢技术的不足，解决加氢站规模储氢的难题，经过多年的技术攻关，浙江大学成功研制了拥有自主知识产权的全多层钢制高压储氢容器。该容器由钢带错绕筒体、双层半球形封头、加强箍和接口座等组成，如图1-8所示。

该容器独特的全多层技术解决了高压氢脆问题、先进设计和传感技术，提高了本质安全性、薄钢板和钢带错绕技术，降低了制造成本，模块化系统设计能快速满足用户需求，使其具有以下优点：

① 抗氢脆性能良好，内筒及内封头采用复合钢板，与氢气接触部分均使用抗氢脆性能良好的奥氏体不锈钢。

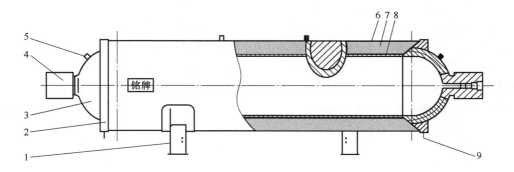

图1-8 全多层钢制高压储氢容器的基本结构

1—鞍座 2—加强箍 3—双层半球形封头 4—接口座 5—氢气传感器接头
6—保护壳 7—钢带层 8—内筒 9—接地板

② 设计参数灵活,设计压力可达98MPa,筒体内径可达1500mm,容器长度可达30m。

③ 抑爆抗爆,工作压力下,失效方式为只漏不爆,不会发生整体脆性破坏。

④ 缺陷分散,容器全长无深环焊缝,且绕带层与容器封头连接方式采用相互错开的阶梯状斜面焊缝代替传统的对接焊接结构,不仅增大焊缝承载面积,提高焊缝结构的可靠性,而且实现了筒体与封头应力水平的平滑过渡。

⑤ 安全状态可在线监测,由于容器整体为全多层结构,在筒体保护壳及外封头上开孔,连接氢气泄漏收集接管,并设置氢气传感器,可实现全覆盖的氢气泄漏在线监测。

⑥ 制造经济简便,容器主体大部分为低合金钢,钢带层仅需在端部进行焊接,且制造过程中不需要大型设备。

以此自主技术为核心,浙江大学牵头制定了首部高压储氢容器国家标准GB/T 26466—2011《固定式高压储氢用钢带错绕式容器》,实现了自主研究成果的标准化。该技术打破了美国等国家对高压气态储氢技术的垄断,提升了我国高压储氢容器的设计制造能力,促进了国内氢能产业的发展。全多层钢制高压储氢容器已成功应用于国内多座加氢站。77MPa、47MPa及42MPa全多层钢制高压储氢容器在北京飞驰竞立加氢站有良好的运行记录。国际首台98MPa全多层钢制高压储氢容器已于2017年成功应用于常熟丰田加氢站,市场前景广阔。

3. 有机液态储氢技术

液体有机储氢材料技术主要是以某些不饱和芳香烃、烯烃及炔烃等作为储氢载体,通过与氢气作为反应物发生可逆化学反应来实现储放氢。液体有机储氢材料最大的特点就是常温下一般为液态,类似于汽油,能够十分方便地运输和储存。实际上这种化合物就是一种氢的载体,在加氢过程中,氢气以化学的方式被加到这种载体中,形成稳定的氢化物液体,经过与石油产品相类似的普通储存与运输过程,在到达用户端时,载氢液体有机储氢材料通过催化反应器释放氢气供氢燃料电池使用。经脱氢后储氢载体再回流到储罐中,并到加氢站置换新的载氢液体有机储氢。整个过程完全通过热交换降低能耗,且没有温室气体排放,安全环保。

(1) 液体有机储氢技术工作原理 液体有机储氢技术的工作原理可分为以下三个过程:

1) 加氢。氢气通过催化反应被加到液态储氢载体中,形成可在常温、常压条件下稳定储存的液体有机储氢化合物(此部分可在专门的加氢工厂完成)。

2) 运输。加氢后的储氢液体（氢油）通过普通槽罐车运输到补给站后，采取类似汽柴油加注的泵送形式，简单、快速地加注到车上的有机液体储存罐中。

3) 脱氢。储氢液体（氢油）的脱氢过程在供氢（脱氢）装置中进行。图1-9所示为供氢（脱氢）装置的工作原理图，通过计量泵输送至脱氢反应装置，在一定温度条件下发生催化脱氢反应，反应产物经气液分离后，氢气输送至燃料电池电堆，脱氢后的液态载体进行热量交换后进行回收，以便循环利用。

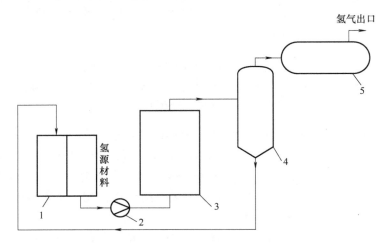

图1-9 供氢（脱氢）装置的工作原理图
1—活动隔膜箱 2—计量泵 3—反应器 4—气液分离器 5—缓冲罐

（2）液体有机储氢技术优势 液体有机储氢具有以下技术优势：

1) 储氢量大、储氢密度高。以新型稠杂环有机分子作为储氢载体的液体有机储氢材料，目前的储氢体积密度可高达60g/L，其可逆储氢量约为60%（质量分数）。

2) 储存、运输安全方便。储氢液体有机材料在常温、常压下为液态形式，闪点高，遇到明火不燃烧，储存非常安全，可利用普通管道、罐车等设备快速完成物料补给，在整个运输、补给过程中，不会产生任何氢气或能量损失。

3) 脱氢（供氢）响应速度快，氢气可以实现即脱即用，适宜和燃料电池匹配。

4) 氢气纯度高、无尾气排放。液体有机储氢材料脱氢所得到的氢气具有较高的纯度（>99.99%），完全满足燃料电池系统的用氢需求，且脱氢过程中无任何尾气排放问题。

5) 液态储氢载体可重复使用，无废弃物排放问题。储氢液体有机的加脱氢反应进行完全，反应过程高度可逆，液态储氢载体可反复循环使用。

4. 液氨储氢技术

氢的体积含量很低 [89g/100L，1bar（$1bar = 10^5 Pa$）]、储运困难，是制约氢能技术大规模应用的瓶颈之一，而使用液氨作为氢的储存介质，可在一定程度上解决这一难题。氨在常压、-335℃或常温、8bar的条件下即可液化，因而易于储存和运输，且液氨的单位体积氢含量为121kg/100L，高于液氢的8.99kg/100L（-242℃）。此外，氨还具有产量大、质量能量密度高（3kW·h/kg）、制氢工艺简单、分解产物不含CO和CO_2以及安全性好等特点，因而被认为是一种具有重要应用前景的"氢源载体"。

氨作为氢源载体，近年来引起国际上学术界和产业界的关注。日本科学技术振兴机构（JST）在2013年和2014年相继启动了"尖端低碳技术开发项目"及"战略创新推进计划"，将氨的生产、储运及转化列为关键研究内容。而美国能源部高级能源研究计划署（ARPA-E）于2016~2017年先后启动了16个"RERUEL"的项目，用以支持与可再生能源转化利用相结合的氨的合成与转化研究。雅苒、西门子及Nuon等国际知名企业也正在积极地对氨作为氢源载体的经济性和可行性进行分析论证。

我国是氨生产大国，仅2017年的氨产量就达5500万t，约占世界总产量的34%，因而在我国采用氨作为氢源载体具有先天的优势。此外，近年来由于国内合成氨行业面临产能过剩的局面，将氨作为氢源载体加以利用或是破解该问题的有效途径之一。

氨作为氢源载体的措施，氨的合成及其分解技术是关键。尽管目前工业合成氨技术较为成熟，但其高温高压、大规模、连续性模式并不适用于基于太阳能、风能等间歇性可再生能源的合成氨过程，因而需要开发新型的低温低压合成氨技术。

中国科学院大连化学物理研究所（简称中科院大连化物所）的研究结果表明，向3d过渡金属，如V、Cr、Mn、Fe、Co及Ni中加入第二非过渡金属组分，如LiH，可使其合成氨活性提高1~4个数量级。需要指出的是，3d前过渡金属，如Cr、Mn等，由于活性较低，长期以来未受到研究者的广泛关注。而LiH的存在使Cr、Mn的催化活性与Fe、Co、LiH相当，甚至优于现有的Ru基催化剂。根据相关报道，Cs促进的Ru催化剂（Cs—Ru/MgO）是目前活性最高的合成氨催化剂之一，而Cr/Mn—LiH在300℃的催化活性可达Cs—Ru/MgO的2~3倍，在250℃时则高出一个数量级。

除催化过程以外，以分步反应为特征的化学链合成氨技术可通过对材料和反应条件等进行优化，使氮气活化、加氢放氨等各个步骤分别在最优状态下实施，从而使合成氨过程可在低温、低压下实施。将光/电解水制氢，太阳能制热与化学链合成氨过程耦合，或将为传统合成氨工业提供一条替代路线。化学链过程的核心技术是开发低成本、高效、稳定的载"氮"及载"氢"材料。目前已报道的体系包括$Al/AlN/Al_2O_3$和$Cr/CrN/Cr_2O_3$等。但这些体系目前面临的问题在于操作温度较高（>1000℃），需进一步开发低温材料。氢化物或氮化物材料在低于500℃的反应条件下即可分别与氮气或氢气发生反应，这为设计和开发新型的化学链过程提供了更多的选择。通过对此类材料的组成、传质过程进行系统优化以及理性设计，有可能开发出低温、高效的化学链合成氨新技术。

此外，将光、电及等离子体等外场作用引入合成氨过程，通过辅助氮分子活化或改变反应路径，可在较为温和的条件下实现氨的化学合成。因此，近年来外场调控下的化学合成氨方面的研究非常活跃。但如何开发高效的催化剂并与外场相耦合，降低析氢等副反应动力学和提高光/电流效率是该领域面临的重大挑战。

在目前的制氢方法中，化石燃料（天然气、甲醇等）催化重整制氢技术研究最为广泛，技术也已较为成熟。然而对于质子交换膜燃料电池而言，催化重整制得的氢气中含有的微量CO会使电极催化剂中毒，需要经过繁杂的后处理才能达到质子交换膜燃料电池用氢标准。随着燃料电池技术的飞速发展，氨分解制备无CO_x燃料电池用氢技术近年来受到学术界和产业界的广泛关注。开发氨作为氢源载体的氨分解制备高纯氢技术，在未来分布式、中小规模制氢系统中具有广阔的发展前景。实现氨作为氢源载体的关键是开发在尽量低的温度下具有高活性和高稳定性的氨分解催化剂。热力学计算结果表明氨分解制氢是吸热反应，1atm（1atm=101325Pa）条件下温度为400℃时氨的平衡转化率可以超过99%。

在现有的氨分解催化剂体系中，基于MgO、碳纳米管（CNTs）载体的Ru基催化剂表现出较好的催化活性。然而由于氨分解反应动力学阻力较大，在较低温度（400～450℃）下实现氨的高效分解（转化率在90%以上）仍然非常困难。开发在相对低温（400～500℃）下具有高稳定性和高活性的新型氨分解催化剂成为氨分解制氢技术发展的最新趋势和研究热点。

除载体外，助剂的添加对过渡金属氨分解催化活性的提高也非常显著。中科院大连化物所近期研究发现亚氨基锂（Li_2NH）与3d过渡金属间存在着较强的协同作用，使两者形成的复合体系在催化氨分解反应中表现出优于常规过渡金属的催化性能。这种协同作用在前过渡金属上表现得尤为显著。前过渡金属（如V、Cr、Mn等）在氨分解反应条件下生成氮化物，其本征催化活性极低，而加入$LiNH_2$后，其催化活性提高了1～3个数量级。如MnN与$LiNH_2$形成的复合催化剂（$MnN—LiNH_2$）的起始活性温度降到了350℃以下，在500℃时的氨分解速率较MnN高出了约40倍，甚至优于高活性的Ru/CNTs催化剂。氨基钠、氨基钾、氨基钡等也表现出了类似的作用。这一系列研究结果显示了碱（土）金属（亚）氨基化合物在催化氨分解反应中的应用潜力。

氨分解反应产物氢气的分离与纯化也是非常重要的环节。将高活性氨分解催化剂与高选择性的透氢膜反应器集成，可实现氢气的生成分离一体化，为分布式制氢系统提供氢源。

5. 固态储氢技术

（1）**氨基化合物—氢化物体系** 金属氮基氢化物储氢材料是于2002年开发出来的一类新型固体储氢材料，它由金属氨基化合物和金属氢化物复合而成。改变体系中的金属氨基化合物或金属氢化物即可获得一系列金属氮基氢化物复合储氢材料，如$LiNH_2—xLiH$、$Mg(NH_2)_2—MgH_2$、$Mg(NH_2)_2—xLiH$等。其中$Mg(NH_2)_2—2LiH$体系的质量储氢密度为55%（质量分数），脱氢焓值为$400kJ/mol—H_2$，即产生1bar平衡氢压所需理论脱氢温度约为90℃。此温度与燃料电池的工作温度十分接近，故该体系被认为是最具车载实用前景的储氢体系之一。然而，$Mg(NH_2)_2—2LiH$的脱氢动力学能垒高，一般操作温度高于180℃。为促进该体系的实际应用，国内外数十家企事业研究单位和大学，如桑迪亚国家实验室（美国）、HZG（德国）、HIT（德国）、日本产业技术综合研究所以及我国的大连化物所、浙江大学、复旦大学和有色金属研究总院等专注于$Mg(NH_2)_2—xLiH$体系的热力学、动力学及循环稳定性的改性，并取得了一系列成果。例如，K/Rb基添加剂可使体系的脱氢峰温降至50℃，操作温度已经接近实用范围。金属硼氢化物添加剂有效地改善了该体系的热力学、动力学及循环稳定性能。此外，将该体系材料限阈在纳米碳材料中，可进一步降低体系的吸脱氢温度及循环稳定性能。更为重要的是，近期研究人员将该材料示范于中小规模储氢系统中，显示出该类材料的应用性前景。然而，该体系距实现应用还有一段距离，未来的工作应着重于金属氮基氢化物材料性能的优化、材料的规模廉价化制备及储氢系统的集成与优化等。

（2）**氨硼烷及其衍生物体系** 氨硼烷（NH_3BH_3）中氢的含量高达196%（质量分数）（$145gH_2/L$），高于美国能源部车载储氢系统目标［55%（质量分数）（$40gH_2/L$）］，是当前储氢领域备受关注的材料之一。

氨硼烷热分解放氢反应可分为以下三步进行，反应温度分别在110℃、1150℃和500℃

以上，每步反应均释放 1mol 当量氢气。其中氨硼烷第三步放氢反应温度较高，因此并不具有实用性。氨硼烷在放氢的过程中存在着动力学阻力高、伴随杂质气体及产物体积膨胀等缺点。因此，对于氨硼烷的改进主要包括催化修饰、离子液体修饰、纳米限阈、固相化学添加剂以及新衍生物合成等方法。这其中，固相催化修饰方法利用少量催化剂添加，在没有明显牺牲氨硼烷氢含量的基础上，可实现材料在60℃下脱氢，并抑制了副产物的生成。另外，通过对氨硼烷进行化学修饰合成新型氨硼烷衍生物也是非常有效的方法，如金属氨硼烷、金属氨硼烷氨合物等。其中，锂代氨硼烷（$LiNH_2BH_3$）和钠代氨硼烷（$NaNH_2BH_3$）最具代表性，脱氢性能较为优异。这两类材料可以在90℃下分别释放出10.9%（质量分数）和7.5%（质量分数）的氢气，且氢气纯度有所提高，其中 $LiNH_2BH_3$ 被美国能源部列为具有应用前景的材料之一。

到目前为止，阻碍氨硼烷及其衍生物实用化的主要问题是氨硼烷脱氢为放热反应，其吸氢反应在热力学上是不可行的，因此只有通过复杂的化学还原过程才能再生脱氢产物。有关资料报道利用肼可以一步法再生氨硼烷，实现了该材料的循环使用。复旦大学利用肼一步法可以再生出金属代氨硼烷材料。然而该类氨硼烷的再生方法均需要消耗较高的能量。

（3）有机无机杂化储氢材料 有机液态储氢材料具有储氢密度较高、大量易得，可利用现有的石油管路构架等优势，然而现有的有机液态材料面临着脱氢温度高的缺点。中科院大连化物研究人员利用无机储氢材料改性有机材料，结合两种材料各自的优势，开发出了性能较为优异的有机无机杂化储氢体系，有效降低了材料的脱氢焓变，在低于100℃下实现加氢脱氢循环，储氢量约为5%（质量分数）。作为新近开发的材料体系，其优化与拓展空间较大，需要着重在新材料开发、材料稳定性及高效催化剂开发等方面进行深入研究。

1.2.3 技术进展

氢气经过生产、储运等环节后最终还要通过加氢站才能加注给燃料电池汽车实现氢能的应用，加氢站成了当前燃料电池汽车推广普及的一个关键问题。

1. 加氢站的基本原理与发展简况

（1）加氢站的基本原理 典型的加氢站由制氢系统、压缩系统、储存系统、加注系统和控制系统等组成。加氢站的类型根据氢气生产的地点可以分为两种：站外供氢（off-site）加氢站和站内制氢（on-site）加氢站。

站外供氢加氢站的氢气可来源于中央制氢厂（如天然气重整制氢、煤气化制氢），或者来源于现有化工厂的副产氢气，这些氢气通过高压氢气管束车、液氢槽车或管道运输至加氢站，在站内压缩、储存和加注。根据氢气在加氢站内储存方式的不同又可将其分为高压气氢站和液氢站。其主要设备和基本工艺流程如图1-10所示。

站内制氢加氢站的氢气在站内现场制取。根据其站内制氢技术的不同可以分为电解水制氢加氢站、天然气重整制氢加氢站、甲醇重整制氢加氢站及可再生能源（太阳能、风能）制氢加氢站等。目前应用最多的是前两者，其基本流程如图1-11所示。

加氢站向氢能汽车加注氢气，主要有两种加注方式：顺序取气加注和增压加注。顺序取气加注是以分为多级的高压储氢装置为加注气源，当需要加注时，将加氢机上的加氢枪与汽车加氢口连接，依靠站内高压储氢装置和车载储氢瓶之间的压差作用，进行快速加注。对于

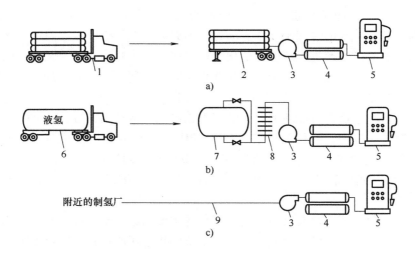

图 1-10 站外供氢加氢站

1—管束车 2—管束 3—压缩机 4—储罐 5—加氢机 6—液氢槽车 7—液氢储罐 8—蒸发器 9—氢气管道

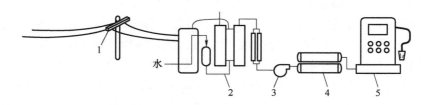

图 1-11 站内供氢加氢站

1—电网 2—电解槽 3—压缩机 4—储罐 5—加氢机

公称工作压力为 35MPa 的车载储氢瓶，加氢站高压储氢装置的压力需要达到 40～45MPa，对于公称工作压力为 70MPa 的车载储氢瓶，加氢站高压储氢装置的压力需要达到 80～90MPa。增压加注使用的是低压气源，如管束车，通过压缩机将来自低压气源的氢气增压后直接加注到被加注车辆的车载储氢瓶中，采用这种方式的加氢站站内可不储存高压氢气，但其加注速度较慢。

加氢站储氢装置通常分配成高、中、低等多组，合理分配储氢装置的容量，不但能提高储氢装置的利用率和加气的速度，而且可以减少压缩机的起动次数，降低运行成本，延长压缩机的使用寿命。当压缩机向储氢装置充气时，应按高、中、低压顺序充气，而当储氢装置向汽车加气时，则恰好相反，应按低、中、高压的顺序进行。

（2）加氢站发展简况 为了适应燃料电池汽车的推广应用，全球加氢站的发展开始加速。据相关统计，2017 年全球新增 64 座加氢站，截至 2017 年年底，全球正在运行的加氢站有 328 座，其中欧洲拥有 139 座，亚洲拥有 119 座，北美拥有 68 座，南美拥有 1 座，澳大利亚拥有 1 座。在全球的 328 座加氢站中，227 座可以像传统加油站一样，不需预约直接使用；24 座需要预约才可使用。公共加氢站总数达到 251 座，在加氢站总量中的比例得到了进一步的增加，其余的加氢站则主要为特定巴士或车队提供氢气燃料。从公共加氢站的数量来看，日本位居第一（91 座），德国居第二（45 座），美国则位于第三（40 座）。

据不完全统计，截至2018年7月，我国建成投入运行的加氢站已有20座，具体情况见表1-5。另据相关报道，我国各地还有数十座加氢站正在规划建设中。

表1-5 国内加氢站基本情况

加氢站	建成年份	供氢方式	加注压力/MPa	运行情况
北京永丰加氢站	2006	外供氢、站内天然气重整制氢和电解水制氢	35	奥运示范后曾关停，2015年重新恢复运行
北京飞驰竞立制氢加氢站	2006	水电解制氢	35	已停运，拆除
上海安亭加氢站	2007	外供氢	35	运行中
上海世博加氢站	2010	外供氢	35	世博会后已拆除
广州亚运加氢站	2010	外供氢	35	亚运会后已拆除
深圳大运会加氢站	2011	外供氢	35	部分拆除，部分搬迁
郑州宇通加氢站	2015	外供氢	35	运行中
大连同新加氢站	2016	外供氢+水电解	35/70	运行中

2. 我国加氢站技术发展历程

自2006年第一座加氢站建成至今，我国累计已建成的加氢站共计61座，其中3座已拆除，已经投入运营的有52座。

2006年至2015年建成的加氢站多为国家"863"（"863"计划，即国家高技术研究发展计划）项目或联合国开发计划署（UNDP）促进中国燃料电池汽车商业化发展项目，主要为燃料电池试验车辆、城市燃料电池公共示范汽车提供加注服务，尚未实现商业化运营。

2016年以后加氢站建设开始提速，2016—2018年翻倍增长，2019年前10个月建成的加氢站数量已超过2018年全年，高速增长的态势有望延续。

从省市分布来看，近50座加氢站分布极为分散，覆盖全国10余个省市。其中，广东以建成15座加氢站位居第一。近年来，广东省各地区政府发展氢能热情高涨，氢能产业发展规划和补贴政策频出，支持力度很大，尤其是佛山。

早在2015年5月佛山市就发布了《南海区新能源汽车产业发展规划（2015—2025年）》，规划明确提出，到2025年，南海区推广氢燃料电池叉车5000辆，氢燃料电池乘用车10000辆，氢燃料电池客车5000辆；2018年4月，南海区出台了全国首个明确加氢站建设补贴及运营扶持补贴的办法，进一步促进加氢站基础设施的建设。

上海已建成加氢站8座，位列广东之后，排在第二位。上海与氢能有比较深的渊源，具有丰厚的技术积累。上海是中国燃料电池乘用车研发与示范最早的地区，"十一五"期间依托国家"863"燃料电池轿车的研发与示范，由同济大学牵头，成功研制了样车，2010年上海世博会示范运行了一批上汽自主研发的燃料电池轿车。

在《中国制造2025》《节能与新能源汽车技术路线图》《中国氢能产业基础设施发展蓝皮书（2016）》中提出了2020—2030年加氢站建设的规划。

2025年后国内燃料电池汽车产业将进入快速发展阶段，到2030年国内燃料电池汽车年销量规模可达百万以上，配套加氢站数量将在4500座以上，对应加氢站投资规模达800亿元,相关设备投资规模也将达到 500 亿元。

我国加氢站的技术发展始于"十五"期间科技部的战略部署,同济大学、清华大学等单位率先在国内开始了加氢站方面的研发建设工作,有力地支持了国内燃料电池汽车的研发和示范。

2006 年,在"863"计划支持下,由清华大学牵头与 BP 公司合作在北京建成了我国首座车用加氢站——北京永丰加氢站(图 1-12)。永丰加氢站承担了全球环境基金(GEF)、联合国开发计划署和中国政府共同支持的"中国燃料电池公共汽车商业化示范"项目中三辆戴克燃料电池公交车的氢气加注任务,同时还承担国家 863"燃料电池客车"项目自主开发的燃料电池城市客车的氢气加注任务。北京永丰加氢站还圆满完成了为 2008 年奥运会燃料电池车队服务的任务。经过前后三期建设,该加氢站已具备站外供氢、站内天然气重整制氢和站内电解水制氢三种供氢方式,加注压力为 35MPa。

图 1-12　北京永丰加氢站

2006 年,北京还建成了另一座加氢站——北京飞驰竞立加氢站(图 1-13),该站由北京飞驰绿能电源技术有限责任公司建成,采用水电解制氢方式,该加氢站首次采用了浙江大学开发的钢带错绕式大型高压氢气立式储罐,最高储氢压力达到 75MPa。利用该加氢站的储氢压力优势,浙江大学、同济大学、上海舜华新能源系统有限公司等单位在该站进行了 70MPa 加氢的基础性试验研究。

图 1-13　北京飞驰竞立加氢站

2007年,在"863"计划支持下,由同济大学牵头在上海建成了安亭加氢站(图1-14)。该站采用外供氢方式,加注压力为35MPa,以上海地区的工业副产氢气为气源,在同一"863"项目支持下,同济大学牵头在上海焦化有限公司建成了国内首套副产氢气提纯示范装置。

图1-14　上海安亭加氢站

2010年建成的上海世博加氢站(图1-15)是上海市第二座固定加氢站,该站由同济大学、上海舜华新能源系统有限公司和上海新奥九环车用能源股份有限公司合作,专为上海世博会燃料电池汽车示范运行而设计建造。

图1-15　上海世博加氢站

上海世博加氢站实现了35MPa加氢站整套技术自主开发以及大部分关键部件的国产化,首次使用了自主研发的45MPa高压储氢瓶组和35MPa加氢机系统,突破了以往核心设备全部依赖进口的有限局面。

除了固定加氢站以外,同济大学等单位在国家"863"项目的支持下,2004年就自主开发了国内第一座移动加氢站,其后又陆续开发了第二代和第三代的移动加氢站。尤其是第三代移动加氢站,采用了国产45MPa高压储氢瓶组和国产双枪加氢系统,极大地提升了储存和加注氢气的能力，先后成功服务于上海世博会和深圳大运会。在长达6个月的世博会期间，两座移动加氢站每晚进入世博园区为100辆燃料电池观光车加注氢气（图1-16），累计加注15251次，加注7603kg氢气，其使用频次和规模达到世界领先水平。

图1-16　移动加氢站在世博园区内为观光车加注氢气

2012年，中华人民共和国科学技术部（即科技部）进一步部署实施基于可再生能源制/储氢的70MPa加氢站的研发与示范。该项目由同济大学牵头，联合北京天高隔膜压缩机有限公司、石家庄安瑞科气体机械有限公司和上海舜华新能源系统有限公司组成项目团队，经过四年多的刻苦攻关，先后研制出风光互补发电耦合电解制氢系统、90MPa隔膜式氢气压缩机、875MPa钢质碳纤维缠绕大容积储氢容器、70MPa加氢机系统等加氢站用关键装备，填补国内专业领域空白，建成我国第一座风光互补发电耦合制氢的70MPa加氢站——大连同新加氢站（图1-17）。

综观"十五"至"十三五"以来的发展，总体上我国已具备设计建设35/70MPa加氢站的能力（包括固定站和移动站），关键设备国产化取得重大进展，如加氢机、压缩机及储氢瓶组（储氢罐）均有相应的设计制造单位，其中加氢机、储氢瓶组（储氢罐）的设计制造能力已达国际水平，但压缩机的设计制造能力与国际水平略有差距，主要是在整机的制造精度和使用稳定性方面还需继续完善。而在目前国际流行的70MPa加氢站及其关键设备方面，以同济大学为代表的相关单位已在科技部的计划布置下研发

图1-17　大连同新加氢站

建设了国内首座70MPa加氢站，相关设备进入示范验证阶段。

与加氢站技术发展并行，在全国氢能标准化技术委员会的计划布置下，我国涉及加氢基础设施的标准也逐步发展形成体系，基本覆盖了固定加氢站、移动加氢站、加氢设备、氢气品质和运行管理等各方面。目前，我国直接涉及加氢基础设施的标准规范共有国家标准10

项，行业标准 1 项，地方标准 1 项，团体标准 1 项，见表 1-6，这些标准为我国加氢站基础设施建设等工作提供了重要技术支撑。

表 1-6 加氢基础设施相关标准规范

技术标准项目名称	标准类别	标 准 号
氢气站设计规范	国家标准	GB 50177—2005
加氢站技术规范	国家标准	GB 50516—2010
压缩氢气车辆加注连接装置	国家标准	GB/T 30718—2014
液氢车辆燃料加注系统接口	国家标准	GB/T 30719—2014
汽车用压缩氢气加气机	国家标准	GB/T 31138—2014
移动式加氢设施安全技术规范	国家标准	GB/T 31139—2014
氢能车辆加氢设施安全运行管理规程	国家标准化指导性技术文件	GB/Z 34541—2017
加氢站用储氢装置安全技术要求	国家标准	GB/T 34583—2017
加氢站安全技术规范	国家标准	GB/T 34584—2017
燃料电池汽车 加氢枪	国家标准	GB/T 34425—2017
加氢车技术条件	行业标准（汽车行业标准）	QC/T 816—2009
燃料电池汽车加氢站技术规程	地方标准（上海市工程建设规范）	DG J08 2055—2017，J11330—2017
质子交换膜燃料电池汽车用燃料氢气	团体标准	T/CECA—G 0015—2017

注：仅列与加氢基础设施直接相关的标准，未列入通用类的氢气安全标准。

近年来，随着燃料电池汽车的快速发展，各地示范推广燃料电池汽车的需求强烈，对加氢基础设施的建设提出了更迫切的需求。2016 年先后发布的《节能与新能源汽车技术路线图》和《中国氢能产业基础设施发展蓝皮书》也对我国的加氢基础设施的发展提出了总体路线图规划，为业界指明了方向。各地的加氢站建设开始提速，地方政府部门开始出台与加氢站建设运营相关的配套政府管理机制，为了适应燃料电池汽车的快速发展，一些地区在厂区内建成了撬装式加氢站或临时加氢装置，中石油、中石化等公司开始试点建设加氢加油合建站，部分区域开始出现加氢站网络雏形，如长三角地区正在规划建设"长三角氢走廊"。

3. 加氢站技术发展趋势及热点

纵观过去十年来国际上加氢站的发展和建设情况，总体呈现以下趋势：加注压力已从 35MPa 提升到 70MPa，制氢方式向可再生能源制氢发展，建站方式由单一加氢站向加氢/加油、加氢/充电等合建站发展，逐步向网络化发展，商业化的公共加氢站越来越多。随着各国持续推进加氢站的示范和商业化，加氢站相关技术得到持续示范和验证，相关技术标准也不断发展和完善。下面介绍一些目前加氢站技术发展中的热点问题，也是我国加氢站发展中需要关注的问题。

(1) 气态氢加注协议 目前，SAE J2601 是众所周知的气态氢加注协议标准，该协议规定了轻型车辆气态氢加注的协议和过程限制，这些过程限制（包括燃料温度、最大燃料流速、压力增加率和最终压力）是受诸如环境温度、燃料温度以及车辆压缩氢储存系统的初始压力之类因素的影响。加氢站应按照该协议，采用相关算法和设备来执行燃料加注程序，并且，汽车制造商也要按照该协议所规定的加注要求进行合适的设计。该协议第一版于 2010 年 3 月发布，其后不断更新完善，并于2014年7月发布第二版，2016年12月发布第三版。但是需要注意的是，该标准由于涉及美国空气化工产品公司（Air Products）的专利使用权，其他厂商采用该协议标准需要支付一定的专利授权费用，因此它的推广并不太顺利。推进燃料电池汽车最为积极的日本就没有完全采纳SAE J2601，而是制定了自己的加注协议标准JPEC—S0003。该标准于2012年发布第一版，然后在2014年和2016年完成两次修订，在2016年修订后的版本中将丰田开发的70MPa燃料电池大巴加入加注协议。而美国汽车工程师学会（SAE）用另外两个TIR文件分别规定了重型汽车气态氢加注协议SAE J 2601-2（TIR）《Fueling Protocolsfor Gaseous Hydrogen Powered Heavy Duty Vehicles》和工业用车辆气态氢加注协议SAE J2601-3（TIR）《Fueling Protocols for Gaseous Hydrogen Powered Industrial Trucks》。因此，我国在制定相关加注协议标准时也需重视此问题，要开发具有自主知识产权的加注协议标准。

此外，为了验证加氢站是否满足相关的加注协议标准，美国、日本和德国等都开发了加氢站现场检测装置，用于加氢站的调试和验收，如美国桑迪亚实验室与美国国家可再生能源实验室（NREL）联合开发的加氢站氢燃料加注机性能检测装置HyStEP，可用来模拟燃料电池汽车的加氢过程，进而对加氢设备性能进行监测，同时可完成氢燃料加注机的校准工作。我国在这一领域尚属空白，需要进行相关的研发。

(2) 气态氢品质要求及其检测 车用质子交换膜燃料电池对氢气燃料的品质要求很高，国际标准化组织（ISO）通过对一些国家超过十年的技术数据的收集统计，制定了燃料电池汽车用氢气品质规格的要求，即ISO 14687-2—2012，具体指标见表1-7。SAE J2719也给出了相同的品质要求。我国目前出台的团体标准T/CECA—G 0015—2017《质子交换膜燃料电池汽车用燃料氢气》也采纳了相同的指标要求。

表1-7　氢气技术指标

条　目	指　标
氢气纯度（体积分数）	99.97%
非氢气体总量	300μmol/mol

上述要求不仅对氢气生产、储运和加注过程中的氢气品质控制提出了很高的要求，而且对氢气杂质的检测也提出了很高的要求，目前各国加氢站运营商在执行上述标准的过程中就面临着采样困难和分析成本高的难题。

目前，ISO/TC 197下的WG28⊖正在研究制定《气态氢加氢站　第8部分　燃料质量控制》（ISO 19880-8），其目的就是确保氢气品质达到ISO 14687-2所要求的目标，对氢气的每一个加工流程都给出详细的规定，包括原料来源、运输、氢气输送和加注。同时，ISO/TC 158与ISO/TC 197合作，也正在制定相应的氢气品质分析方法标准。

此外，由于目前的氢品质分析方法都是基于实验室的，且分析成本高昂，一些公司也在开发可适用于加氢站现场的在线低成本氢气品质检测方法及装置。

(3) 加氢质量精确计量　加氢质量的精确计量是加氢站商业化运行的必要条件，但由于氢气密度低，而加注压力又很高，实现加注过程中的精确计量并不容易。同时，对加氢机

⊖　氢燃料质量与氢质量控制工作组。

的计量校准和认证工作也是大规模商业化运行所必需的。

例如，在德国，氢气作为燃料销售时，其加注计量的精度必须满足国际法制计量组织的 OIML R139 标准所规定的 15% 的最大许可误差，但目前加氢机配备的质量流量计尚不能达到该要求。目前官方还可以接受这种情况，但是在加氢站进入大规模商业化阶段时，这种情况就不能为市场所容忍了。针对此情况，德国清洁能源合作伙伴（CEP）开展了相关工作，包括建立一套适用于加氢机流量计量校准的方法，开发出一套参考系统用于加氢站计量认证。欧盟 FCH JU 也计划支持关于加氢站计量相关的研发项目，欧盟联合研究中心（JRC）已开展了相关研究，包括对比分析了目前各类加氢机用质量流量计的性能，建立了一套基于重量法的校准系统。在日本，加氢机和质量流量计厂商龙野（TATSUNO）在 NEDO 支持下已经开发出一套加氢机计量校准检测装置，这套装置同时采用了标准表法和重量法。他们计划通过相关试验验证建立基于标准表法的计量认证方法和程序，不断提升计量的准确性和精确度，还计划对 OIMLR 139 标准提出修订，增加氢气测量系统要求（注：现 OIMLR 139 标准是针对天然气的，并未包含氢气测量系统）。目前，国内有关这方面的工作也已起步，中国测试技术研究院与上海舜华新能源系统有限公司合作，已开发出国内第一套加氢机计量检定装置，相关的加氢机检定规程标准也已立项。除了上述基于气态氢加注的相关热点技术问题外，基于液氢储存的加氢站技术也值得我国关注和投入研发。从长远来看，液氢由于其储运效率优势，在大规模加氢站中会有较大的发展空间，而基于液氢储存的深冷-高压氢气（Cryo-compressed H_2）很有发展前景。

（4）政策方面 在 2019 年 8 月 29 日发布的《江苏省氢燃料电池汽车产业发展行动规划》中关于加快加氢站的建设部分提到创新发展模式。支持各地落实加氢站行业管理工作，进一步放开市场准入，鼓励和支持社会资本进入氢燃料电池汽车加氢站设施的建设和运营、整车租赁等服务领域，充分利用现有加油、加气、充电设施，探索加氢/加气、加氢/加油、加氢/充电、现场制氢等合建方式和多种经营模式。这是第一个明确支持"现场制氢"的省级文件。2019 年 11 月 8 日，山东济宁市人民政府发布了《关于支持氢能产业发展的意见》，意见中表示：探索加氢（油、气、电）等综合建设模式，探索推进氢分布式能源应用示范。对建设的 500kg/d 撬装式加氢站，每个补贴 400 万元；建设的 500kg/d 固定式加氢站，每个补贴 800 万元。

这些技术和财政政策的逐步到位，有望大力促进氢能基础设施的建设，加氢站的发展未来可期。

1.3 氢在储运和使用中的安全性分析

认识氢气先从氢气的物理化学性质入手，氢气是无色无味的可燃气体，也是最轻的气体，在空气中泄漏容易向上部浮起，但它难溶于水，在 101kPa 压强下，温度为 -252.87℃ 时，氢气可变成液态。氢气是易燃、易爆性气体，纯的氢气点燃会产生蓝色的火焰，不纯的氢气点燃会爆炸。标准状态下氢氧按体积含量的爆炸范围上限为 94.3%（H_2）和 5.7%（O_2），下限为 5%（H_2）和 95%（O_2）；氢气和空气的上限为 73.5%（H_2）和 26.5%（空气），下限为 5%（H_2）和 95%（空气）。制氢的着火点很低，只有 560℃，点燃需要的能量少。氢气的体积能量密度低，燃烧热值高，每千克燃烧后产生的热量约为汽油的3倍。氢气极易燃烧，一般碰撞、摩擦、不同电位之间的放电、各种爆炸材料的引燃、明火、热气流、高温烟气、雷电效应以及电磁辐射等都有可燃氢-空气混合物。

1. 制氢过程中的不安全因素

1）现在常用的电解水制氢方法在产生氢气的同时也有氧气产生，氢气的纯度不高，若氢气与氧气混合达到爆炸极限或是氢气泄漏在空气中和空气混合达到爆炸极限都有可能发生爆炸。

2）氢气很轻且极易泄漏，当氢气泄漏后，地面摩擦产生的火花或是拍打设备、衣服摩擦产生的静电等均可能点燃氢气。氢气本身的泄漏也会产生静电火花，若相邻有温度较高的物体等也可以点燃氢气。

3）防止压力过大导致管道破裂。当管道或是阀门流通不畅时，可能造成局部的压力升高，当到达管道所能承受的压力极限时便会使管道破裂。如果是小型的实验装置，补充蒸馏水时也要防止水压过大造成破坏。

2. 运输过程中的不安全因素

氢气主要有以下运输方式：①压缩气体运输，也就是压缩氢气罐运输，后又出现了大型高压容器的牵引车；②液态氢运输，但氢气的液化过程相当耗能；③储氢材料运输，需要把氢气加压到略高于大气压，在一定温度差时利用氢气与各种元素相结合的方式储氢，但是释放氢气需要消耗能量；④利用管道运输。

1）压缩氢气管由于内胆使用的材料不同，氢气的渗透不同，承压能力不同，可能出现金属卡与内胆的连接不紧密，氢气的渗透量大，以及反复使用引起的破坏出现的泄漏。但是这方面的控制技术已经比较成熟，主要的风险就是充入氢气、释放氢气压力不断变化，可能会引起储罐的疲劳现象，在高压情况下储罐也会出现疲劳现象。可能引发强度不够的爆炸、泄漏的爆炸。

2）储氢材料运输相对来说发生危险的可能性较小，即使发生断裂但没有释放氢气所必需的能量，氢气依然无法被释放。

3）管道运输除了压力过大引起的物理性破坏，还有泄漏破坏引起的化学性破坏。

3. 氢气使用过程中的不安全因素

设备的老化、连接不够紧密、操作不当以及泄漏的发生等均可以引起爆炸的发生。爆炸力有大有小，那氢气的爆炸力有多大呢？1t TNT炸药爆炸时所产生的能量为106kcal。而1kg氢气的爆炸相当于34kg TNT发生爆炸。可见氢气的爆炸力还是相当大的。研究爆炸力的大小就要考虑爆炸的机理、爆炸极限、蒸气云模型、泄漏模型、最大爆炸压力、爆炸压力的上升速率、冲击波的大小及影响等。

4. 难点

氢气的爆炸发生需要一定的条件：

1）达到爆炸极限的浓度范围。

2）足够的氧气或是空气。

3）足够的点火能量。

氢气的爆炸极限与初始温度、系统压力、点火能量的大小及容器的空间尺寸等有关，不是固定值，不同的外界环境条件下爆炸极限是可变的。当氢气的浓度达到爆炸极限的范围后，才会发生爆炸，当容器或管道发生泄漏后发生爆炸，研究爆炸过程就需要先研究爆炸机理和泄漏模型的建立，这两个过程往往都是把空气看成可压缩的理想气体，泄漏模型都是基于小孔模型或是管道模型，对于任意形状泄漏口的研究还不够。当氢气为地埋管时，泄漏发生后应考虑向土壤渗透、吸收问题，还无具体的计算模型。当为架空输送时，支架和周围遮挡物等外部障碍物对冲击波的影响没有被考虑。多数计算都是理论分析，也有少量的模拟研究，实验依据很少。

5. 引发的几点思考

1）氢气的运输过程有爆炸的危险，那么氢气的收集和使用过程中是不是也有危险？相关资料很少涉及氢气收集过程中不安全因素的分析，使用过程中不安全因素的分析也不多。

2）对冲击波危害大小的规范不够详细，由于对冲击波影响的分析不同，没有具体的规范。

3）爆炸过程研究通常假定为绝热模型或是等温模型，与实际过程有差距，实际过程应该是多变的，受外界影响较多。

6. 可采取的防范措施

1）储氢前先进行纯度测验。

2）尽量不拍打设备，进入制氢站时手先摸一下金属物品；管道阀门尽量使用不锈钢，以防铁锈和氢气摩擦产生火花；尽量穿纯棉衣服，少穿化纤类衣服；设备可配有相关的冷却装置。

3）管道上安装相应的泄压阀，当压力到达一定值时可以主动泄压。定期对管道和阀门进行清洗。

4）制氢车间应保持足够的换气次数。当有少量的氢气泄漏时，保证可以及时散掉，防止浓度到达爆炸极限的下限。

5）严格检测各部位的温度、压力和流量，在加氢站设置泄漏检测器。着火时使用阻火器、爆破片等设置挡板。

参 考 文 献

[1] 陈通. 氢能 [J]. 乙醛醋酸化工, 2015 (1): 28-31.

[2] 蒋利军, 陈霖新. 氢能技术现状及挑战 [J]. 能源, 2019 (3): 24-27.

[3] 周锦, 等. 氢能的研究综述 [J]. 山东化工, 2019, 48 (3): 49+52.

[4] 何欣荣, 王默玲, 盖博铭. "氢能时代" 中国加快探索氢能经济 [J]. 气体分离, 2019 (1): 88-90.

[5] 彭福银, 彭疆南. 氢能发展线路分析 [J]. 低碳世界, 2019 (4): 121-122.

[6] 武志星. 日本氢能发展战略及现实意义 [J]. 环球财经, 2019 (2): 180-183.

第 2 章

氢　能

氢能源被视为 21 世纪最具发展潜力的清洁能源之一，具有能量密度高、零排放、效率高、来源广和可再生等特点，作为低碳和零碳能源正脱颖而出。2019 年，氢能源首次被写入国务院政府工作报告——"继续执行新能源汽车购置优惠政策，推动充电、加氢等设施建设"。化石燃料消耗日益增加，储量日益减少，终有枯竭的一天，这就迫切需要寻找一种不依赖化石燃料的储量丰富的新能源，氢能源正是这样一种新能源。氢在常温常压下为气态，超低温高压下为液态，不易开发、运输。但氢能源应用模式丰富，能够帮助工业、建筑和交通等主要终端应用领域实现低碳化，符合环保和可持续发展的要求，世界各国都在大力推进。

目前，多地都在大力布局氢能产业。国内最大的氢燃料电池膜电极生产线已在广州落地，广州超前布局氢能产业核心技术，着力发展黄埔区（广州开发区）氢能产业，发挥集聚效应，积极打造"中国氢谷"。安徽也加快了氢能布局的步伐。山西正在大力支持太原等地申报国家级燃料电池汽车试点示范城市，并定下了"培育有影响力的氢能与燃料电池技术研发中心和燃料电池汽车检验检测中心"的目标。氢能源虽然还没有被大规模普及应用，但它却有着已知所有能源无可比拟的特点，相信可以成为解决人类社会能源问题的一项选择，成为能源领域的未来之星。

2.1 化石燃料带来环境问题

作为人类生存和发展的重要物质基础，煤炭、石油和天然气等化石能源支撑了 19 世纪到 20 世纪近 200 年来人类文明的进步和经济社会的发展。然而，化石能源的不可再生性和人类对其的巨大消耗，使化石能源正在逐渐走向枯竭（图 2-1）。

据美国地质勘探局估计，全世界最终可采石油储量为 3 万亿桶。由此推算，世界石油产量的顶峰将在 2030 年出现。由于剩余储量开采难度增大，石油产量会快速下降。世界煤炭总可采储量约为 8475 亿 t。长期来看，尽管世界煤炭可采储量相对稳定，但还是出现了下降的趋势。按当前的消

图 2-1　石油能源枯竭

耗水平，最多也只能维持200年左右的时间。世界天然气储量约为177万亿 m^3。如果年开采量维持在2.3万亿 m^3，则天然气将在80年内枯竭。

就我国而言，化石类能源探明储量约7500亿 t 标准煤，总量较大，但人均能源拥有量却远远低于世界平均水平。煤炭、石油和天然气人均剩余可采储量分别只有世界平均水平的58.6%、7.69%和7.05%。近年来，我国的能源生产一直保持快速增长的势头。2018年，我国能源生产总量为37.7亿 t 标准煤。

化石能源的利用，也是造成环境变化与污染的关键因素。大量的化石能源消费，引起温室气体排放，使大气中温室气体的浓度增加、温室效应增强，导致全球气候变暖。1860年以来，全球平均气温提高了0.4～0.8℃。政府间气候变化专门委员会（IPCC）所做的气候变化预估报告的结论是，CO_2 为温室气体的主要部分，其中90%以上的人为 CO_2 排放是化石能源消费活动产生的。化石能源，特别是煤炭的使用带来大量的二氧化硫和烟尘排放，也是造成我国大气污染的主要来源。尽管应对措施初步遏制了酸雨范围逐步扩大的趋势，但酸雨仍在局部地区加重；机动车尾气污染等问题日益严重，特别是在大城市，煤烟型空气污染已开始转向煤烟与尾气排放的混合型污染。随着化石能源储量的逐步降低，全球能源危机日益迫近。以化石能源为主的能源结构具有明显的不可持续性。

可再生能源，是自然界中可以不断再生、永续利用、取之不尽、用之不竭的能源资源的总称。可再生能源的特点，恰恰是可再生性和环境友好性。按照技术种类，可再生能源可分为太阳能、风能、水能、生物质能、地热能和海洋能等。过去30年间，全球可再生能源增长率，超过了一次能源的增长率。增长速度最快的分别是风电、太阳能和地热能。在1971—2004年间，风电增长了48.1%，太阳能增长了28.1%，地热能增长了7.5%。小水电、生物质发电、地热、风电等可再生能源发电技术，在价格上已经具有了市场竞争力。自《中华人民共和国可再生能源法》颁布实施以来，我国的可再生能源产业也得到了高速发展。截至2008年年底，我国有70多家风电设备整机生产企业，总生产能力已接近1000万 kW。风电装机容量连续翻番，2008年当年完成装机容量620万 kW，超过过去20年的总和，累计达到1217万 kW，居世界第四位。

科技的进步和各国在勘探领域投入的增加，促使不断有新的煤田和油气田被发现，化石能源预测储量有所增长。但是，一个不能忽视的事实是，化石能源具有天然的不可再生性。因此，如果不转变能源利用方式，继续大规模开采化石能源，化石能源的枯竭迟早会到来。目前，开发利用可再生能源，已成为国际上大多数国家的战略选择。许多国家把发展可再生能源作为缓解能源供应矛盾、应对气候变化的重要措施。

2018年，欧盟发布了新的气候战略——《所有人的清洁星球：欧盟长期战略愿景——繁荣、现代、竞争和气候中性的经济》，核能仍将是欧洲无碳电力系统的支柱；把能源效率、可再生能源、竞争性产业和循环经济、基础设施和互连、生物经济和自然碳汇、碳捕捉和储存，以及清洁、安全和连通的流动性等7个领域作为该战略重点关注的领域。2017年1月5日，我国国家能源局发布《能源发展"十三五"规划》及《可再生能源发展"十三五"规划》提出，到2020年，水电装机达到3.8亿 kW（其中含抽水蓄能电站4000万 kW）、风电装机达到2.1亿 kW 以上、太阳能发电装机达到1.1亿 kW 以上、生物质能发电装机达到1500万 kW、地热供暖利用总量达到4200万 t 标准煤的发展目标。到2020年商品化可再生能源年利用量将达到 5.8 亿 t 标准煤，再加上核电，基本上可以确保完成 2020 年 15% 的非化石能源发展目标，并为 2030 年实现非化石能源占一次能源消费比重 20% 的目标奠定扎实的基础。

根据欧洲可再生能源委员会估计，到 2050 年，可再生能源将能满足全球 50% 的一次能源需求，其中，70% 的电力将来自于可再生能源（包括水电），装机容量为 71 亿 kW，年发电 21400TW·h。预计到 2050 年，可再生能源将占世界一次能源的 1/3，并满足能源增长的大部分需求。事实说明，努力减少对化石能源的依赖，有利于保证未来人类文明的延续，不断提高可再生能源在全部能源中的比重，最终实现对化石能源的替代，也是人类社会发展的一种趋势。

2.2 不排放污染物的能源——清洁能源

在当前的世界能源结构中，人类所利用的能源主要是石油、天然气和煤炭等化石能源，但是化石燃料的使用给人类带来了环境污染和能源短缺的现实压力，这使得全世界开始关注清洁能源（即绿色能源），而且希望清洁能源能够克服化石燃料燃烧带来的污染和可能出现的能源枯竭问题。太阳能、风能和生物质能等作为新能源，已经是当前国际能源开发利用领域中的新热点。

清洁能源是指以新技术为基础，系统开发和利用的能源，包括风电、太阳能及生物质能等新能源。清洁能源具有资源消耗低、清洁程度高、潜在市场大、带动能力强以及综合效益好等优势。

2.2.1 太阳能

太阳能（图 2-2）一般指太阳光的辐射能量，它是一种巨大且对环境无污染的能源，地球每秒获得的太阳能量相当于燃烧 500 万 t 优质煤发出的能量。太阳能的主要利用形式有太阳能的光热转换、光电转换以及光化学转换三种主要方式。利用太阳能可以建成温室大棚、太阳房等节能建筑；太阳集热器作为热源可代替传统锅炉；使用太阳能热水器和太阳灶等，可节约生活燃料；太阳能还可用来淡化海水、制冷及发电；太阳能电池在人造卫星上已被成功使用，现在开始转向地面应用。利用光电池直接把太阳能转换为电能，是最有前途的一种太阳能利用方式。利用太阳能发电，可省去费用庞大的输电设备，随着太阳能电池转换效率的提高及太阳能电力成本的降低，其发电成本将大大低于目前的各种发电成本，前景非常诱人。因此，太阳能有望成为 21 世纪人类的一种主要能源。

1. 太阳能光伏

光伏板组件是一种暴露在阳光下便会产生直流电的发电装置，由几乎全部以半导体物料（如硅）制成的薄身固体光伏电池组成。由于没有活动的部分，可以长时间操作而不会导致任何损耗。简单的光伏电池可为手表及计算机提供能源，较复杂的光伏系统可为房屋照明，并为电网供电。

长期以来，太阳能电池的能量转换效率较低，约为 10%，成本昂贵，未能普及使用。我国自 20 世纪 80 年代起开始研究太阳能电池，已有小批量的生产，受到西藏无电地区牧民们的欢迎。目前国内太阳能光伏发电投资约 50000 元/kW，而火电约为 5000 元/kW。太阳能光伏发电投资的高成本，意味着采用当前技术大规模开发太阳能光伏发电是不经济的，虽

图 2-2　太阳能发电

然随着太阳能光伏发电设备生产技术的改进、生产规模的扩大以及生产链的完善，成本降低是可以预期的。近年来，各先进国家大力投入人力、财力开发，光电转换效率已有很大提高。美国已研制成新一代光电池，由于采用新材料，可利用阳光中能量的 20%，效率比过去提高一倍，使太阳能电站每度电的成本可以接近和低于现有火力发电的成本。可以预见，太阳能电站取代火力发电站的日子不会太远。目前，欧美及日本等地区和国家在太阳能电池研制方面都取得了实质性的不同进展，但由于现有理论的局限，要取得技术突破，还要走一段摸索的道路。现在的技术关键就是应用新原理研究新材料，继续提高光电池的转换效率和降低光电池的成本。

2. 太阳能光热

现代的太阳热能科技将阳光聚合，并运用其能量产生热水、蒸气和电力。除了运用适当的科技来收集太阳能外，建筑物也可利用太阳的光和热能，方法是在设计时加入合适的装备，例如巨型的向南窗户或使用能吸收及慢慢释放太阳热力的建筑材料。

3. 太阳光合能

植物利用太阳光进行光合作用，合成有机物。因此，可以人为模拟植物光合作用，大量合成人类需要的有机物，提高太阳能利用效率。

2.2.2　核能

核能是通过核反应从原子核释放的能量，符合阿尔伯特·爱因斯坦提出的质能方程

$$E = mc^2$$

式中　E——能量；

　　　m——质量；

　　　c——光速常量。

1. 核能的释放形式

核能的释放主要有以下三种形式：

（1）核裂变能　核裂变能是通过一些重原子核（如铀-235、铀-238、钚-239 等）的裂

变释放出的能量。

（2）核聚变能 由两个或两个以上氢原子核（如氢的同位素——氘和氚）结合成一个较重的原子核，同时发生质量亏损释放出巨大能量的反应称为核聚变反应，其释放出的能量称为核聚变能。

（3）核衰变 核衰变是一种自然的、慢得多的裂变形式，因其能量释放缓慢而难以利用。

核能作为清洁、高效的新能源，在近几十年间得到了快速的发展，尤其是核能发电。但是，2011年发生的日本福岛核电漏事故，使核电安全问题迅速成为人们最为关注的热点，全世界都在讨论核能去留的问题，就连传统的核电大国——法国也开始讨论核电要不要发展的问题。核能发电（图2-3）发展潜力巨大，属于国家政策支持的重点项目。截至2019年6月，我国大陆运行核电机组共47台，核能发电量居全球第三位，占总发电量的4.2%。与此同时，我国在建核电站数量占世界在建核电项目总量的40%以上。按照国家发改委的规划，我国2020年在役核电机组超过70座，占发电装机总容量的5%以上，2030年这一比例达到10%，2050年装机容量超过4亿kW。根据国家能源局和中国工程院的政策目标，2030年为2亿kW，2050年为4亿~5亿kW，核电将成为我国的主要能源之一。

图2-3 核能发电

2. 核能的缺陷

核能的缺陷如下：

1）资源利用率低。
2）反应后产生的核废料成为危害生物圈的潜在因素，其最终处理技术尚未完全解决。
3）反应堆的安全问题尚需不断监控及改进。
4）核不扩散要求的约束，即核电站反应堆中生成的钚-239受控制。
5）核电建设投资费用仍然比常规能源发电高，投资风险较大。

2.2.3 海洋能

海洋面积占地球总面积的70.8%，一望无际的汪洋大海不仅为人类提供航运、水产和丰富的矿藏，而且还蕴藏着巨大的能量。海洋新能源是指依附在海水中的可再生能源，包括潮汐能、波浪能、海流能、海水温差能和海水盐度差能等。据估计，全球海洋能的蕴藏量约为776亿kW。这些能源都具有可再生性和不污染环境等优点，是一项亟待开发利用的具有战略意义的新能源。海洋能具有以下特点：

1）海洋能在海洋总水体中的蕴藏量巨大，而单位体积、单位面积和单位长度所拥有的能量较小。也就是说，要想得到大能量，就得从大量的海水中获得。

2）海洋能具有可再生性。海洋能来源于太阳辐射能与天体间的万有引力，只要太阳、月球等天体与地球共存，这种能源就会再生，就会取之不尽，用之不竭。

3）海洋能有较稳定与不稳定能源之分。较稳定的为温度差能、盐度差能和海流能。不稳定能源分为变化有规律与变化无规律两种。属于不稳定但变化有规律的包括潮汐能与潮流能，人们根据潮汐和潮流的变化规律，编制出各地逐日逐时的潮汐与潮流预报，预测未来各个时间的潮汐大小与潮流强弱，潮汐电站与潮流电站可根据预报表安排发电运行；既不稳定又无规律的是波浪能。

4）海洋能属于清洁能源，也就是海洋能一旦开发后，其本身对环境污染的影响很小。

1. 波浪发电

波浪发电（图2-4）是利用海面波浪的垂直运动、水平运动和海浪中水的压力变化产生的能量发电。波浪发电装置的原理、结构均较简单，因而不仅经济且效果显著。据科学家推算，地球上波浪蕴藏的电能高达90万亿度（1度=1kW·h）。海上导航浮标和灯塔已经采用波浪发电机发出的电来照明，而且大型波浪发电机组已经问世。我国也在对波浪发电进行研究和试验，并制成了供航标灯使用的发电装置。波浪发电技术已日趋成熟，正向实用化、商业化方向发展。从经济性方面看，将波浪发电用于岛屿、航标灯或结合防波堤工程，效益是肯定的。

2. 潮汐发电

潮汐发电（图2-5）是利用海水涨、落潮的能量转变为电能。潮汐发电是在海洋能中发展最早、规模最大和技术最成熟的一种。世界上最大的潮汐发电站位法国北部英吉利海峡圣马洛湾的朗斯河口，其发电能力为24万kW，已经工作了30多年。我国在浙江省建造了江厦潮汐电站，总容量达到3000kW。

图2-4 波浪发电

图2-5 潮汐发电

3. 海水温差能

海水温差能，就是不同深度海水水温之差的热能。由于太阳辐射，海水温度随水深的增加而降低，由此产生了温度差异，这一温差中包含着巨大的能量。赤道地区的热海水由于重力作用下沉，流向两极地区，由此产生大尺度的海洋环流，从而也常年保持着海水不同层面的温度差，形成海水温差能。据测量，如把赤道附近的海水作为热源，2000m 以下的深层海水作为冷源，上、下层温度差可达 26℃ 以上，只要把赤道海域宽 10km、厚 10m 的表层海水，冷却到冷源的温度，其发出的电力就够全世界使用一年，可见其能量之巨大。海洋温差能的主要用途是发电，即利用海水表层与深层的温差进行发电。我国从 20 世纪 80 年代初开始在广州、青岛和天津等地开展温差发电研究，1986 年广州研制完成开式温差能转换试验模拟装置，1989 年又完成了雾滴提升循环试验研究。总体来说，对于温差能发电的利用目前仍处于研究阶段。

2.2.4 风能

风能是太阳辐射下流动所形成的。风能与其他能源相比，具有明显的优势，它蕴藏量大，是水能的 10 倍，分布广泛，永不枯竭，对交通不便、远离主干电网的岛屿及边远地区尤为重要。风能最常见的利用形式为风力发电（图 2-6）。风力发电有两种方式，即水平轴风机和垂直轴风机。水平轴风机应用广泛，为风力发电的主流机型。

风能发电是当代人利用风能最常见的形式，自 19 世纪末，丹麦研制成功风力发电机以来，人们认识到石油等能源会枯竭，才重视风能的发展，利用风来做其他的事情。

图 2-6 风力发电

截至 2016 年年底，全球风电累计装机容量达 486.7GW，同比增长 12%。其中中国风电装机占比为 34.7%，排名世界第一，是第二名美国装机容量的 2.05 倍，风电装机规模遥遥领先。

2.2.5 生物质能

生物质能是指直接或间接地通过绿色植物的光合作用，把太阳能转化为化学能后固定和储藏在生物体内的能量。生物质能原料包括农作物秸秆、动物粪便及农林产品加工中的副产品等。生物质能的资源丰富并且是资源节约型和环境友好型的能源。

地球上的生物质能资源较为丰富，而且是一种无害的能源。地球每年经光合作用产生的物质有 1730 亿 t，其中蕴含的能量相当于全世界能源消耗总量的 10~20 倍，但利用率不到 3%。

与矿物质能源相比，生物质能源一直是人类赖以生存的重要能源，它是仅次于煤炭、石油和天然气而居于世界能源消费总量第四位的能源，在整个能源系统中占有重要地位。生物质能有以下优点：

1）可再生性，每年都可再生，且产量大。
2）可储藏性和可替代性。
3）资源丰富。
4）CO_2 零排放。在使用过程中几乎没有二氧化硫产生，生物质能源燃料燃烧所释放出的

CO_2 大体上相当于其生长时通过光合作用所吸收的 CO_2,因而应用生物质能源时,CO_2 的排放可以认为是零。生物质能源的原料虽多种多样,但主要分为两大类,即工农业生产的废弃物和有目的种植的能源林。生物质能利用技术主要有四个方面:生物质能直燃发电、生物质固化成形、生物质液化和生物质气化。

1. 生物质能直燃发电

自 1990 年至今,生物质能发电在欧美许多国家开始大发展,特别是在 2002 年约翰内斯堡可持续发展世界峰会之后,生物质能的开发利用开始在全球加快推进。截至 2019 年年底,全球共有 3800 个生物质发电厂,装机容量约为 60GW,是风电、光电、地热等可再生能源发电量的总和。

2. 生物质固化成形

生物质固化成形技术是将分散的各类生物质原料经干燥、粉碎到一定粒度,在一定的温度、湿度和压力条件下,使原料颗粒位置重新排列并发生机械变形和塑性变形,成为规则形状的密度较大的固体燃料。固化成形燃料既可以提高原料的密度、减少运输和储运成本,又可以改善原料的燃烧性能、提高燃烧效率,是解决生物质资源规模化利用的有效方法。

3. 生物质液化

生物质液化技术主要是指生物质的热裂解液化。生物质的热裂解液化是指在中温(500℃)高加热速率(可达 1000℃/s)和极短的气体停留时间(约 2s)的条件下生物质发生的热降解反应,生成的气体经快速冷却后可获得液体生物油,所得的油品基本不含硫、氮和金属成分,是一种绿色燃料。生产过程在常压和中温下进行,工艺简单、成本低,装置容易小型化,产品便于运输、储存,因此生物质热裂解液化技术受到国际上的广泛重视。

4. 生物质气化

生物质气化是在不完全燃烧条件下,利用空气中的氧气或含氧物质作为气化剂,将生物质转化为含 CO、H_2、CH_4 等可燃气体的过程。目前气化技术是生物质热化学转化技术中最具实用性的一种,沼气技术是生物质气化技术利用最广泛的。2015 年,我国天然气产量 1350 亿 m^3,同比增长 5.6%;天然气进口量 614 亿 m^3,同比增长 6.3%;天然气消费量 1932 亿 m^3,同比增长 5.7%。天然气进口量占天然气消费量的比例达到 31.8%。如此大的市场需求将大力促进我国生物天然气的发展。

2.2.6 地热能

地球内部热源可来自重力分异、潮汐摩擦、化学反应和放射性元素衰变释放的能量等。放射性热能是地球的主要热源。

地热能(图 2-7)包括深部地热资源和浅层地热能,属于可再生洁净能源和资源,也称为地质新能源。与煤炭、石油和天然气等传统不可再生能源相比,地热能具有清洁、环保、分布广泛、可再生以及不受外界条件影响的优势。地热能是一种清洁的可再生资源,广泛用于供暖、洗浴、养殖、种植和发电。全球地热直接利用设备容量从 1995 年 8.66GW 增至 2015 年

图 2-7 地热能

70.33GW，约为同期地热发电设备容量（13.2GW）的5.3倍，平均每5年增长1.69倍。随着地源热泵技术的进步，地源热泵设备容量占比从1995年26%增至2010年69.66%，并在2015年占比保持在70%。

我国地热资源丰富，分布广泛，已有5500处地热点，地热田45个，地热资源总量约为320万MW。

2.2.7 氢能

氢的原子序数为1，常温常压下呈气态，在超低温、高压下又可成为液态。氢能具备以下特点：

1) 氢能是可再生的清洁能源。氢的燃烧产物是水，无CO_2和氮氧化物的排放，基本实现温室气体和污染物的零排放。同时水又可以通过多种方式重新转化为氢，实现能源的循环利用。

2) 氢的化学活性高，燃烧性好，发热值高。在3%~97%范围内均可燃，发热值是汽油的3倍。

3) 资源丰富，来源多样。氢在构成宇宙的物质中约占75%，是非常丰富的物质。可见氢能是可以同时满足资源、环境和持续发展要求的能源，这是其他能源所不能比拟的，因而具有优秀的应用前景。

遗憾的是，目前条件下以氢能全面替代化石燃料仍为时过早，其原因如下：首先，氢能的利用主要是通过燃料电池转化为电能，而氢燃料电池成本过高，并且氢燃料的储存和运输按照目前的技术条件来说非常困难，因氢分子非常小，极易透过储藏装置的外壳逃逸；其次，由于目前氢气的提取主要是通过电解水或者利用天然气，同样需要消耗大量能源，除非使用核电提取，否则无法从根本上降低CO_2的排放。

在众多的新能源中，氢能脱颖而出。这是因为，在燃烧相同重量的煤、汽油和氢气的情况下，氢气产生的能量最多，而且它燃烧的产物是水，没有灰渣和废气，不会污染环境；而煤和汽油燃烧生成的是CO_2和二氧化硫，可分别产生温室效应和酸雨。煤和石油的储量有限，而氢主要存于水中，燃烧后唯一的产物也是水，水又可产生氢气，如此循环。

燃烧1g氢能释放出142kJ的热量，是汽油发热量的3倍。氢比汽油、天然气和煤油都轻，因而携带、运送方便，是适合航天、航空等高速飞行交通工具的燃料之一。氢在氧气里能够燃烧，氢气火焰的温度可高达2500℃，因而人们常用氢气切割或者焊接钢铁材料。

在大自然中，氢的分布很广泛。水就是氢的大"仓库"，其中含有11%的氢；泥土里也有约1.5%的氢；石油、煤炭、天然气及动植物体内等都含有氢。氢的主体是以化合物水的形式存在的，而地球表面约70%为水所覆盖，储量很大，因此可以说，氢是"取之不尽、用之不竭"的能源。如果能用合适的方法从水中制取氢，那么氢也将是一种价格低廉的能源。

氢的用途很广，适用性强。它不仅能用作燃料，而且金属氢化物具有化学能、热能和机械能相互转换的特点。例如，储氢金属具有吸氢放热和吸热放氢的本领，可将热量储存起来，用于取暖等。

氢作为气体燃料，首先被应用在汽车上。1976年5月，美国研制出一种以氢作为燃料的汽车，之后，日本也研制成功一种以液态氢为燃料的汽车。20世纪70年代末期，奔驰汽车公司对氢气进行了试验，仅用5kg氢就使汽车行驶了110km。

用氢作为汽车燃料，不仅干净，在低温下容易起动，而且对发动机的腐蚀作用小，可延长发动机的使用寿命。由于氢气与空气能够均匀混合，完全可省去一般汽车上所用的汽化器，从而简化现有汽车的构造。更令人感兴趣的是，只要在汽油中加入4%的氢气，用它作为汽车燃料，就可节油40%，而且无须对汽油发动机进行较大的改进。

氢气在一定压力和温度下很容易变成液体，因而将它用铁罐车、公路拖车或者轮船运输都很方便。液态氢既可用作汽车、飞机的燃料，也可用作火箭、导弹的燃料。美国的"阿波罗"号宇宙飞船和我国的长征运载火箭，都采用液态氢作为燃料。

使用氢—氢燃料电池还可以把氢能直接转化成电能，使氢能的利用更为方便。目前，这种燃料电池已在宇宙飞船和潜水艇上得到使用，效果不错。当然，由于成本较高，一时还难以普及。

现在世界上氢的年产量约为3600万t，其中绝大部分是从石油、煤炭和天然气中制取的，这就得消耗本来就很紧缺的矿物燃料；另有4%的氢是用电解水的方法制取的，但消耗的电能太多，并不划算，因此，人们正在积极探索制氢的新方法。

随着太阳能研究和利用的发展，人们已开始利用阳光分解水来制取氢气。在水中放入催化剂，在阳光照射下，催化剂便能激发光化学反应，把水分解成氢和氧。例如，二氧化钛和某些含钌的化合物，就是较适用的光解水催化剂。如果更有效的催化剂问世，那么水中取"火"——制氢也就成为可能。到那时，人们只要在汽车、飞机等油箱中装满水，再加入光解水催化剂，在阳光照射下，水便能不断地分解出氢，成为发动机的能源。

20世纪70年代，人们用半导体材料钛酸锶作为光电极，金属铂作为暗电极，将它们连在一起，然后放入水里，通过阳光的照射，就在铂电极上释放出氢气，而在钛酸锶电极上释放出氧气，这就是通常所说的光电解水制取氢气法。

科学家们还发现，一些微生物也能在阳光作用下制取氢。人们利用在光合作用下可以释放氢的微生物，通过氢化酶诱发电子，把水里的氢离子结合起来，生成氢气。苏联的科学家们已在湖沼里发现了这样的微生物，他们把这种微生物放在适合其生存的特殊器皿里，然后将微生物产生的氢气收集在氢气瓶里。这种微生物含有大量的蛋白质，除了能放出氢气外，还可以用于制药和生产维生素，以及用它作为牧畜和家禽的饲料。现在，人们正在设法培养能高效产氢的该类微生物，以适应开发利用新能源的需要。

引人注意的是，许多原始的低等生物在新陈代谢的过程中也可放出氢气。例如，许多细菌可在一定条件下放出氢。日本已找到一种叫作"红鞭毛杆菌"的细菌，它就是个制氢的能手。在玻璃器皿内，以淀粉作为原料，掺入一些其他营养素制成的培养液就可培养出这种细菌，这时，在玻璃器皿内便会产生氢气。这种细菌制氢的效能颇高，每消耗5mL的淀粉营养液，就可产生25mL的氢气。

美国宇航部门准备把一种光合细菌——红螺菌带到太空中，用它放出的氢气作为能源供航天器使用。这种细菌的生长与繁殖很快，而且培养方法简单易行，既可在农副产品废水、废渣中培养，也可以在乳制品加工厂的垃圾中培育。

对于制取氢气，有人提出了一个大胆的设想：将来建造一些为电解水制取氢气的专用核电站。譬如，建造一些人工海岛，把核电站建在这些海岛上，电解用水和冷却用水均取自海水。由于海岛远离居民区，既安全，又经济。制取的氢和氧，用铺设在水下的通气管道输入陆地，以供人们随时使用。

2.3 世界氢能开发进展

地球上分布着大量的氢,其来源丰富。氢是元素周期表中最轻的元素,与其他物质相比,具有较高的比能量。氢的燃烧产物是水,非常清洁,不会对环境造成污染,因此人们对氢能源的开发与利用产生了极大的兴趣。与当前世界经济主要以化石燃料为能源来推动的"化石能源经济"相对应,"氢经济"(Hydrogen Economics)就是以氢为能源来推动的经济。发展氢经济是人类摆脱对化石能源的依赖、保障能源安全的永久性战略选择。20 世纪 90 年代以来,世界发达国家和国际组织都对氢能研发和实现向氢经济的转化给予了极大重视,投入巨资进行氢能相关技术的研发。

1. 美国和加拿大氢经济的发展现状

美国对氢能源的关注要追溯到 1973 年的石油能源危机时期。在 1973 年石油危机时期,美国成立了国际氢能源组织,并且在迈阿密召开了第一次国际会议。由于美国当时的能源自给项目失败,美国国家能源研究和开发组织从 1970 年就开始赞助氢能源的研究。在 20 世纪 80 年代,美国对于氢能源项目的研究投资急剧减少,直到 90 年代人们日渐关注全球气候变化及石油进口的依赖才重新启用此项投资。2001 年 11 月,美国召开了国家氢能发展展望研讨会,勾画了氢经济蓝图:在未来的氢经济中,美国将拥有安全、清洁以及繁荣的氢能产业;美国消费者将像现在获取汽油、天然气或电力那样方便地获取氢能;氢能的制备将是洁净的,没有温室气体排放;氢能将以安全的方式输送;美国的商业和消费者将氢作为能源的选择之一;美国的氢能产业将提供全球领先的设备、产品和服务。2002 年,美国能源部建立了氢、燃料电池和基础设施技术规划办公室,提出了《向氢经济过渡的 2030 年远景展望报告》。时任美国总统布什通过联邦政府在 2002—2007 年间投资了 1.7 亿美元,被称为自由合作汽车研究。氢能源研究投资总额达 3200 万,其中 1700 万用于可再生氢能源的研究。这一项目的目的是为了降低氢能源的成本,研究有效的氢储存以及氢燃料的供给。2003 年 1 月 28 日,时任美国总统布什宣布启动总额超过 12 亿美元的氢燃料计划,该计划的核心目的在于降低美国对国外石油的依赖性,促进美国国内能源资源可持续的多样化应用,降低能源生产和使用后 CO_2 的排放,增加发电的可靠性与效率。该项目所涉及的研究领域包括氢气的制造、运输、储存、氢燃料电池、技术认证、教育、标准法规、安全、系统集成与分析等领域,并且针对这些研究领域分别提出了研究的具体目标,主要的研究目的在于降低制氢、储氢和运输成本,降低车载质子交换膜燃料电池的成本,完善制氢系统的技术认证,完成氢燃料电池汽车的技术标准制定,出版有关安全规程的手册,确立有关氢经济与燃料电池技术的教育普及运动。

美国从 2003 年上半年起就在国际上积极倡导发展氢经济。在美国的大力推动下,2003 年 11 月 20 日由美国、澳大利亚、巴西、加拿大、中国、意大利、英国、冰岛、挪威、德国、法国、俄罗斯、日本、韩国、印度及欧盟委员会参加的《氢经济国际伙伴计划》在华盛顿宣告成立,这标志着国际社会在发展氢经济上已初步达成共识,也为美国发展氢经济提供了国际合作的基础。至此,美国发展氢经济的准备工作可以说已初步完成。美国能源部《氢能技术研究、开发与示范行动计划》的出台表明,美国发展氢经济已从政策的评估、制定阶段开始进入以技术研发、示范为起点的系统化实施阶段。

加拿大也是氢能源研发中最积极的国家之一，在氢能源技术领域中处于领先地位。加拿大工业部和加拿大自然资源保护部门一起创建了技术合作项目，以促进氢能源项目的开发和商业化应用，以求氢技术能够更早得到应用。

2. 冰岛和挪威氢经济的发展现状

对氢经济转换最重视的北欧国家是冰岛和挪威。冰岛是研究氢能走廊、氢经济的理想地区，主要有以下5个原因：

1）冰岛是一个面积小却高度发达的国家，其中绝大多数居民居住在 Reykjavik（雷克雅未克）地区，因此小项目在这里比在大城市有更深远的影响力。

2）冰岛过去有从一种能源换为使用另一种能源的经历，如在1940—1975年间，房间供暖从使用石油转换到使用地热，因此人们更容易接受能源使用的变革。

3）冰岛和其他发达国家有着相似的运输系统及其标准，因此任何项目的结果对其他发达社会也是有效的。

4）冰岛环境恶劣、季节变化较大、地形复杂，这些都将有助于新氢能技术的评价。

5）大部分的冰岛能源来自可再生的地热以及水力发电，因此可以通过地热蒸汽涡轮以及水力发电生产氢气。

1999年2月，冰岛称本国将在2030年完成氢经济的转换，成为世界上第一个完全由可再生能源供能的经济实体。冰岛是一个无任何石油能源，人口不多的国家，用自身丰富的水力发电和地热资源供应国民一半以上的能源需求和几乎全部的电力需求。冰岛大量的汽车及渔船动力都是靠石油维持的，这些也是最初氢能源转换计划的目标。由于低廉的电力价格，冰岛每年可生产出2000t电解氢，希望通过提供充足的可再生氢以满足本国整个运输业的能源需求。

冰岛新能源组织正在研发一种具有备选燃料电池的运输工具：氢能燃料电池巴士、甲醇燃料电池汽车和最终的氢能汽车。戴姆勒克莱斯勒汽车公司、荷兰皇家壳牌集团和挪威氢能集团几家汽车制造公司在1999年已针对此研究展开合作。试验的第一阶段花费800万美元，完成了自2002年起在雷克雅未克对3辆石油燃料电池巴士的测试；第二阶段逐渐在其首都城市或者其他地方完成对整个80辆的测试，花费5000万美元，而第一个氢能源加油站已于2003年在雷克雅未克向公众开放，并计划在冰岛人口最多的中心城市建设约20个同类的加油站；第三阶段将导入甲醇燃料电池汽车作为一个过渡阶段最终转向氢能源，最后一个阶段是在2030年将所有的动力运输工具包括捕鱼船全部转换为氢能源燃料电池。

除此之外，冰岛的社会环境也是理想的。首先，冰岛经济对氢能的依赖性越来越大；其次，冰岛的技术、金融以及政治团体将氢能发展视为实现其雄心的有效途径之一，即使冰岛在自身能源需求方面能够自给自足。最后，借助媒体进行宣传。也正是这样，冰岛大众对氢能的支持率很高。

挪威的可持续能源是从丰富的水力发电气中获得的，不同于冰岛的是，它在高关税条件下进口了大量天然气和石油燃料，这也使它成为最有动力推广氢能源应用的国家。挪威国家氢能委员会创立于2003年，并于2004年发表了报告。报告制定了最初的10年发展规划并推荐借鉴美国的债券方法，用发行长期债券的方法来收回短期债券，挪威已在斯塔万格与奥斯陆之间建成一条长达 580km 的氢能高速公路，沿着这条高速公路将建成几个新型燃料供应站。

3. 日本氢经济的发展现状

日本在努力发展氢经济方面是最具影响力的国家之一，不仅表现在研发上，而且体现在产品计划上。以下因素决定了日本的先导地位：日本本国运输行业对石油进口的依赖性极大；日本需要维护本国高新技术形象和经济强国的地位。

日本从 1993 年开始发展 WE-NET 项目。这个项目是关于诸多可更新能源的世界性发展网络的介绍、传输和利用。该项目于 2002 年完成，是由新能源工业技术发展组织经营的一个广泛的政府性工业学术活动，主要任务是关于氢能源研究方面的计划及策略贯彻。WE-NET 项目的第一阶段（1993—1998 年）主要集中研究不同氢技术的可行性分析，以及适用于日本的氢能源作业计划；第二阶段（1999—2002 年）主要是对选定方案的介绍、验证及测试，同时发展更进步的研究和计划。以上两个阶段的研发预算为 200 亿日元，近 2 亿美元。接下来的研究项目是称为氢能源安全利用方面的基础技术研发，主要方向是氢能源基础建设在日本的逐步普及和渗透。

虽然 WE-NET 项目预计日本的氢能源可以达到每年 $210m^3$，但是到 2030 年可持续氢能的消耗仅占氢能源的 15%，而 2030 年日本总体的氢能消耗预计为 $9.6m^3/$年，这仅是总能源消耗的 4%。

继日本的氢能源汽车、氢能源公交及氢能源重型货车之后，氢能源列车即将登场；然而更加厉害的是氢能源住宅社区也将诞生，即氢能源成为家庭能源。日本政府在普及氢能源的计划中，最值得关注的一点就是让氢能源走进普通家庭。到 2019 年 3 月为止，日本已经有 23 万户家庭安装了氢能源燃料电池（PEFC）。氢能源电池的价格，也由当初的一台 300 万日元降至 95 万日元（约 6 万元人民币）。日本政府计划在 2030 年，让氢能源燃料电池走进 530 万户家庭，使全国有 20% 的家庭用上氢能源。

东京奥运选手村在 2019 年 10 月基本建成，与此同时，世界上第一个氢能源社区在东京湾诞生。这意味着，日本已经开始了氢能源建设的时代。氢能源从汽车动力源起步，最终变成一个国家基础设施的重要组成部分，日本在这方面的创新可谓引领世界。

氢能住宅不仅体现了氢能在建筑应用上的广泛性，更体现了未来能源管理的可持续性和安全性。

日本的氢能源是从 20 世纪 90 年代开始研发的。最初考虑将氢能源作为汽车动能的是丰田汽车公司的技术人员，他们以"兴趣小组"的形式开始研究。在公司的资金支持下，这一"兴趣小组"的参加者人数越来越多，后来就直接变成了公司的新能源研发部，并于 2014 年生产出了第一代氢能源实验车。这辆车在极寒的加拿大北部和北海道北端地区，以及高温的非洲大陆，进行反复的耐寒、耐高温、耐冲撞试验，在获得一系列数据之后，于 2016 年正式推出了第一代氢能源汽车"MIRAI"，并已在日本和美国等市场销售，中国市场尚未销售。

日本政府的目标是，到 2025 年，将氢能源汽车的售价与混合动力汽车的售价持平，这样一来，即使政府不补贴，一辆氢能源汽车的实际价格也会降低。

日本政府在 2019 年 4 月发布的《第五次能源基本计划》中提到，其计划将氢能源汽车的数量从 2020 年的 4 万辆增加到 2025 年的 20 万辆。到 2030 年，氢能源汽车的普及数将达到 80 万辆。

但是，日本政府显然不满足于将氢能源只用于汽车行驶，而是要把氢能源作为国家基础能源的一个重要组成部分，逐步取代核电和火力发电。

在氢能的各种潜在应用研究中，氢能建筑和燃料电池汽车都是离人们生活最近的。不过，氢能建筑的意义不止于转变生活能源，而是希望借助一个能源应用的新场景，形成更持续高效、与能源安全关联更大的空间。

4. 巴西氢经济的发展现状

巴西一直对发展备选能源有浓厚的兴趣。在 1973 年的石油危机之后，巴西就开展了国家乙醇计划项目的研究。在这之后，酒精燃料电池曾大规模地应用于世界各地，特别是汽车动力的水合酒精和汽油酒精混合燃料，是由甘蔗发酵得到的一种物质。另一方面，由于这种方法只能提取 33% 的原始能源转换为酒精燃料，研究出增加量产效率的技术也是非常重要的。其中一种方法是巴西正在研究的将生物能转化为氢能源的技术。巴西在可持续能源方面的研究主要围绕水力电能以及生物能，政府也计划将这两种方法作为氢能源量产的基础。而将风能和光电电池应用于氢的生产也是可能的。巴西已有 50 万 t 的氢供工业应用，然而，这些仅是巴西氢能源研发的一个开端。

5. 印度氢经济的发展现状

印度一直很看重更新能源领域，并拥有一个成熟稳固的非常规能源部（MNSE），该部门成立已有 10 余年，然而开展科研工作可以追溯到 20 多年前。印度真正把氢能作为可更新能源的研究还是近些年的事情，目前仅局限在研发和一些宣传推广计划上。可以预见的是，可作为分布式发电和汽车燃料的氢能的商业用途，让印度人越来越有兴趣，因为这很有可能给印度的农村地区带来改善。

2003 年印度加入国际氢能经济合作组织，这有利于推动合作研究进展，并寻求资金援助。例如，美国能源部与基地在美国的 Tata Motors 公司已与印度汽车制造商 Mahindra & Mahindra 着手研制氢能动力三轮车，美国国际发展代理机构给予此项目 50 万美元的援助。

2.4 氢能利用现状和前景

煤、石油及天然气等化石能源是当今社会的能源消耗主体，随着消费总量的不断提高，正面临储量减少、开采难度加大以及生产边际成本上升的困境。此外，全球石油产量和天然气产量在未来都可能达到顶点，随之而来的就是世界范围内石油和天然气价格的上升。面对这样的局面，人们该如何应对？

全球变暖和环境污染对能源的使用提出了新的要求，由其导致的各种灾害和极端天气时有发生，控制温室气体和污染物的排放已迫在眉睫。面对全球日益严峻的减排任务，人们又该如何应对？

氢能是公认的清洁能源，被视为 21 世纪具有发展前景的二次能源，它有助于解决能源危机、全球变暖以及环境污染，其开发利用得到了世界范围内的高度关注。下面将围绕氢能的利用展开，在确定氢能的战略定位之后，讨论氢作为清洁能源、能源载体以及化工原料的应用，较为全面地总结氢能的利用现状，总结面临挑战的同时提出涵盖能源和化工领域的氢能发展方式是推动氢能全面发展的重要途径。

2.4.1 氢能的战略定位

2001年，在一个由联合国发展计划署发起的论坛上，时任荷兰皇家壳牌公司的主席菲尔·瓦特说："石油和天然气是最重要的矿物燃料，它们曾经把整个世界推进了工业时代，但21世纪它们将为以氢经济为基础的能源新制度革命让出发展空间。"纵观全球，自进入21世纪以来，氢能的开发利用逐渐加快，尤其是在一些发达国家，都将氢能列为国家能源体系中的重要组成部分，人们对其寄予了极大的希望和热忱。

氢具有清洁无污染、储运方便、利用率高以及可通过燃料电池把化学能直接转换为电能的特点，同时，氢的来源广泛，制取途径多样。这些独特的优势使其在能源和化工领域具有广泛应用，集中表现在三个方面，如图2-8所示。首先，氢能是一种理想的清洁能源。不管是直接燃烧还是在燃料电池中的电化学转化，其产物只有水，且效率高。随着燃料电池技术的不断完善，以燃料电池为核心的新兴产业将使氢能的清洁利用得到最大发挥，主要体现在氢燃料电池汽车、氢燃料电池叉车、分布式发电和应急电源产业化初现端倪。其次，氢能是一种良好的能源载体，具有清洁高效、便于储存和运输的特点。可再生能源，特别是风能和太阳能在近10年的发展较为迅猛，但由于自身的不稳定，导致其电力上网难，出现大量的弃风、弃光现象，严重制约了其发展。将多余电量用于电解水制氢，可大规模消纳风能、太阳能，制得的氢既可作为清洁能源直接利用，还能掺入天然气中经天然气管网运输并利用。最后，氢气还是化石能源清洁利用的重要原料。成熟的化石能源清洁利用技术对氢气的需求量巨大，其中包括炼油化工过程中的催化重整、加氢精制以及煤清洁利用过程中的煤制气加氢气化、煤制油直接液化等工艺过程，推进氢能在这些方面的应用有望加速氢能的规模化利用。

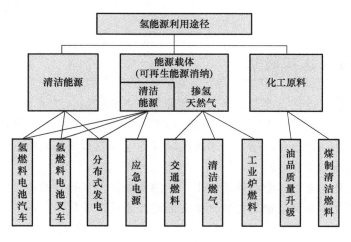

图2-8 氢能的用途

2.4.2 以燃料电池为核心的氢能应用

氢能是一种理想的清洁能源,其在燃料电池领域的应用是发展氢能清洁利用的关键。燃料电池是将氢气的化学能直接转化为电能的装置,具有转换效率高、零排放等特点,是很好的氢能利用技术。近年来,燃料电池技术的不断完善带动了以燃料电池为核心的新兴产业的快速发展,其中,氢燃料电池汽车、氢燃料电池叉车、分布式发电和应急电源的应用已接近产业化。

1. 氢燃料电池汽车

汽车是人类迈向工业时代的重要标志,是社会进步的关键因素。然而,传统车用燃料面临紧缺,产生的汽车尾气又是导致全球变暖和环境污染的主要因素之一,这就使汽车工业找到新的技术以替代传统的燃油技术并降低污染物排放变得尤为紧迫。氢燃料电池汽车可实现真正的零排放、零污染,是传统燃油汽车理想的替代品,也是氢能清洁利用的主要方式。图2-9所示为一种燃料电池汽车的概念设计图。

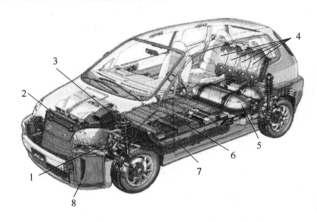

图2-9 基于本田2005FCX模型的氢燃料电池汽车概念设计图
1—电动机 2—燃料电池系统散热器 3—动力控制装置 4—超级电容器 5—储氢罐
6—燃料电池组 7—燃料电池系统箱 8—散热器

目前,交通用燃料电池的批量生产成本大幅降低,这大大加速了氢燃料电池汽车的推广。2013年3月,现代汽车ix35燃料电池汽车批量型号在韩国蔚山工厂下线,现代成为全球首个批量生产氢燃料电池汽车的汽车企业。同年,日本三大车企分别与其他巨头结盟,推进燃料电池汽车的商业化,它们是丰田和宝马、本田和通用、日产和戴姆勒及福特,先后计划于2015—2017年间实现燃料电池汽车上市,其中,丰田燃料电池汽车MIRAI已于2014年12月15日正式上市销售。在国内,氢燃料电池汽车的开发也紧随其后,在北京奥运会、上海世博会、广州亚运会及深圳大运会期间都开展了燃料电池汽车的示范项目。

然而,氢的制取与储运、燃料电池性能的提高,以及加氢站的建设等问题仍是制约氢燃料电池汽车发展的主要因素,在产业初期,仅靠企业一己之力很难取得长足进步,还需很大程度依靠政府部门的相关政策及资金投入方面的支持。

2. 氢燃料电池叉车

叉车是物流行业中必不可少的"搬运工",是工业车辆中的重要设备,但同汽车一样,大多数叉车依然使用化石燃料提供动力,产生的尾气对环境造成了很大影响。保守估计,我国内燃机叉车保有量约为 35 万台,叉车参与的所有环节产生的碳排放量,总量估计高达上千万 t,因此,将零排放的燃料电池用于叉车行业的环境效益显著,而且,有相关报道表明燃料电池叉车的效率可在内燃机叉车的基础上提高 30%～50%。

目前,燃料电池叉车已在发达国家中使用。2005 年,产自丰田的世界首辆 FCHV-F 型燃料电池叉车在德国汉诺威举行的世界最大国际物流展上亮相,随后,美国 CAT 公司及德国 STILL 叉车公司等纷纷推出自己的燃料电池叉车。其中美国 Plug Power 公司的 GenDrive 1990 燃料电池可完美取代电动叉车的蓄电池,其客户包括宝马、可口可乐及联邦快递等大公司,据燃料电池手册《FUEL CELL Handbook》2013 年 4 月研究报告,Plug Power 公司占有北美燃料电池叉车市场 85% 的份额。反观国内叉车市场,内燃机叉车仍占据主导地位,燃料电池叉车的研发刚刚起步,未来还有很大的发展空间。

除具有与燃料电池汽车零排放的相同特点之外,燃料电池叉车的使用相对集中,因此方便实现燃料的集中供给,这将大大减少加氢站建设方面的投入,也是燃料电池叉车发展领先汽车的主要原因。

3. 分布式发电

分布式发电一般是指靠近最终用户或者就在最终用户处(工厂、商业企业、公共建筑、街区、私人住户)的集成或者单机的小型发电装置。它具有利用技术种类多、发电规模可控、设备容易安装及可满足不同需求等优点,可为工业、商业和住宅的供电问题提供解决方案。

目前,以燃料电池为主的分布式发电已在欧美日韩等发达国家和地区开始初步商业化。其中,日本的家用燃料电池发展领先于世界,截至 2013 年 10 月,家用燃料电池热电联供系统(CHP)的安装量已达 57000 套,单套售价也已从 2009 年的 350 万日元降至 200 万日元左右,并计划继续下调至可完全实现商业化。质子交换膜燃料电池和磷酸型燃料电池(PAFC)是现有家用 CHP 最常用的燃料电池类型。CHP 的安装方式主要分为两类,即离网和并网安装,前者为避免受负载波动的影响,使系统的复杂性和价格提高,而后者可在用电高峰阶段实现电网补充供电,当用电量较少时可向电网输入多余电量,为了得到更高的效率,热存储单元对于两者都是不可或缺的。图 2-10 所示为并网安装的家用 CHP 示意图。

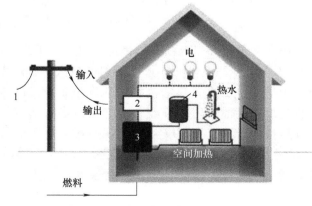

图 2-10　并网安装的家用 CHP 示意图
1—电网　2—电表　3—燃料电池　4—储罐

在我国,国家能源局于 2014 年 4 月下发豁免部分发电项目电力业务许可证的通知,为包括分布式发电等在内的分布式能源、清洁能源发展创造了相对宽松的环境,可有效推动国内燃料电池分布式发电的发展。

将燃料电池系统的寿命提高到80000h是发展燃料电池分布式发电最具挑战的技术难点。在实现燃料电池的耐久性和成本指标后,相信燃料电池在世界范围内分布式发电领域的占有量将继续提高,这为电力供应提供了新的途径,同时提高了供电质量和可靠性,具有广阔的发展与应用前景。

4. 应急电源

信息技术部门、银行及医院等重要企业或机构与人们的日常生活息息相关,为了在发生电力供应不足或中断的情况下能够保证这些地方继续正常工作,要求必须备有强大的应急电源系统。常用应急电源系统包括铅酸蓄电池组和移动油机。但是,铅酸蓄电池组笨重,备电时间有限且不确定,容易造成环境污染,对环境温度要求苛刻;移动油机后勤保障复杂,易造成废气污染和噪声污染等。相比之下,氢燃料电池以其具有的能源效率高、环境友好、占地面积小、重量轻、运行稳定可靠及寿命长(铅酸蓄电池的2~10倍)等特点开始受到应急电源市场越来越多的青睐。

将氢燃料电池应用于应急电源的企业众多,如苹果公司、微软公司等。尤其是通信用燃料电池应急/备用电源,已成熟商业化应用5年以上,应用规模达到了近万套级,我国三大电信运营商已有百余套燃料电池备用电源投入使用。而且,燃料电池应急电源的可靠性也在实际应用中得到了验证。2012年攀业公司在中国移动开设的首个燃料电池试验局PBP-3000运营至今,期间经历了沙尘暴、降雪等恶劣天气,运行依然稳定。

氢燃料电池的稳定可靠性是其在应急电源领域推广的重要优势,当然,成本因素仍是限制其规模化应用的主要原因,可以设想,随着氢燃料电池技术的进一步发展,当成本继续降低,其在应急电源领域的应用也将进一步加大。

2.4.3 以氢为载体的可再生能源应用

风能、太阳能的开发利用受间歇性和不可预测性的影响,造成大量能源的浪费,严重制约了它们的发展。氢能是一种良好的能源载体,通过电解水制氢的方式将风电、光伏电转化为氢气可提高风能、太阳能的使用量和利用效率,制得的氢气可直接利用,还可掺入现有天然气管网实现大规模输运和利用,其流程如图2-11所示。

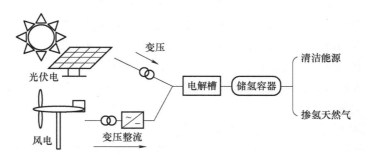

图2-11 可再生能源制氢流程

1. 可再生能源消纳

近年来，可再生能源特别是风能、太阳能发展迅猛，已成为部分国家和地区的重要能源之一。2013年，全球新增风电装机容量为35GW，累计装机容量达到318.12GW，其中，我国风电新增装机容量达16.09GW，累计装机容量为91.4GW，居世界首位；同年，全球太阳能光伏新增装机容量超过36GW，累计装机容量超过132GW，其中我国新增并网装机容量11.3GW，累计装机容量达18.1GW，也居世界首位。然而，风能、太阳能的不稳定性造成了严重的弃电。

发展可再生能源，储能是关键。可再生能源的储能技术主要包括蓄电池蓄能、压缩空气蓄能、抽水蓄能及氢储能技术，其各自特点见表2-1，通过比较发现，当氢储能技术的成本得到控制，相较于其他储能技术，将具有明显的优势。目前，许多国家已开始借用氢储能技术消纳可再生能源的方式来推动可再生能源的发展。

表2-1 储能技术的比较

分　类	优　点	缺　点
蓄电池蓄能	便于模块化操作，操作灵活	不适于大规模储能
压缩空气蓄能	效率高，适用于大规模储能	储存容量低
抽水蓄能	效率较高，成本较低，适用于大规模储能	地理环境要求苛刻
氢储能	能量密度高，储能时间长，氢能用途广泛，可掺入天然气管网，适用于大规模储能	成本高

法国阿海珐集团的"MYRTE"项目，集成了氢能系统和太阳能光伏电厂，在科西嘉岛运作，旨在通过调峰和平稳光伏电厂负载来稳定电网。欧盟的资助项目"NGRID"，包括1MW的电解槽和储氢容量达33MW·h的金属氢化物，计划在意大利运行。此外，加拿大、美国、英国、西班牙及挪威等国，都有氢储能技术的示范项目运行。我国也开展了一些氢消纳可再生能源的示范项目，2010年年底，在江苏沿海建成了首个非并网风电制氢示范工程，利用1台30kW的风机直接给新型电解水制氢装置供电，日产氢气120m³（标准状态下）。2013年11月，河北建投集团与德国迈克菲能源公司和欧洲安能公司签署了关于共同投建河北省首个风电制氢示范项目的合作意向书，其中包括建设100MW的风电场、10MW的电解槽和氢能综合利用装置。

氢储能技术巧妙地结合了可再生能源和氢能的共同发展，与当前人们追求可再生能源及清洁能源的利用趋势一致。目前，其高昂的投资成本及关键装置燃料电池、氢气储运设备之间的配置与优化等问题是限制其发展的主要因素，当各环节进一步发展，制氢成本最终得到控制时，其发展潜力巨大，有望取代传统制氢，成为既经济又环保的制氢方式。此外，制得的氢气可直接掺入现有的天然气管网进行输运，这在很大程度上减少了氢能的输运成本，有助于推动氢能的大规模使用。

2. 可再生能源制得氢气掺入天然气的利用

利用可再生能源制氢，可制得大量的氢气。按照2013年的"弃风"量计算，保守估计可制得23.7亿m³氢气。对于这些氢气，研究者不得不面临它的输运问题。常用的输氢方式有长管拖车、液氢罐车及管道输运，然而，前两者输运规模小，且成本高，后者的建设耗时、耗财巨大。因此，将可再生能源制得的氢气掺入天然气，组成掺氢天然气（HCNG），再通过现有天然气管网输送的方式受到了国际上广泛的关注，被认为是目前大规模输氢的最佳选择。研究发现，将氢气的掺入体积分数控制在17%以下时，基本不会对天然气管网造成影响。

国际上专门针对HCNG开展了一些研究工作。2004—2009年期间，由欧洲委员会支持的"NATURALHY"项目比较系统地研究了氢气掺入对整个天然气系统的影响。2008—2011年，在荷兰的Ameland开展了有关将风电氢掺入当地天然气管网的研究，其中2010年年均氢气掺入体积分数高达12%。此外，美国能源部也对HCNG投入了大量的研究。在德国的Falkenhagen（法尔肯哈根），一个具有2MW"电转氢"能力的示范电厂于2013年完全服役，制取的氢气被直接送入天然气管线。法国环境与能源控制署（ADEME）赞助的"GRHYD"项目也是将可再生能源制得的氢气掺入天然气中供加氢站和居民使用，掺氢体积分数最高将达到20%。然而，要开展天然气管道输送HCNG，受管道材料、管道配件、天然气成分及地理环境的影响，选取合适的掺氢体积分数依然是研究的重点。

HCNG用途广泛，可用作交通燃料、清洁燃气和工业炉燃料，其中，交通燃料的使用是当前的研究重点。研究发现，使用氢气体积分数20%的HCNG的国产内燃机的排放标准可达到国内要求。倘若实现了大规模HCNG的利用，其不仅带来良好的环境效益，更有希望缓解天然气储量不足的局面。

2.4.4 氢在化石能源清洁利用中的应用

氢气是化石能源清洁利用的重要原料。进入21世纪，环境污染成为全球性的危机，主要责任归咎于化石能源的使用。为了倡导清洁能源的高效利用，控制碳排放量，化石燃料的清洁利用至关重要。油品质量升级和煤制清洁能源是化石能源清洁利用的主要途径，而加氢是这些过程中的重要环节。

1. 油品质量升级

原油是现代工业的命脉，然而因其不可再生性使之储量日益减少，开采难度逐年加大且质量不断降低。特别是最近10年，我国炼油行业加工高硫和重质原油的比例越来越大，原油重质化和劣质化的趋势越发明显，但与此同时，为了追求环境效益，国家对油品质量提出了更高的要求，因此迫切需要提高原油加工深度，以提高油品质量。

氢气是炼油企业提高轻油收率、改善产品质量必不可少的原料。炼油过程中的耗氢主要集中在催化重整和加氢精制工艺，如图2-12和图2-13所示。整个过程的氢耗一般介于原油质量的0.8%~1.4%，如果按照7亿t炼油能力计算，当氢耗取原油质量的1%时，耗氢量高达700万t。而随着炼厂各种临氢工艺的快速发展，加氢装置数量的不断增多，氢气的需求量将进一步加大。目前，氢气成本已是炼厂原料成本中仅次于原油成本的第二位成本要素。

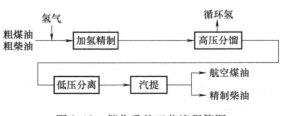

图2-12 催化重整工艺流程简图

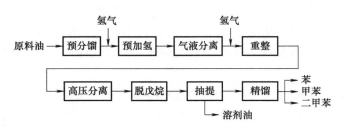

图 2-13　加氢精制工艺流程简图

面对如此巨大的氢气需求量，选择经济的制氢方式至关重要，目前，全球范围内炼油企业中的 90% 制氢装置都采用烃类蒸气转化法，但考虑到化石能源的减少以及可再生能源制氢成本的下降，由可再生能源制得的氢气有望作为主要的氢气来源，这不但具有潜在的成本优势，而且环境效益明显。

2. 煤制清洁能源

我国呈现"富煤、贫油、少气"的能源结构，发展煤制清洁能源，被认为是应对能源和环境挑战的路径之一，具有重要的战略意义。

煤制天然气、煤制油是煤炭清洁利用的重要途径。其中，煤制气的加氢气化过程以及煤制油直接液化过程中需要通入大量的氢气，具体工艺如图 2-14 和图 2-15 所示。仅以神华煤炭直接液化项目为例，按照优化后的工艺计算，处理 250t 干煤的耗氢量就高达 19.186t/h。

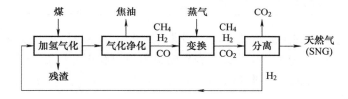

图 2-14　煤制气加氢气化工艺流程简图

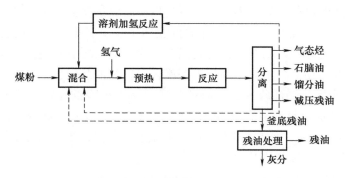

图 2-15　煤制油直接液化工艺流程简图

由国务院办公厅下发的《能源发展战略行动计划（2014—2020）》中明确指出，要稳妥实施和推进煤制气、煤制油示范工程和技术研发。截至 2018 年 9 月底，我国煤制天然气产能为 51.05 亿 m³/年，由国家发展改革委、国家能源局于 2016 年 12 月实施《"十三五"能源规划》中牢固树立和贯彻落实创新、协调、绿色、开放、共享的发展理念。随着示范项目的陆续成功投产，煤制气、煤制油项目的投入力度进一步加大，氢气的需求量也将大大增加，对推动氢气的规模化利用作用明显。类似于油品质量升级过程中的氢气来源，当煤制清洁能源产业进一步发展，使用由可再生能源制得的氢气依然是较好的选择。

在现有条件下，油品质量升级及煤制清洁能源工艺基本完善，并考虑到其过程对大量氢气的需求，使得氢气作为化工原料在该领域的应用成为现有条件下推进氢能规模化利用的最佳方式。

2.4.5 绿氢

氢能目前成为一个热门的行业，被视作未来的能源。在氢气的获取方面，根据CO_2的排放量，氢可以分为灰氢（煤炭等化石能源制氢）、蓝氢（氯碱、焦化等工业富产氢）和绿氢（水电、风电、光电、核电等可再生能源制氢），其中，通过可再生能源制取、零碳排放的氢称为"绿氢"，发展氢能就是为了实现能源的"去碳化"，而只有通过无碳能源生产的"绿色的氢"，才能实现这一目标。国际氢能协会副主席、清华大学教授毛宗强认为："随着可再生能源成本的下降，具有价格竞争力的'绿氢时代'将要到来。"立足于以光伏、风电、水电等为代表的可再生能源制氢技术，由于成本大幅度降低，生产出的"绿氢"将成为主流。依靠绿氢作为载体，其他可再生能源可以实现和现有能源系统的融合，同时绿氢也可作为单独的能源使用。2016年中国光伏行业协会做过测算，整个光伏系统的能耗，全部回收只需要1.17年。综上所述，整个系统从生产到发电的耗电量，折合一块60片的310W组件需要374.07kW·h，折算为1.207kW·h/W。按1300h进行计算，折合1W组件的年发电量为1.3kW·h。光伏电站的能量回收期为1.207kW·h÷1.3 kW·h/年=0.93年，可见，目前光伏项目全系统的能量回收期已经在1年以内，即光伏项目1年的所发电量已经高于所有设备生产过程中的耗电量。中国科学院大连化学物理研究所院士李灿也表达了类似的看法：认为只有做到"绿色氢能"，才能实现未来能源的可持续发展，他强调，如果氢能的大规模开发要依靠煤制氢、天然气制氢，就解决不了"绿色"的问题，同时，燃料电池也谈不上清洁技术，只有从可再生能源出发进行氢能制备，整个链条才属于清洁技术。发展可再生能源制氢，也是解决可再生能源发展瓶颈的重要方向，通过"氢储能"的开发，可以有效应对太阳能光伏、风能发电的间歇性和消纳问题，与此同时，可再生能源也为氢能制备提供了充足的能量来源，我国可再生能源十分丰富，每年仅弃风、弃光、弃水的电量就足以满足现在国家正在规划的燃料电池用氢的制备。我国可再生能源资源开发潜力巨大，近年来，由于政策的不断发力和技术的快速提升，我国风电、光伏等新型能源发展迅速，正在成为世界可再生能源的"动力站"。随着我国可再生能源在能源消费中占比的不断提升，氢能的发展潜力也将日益凸显。由于可再生能源发电经济性的提高，下一个10年，中国将迎来光伏与风电大规模建设高峰，毛宗强表示，到2050年，"风能"和"太阳能"将成为我国能源系统的绝对主力，可再生能源价格成本也将会继续大规模下降，由于可再生能源成本的不断下降，具有价格竞争力的"绿氢时代"也将随之到来。同时氢能作为高载能、多用途、零排放的清洁能源，可实现非化石能源与化石能源的无缝衔接，电能与热能的灵活转换，是构成未来能源互联网的重要环节。氢能本身也是一种新能源，通过积极推动氢能参与国际贸易，也将改变我国能源的格局。2019年6月14日，国际能源署（IEA）发布的《氢能的未来——抓住今天的机会》报告中指出，氢气未来将作为与天然气同等地位的能源物质参与国际贸易。绿氢作为能源产品进入国际贸易将成为改变世界能源格局的一种趋势。绿氢贸易将对我国产生五方面的影响：一是改变中国能源版图；二是可再生能源发展将不再单一依靠电网，除了从电网输出，还可以从"氢网"输出；三是拯救可再生能源，减少弃光、弃风、弃水；四是代替煤电成为电网基本负荷；五是氢的超大规模储运技术将提前实施。我国西部和东北地区都有丰富的可再生能源，通过"绿氢贸易"，西部可再生能源生产的氢气可以向欧洲输送，东部生产的氢气则可以向日韩出口，中部生产的氢气自用，届时，我国能源版图将发生巨大的改变。以新疆为例，40亿度"弃风电"就可以制备出8亿立方的氢气；而云南的弃水电量达到290亿kW·h，如果全部用于电解水制氢，即便以70kW·h/kg的最高能耗水平计算，也可制备4.14亿kg氢气，产生的经济效益超过200亿元。从高碳的煤电过渡到低碳的天然气发电，再到可再生能源（风电、光伏、生物质、地热等）发电，氢能在其中是个最佳载体，含碳能源通过变成氢实现零碳，可再生能源通过氢可以实现与现有的煤电系统结合使用。

2.5 我国氢能发展现状和展望

2.5.1 氢能特点

氢目前虽然主要是作为重要的工业原料，但在能源转型过程中，氢更重要的是作为一种清洁能源和良好的能源载体，具有清洁高效、可储能、可运输及应用场景丰富等特点。

1. 来源多样、清洁、环保、高效的二次能源

氢是二次能源，能通过多种方式制取，资源制约小，利用燃料电池，氢能通过电化学反应直接转化成电能和水，不排放污染物，相比汽油和柴油、天然气等化石燃料，其转化效率不受卡诺循环限制，发电效率超过50%，是零污染的高效能源。

2. 理想的能源互联媒介

氢能是实现电力、热力、液体燃料等各种能源品种之间转化的媒介，是在可预见的未来实现跨能源网络协同优化的一种有效途径。当前能源体系主要由电网、热网和油气管网共同构成，凭借燃料电池技术，氢能可以在不同能源网络之间进行转化，可以同时将可再生能源与化石燃料转化成电力和热力，也可通过逆反应产生氢燃料替代化石燃料或进行能源储存，从而实现不同能源网络之间的协同优化。

3. 可大规模应用的储能介质

随着可再生能源渗透率不断提高，季节性乃至年度调峰需求也将与日俱增，储能在未来能源系统中的作用不断显现，但是电化学储能及储热难以满足长周期、大容量储能需求。氢能可以更经济地实现电能或热能的长周期、大规模储存，还可成为解决弃风、弃光、弃水问题的重要途径，保障未来高比例可再生能源体系的安全稳定运行。

4. 丰富的应用场景

氢能应用模式丰富，能够帮助工业、建筑和交通等主要终端应用领域实现低碳化，包括作为燃料电池汽车应用于交通运输领域，作为储能介质支持大规模可再生能源的整合和发电，应用于分布式发电或热电联产为建筑提供电和热，为工业领域直接提供清洁的能源或原料等。

尽管氢能发展前景广阔，但当前也面临着产业基础薄弱、装备和燃料成本偏高以及存在安全性争议等方面的问题。目前我国制氢技术相对成熟且具备一定产业化基础，全国化石能源制氢和工业副产氢已具相当规模，碱性电解水制氢技术成熟。相比之下，我国氢能在燃料电池终端应用技术和储运技术方面与国际先进水平相比仍有较大的差距。

以氢燃料电池为例，国产燃料电池产品成本高，总体功率密度、系统功率、耐久性较低，质子交换膜、催化剂、膜电极等燃料电池关键材料和高压比空压机、氢气循环泵等系统关键设备进口依赖度高，且生产能力不足，产品价格较高。在储运方面，实现氢能规模化、低成本的储运仍然是我国乃至全球共同面临的难题。高压气氢作为目前国内外主流的氢能储运模式，还存在储氢密度仍然不够高、储运成本太高等问题。

保证氢安全是氢能大规模推广应用的前提条件。一方面，氢气能量密度高，与空气混合后易燃易爆，公众对氢安全存在一定的疑虑；另一方面，氢气密度小、易扩散，其安全风险相对可控。近年来，我国也积极开展氢能安全研究和相关标准制定工作，陆续开展了材料高压氢气相容性、高压氢气泄漏扩散、氢气瓶耐火性能以及氢泄爆、氢阻火等研究，工业领域的氢安全标准与规范体系相对健全，但针对氢能新型应用的相关标准还较欠缺。

2.5.2 氢能生产与消费现状

我国已具备一定氢能工业基础，全国氢气产能超过 2000 万 t，但生产主要依赖化石能源，消费主要作为工业原料，清洁能源制氢和氢能的能源化利用规模较小。国内由煤、天然气、石油等化石燃料生产的氢气占了将近 70%，工业副产气体制得的氢气约占 30%，电解水制氢占不到 1%。国内外能源企业结合其各自优势选择不同技术路线，纷纷布局氢能源生产与供给，煤制氢、天然气制氢及碱性电解水制氢技术和设备已具备商业化推广条件。

相比之下，氢能储运和加注产业化整体滞后。压缩氢气与液态、固态和有机液体储氢技术相比相对成熟，但与产业化相比仍有距离。压缩氢气主要通过气氢拖车和氢气管道两种方式运输。目前，国内加氢站的外进氢气均采用气氢拖车进行运输。由于气氢拖车装运的氢气重量只占运输总重量的 1%~2%，比较适用于运输距离较近、输送量较低、氢气日用量为吨级或以下的用户。

而氢气管道运输应用于大规模、长距离的氢气运输，可有效降低运输成本。国外氢气管道输送相对国内较成熟，美国、欧洲已分别建成 2400km、1500km 的输氢管道。我国目前氢气管网仅有 300~400km，最长的输氢管线为"巴陵—长岭"氢气管道，全长约 42km、压力为 4MPa。在终端加氢设施方面，截至 2018 年 9 月，我国在运营的加氢站有 17 座，在建的加氢站有 38 座。目前国内已建和在建站以 35MPa 为主，也正在规划建设 70MPa 加氢站，暂无液氢加氢站。

虽然目前氢能以工业原料消费为主，但未来在交通领域的应用潜力巨大。燃料电池功率和储能单元彼此独立，增加能量单元对车辆成本和车重影响相对较小，氢燃料电池在重型交通领域相比锂电池具有更强的技术适应性。图 2-16 所示为氢燃料电池汽车和纯电动汽车在轻型客运（图 a）和重型货运（图 b）应用中的成本对比，可见随着车重和续驶里程的提升，燃料电池汽车成本将逐步接近甚至低于纯电动汽车。

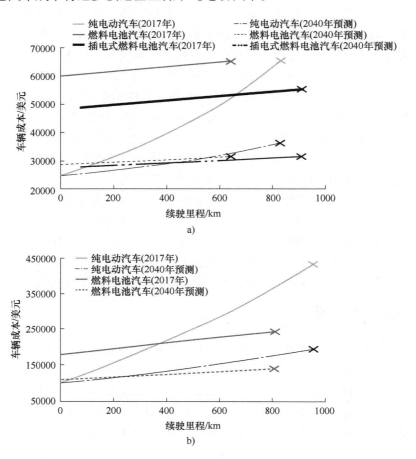

图 2-16　氢燃料电池汽车和纯电动汽车在轻型客车和重型货车应用中的成本对比
a）轻型客运　b）重型货运

相比燃料电池乘用车，我国在氢燃料电池商用车领域初步形成装备制造业基础。近年来，我国燃料电池汽车产销量保持每年千辆左右，2018 年我国燃料电池汽车产量达到 1619 辆，相比 2017 年增加 27%，带动燃料电池需求 51MW。就销量结构上看，我国氢燃料电池汽车以客车和专用车为主，其中专用车产量为 909 辆，相比 2017 年增长尤为明显，客车产量为 710 辆，中通汽车和飞驰汽车两家企业占据全国总产量的 70% 以上。

2.5.3　环境影响分析

与电能相似，氢能利用的环境影响取决于上游一次能源结构和下游应用场景，其中上游一次能源结构随着可再生能源占比的提高而动态变化，而氢的能源化利用集中在以燃料电池发电为主的车用能源和分布式能源场景。因此，下面以氢燃料电池汽车为例，分析当前和未来清洁电源情况下，燃料电池汽车的全生命周期排放，并与汽油机汽车、混合动力汽车及纯电动汽车技术路线进行对比。

本研究采用美国能源部 Argonne 实验室的 GREET 模型（Green house gases, Regulated Emissions and Energy use in Transportation model）。为了进行横向对比，这里选取同级别乘用车车型。各类动力燃料车型能效水平见表 2-2。

表 2-2　各类动力燃料车型能效水平

车　　型	汽油机汽车	汽油混合动力汽车	纯电动汽车	燃料电池汽车（天然气）	燃料电池汽车（氢气）
等效油耗/(L/100km)	7.6	5.08	2.07	4.36	3.84

当前我国电源结构仍以化石能源发电为主，2017 年煤电发电量占总发电量的 69%。作为对比，假设未来清洁能源发电结构下煤电电量占比下降至 20%，可再生能源发电占比提高到 73.8%，见表 2-3。

表 2-3　2017 年及未来假设情景下清洁能源发电结构情况

	2017 年发电电量结构（%）	未来假设情景电量结构（%）
油电	0	0
天然气发电	2.0	2.0
煤电	69.0	20.0
核电	4.0	4.0
生物燃料发电	0.2	0.2
可再生能源发电	24.8	73.8

图 2-17（参见彩图）所示为 2017 年及未来假设情景两种能源结构下汽油机汽车、混合动力汽车、纯电动汽车以及燃料电池汽车全生命周期 CO_2 排放强度对比。全生命周期分析包括燃料和车辆两个循环，其中燃料循环又包含上游原料获取、能源加工和车辆运行 3 个环节，而车辆循环包括新车制造和报废车辆回收两个环节。下面选取电网电解水制氢和车载天然气重整制氢两种典型燃料电池技术方案进行对比。

首先，就目前我国能源结构看（2017 年电源结构），纯电动汽车 CO_2 排放强度为 175g/km，已经明显低于汽油机汽车；若直接将电网电力制氢用于燃料电池汽车，其全生命周期排放强度高达 466g/km；若采用车载重整制氢方式，其 CO_2 排放强度仅为 160g/km，是各类技术路线中的最低水平，但其排放与汽油机汽车类似集中在车辆运行环节。在清洁能源结构下（可再生能源电量占比 73.8%），纯电动汽车和电解水燃料电池汽车的排放则分别下降 62% 和 65%，其他车型排放降幅有限。此外，虽然燃料电池汽车制造环节排放相对较高，但燃料循环排放仍是各类车型全生命周期 CO_2 排放的主体，占车辆全生命周期排放的 10%~20%。

综上所述，目前若采用电解水制氢方式，燃料电池汽车的综合排放明显高于纯电动汽车和燃油汽车，但若采用天然气重整制氢，燃料电池汽车全生命周期相比纯电动汽车排放更低；在清洁能源结构下，燃油汽车和混合动力汽车排放强度变化不大，而纯电动汽车和基于

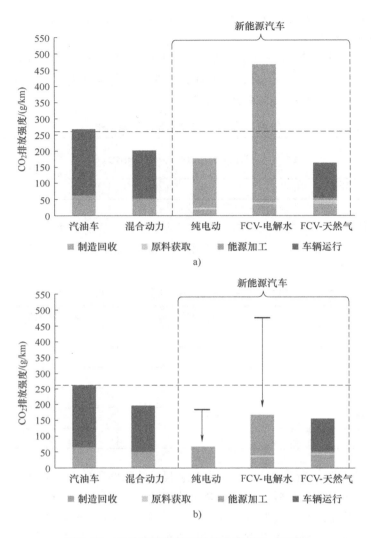

图 2-17 两种能源结构下全车用氢能生命周期

a) 2017 年电量结构情况（煤电占比 69%） b) 未来假设情景电量结构情况（煤电占比 20%）

电解水制氢的燃料电池汽车排放快速下降。虽然纯电动汽车的综合排放仍然低于燃料电池汽车，但需要看到制氢过程将发电和用电在时间上进行了解耦，因此基于氢能的燃料电池汽车与基于可再生能源电力的能源系统具有更强的协同能力。

2.5.4 技术经济性分析

终端用氢成本主要包括制氢、氢的储运和加氢三部分。从制氢成本来看，采用不同方式制氢的成本差异较大。以煤制氢和天然气制氢为主的化石能源制氢技术具有产量大以及价格相对较低的优点，以当前国内煤炭和天然气主流价格计算，氢气成本为 10~15 元/kg，缺点是在生产过程中碳排放较大和产生一定的污染，而且成本受原材料价格波动的影响，尤其是天然气制氢更容易受此方面的影响。

工业副产气制氢主要是从氯碱工业副产气、煤化工焦炉煤气、合成氨产生的尾气及炼油厂副产尾气中进行提纯制氢，最常用的是变压吸附技术（PSA）进行提纯。目前采用 PSA 技术的焦炉煤气制氢、氯碱尾气制氢等装置已经得到推广应用，规模化的提纯成本为 3~5 元/kg，计入气体成本后氢气价格也只有 8~14 元/kg，具有较高的成本优势。

水电解制氢则是一种清洁、无污染、高纯度制氢的方式，但其成本较高。目前每生产 $1m^3$ 常温常压氢气需要消耗电能 5~5.5kW·h，采用最便宜的谷电制氢［如 0.3 元/(kW·h)］，加上电费以外的固定成本（0.3~0.5 元/m^3），综合成本为 1.8~2.0 元/m^3，即制氢成本为 20~22 元/kg；如果是利用当前的可再生能源弃电制氢，弃电按 0.1 元/(kW·h) 计算，则制氢成本可下降至约 10 元/kg，这和煤制氢或天然气制氢的价格相当；但是电价如果按照 2017 年的全国大工业平均电价 0.6 元/(kW·h) 计算，则制氢成本约为 38 元/(kW·h)，远高于其他制氢方式。

从氢气储运来看，成本与储运距离和储运量有密切关系，目前市场需求量较小，高压储氢罐拖车运输百公里储运成本高达 20 元/kg。随着氢能应用规模的扩大、储氢密度提升以及管道运输的引入，未来氢能储运成本具有较大下降空间。对于加氢站环节，由于当前设备较贵、用氢量小，目前加注环节的成本约为 10 元/kg。

综合考虑各环节，当前终端用氢价格为 35~50 元/kg。随着用氢规模扩大以及技术进步，用氢成本将明显下降，预计未来终端用氢价格将降至 25~40 元/kg。因此按照 1kg/100km 用氢量计算，燃料电池乘用车百公里用能成本略低于燃油车。但是要比动力电池乘用车百公里用电价格（居民用电约为 10 元/100km，工商业用电为 20~30 元/100km）高。

对于燃料电池汽车，目前国内车用燃料电池成本高达 5000 元/kW 以上，因此整车成本远高于动力电池汽车和燃油汽车。目前制约燃料电池车应用的最大因素也是车的成本太高，主要是由于燃料电池组产量低，使单价居高不下。根据美国能源部由学习曲线做的燃料电池成本和产量关系的测算，随着生产规模的扩大化，燃料电池的成本将大幅下降。基于 2020 年的技术水平，在年产 50 万套 80kW 电堆的规模下，质子交换膜燃料电池系统成本可降至 40 美元/kW（约合 260 元/kW），即 80kW 燃料电池汽车的电池系统总价约为 2 万元。而按照国际能源署预测，2030 年锂离子电池系统成本有望降低至 100 美元，同等水平的 60kW·h 动力电池汽车电池系统总价约为 4 万元。

因此长期来看，未来燃料电池汽车成本有望比动力电池汽车更低，和燃油汽车的成本相当。燃料电池成本下降速率将明显高于锂离子电池，其原因主要是：

1）目前锂离子电池产业已具备较大规模，成本下降速率已逐渐趋于稳定，而燃料电池产业仍处在发展初期，其成本具有巨大下降潜力。

2）电堆是燃料电池成本的主要组成部分，电堆中除铂催化剂外，其他材料包括石墨、聚合物膜和钢等，几乎不存在类似于锂、钴、镍等稀缺材料对锂离子电池成本的刚性限制。而且近年来在技术进步推动下，单位功率铂用量大幅下降，丰田 Mirai 汽车的燃料电池铂含量仅为 0.2g/kW 左右，未来有望降至 0.1g/kW，甚至更低且铂可以回收利用，从而有效降低电堆成本。

综上所述，氢能具有清洁低碳、应用面广、便于储存及互联协同的优点，但也存在产业基础薄弱、成本偏高和安全性方面的问题。目前我国氢能生产主要依赖化石能源，氢能消费集中在化工原料。清洁能源制氢和能源化利用仍处于发展初期，未来氢能在交通重型货运和电力储能领域有较大的发展前景。

参 考 文 献

[1] 蔡立柱，王靖雯，李涵. 浅谈氢能源技术优势及发展［J］. 中国新技术新产品，2015（3）：175.

[2] 陈向国. 氢能源行业有望"乌鸦变凤凰"［J］. 节能与环保，2014（4）：46-47.

[3] 我国燃料电池车技术和产业现状［EB/OL］. 新能源汽车网，2016-07-07. http://nev.ofweek.com/2016-07/ART-71011-8500-30005903.html.

[4] 王赓，等. 我国氢能标准体系框架构建研究［J］. 中国标准化，2010（4）：34-37.

[5] 2012中国燃料电池和氢能报告［R/OL］. 中国氢能源网，2012-03-29. http://china-hydrogen.org/?newslist-zh/5279.html.

[6] 访氢能标准化技术委员会主任毛宗强［Z/OL］. 中国汽车报网，2016-6-27. http://www.cnautonews.com/xnyqc/EN_js/201606/t20160627_475348.htm.

[7] 氢燃料电池车商业化需顶层设计［Z/OL］. 中国汽车报网，2016-5-13. http://www.escn.com.cn/news/show-318119.html.

[8] 顾为东，张萍，颜卓勇. 中国·沿海（京沪）氢能高速公路示范区发展战略研究［J］. 宏观经济研究，2012（1）：21-28，79.

[9] 费纪川. 煤制油工艺技术探讨［J］. 硅谷，2013（16）：1-2.

[10] 钱卫，黄于益，张庆伟，等. 煤制天然气（SNG）技术现状［J］. 洁净煤技术，2011，17（1）：27-32.

[11] 刘洋. 中国炼油工业发展及其生产工艺［J］. 机械工程师，2014（5）：59-62.

[12] 金云，朱和. 中国炼油业2013年回顾与趋势展望［J］. 国际石油经济，2014（5）：21-29.

[13] 焦云强，苏宏业，侯卫锋. 炼油厂氢气系统优化调度及其应用［J］. 化工学报，2011，62（8）：2101-2107.

[14] 许红星. 我国煤炭清洁利用战略探讨［J］. 中外能源，2012，17（4）：1-13.

[15] 张运东，赵星. 国际煤制合成天然气技术的专利格局［J］. 石油科技论坛，2009（4）：59-62.

[16] 徐宏宾. 煤制油液化化工工艺的探讨［J］. 赤峰学院学报：自然科学版，2014，（4）：28-29.

[17] 吴秀章. 神华煤炭直接液化项目氢气系统优化［J］. 石油炼制与化工，2008，39（6）：26-29.

[18] 闫志强. 煤制气项目需走向规范化［J］. 能源研究与利用，2015（1）：13-14.

[19] 孙荷静，朱冬生，吴治将，等. 波纹管管内降膜流动与传热特性的研究［J］. 石油炼制与化工，2009（10）：25-29.

[20] 周文生，韩东. 降膜蒸发器传热特性的数值模拟［J］. 化工进展，2010，29（S2）：54-60.

[21] Jayanti S，Hewitt G F. Hydrodynamics and Heat Transfer of Wavy Thin Film Flow［J］. International Journal of Heat and Mass Transfer，1996，40（1）：179-190.

[22] 刘国兵，惠宇，王玉璋. 沿垂直壁面气-液降膜流动传质过程的数值研究［J］. 燃气轮机技术，2012，25（3）：34-39.

第3章

氢 的 应 用

3.1 概述

氢的用途广泛，除核燃料外，氢的发热值在所有化石燃料、化工燃料和生物燃料中最高，其热值是汽油的3倍，且其质量能量密度约为汽油的3倍，可供发电、供热和交通利用，使用过程不产生污染。近年来，氢能利用形式多，既可以通过燃烧产生热能，在热力发动机中产生机械功，又可以作为能源材料用于燃料电池，或转换成固态氢用作结构材料。用氢代替煤和石油，不需对现有的技术装备进行重大的改造，现在的内燃机稍加改装即可使用。因此概括起来，氢能的利用方式主要有以下三种：

1）通过燃料电池转化为电能。
2）直接燃烧。
3）核聚变。

在所有的气体中，氢气的导热性最好，比大多数气体的导热系数高出10倍，在能源工业中氢是极好的传热载体，在航天、交通和工业等领域得到广泛使用（表3-1和图3-1），氢能的开发正在引发一场深刻的能源革命，并将可能成为21世纪的主流。

表3-1 氢的用途

类 别	用 途	举 例
全能源系统	支持大规模可再生能源的整合和发电，化石能源制氢 + CO_2 捕捉和储存	大规模储能，其优势可超过蓄水电站
区域能源系统	跨部门和地区分布式能源	热电联供
	提高能源系统弹性的缓冲器	中等规模储能
氢的终端利用	脱碳运输燃料	车、船、飞机、火箭等
	脱碳工业能源	工业用电、热等
	脱碳的建筑热、电和冷联供	家居、办公室、数据中心
	清洁的工业原料	合成氨、天然气、甲醇、无碳炼铁

近年来，日本在氢燃料电池汽车领域的技术突破，使人们越来越关注氢能技术，尤其是其在交通领域的应用。氢燃料电池汽车相比传统汽车，具有无污染、无噪声、无传动部件的优势，相比电动汽车，具有续驶里程长、充电时间短的优势。除了在交通领域的应用，氢能源还可用于大中规模的储能和发电，可作为工业能源、化工原料等，用途非常广泛。目前，

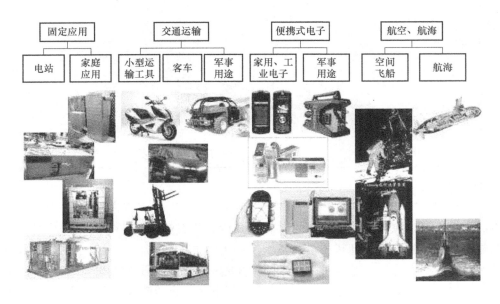

图 3-1　氢在各领域的应用

美、欧、日等发达国家及地区都从可持续发展和安全战略的高度，制定了长期的氢能源发展战略。时至今日，氢能的利用已有长足进步。从 1965 年美国开始研制液氢发动机以来，相继研制成功了各种类型的喷气式和火箭式发动机。美国的航天飞机已成功使用液氢作为燃料。我国长征 2 号、3 号火箭也使用液氢作为燃料。利用液氢代替柴油，用于铁路机车或一般汽车的研制也十分活跃。氢汽车靠氢燃料、氢燃料电池运行也是联通电力系统和氢能体系的重要手段。因此，研究利用氢能已成为当今国内外研究的热点。

3.2　氢用作清洁的燃料

3.2.1　依靠氢能飞上天

在中国，对氢的相关研究最早始于秦朝。秦始皇想长生不老，曾积极支持炼丹术，而炼丹术最早接触的就是含氢的金属化合物，但是受当时的科学技术水平所限，一直没有大的突破。直到 1869 年俄国著名学者门捷列夫整理出化学元素周期表，把氢元素放在周期表的首位，从氢出发，寻找众多的元素与氢元素之间的关系，至此对氢的研究和利用更加科学系统化了。至 1928 年，德国齐柏林公司利用氢的巨大浮力，制造了世界上第一艘"LZ-127 齐柏林"号飞艇，首次把人们从德国运送到南美洲，实现了空中飞渡大西洋的航程。大约经过 10 年的运行，航程达 16 万 km 以上，使 1.3 万人感受了飞上天的惊奇，这是氢能利用的奇迹。

然而，更先进的是 20 世纪 50 年代，美国利用液氢作为超音速和亚音速飞机的燃料，使 B-57 双引擎轰炸机改装了氢发动机，实现了氢能飞机上天。特别是 1961 年苏联宇航员加加林乘坐宇宙飞船绕地球飞行和 1963 年美国的宇宙飞船上天，紧接着 1969 年阿波罗号飞船

（图3-2）实现了人类的首次登月，这些创举都是靠氢燃料实现的。面向科学的21世纪，先进的高速远程氢能飞机和宇航飞船，离真正商业运营已为时不远，古人飞上天的梦想将由现代人继续实现。

由于液态氢存在诸多不足，目前科学家们正研究一种"固态氢"宇宙飞船。固态氢既可作为飞船的结构材料，又可作为飞船的动力燃料，在飞行期间，飞船上所有的非重要零部件都可作为能源消耗掉，飞船就能飞行更长的时间。在超音速飞机和远程洲际

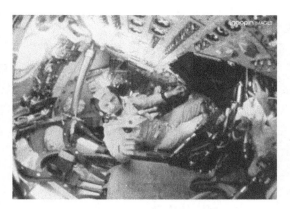

图3-2　阿波罗号飞船登月

客机上以氢作为动力燃料的研究已进行多年，目前已进入样机和试飞阶段。德国戴姆勒-奔驰宇航公司以及俄罗斯航天公司从1996年开始试验，其进展证实，在配备有双发动机的喷气机中使用液态氢，其安全性有足够保证。

目前，各类航空器均采用专用航空燃料。航空燃料为石油制品，燃烧尾气中含有氮氧化物，而目前各类民航飞机及部分军用飞机的飞行高度均到达大气平流层，因此，航空器尾气在光化学反应下分解臭氧，成为大气层臭氧空洞的重要污染源之一。氢气重量轻、比重小、热能高，已经应用于人类的一些生产和生活活动。利用氢能作为动力，可减少航空器飞行负重，为民航飞机提供更多载重量，为军用飞机提供更长时间航程动力保证。氢能代替传统能源进入高能耗的航空行业，可减少传统不可再生能源的消耗，减少环境的破坏。氢能应用于航空器，可减少现有航空器尾气污染，改造航空器动力系统，甚至可带来航空行业的新革命。

20世纪以来，随着人类航天事业的发展，氢能已经为人类航天所用。氢气作为自然界分子量最小的物质，在质量上拥有其他物质不可比拟的特性。科学家们使用液氢液氧作为航天器推进器燃料，这一技术已经不断成熟。对于氢能在航天领域的应用可能集中在以下两方面：

（1）开发小型液氢液氧动力推进系统　借鉴航天工业应用液氢燃料的成熟经验，可开发小型民用及军用航空液氢液氧动力推进系统，其反推喷气式工作原理有利于航空器飞行速度的进一步提高。液氢液氧动力推进系统相对于目前使用的一般航空燃料系统具有重量上的优势。若液氢液氧推进器不能在航空器起飞加速和降落减速时完全适用目前的地面条件，可借鉴航天器的发射飞行经验，在液氢液氧动力推进系统中配备常规燃料推进系统。

（2）开发原子氢能动力系统　虽然液氢液氧动力推进系统体积较小，但是其易燃易爆的特性对广泛应用于民航工业有较大的难度，同时保持氢氧液体状态的高压低温条件，也对飞行器的制造、维修和飞行带来了高度的挑战。如能在常温常压下储存氢气，可带来氢能在更多领域的应用。利用纳米技术，选用特定的物质，在原子或分子水平上，构成特殊的原子储存管道，利用特殊方法，将氢气以原子形式储存于储存材料的管道中。利用这种原理，可在$1cm^3$的材料中储存几百升的氢气。在地面大气压下，氢气可安全地储存运输，到达万米高空后，气压骤减，使用特殊的技术，使储存材料中的氢气源源不断地释放出来。这种技术，需配备一系列专用技术手段，从氢气储存材料的开发到氢气的充入、释放以及氢气动力推进器的开发。

3.2.2 利用氢能可行车

目前氢能作为一种高效清洁的燃料能源,被认为是人类能源问题的一种有效的解决方案,而随着技术进步,氢能已在越来越多的领域中得到了应用,尤其是在交通领域。氢能用作燃料主要有两种方式:一是直接燃烧(氢内燃机);二是采用燃料电池技术,相比于氢内燃机其效率更高,故更具发展潜力。氢能应用以燃料电池为基础。美、德、法等国采用氢化金属储氢,而日本采用液氢作为燃料组装的燃料电池示范汽车,已进行了上百万公里的道路运行试验,其经济性、适应性和安全性均较好。美国和加拿大计划从加拿大西部到东部的大铁路上采用液氢和液氧为燃料的机车。

1. 氢内燃机的应用

我国氢内燃机的研究始于20世纪80年代初,其基本原理与汽油或柴油内燃机相似。氢内燃机是传统汽油机的少量改动版本。氢内燃机直接燃烧氢,不使用其他燃料或产生水蒸气排出。氢内燃机不需要任何昂贵的特殊环境或者催化剂就能完全做功,这样就不会存在造价过高的问题。

氢燃料发动机根据氢能的纯度可以分为纯氢燃料和掺氢燃料两种。纯氢燃料在发动机中的应用是以原有汽油作为燃料的基础进行改造的,改为完全用氢能作为燃料。这种发动机应用的优点主要包括:只是通过和空气进行简单的混合就能够很容易地实现;氢与氧气发生化学反应之后的产物只有水和氮氧化物,不会产生固体物质,因而对发动机产生的损害非常小;相对来说,对汽车所用的润滑油几乎不会产生污染。但是由于氢在燃烧时温度高,会产生很大的热量等特点,导致应用氢能的发动机经常会遇到早燃、回火、敲缸和发动机热负荷高等问题。现在很多研发成功的氢内燃机都采用混合动力的方式,即氢能在作为汽车发动机的燃料时,还与其他燃料一起使用,这种应用称为掺氢燃料发动机,它通过在燃料中掺杂一部分氢,可以有效提高汽油机的使用性能。例如,在一次补充燃料后不能到达目的地,但能找到加氢站就可以使用氢为燃料,或是先使用液氢,再找到普通加油站加油。这样就有助于消除加氢站还不普及时人们使用氢动力汽车的顾虑。氢内燃机由于其点火能量小,易实现稀薄燃烧,故可在更宽阔的工况内得到较好的燃油经济性。

国内有众多高校和研究机构开展氢内燃机方面的研究,如浙江大学、天津大学、吉林大学、包头冶金建筑研究院、北京有色金属研究总院及中国石油大学等都先后进行过汽油掺烧氢的研究。天津大学和天津内燃机研究所及内燃机燃烧学国家重点实验室的研究显示,通过喷水和排气再循环可以有效抑制氢内燃机的异常燃烧。吉林大学内燃机研究所在汽油掺烧氢的研究中发现这样可同时提高发动机性能并降低废气排放。上海交通大学进行了燃氢发动机稳态工作过程模拟有害物排放方面的研究,分别以汽油机和涡轮增压柴油机为原型建立了氢内燃机模型,编制了计算机数学模拟程序,分析了缸内参数及工作参数对发动机性能的影响。针对氢内燃机的回火问题设计了喷氢阀和控制系统,分析了氢内燃机的异常燃烧和氮氧化物排放。浙江大学和华北水利水电学院对氢燃料发动机做了系统的研究,进行了氢燃料发动机的理论循环分析,系统地分析和试验研究了氢-汽油混合燃料发动机的混合气形成及燃烧规律,建立了氢内燃机的准维燃烧模型,剖析了异常燃烧和氮氧化物产生的机理,总结了异常燃烧和氮氧化物的抑制技术,并给出了优化控制策略,首次在氢燃料发动机中引入智能控制技术，借助于模糊神经网络集成系统求得最优控制规律。

2. 氢燃料电池的应用

氢燃料电池发电的基本原理是电解水的逆反应，把氢和氧分别供给阳极和阴极，氢通过阳极向外扩散和电解质发生反应后，放出电子通过外部的负载到达阴极。燃料电池与普通电池的区别主要是：干电池、蓄电池是一种储能装置，它把电能储存起来，需要的时候再释放出来；而燃料电池严格说是一种发电装置，即把化学能直接转化为电能的电化学发电装置。而使用燃料电池发电，是将燃烧的化学能直接转换为电能，不需要进行燃烧，能量转换率可达60%~80%，而且污染少，噪声小，装置可大可小，非常灵活。从本质上看，燃料电池的工作方式不同于内燃机，燃料电池通过化学反应产生电能推动汽车，而内燃机是通过燃烧热能来推动汽车。由于燃料电池汽车工作过程不涉及燃烧，无机械损耗及腐蚀，燃料电池产生的电能可以直接用于推动汽车的四轮，从而省略了机械传动装置。

常用的燃料电池按电解质不同可分为质子交换膜燃料电池（PEMFC）、熔融碳酸盐燃料电池（MCFC）、固体氧化物燃料电池（SOFC）、磷酸燃料电池（PAFC）和碱性燃料电池（AFC）等，其中质子交换膜燃料电池由于操作温度低、启动速度快，是车用燃料电池的首选。

1）质子交换膜燃料电池的应用。目前发展最快的燃料电池是质子交换膜（PEM）燃料电池，也称为聚合物电解质膜燃料电池。其工作温度约为80℃，工作效率很高，电力密度高，体积相对较小，能在严寒条件下快速启动，最适合用作车用燃料电池。美国最早用于阿波罗宇宙飞船的一种小型燃料电池称为美国型，实为离子交换膜燃料电池，其发电效率高达75%，运行温度低于100℃，但是必须以纯氧作为氧化剂。例如，美国研制的一种用于氢能汽车的燃料电池，充一次氢可行驶300km，时速可达100km，这是一种可逆式质子交换膜燃料电池，发电效率最高达80%。

2）熔融碳酸盐燃料电池的应用。熔融碳酸盐燃料电池一般称为第二代燃料电池，其运行温度为650℃左右，发电效率约为55%，日本三菱公司已建成10kW级的发电装置。这种燃料电池的电解质是液态的，由于工作温度高，可以承受CO的存在，燃料可用氢、CO及天然气等。氧化剂用空气，发电成本可低于40美分/（kW·h）。

3）固体氧化物燃料电池的应用。固体氧化物燃料电池被认为是第三代燃料电池，其工作温度较高，一般为800~1000℃，发电效率可超过60%，有不少国家正在研究。该电池适于建造大型发电站，美国西屋电气公司正在进行开发，有望使发电成本低于20美分/（kW·h）。在商业和工业用燃料电池发电领域，2017年日本厂商已正式将固体氧化物氢燃料电池投入市场，预计到2025年，结合余热利用技术，可实现电网平价（一种电力技术使其发电成本与现有电力成本持平的能力）。其中，低压发电的设备资本性支出应降至50万日元/kW，发电成本应降至25日元/（kW·h）；高压发电的设备资本性支出应降至30万日元/kW，发电成本应降至17日元/（kW·h）。另外，还要提高固体氧化物燃料电池的发电效率和耐久性。届时，发电效率应超过55%，后续则应超过65%；耐久性预计在2025年达到13万h。

4）磷酸燃料电池的应用。磷酸燃料电池是最早的一类燃料电池，其工艺流程基本成熟，美国和日本已分别建成4500kW及11000kW的商用电站。这种燃料电池的工作温度为200℃，最大电流密度可达到150mA/cm^2，发电效率约为45%，燃料以氢、甲醇等为宜，氧化剂用空气，但催化剂为铂系列，目前发电成本尚高，约为40~50美分/（kW·h）。

5) 碱性燃料电池的应用。这种燃料电池的运行温度约为200℃，发电效率可达60%，且不用贵金属作为催化剂。

燃料电池理想的燃料是氢气，因为它是电解水制氢的逆反应。燃料电池的主要用途除建立固定电站外，特别适合作为移动电源和车船的动力，因此也是今后氢能利用的又一合适途径。

(1) 在交通领域的应用 氢能的交通利用即以氢燃料电池驱动汽车、船舶、火车、城市轻轨及飞机等交通工具。燃料电池汽车是目前最主要的交通利用方式，在一些国家已开始小规模商业化应用。燃料电池汽车可为用户提供低碳出行选择，与此同时，它提供的驾驶性能可与传统车辆相媲美。燃料电池汽车是对电池驱动电动汽车（BEV，即纯电动汽车）的补充，能够克服当前电池在中高负载循环过程中存在的一些限制（重量、续驶里程和燃料加注时间等）。用电解装置实现可再生能源电力制氢，有利于将波动性较高的可再生能源电力（VRE）整合到能源系统中（图3-3）。它们使电动交通市场扩展到高性能电动车辆领域（长途或高利用率车辆，如货车、火车、公共汽车、出租车）及渡船、游轮、航空等，就目前而言，在这些领域燃料电池的使用仍然受限。

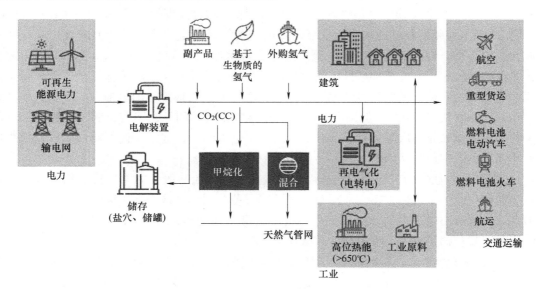

图3-3 氢气整合应用

在美国，氢燃料电池动力系统已开始用于叉车和电动汽车备用电源。在燃料电池汽车发展规模最大、产业最成熟的加利福尼亚州，截至2018年12月，已有超过5000辆燃料电池汽车使用，预计2024年将达到4.72万辆。在日本，2018年共有2800辆燃料电池汽车在使用，之后有望达到4万辆。2018年，中国燃料电池客车和货车产销量分别是1418辆和109辆，共1527辆，相比2017年增长20%，全国燃料电池汽车总量已达到5000辆，提前两年达到《节能与新能源汽车技术路线图》提出的2020年计划。世界已有多家知名汽车公司生产氢燃料电池汽车。例如，本田公司于2007年推出的FCX Clarity，奔驰公司于2010年推出的F-Cell，现代公司于2014年推出的途胜和2018年推出的NEXO，还有丰田公司在2015年推出的Mirai等。中国的佛山飞驰、北汽、成都客车、金龙客车、上汽大通和东风汽车等汽车厂商已开始生产燃料电池客车和物流车，郑州宇通、申沃客车、青年汽车及申龙客车等公司已取得生产牌照并积极筹划生产。燃料电池火车和城市轻轨也是各国的关注点。2002年，美国Vehicle Projects公司研制了世界上第一列氢燃料电池动力火车。2015年3月，中国南车集团生产了世界第一列燃料电池有轨电车，同年12月，中车集团成功生产国内第一列燃料电池火车，但由于铁路路线问题未能成功运行。2016年9月，法国阿尔斯通（Alstom）公司生产的燃料电池火车首次上路试运行，火车可搭载300名乘客，速度最高可达140km/h，目前在德国境内铁路上运行。近年来，日本、德国和英国等国制定的氢能利用计划中均包含了燃料电池火车和轻轨计划。

不同于市面上正在销售的各类新能源汽车，丰田Mirai采用氢燃料作为能量来源。最早追溯到20世纪，丰田已经开始研究氢燃料电池汽车。2014年将Mirai推出上市。2015年全球首辆量产的氢燃料电池汽车——丰田Mirai在日本完成交货，这意味着氢燃料电池汽车开启了新的篇章。丰田Mirai的外形如图3-4所示，其主要组件如图3-5所示。

图3-4 丰田Mirai的外形

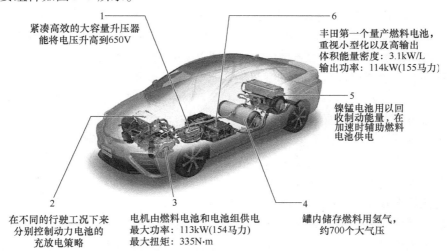

图3-5 丰田Mirai主要组件
1—燃料电池升压器 2—动力控制单元 3—驱动电机 4—高压储氢罐 5—动力电池 6—燃料电池堆栈

燃料电池汽车作为一种电动汽车，其续驶里程和燃料加注时间的性能类似于传统车辆。从这个角度看，它又将电动交通方式的范围扩展到高负载循环部分，如货车、公共汽车、火车、渡轮和实用车辆（如叉车）等，这些车辆当前使用的电池存在不足。因此，在更广泛的能源转型背景下，氢气应被视为BEV的补充；虽然它可能在某些细分市场上存在竞争，但对于每个细分市场，燃料电池汽车或BEV都具有明显的竞争优势。

图3-6（参见彩图）说明了这种互补性，并根据车辆重量和所需的行驶里程对运输部门进行了划分。对于每个细分市场，该图展示了三个替代动力传动系统的适用性：BEV、燃料电池汽车以及生物基和氢基合成燃料。

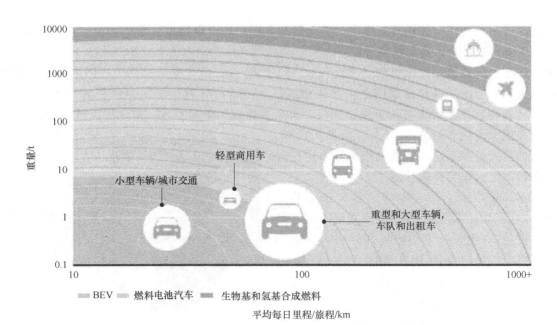

图 3-6　交通运输市场的划分

图 3-6 表明，虽然 BEV 非常适合于较短距离行驶的小型和轻型车辆，但燃料电池汽车为行驶距离较长的偏重型车辆（如货车、区域/城际公交车等）和高利用率车辆（如出租车）带来了优势。此外，燃料电池汽车将结合氢气的灵活性和 BEV 的高效性，可能成为最经济的长期选择。

就近期而言，燃料电池汽车在重型车辆市场（如货车和公共汽车）具有发展潜力。在这一领域，氢气和燃料电池有望发挥重要作用，且对用户而言，燃料电池汽车在燃料加注时间和行驶里程方面的性能明显优于 BEV。燃料电池公共汽车已在现实环境下投入使用并通过验证。近年来，其生产成本大幅下降，并将随着产量的增加而继续下降。燃料电池货车正在开发中，有望在未来实现大规模应用，特别是在美国。中短期内，在这一领域，氢动力车辆可能会面临天然气和生物天然气动力车辆的竞争，这些车辆目前也在世界各地投入使用。

燃料电池汽车在中大型乘用车市场也具有长期发展潜力，前提是其能实现多个要素，其中包括续加燃料供应链和基础设施。使用率较高且燃料续加次数有限的市场领域（如出租车、最后一英里交付），相比 BEV 而言，燃料电池汽车更具竞争优势。目前，这类车辆大多处于商业起步阶段，2017 年全球仅有约 8000 辆此类型车辆投入使用。丰田、现代、本田和上汽等汽车制造商，已开始在日本、美国加州、欧洲和中国等一些地区实现商业化。

除了公路运输外，更长远来看，氢气还有可能促进铁路运输、船运和航空领域的脱碳化。在铁路领域，阿尔斯通制造的首批氢动力列车正在德国北部进行部署，用于商业服务，以取代非电气化线路上的柴油列车。这使得系统供应商可避免建造新架空电线带来的高额资本支出。还有其他一些国家（包括英国、荷兰和奥地利）也计划实施类似部署。

在海事部门，燃料电池船舶在各个部分（渡轮、穿梭客船等）仍处于示范阶段。监管方面的推动也创造了更快速的发展机会。氢燃料电池还可用于取代目前通常以柴油或燃料油为基础的船载和陆上电源供应，以消除港口的污染物排放（如 NO_x、SO_x 和颗粒物），同时避免港口电气连接的昂贵安装成本。对于长距离船舶运输，液化氢现在被认为是一个潜在的选择，以达到国际海事组织设立的目标，即到 2050 年减少 50% 的温室气体（GHG）排放量。表 3-2 列出了氢和氢基燃料在不同运输方式下的主要优点和缺点。

表 3-2 氢和氢基燃料在不同运输方式下的主要优点和缺点

行业	目前氢的作用	需求角度	未来发展	
			机 遇	挑 战
汽车和轻型货车（轻型汽车）	汽车在运营中，大部分在美国加州、欧洲和日本，中国有示范营运	全球汽车预计继续增长，氢可以占领部分市场	氢：加注时间短，储存能量增加重量少，尾气排放零，燃料电池可能比锂离子电池更具竞争力	氢：燃料补给站最初利用率低，增加了燃料成本；减少所需的燃料电池和储存费用；井—车轮的效率损失
重型货车和巴士（重型汽车）	在叉车、公共汽车、重型货车及轻型货车领域示范运行	强劲增长行业；长距离和重型应用对氢很有吸引力	专属车队可协助克服加氢站使用率低的挑战，长距离和重型是有吸引力的选择	Power-to-liquid：耗电量大，生产成本高 氢：接近最终用户的腐蚀性和有害物质意味着，使用可能仍然仅限于专业操作人员
海运	海运仅限于小型船舶的示范项目和大型船舶的船上电源供应	到 2030 年，海运活动将增长 45% 左右。2020 年的空气污染目标和 2050 年的温室气体目标可以促进氢燃料的发展	Power-to-liquid：有限地改变分配、业务和设施的现状；通过提高产量最大限度地利用生物量氢；与电池一起，可在港口和滑行过程中提供船上能源供应	Power-to-liquid：目前的价格是煤油的 4~6 倍，从长期来看，将会下降到 1.5~2 倍，有可能导致价格上涨和需求下降
铁路	德国有氢燃料电池火车	铁路是许多国家的主要交通工具	氢动力列车在铁路货运（低网络利用率的区域线路和跨境货运）方面最有竞争力	铁路是最电气化的运输方式 氢动力列车和部分电气化的电池电动列车都是替代非电气化列车的选择，而非电气化列车在许多地区都很重要

目前，小型汽车是道路运输中使用燃料电池动力的主流。2018 年，我国燃料电池汽车的销量约为 4000 辆，同比增长 56%（图 3-7，参见彩图）。与 2018 年 510 万辆 BEV 库存或全球逾 10 亿辆汽车库存相比，这个数字仍然很小。美国约占注册燃料电池汽车的一半，其次是日本（约 1/4）、欧盟（11%，主要在德国和法国）和韩国（8%）。几乎所有的燃料电池汽车都是由丰田、本田和现代生产的，尽管梅赛德斯-奔驰最近开始租赁和销售有限数量的带有燃料电池的插电式混合动力汽车。

燃料电池电动叉车作为现有电池电动叉车的替代品已经具有商业可行性，据估计，全球有 2.5 万辆叉车装有燃料电池。

在公交车方面，中国的部署规模最大，截至 2018 年年底，已有 400 多辆公交车登记用于示范项目。2017 年，欧洲估计有 50 辆燃料电池电动巴士投入运营，美国加州有 25 辆，美国其他州约有 30 辆。其他燃料电池电动巴士示范项目已经在韩国和日本推出。总而言之，燃料电池电动巴士的产量正在迅速增长。目前全球至少有 11 家公司生产燃料电池电动巴士。因为长

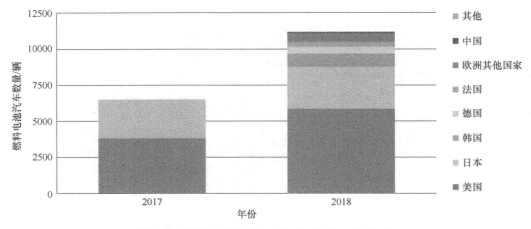

图 3-7　流通中的燃料电池汽车（2017—2018 年）

距离行驶意味着在白天一般不需要充电，所以这种巴士通常非常适合每天行驶里程更多（每天 200km 以上）的使用方式；更大的公交车队，因为在那里加氢比充电更简单；还有灵活的路线和运营方式。市场增长最快的是那些每天都有充电机会和有限的每日行驶里程（350km/天）的车队，尤其是城市巴士和货运车队。这些车队的某些作业集中使用，需要长距离行驶，一些车队所有者和运营商发现，在有加氢站的地区，在轻型和中型货车及公共汽车上安装燃料电池里程增程器是划算的。特别是城际巴士很可能是燃料电池电力系统的一个有前途和竞争力的应用。

在货车方面，中国是燃料电池电动货车全球部署的引领者，占示范项目的绝大部分。2018 年我国氢燃料电池汽车产量达 1619 辆，同比增加 27%。其中燃料电池客车 421 辆，占全年销量的 50.5%，同比增长 262.9%。燃料电池货车销量 412 辆，同比减少 55.8%。联邦快递和 UPS 这两家快递公司正在美国试用燃料电池增程器 6 级运载工具，H2-Share 项目计划在欧洲测试一辆 27t 的重型货车，法国邮政和法国其他物流公司也在其车队的 300 辆纯电动汽车上安装了小型燃料电池作为增程器，其他公司也在法国推出了电动货车燃料电池增程器。

与传统汽车的结构不同，氢燃料电池汽车是由燃料电池升压器、燃料电池堆栈、动力电池组、驱动电机和动力控制单元组成的。此外，其动力来源也与众不同，其名义上称作电池，实质上却是一种基于电化学原理，将作为"燃料"的氢和空气中的氧化剂反应生成的化学能转换成电能的发电装置。它不用多次进行充电，只要适量添加燃料，就可以拥有足够的动力来驱动车辆。与纯电动汽车不同的是，氢燃料电池汽车加氢就像加油一样简单，一次加满 5kg 的氢气燃料甚至不需要 5min 就可以完成操作。而纯电动汽车充电则非常缓慢，即使是特斯拉推出的超级充电站，也至少需要 1.25h 来进行充电。燃料电池的工作原理决定了氢燃料电池汽车从根本上避免了纯电动汽车存在的一些缺陷，如续驶里程短、有局限性和电池易造成着火的安全隐患等。尽管氢燃料电池汽车有很多优点，但它现在仍然是一个全新的技术产品，有许多不完善的地方需要进一步改进。要想更好地推广运行氢燃料电池汽车，必须先从根本上解决这些问题。

目前，氢燃料电池汽车通常比纯电动汽车更贵，这是由于燃料电池和储罐的成本很高。燃料电池的成本在过去的 10 年中已经大幅下降，但仍然很高，产量也低。目前一个典型燃料电池的商业成本估计为 230 美元/(kW·h)，尽管使用最先进的技术可能很快将这一成本降至180美元/(kW·h)。在未来，通过研究驱动的技术进步还可以进一步降低成本。由于铂的昂贵，需要降低铂的含量，提高催化剂活性，甚至开发出不含铂的催化剂。另外，还需要优化膜电极组件中燃料电池组件的设计和组成，并降低双极板和BOP组件（如压缩机和加湿器）的成本（预计占未来成本的份额越来越高）。未来还可以通过规模经济来降低成本，如在一个制造工厂中增加制造单位的数目可以减少每一个组成部分的具体成本。大约一半的系统成本集中在双极板、膜、催化剂和气体扩散层。通过将工厂规模从每年1000台增至每年10万台，将系统成本降至50美元/(kW·h)，这些组件的综合成本可以降低65%。将规模进一步扩大到每年50万台，可能只会再降低10%的成本，即45美元/(kW·h)。然而，这些成本削减预计会与同时提高燃料电池性能和耐久性的挑战相平衡。更高的耐久性要求可以转化为更高的燃料电池成本，并限制通过规模经济实现的成本削减。美国能源部在2019年给出的数据考虑了这些权衡，并提供了初步耐用性调整成本目标为75美元/(kW·h)。然而，汽车制造商正在努力提高耐用性，如通过构建燃料电池操作地图来缓解性能下降。

如果假定氢燃料电池汽车和BEV的里程范围相同，那么竞争能力就会提高，尽管目前只有有限数量的BEV型号才可能达到这种范围。如果通过规模经济降低成本可以使燃料电池的成本降至50美元/(kW·h)，而蓄电池的成本降至100美元/(kW·h)，那么氢燃料电池汽车将在400km范围内与BEV竞争。如果燃料电池成本仅下降到75美元/(kW·h)，例如，由于需要满足耐用性要求，如前文曾讨论过的，那么氢燃料电池汽车与BEV的竞争里程范围为500km（图3-8，参见彩图）。这凸显了一个事实，即氢燃料电池汽车对有更高行驶里程要求的消费者具有经济吸引力。燃料补给基础设施的利用是氢燃料电池汽车未来竞争力的另一个决定因素。在最初的推出阶段，氢燃料的成本预计将占总拥有成本的12%（9美元/kgH_2）～22%（18美元/kgH_2）。加氢站的额外成本取决于加氢站的规模和使用情况：每天200kgH_2容量的加氢站以10%～33%的产量分配燃料，每千克氢增加4～13美元的利润，而且，随着车站规模的扩大和产能利用率的提高，利润率也会下降，氢燃料补给站利用率不足的风险凸显。在氢燃料电池汽车部署的初始阶段，确保高利用率，以降低成本的重要性，即便是在燃料成本决定因素最少的汽车上。值得注意的是，在美国加州，大约花了两年时间才将网络的平均利用率从5%提高到40%；目前平均车站规模约为200kg H_2/天，一些车站的利用率仍然低于10%。然而，不管是电池还是燃料电池动力系统，在考虑减少CO_2和地方污染物排

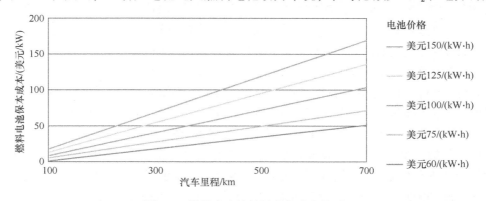

图3-8 燃料电池续驶里程与成本关系

放的同时，要考虑燃料制备过程中的成本。

燃料电池汽车在最具竞争力的总拥有成本的基础上比 BEV 行驶里程更长。要想在电池成本低于 100 美元/(kW·h) 的情况下实现收支平衡，燃料电池成本可能需要低于 60 美元/(kW·h)。上述分析表明，BEV 和氢燃料电池汽车可以互补，作为满足不同消费者的替代选择，氢燃料电池汽车为长距离行驶的汽车提供了最佳的机会，在能够获得廉价氢气的地区满足快速的加氢需求。此外，它表明，一旦建立了氢燃料补给基础设施，不同配置的轻型氢燃料电池汽车（如燃料电池增程器）可以利用燃料电池和电池的成本及性能改进。

(2) 氢能在储能等固定式领域的应用 氢能的固定式应用主要是以氢燃料电池系统作为建筑、社区等的供能载体和备用能源。微型燃料电池热电联供装置是氢能固定式应用的重要分支，也是一种备受关注的新型分布式能源技术。该种装置利用天然气或城市燃气重整制氢，并用燃料电池系统发电，将发电过程副产的热量综合利用，输出功率通常不超过 5kW，发电效率和热利用效率均可达到 40%，能源综合利用效率超过 80%。与目前领先的供热锅炉相比，虽然这种装置的整体能效优势不大，但能将能源供应从集中式转变为分布式，且在满足房屋供热需求的同时，承担部分电力供应，可以与风电、光伏发电等波动性发电系统互补使用。微型燃料电池热电联供装置在全球的发展分布很不均衡，主要发展区域包括日本和欧洲。日本自 2009 年开始推广家用燃料电池热电联供系统（Ene-farm），这是目前世界上规模最大、推广最成功的商业化燃料电池利用系统。家用燃料电池热电联供系统利用城市管网天然气或液化石油气，通过燃料电池技术同时产生电和热水，一套装置大约可提供日本普通家庭平均能耗的 40%~60%。到 2018 年 7 月，家用燃料电池热电联供系统已累计售出 23 万套，单个装置成本比推广初期下降了 60% 以上。燃料电池热电联供系统的安装方式主要分为两类，即离网和并网安装。质子交换膜燃料电池和磷酸燃料电池是现有家用燃料电池热电联供系统最常用的燃料电池类型。欧洲国家大多既要解决居民供暖问题，又要避免电网铺设的高额投资问题，开展氢能固定式应用是一种较好的解决方案。

目前燃料电池适合中、小型燃料电站，据预测，未来的电网系统很可能是现有的大电网和中小燃料电站共存的状态。大电网系统有其优越性的同时，也存在无法避免的缺陷，因为高电压长距离输电时有 6%~8% 的损失，如热量损失等。如果利用分散的中小型燃料电站，建立在公寓、大学校园、医院和超级市场等处，就可以减少大电网送电损失（输氢损失一般仅为 3%）。据相关报导，像美国这样电力工业已很发达的情况下，对燃料电池的市场需求依然很大（约为 17000MW 以上），所以说中小型分散电站，有其独特的优越性。而我国也面临相似的局面。现在，美国 Plug Power 公司已推出一种家用 3~5kW 级的燃料处理器（实际上就是将天然气加工成氢的装置）——PEMFC 发电装置，估计所发电量的成本可比利用电网降低 20%。可以想象，其优越性是很明显的，市场发展潜力也不容忽视。

另外，以燃料电池为主的分布式发电已在欧、美、日、韩等发达国家和地区开始初步商业化。分布式发电一般是指靠近最终用户或者就在最终用户处（工厂、企业、公共建筑、街区、私人住户）的集成或单机的小型发电装置。它具有利用技术种类多、发电规模可大可小、设备容易安装及可满足不同需求等优点，可为工业、商业和住宅的供电问题提供解决方案。

此外，燃料电池在工业生产过程领域的应用也在开发中，美国能源部资助项目"FutureGen"中 SOFC 与热机的 300kW 级工程示范装置发电效率达 52%，热电联供后效率可达 80% 以上。在我国，国家能源局于 2014 年 4 月下发豁免部分发电项目电力业务许可证的通知，为包括分布式发电等在内的分布式能源、清洁能源发展创造了相对宽松的环境，可有效推动国内燃料电池分布式发电的发展。将燃料电池系统的寿命提高到 80000h 是目前发展燃料电池分布式发电最具挑战的技术难点。当实现燃料电池的耐久性和成本指标，预计燃料电池在世界范围内分布式发电领域的占有量将高达 50%，这为电力供应提供了新的途径，同时提高了供电质量和可靠性，具有广阔的发展与应用前景。

3.3 氢原子能——核聚变

核聚变是指由质量小的原子，主要是指氢的同位素氘或氚，在一定条件下（如超高温和高压），发生原子核互相聚合作用，生成新的质量更大的原子核，并伴随着巨大的能量释放的一种核反应形式。原子核中蕴藏巨大的能量，原子核的变化（从一种原子核变化为另外一种原子核）往往伴随着能量的释放。例如氢弹，比原子弹威力还大，就是利用核聚变来发挥作用的。

核聚变的过程与核裂变相反，是几个原子核聚合成一个原子核的过程。只有较轻的原子核才能发生核聚变，如氢的同位素氘、氚等。核聚变能够释放出巨大的能量，而且比核裂变放出的能量更大。太阳内部连续进行着氢聚变成氦的过程，它的光和热就是由核聚变产生的。相比核裂变，核聚变几乎不会带来放射性污染等环境问题，是一种巨大、高效、来源丰富、干净、安全且经济的新能源。

（1）能量巨大、来源丰富 核聚变反应所用的轻核材料氘在海水中大量存在。从 $1m^3$ 海水中可获得的能量相当于从 10t 煤中所获得的能量。热核聚变反应堆的应用可以利用从海水中提取的蕴藏量极其丰富的氘作为燃料，使地球上浩瀚的海洋成为人类巨大的能源宝库。因此，核聚变能的开发利用有可能从根本上改变未来世界的能源发展格局。

（2）干净、无污染 核聚变反应不会产生放射性核废料，也不会产生烟尘、酸雨和温室效应，这对于保护生态环境十分有利。

（3）安全可靠 在核聚变反应过程中，若出现任何问题，则核聚变反应就会自动停止，从而有效降低核事故风险。

（4）廉价经济 利用核聚变能发电燃料消耗少，能源利用率高。1989 年 3 月，英国弗莱希曼教授和美国庞斯教授宣布实现的室温核聚变，不需要昂贵投资和复杂仪器。核聚变能的开发利用，也不需要像核裂变那样因清理核垃圾而花大笔的费用。

热核反应，或原子核的聚变反应，是当前很有前途的新能源。热核反应是氢弹爆炸的基础，可在瞬间产生大量热能，但目前尚无法加以利用。如能使热核反应在一定约束区域内，根据人们的意图有控制地产生与进行，即可实现受控热核反应。这正是目前试验研究的重大课题。受控热核反应是聚变反应堆的基础。聚变反应堆一旦成功，则可能向人类提供清洁而又丰富的能源。

目前，可行性较大的可控核聚变反应堆就是托卡马克（Tokamak）装置（图 3-9）。托卡马克装置是一种利用磁约束来实现受控核聚变的环形容器。它的名字 Tokamak 来源于环形（toroidal）、真空室（kamera）、磁（magnet）、线圈（kotushka）。最初是由位于莫斯科的库尔恰托夫研究所的阿奇莫维奇等人在 20 世纪 50 年代发明的。该装置的中央是一个环形的真空室，外面缠绕着线圈。通电时装置内部会产生巨大的螺旋形磁场，将其中的等离子加热到很高的温度，以达到核聚变的目的。我国于2006年正式加入国际热核聚变实验堆（ITER）计划，并与ITER计划其他六方一道签订该计划联合实施协定及相关文件，正式启动实施ITER计划。位于我国安徽合肥综合性国家科学中心的核聚变实验堆EAST东方超环，在2017年实现了首次超过100s的稳态长脉冲高约束等离子体运行，在10MW加热功率下实现了1亿度高温，不仅创造了新的世界纪录，还为人类开发利用核聚变清洁能源奠定了重要的技术基础。

人类的终极能源也许就是核聚变产生的"人造太阳"，"国际聚变实验反应堆"项目正在进行之中，按照计划，这个装置将在2026年前实现对等离子体的稳定控制和10倍于输入能量的聚变能量输出。如果一切顺利，那么第一个商业示范反应堆将在2050年前建成。届时"人造太阳"就可以造福人类了。

图3-9　托卡马克装置

3.4　氢在工业领域中的应用

氢的用途支撑着全球经济和人们日常生活的许多方面。大多数氢在炼油、化工和钢铁等工业领域得到广泛使用。氢的四大单一用途（纯氢和混合氢）分别是：炼油（33%）、氨生产（27%）、甲醇生产（11%）和通过直接减少铁矿石生产的钢铁（3%），几乎所有这些氢都是用化石燃料提供的。它们未来的增长取决于下游产品需求的演变，尤其是用于运输的精炼燃料、用于食品生产的化肥和用于建筑的建筑材料。

目前炼油厂60%以上的氢是用天然气制取的。到2030年，更严格的空气污染物排放标准可能会使炼油过程中氢的使用量增加7%，达到4100万t H_2/年。不过，为了抑制石油需求增长而进行的进一步政策调整可能会抑制增长速度。目前全球炼油产能普遍被认为足以满足不断增长的石油需求，这意味着未来氢需求的大部分可能来自已经配备了氢生产装置的现有设施。同时也意味着有机会对CCUS⊖进行改造，使其成为减少相关排放的合适选择。

预计短期和中期对氨和甲醇的需求将会增加，随着新产能的增加，为扩大低排放氢通道提供了重要机遇。提高效率可以降低总体需求水平，但这只会部分抵消需求增长。无论是使用CCUS天然气还是电解天然气，该技术都可以低碳的方式为氨和甲醇提供预计额外的氢需求增长（到2030年增加1400万t H_2/年）。优先考虑的是，用低排放途径取代任何没有CCUS的燃煤生产，将大大有助于减排。

从长远来看，钢铁和高温热能生产为低排放氢需求的增长提供了巨大的潜力。假设目前阻碍氢广泛应用的技术挑战能够克服，关键的挑战将是降低成本和扩大规模。长期看来，用氢生

⊖　Carbon Capture, Utilization and Storage　碳捕获、利用与封存。

产所有的初级钢在技术上应该是可行的,但这将需要大量的低碳电力(约 2500 TW·h/年,约占当今全球发电量的 10%),而且只有在有政策支持的情况下,才能以非常低的电价获得经济效益。表 3-3 概述了氢在炼油、化工和钢铁行业使用情况的现状及未来可能的工业用途。

表 3-3　氢在炼油、化工和钢铁行业使用情况的现状及未来可能的工业用途

行业	目前氢的作用	2030 年氢需求	长期需求	低碳氢供应	
				机　遇	挑　战
炼油	主要用于去除原油中的杂质(如硫)和提升重质原油;少量用于油砂和生物燃料	增加 7% 的政策。受更严格的法规推动,但石油需求增长放缓	虽然高度依赖未来的石油需求,但到 2050 年很可能仍将是一个巨大的需求来源	用 CCUS 改造天然气或煤制氢 用低碳电力生产的氢取代商业用氢	氢的生产和使用与炼油业务紧密结合,这使得取代现有产能成为一项艰难的业务 氢气成本对炼油利润率影响很大
化工产品	氨和甲醇生产的中心,并用于其他较小规模的化学过程	由于经济和人口的增长,现有的氨和甲醇政策下增加了 31%	尽管材料效率高(包括回收利用),对现有用途的氢需求仍将增长;作为氢基燃料的清洁用途,可能会产生新的氨和甲醇需求	用 CCUS 改造或新建氢气 使用低碳氢生产氨和甲醇(尿素和甲醇仍然需要碳的来源)	低碳氢供应的竞争力取决于天然气和电力价格 CCUS 改造并不是一个普遍的选择
钢铁生产	7% 的初级钢生产是通过直接还原铁(DRI)路线进行的,这需要氢 高炉路线产生的副产品氢气作为混合气体,常在现场使用	与目前占主导地位的高炉路线相比,在现有政策下,DRI 路线的使用量将增加一倍	即使考虑到材料效率的提高,钢材需求仍在不断增长 从长远来看,100% 以氢为基础的生产可以显著增加对低碳氢的需求	用 CCUS 改造 DRI 设施 在目前的 DRI 路线中,约 30% 的天然气可以替代电解氢 充分转化钢厂使用氢作为关键还原剂	需要更高的生产成本和/或流程变更 CCUS 的直接应用通常预计成本更低,尽管这些都是高度不确定的 来自直接电气化的长期竞争

3.4.1　炼油用氢

炼油——将原油转化为各种最终用户产品,如运输燃料和石化原料,是当今最大的氢用户之一。大约 3800 万 t H_2/年,占全球氢总需求的 33%(纯氢和混合氢),被炼油厂用作原料、试剂和能源。大约 2/3 的氢是在炼油厂的专用设施中产生的,或者是从商业供应商那里购买的。氢的使用约占炼油厂总排放量的 20%,每年产生约 2.3 亿 t CO_2。随着对石油产品硫含量的监管收紧,炼油厂目前对氢的大规模需求将会增长。这为从更清洁的途径获取氢提供了一个潜在的早期市场,可以降低运输燃料的排放强度。

目前,炼油厂主要耗氢工艺为加氢处理和加氢裂化。加氢处理主要用于去除杂质,尤其是硫(通常简称为"脱硫"),在全球炼油厂氢的使用中占很大比例。如今,炼油厂从原油中去除约 70% 的天然硫。随着人们对空气质量担忧的加剧,要求进一步降低最终产品含硫

量的监管压力越来越大。尽管需求持续增长，精炼产品的含硫量将持续降低（图3-10）。精炼产品中允许的硫含量继续下降，而石油需求继续增加。

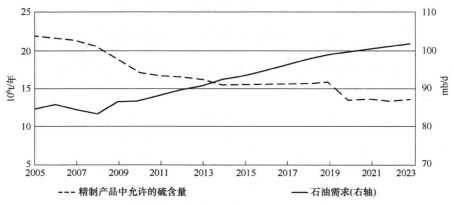

图3-10 石油产品中允许的硫含量
（mb/d = 每天一百万桶）

加氢裂化是一种利用氢将重质渣油转化为高附加值石油产品的过程。对轻馏分油和中馏分油的需求正在增长，对重馏分油的需求正在下降，这导致加氢裂化的使用增加。美国、中国和欧洲是炼油厂氢的最大消费方，总计约占炼油厂氢消耗总量的一半，反映了其加工的原油量和产品质量标准的严格程度。氢也被用来升级油砂和加氢处理生物燃料。对于油砂来说，从原始沥青中去除硫所需要的氢的量因技术的改进和所生产的合成原油的质量而有很大的不同。总体来说，每处理1t沥青大约需要10kg的氢气。由此产生的合成原油仍然需要在炼油厂使用氢气进行精炼。对于生物燃料，加氢处理可以去除氧气，提高植物油和动物脂肪的燃料质量，并将其加工成柴油替代品。这一过程每生产1t生物柴油需要约38kg氢气，但在随后的精炼步骤中不需要氢气。

1. 未来炼油对氢的潜在需求

近几十年来，由于炼油活动不断增加，对加氢处理和加氢裂化的要求不断提高，炼油厂对氢的需求大幅增加。随着全球燃料规格进一步降低可接受的硫含量水平，这一趋势将继续下去。包括中国在内的许多国家已经将汽油或柴油等道路运输燃料的含硫量要求降至0.0015%以下，其他国家也可能引入类似的标准。国际海事组织也出台了新的船用燃料法规，规定从2020年起，船用燃料的硫含量不得超过0.5%，这很可能导致船用燃料生产对氢的需求大幅增加。

然而，对氢的需求也是原油中硫含量的一个函数。近年来，由于美国致密油产量激增，原油供应的平均重量变得更轻，这可能在一定程度上降低了对氢的需求。按照目前的趋势，到2030年，炼油厂对氢的总需求将增长7%，达到4100万t H_2/年。

目前的趋势和政策表明，2030年以后，随着收紧产品质量标准的范围缩小，以及石油对运输燃料的需求受到效率提高和电气化的双重影响，氢需求增长的步伐将放缓。炼油商还可能提高从炼油厂废气中回收氢的效率，降低额外制氢的要求。在符合《巴黎协定》目标的情况下，炼油厂的氢需求将会下降，石油需求下降的影响将超过氢强度上升的影响。不管未来全球能源需求的走向如何，一个共同的方面是，现有炼油厂在预计的氢需求中占主导地位。全球已经有足够的炼油能力来满足对石油产品的预期需求，再加上炼油厂的寿命较长，这限制了大幅增加炼油产能的空间。因此，到 2030 年，预计 80%～90% 的累积目标氢供应（包括专门的现场生产和商业采购）将来自这两种情况下的现有炼油厂（图 3-11）。

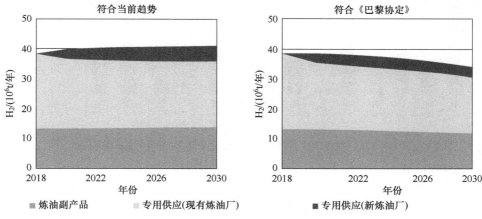

图 3-11 未来炼油对氢的需求有两种不同的途径
(专用供应是指现场专用生产和商户采购)

2. 在减少排放的同时满足未来炼油对氢的需求

氢生产，除非作为炼油作业的副产品供应，目前造成相当大的 CO_2 排放。在全球范围内，用于炼油厂的氢生产每年排放约 2.3 亿 t CO_2，约占炼油厂总排放量的 20%。未来需求和排放都将上升。如果未来的需求增长是用煤炭来满足的，那么 CO_2 排放水平将进一步上升。在中国等国，煤炭在没有 CCUS 的情况下被广泛用于生产氢。因此，以一种更清洁的方式生产氢，对于大幅减少炼油业务的排放至关重要。其他关键措施，如能源效率和燃料从排放密集型燃料转向其他燃料，已在许多炼油厂得到广泛采用，限制了进一步减排的机会。在这种背景下，再加上目前已经存在的巨大需求，炼油行业为低碳氢提供了一个潜在的早期市场。

3.4.2 化工产品用氢

目前，化工行业是氢需求的第二大和第三大来源：氨（3100 万 t H_2/年）和甲醇（1200 万 t H_2/年）。其他相对较小的应用使其总需求达到 4600 万 t H_2/年，占纯氢和混合氢总需求的 40%。化工行业也是产生副产氢的一个来源，这些副产氢既在该行业内部消耗，也分布在其他地方使用。化工行业消耗的氢绝大部分是用化石燃料生产的，这就产生了相当数量的温室气体排放。降低排放水平对该行业能源使用的可持续性是一个重要挑战，也是利用低碳氢的一个重要机会。

化工行业生产一系列复杂的产品，从塑料和化肥到溶剂和炸药，如氨和甲醇、乙烯、丙烯、苯、甲苯和混合二甲苯等。这几种"初级化学品"约占化工行业能源消耗的 2/3，其对能源产品作为原材料投入（所谓的"原料"）的需求占绝大部分。氢是几乎所有工业化学品分子结构的一部分，但只有一些初级化学品需要大量的专用氢气生产作为原料，尤其是氨和甲醇（图 3-12），超过 3100 万 t H_2/年的氢为原料用于制氨，1200 万 t H_2/年以上的氢用于制甲醇。另外 200 万 t H_2/年是在一些生产过程中消耗一小部分（如过氧化氢和环己烷生产），但这些消耗的大部分来自该部门产生的副产品氢。

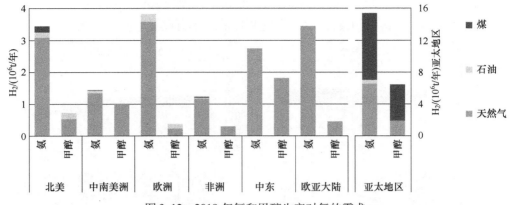

图 3-12 2018 年氨和甲醇生产对氢的需求

注：只包括一次化工生产 >1 Mt H_2/年的生产路线；石油是指石脑油、石油气等成品油产品。

长期以来，化石燃料一直是氨和甲醇生产中氢和碳的一种既方便又经济的来源。2018 年，用于生产这两种产品氢的化石燃料约为 2.7 亿 t 石油当量/年，约相当于巴西和俄罗斯石油需求的总和。由于天然气（重整）生产比煤炭（气化）生产率更高，前者占氢生产总量的 65%，但还不到生产氢所需能源投入的 55%。天然气和煤炭的区域价格差异也是工艺路线选择的关键决定因素。几乎所有用于化工领域的煤制氢都是在中国生产和使用的。

氨主要用于化肥的生产，如尿素和硝酸铵（约 80%）。其余的用于工业应用，如炸药、合成纤维和其他特殊材料，这些都是日益重要的需求来源。

甲醇用于各种工业应用，包括甲醛、甲基丙烯酸甲酯和各种溶剂的制造。甲醇还被用于生产其他工业化学品，以及从天然气和煤炭生产汽油的甲醇制汽油工艺。事实证明，在煤炭或天然气储量丰富，但石油产量很少或根本不生产的地区，甲醇制汽油颇具吸引力。这是甲醇的燃料应用之一，无论是纯形式的混合，还是在进一步转化后使用（如转化为甲基叔丁基醚），约占该化学品全球使用量的 1/3。甲醇-烯烃技术和甲醇-芳烃技术的发展开辟了一条从甲醇到高价值化学品（HVC）进而到塑料的间接路线。甲醇-烯烃技术目前已在我国大规模应用，到 2018 年，该技术的年产量可达 900 万 t，占国内 HVC 产量的 18%。用于生产更复杂的 HVC 分子的甲醇-芳香族化合物，目前仍处于示范阶段。

与氨和甲醇不同，HVC 是大多数塑料的前体，主要由乙烷、液化石油气和石脑油等石油产品生产。直接从石油产品生产的 HVC 不需要氢原料，但该生产过程产生的副产品氢可用于炼油和其他化工部门的操作，如升级其他裂解装置的副产品。在全球范围内，用于 HVC 生产的蒸汽裂化和丙烷脱氢工艺产生的副产物约为 1800 万 t H_2/年。HVC 需求的增长速度比成品油的要快，这意味着副产品氢可以用于其他行业的数量也在增加。

氯碱工艺是化工部门副产物氢的另一个来源，供应约为 200 万 t H_2/年。蒸汽裂解过程中产生的副产物氢来源于石油产品（主要是乙烷和石脑油），而氯碱过程是电解（卤水）的一种形式，由电力驱动。从苯乙烯生产等其他过程中也可以产生较小比例的副产物氢。

1. 未来化工领域对氢的潜在需求

随着对氨和甲醇需求的增长，初级化工生产对氢的需求将增至 2030 年的 5700 万 t/年（图 3-13）。从 2018 年到 2030 年，现有氨应用的需求将以每年 1.7% 的速度增长，此后还将继续增长。在此期间，以工业应用需求为代表的份额增长更快。在 2030 年以后，许多地区的氮肥使用量可能会开始趋于平稳，甚至下降。从 2018 年到 2030 年，用于现有用途的甲醇需求将以每年 3.6% 的速度增长。甲醇-烯烃/甲醇-芳烃需求的增长速度高于总需求的增长速度，同期为每年 4.1%，其中几乎所有的增长都来自中国。按照这一增长速度，到 2030 年，这些现有应用的甲醇产量将需要 1900 万 t H_2/年。

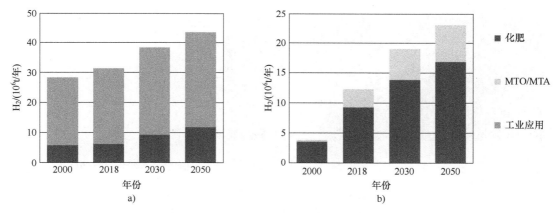

图 3-13 初级化工生产对氢的需求
a) 氨　b) 甲醇
MTO—甲醇-烯烃　MTA—甲醇-芳烃

2. 在减少排放的同时满足未来化工行业对氢的需求

目前，全球生产氨和甲醇所产生的 CO_2 排放量约为 6.3 亿 t/年。全球氨生产的平均直接排放强度为 2.4t CO_2/t，主要地区的平均排放强度为 1.6~2.7t CO_2/t。亚太地区新建的天然气工厂往往处于这一范围的低端，而在中国广泛分布的基于纯煤生产（约 4t CO_2/t）是 CO_2 最密集的生产路线。对甲醇来说，全球平均排放数字为 2.3t CO_2/t，主要地区平均强度在 0.8~3.1t CO_2/t 范围内。对于氨，基于纯煤生产是排放最密集的方式，因此未来对氨和甲醇的需求将大大增加。通过低碳生产来满足对氨和甲醇的全部需求，到 2030 年将需要 3230 亿 m^3 有 CCUS 的天然气，或 3020kW·h/年的可再生电力，需求量巨大。

3.4.3　钢铁生产用氢

DRI（直接还原铁）是一种从铁矿石中生产钢铁的方法。这一过程构成了目前第四大单一氢需求来源（400 万 t H_2/年，约占纯氢和混合氢总使用量的 3%），仅次于炼油、氨和甲醇。根据目前的趋势，到 2030 年，全球钢铁需求将增长 6% 左右，发展中地区对基础设施的需求和不断增长的人口将抵消其他地区需求下降的影响。与化工行业一样，钢铁行业也产生大量的氢气和其他气体混合作为副产品（如焦炉煤气），其中一些氢气在该行业内部消耗，另一些则分布在其他地方使用。几乎所有这些氢都是由煤和其他化石燃料产生的。为了减少排放，人们正在努力测试以氢为主要还原剂的钢铁生产（相对于从化石燃料中提取的 CO），预计将在 21 世纪 30 年代进行首次商业规模的设计。与此同时，低碳氢可以被混合到目前以天然气和煤炭为基础的现有工艺中，以降低它们的总体 CO_2 强度。

目前，超过 3/4 的全球钢铁需求是通过将铁矿石转化为钢铁的初级生产方法来满足的，如图 3-14 所示，氢气的生产和消耗主要集中在两条生产路线：DRI-EAF（直接还原电弧炉）路线和 BF-BOF（高炉-碱性氧气炉）路线。

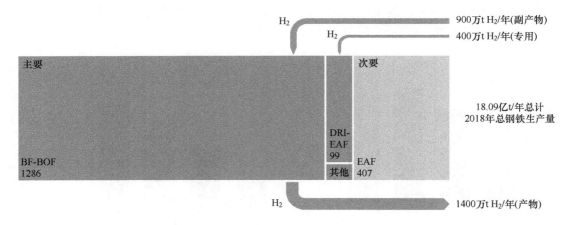

图 3-14　钢铁行业的氢消耗和生产
BF-BOF—高炉-碱性氧气炉　DRI-EAF—直接还原电弧炉

影响未来钢铁生产专用氢需求有两个主要因素：一是一次炼钢中电弧炉路线所占比重；二是一次和二次钢产量在总产出中所占的比例。考虑到钢铁库存在建筑环境中的动态情况，按照目前的趋势，以废钢为主的生产在钢铁总产量中所占的份额预计将在 2030 年增至 25%。在这种情况下，商用天然气驱动-电弧炉路线可以满足 14% 的初级钢铁需求，这将需要 800 万 t H_2/年作为还原剂（图 3-15）。

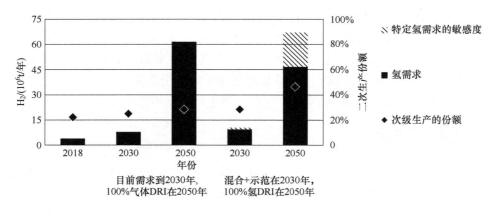

图 3-15　钢铁行业的未来氢消耗和生产

参 考 文 献

[1] Al Reyadah. Review of project proposed for CSLF Recognition：Al Reyadah CCUS Project（Phase I：Emirates Steel）[R/OL].，http://www.cslforum.org/cslf/sites/default/files/documents/AbuDhabi2017/AbuDhabi17-TW-Sakaria-Session2.pdf.

[2] ALLWOOD J M, CULLEN J M. Sustainable Materials with Both Eyes Open [M]. Cambridge：UIT Cam-

bridge, 2011.

[3] BASF. Innovations for a climate-friendly chemical production [R/OL]. https:www.basf.com/global/en/media/news-releases/2019/01/p-19-103.html.

[4] Beyond Zero Emissions. Zero Carbon Industry Plan Electrifying Industry [R/OL]. https://bze.org.au/wp-content/uploads/electrifying-industry-bze-report-2018.pdf.

[5] BIOMCN. BioMCN produces methanol and bio-methanol [R/OL]. http://www.biomcn.eu/our-product/.

[6] Boston Metal. We transform dirt to metal very efficiently [R/OL]. https://www.bostonmetal.com/moe-technology/.

[7] BROWN T. "Ammonia plant revamp to decarbonize: Yara Sluiskil" [EB/OL]. https://ammoniaindustry.com/ammonia-plant-revamp-to-decarbonize-yara-sluiskil/.

[8] CARB (California Air Resources Board). Low Carbon Fuel Standard Regulation approved by the Office of Administrative Law (OAL) on January 4, 2019 [EB/OL]. https://www.arb.ca.gov/fuels/lcfs/fro_oal_approved_clean_unofficial_010919.pdf.

[9] CARB. LCFS pathway certified carbon intensities [EB/OL]. http://www.arb.ca.gov/fuels/lcfs/fuelpathways/pathwaytable.htm.

[10] Cementa. CemZero-För en klimatneutral cementtillverkning [R/OL]. http://www.cementa.se/sv/cemzero.

[11] CHEVRIER V.. Hydrogen uses in ironmaking [R/OL]. http://www.energy.gov/sites/prod/files/2018/08/f54/fcto-h2-scale-kickoff-2018-8-chevrier.pdf.

[12] COURSE 50. CO_2 ultimate reduction in steelmaking process by innovative technology for cool Earth 50 [R/OL]. Http://www.jisf.or.jp/course50/research/index_en.html.

[13] Energy Transitions Commission (ETC). Mission Possible: Reaching Net-Zero Carbon Emissions from Harder-to-Abate Sectors by Mid-Century [R/OL]. http://www.energy-transitions.org/sites/default/files/ETC_MissionPossible_FullReport.pdf.

[14] Enerkem. Enerkem enables the chemical industry to achieve sustainability by recycling carbon from garbage [R/OL]. https://enerkem.com/biofuels-and-green-chemicals/renewable-chemicals/.

[15] ENGIE. ENGIE and YARA take green hydrogen into the factory [R/OL]. http://www.engie.com/en/news/yara-green-hydrogen-factory.

[16] ET Energy World. Task force to study feasibility of making methanol from coal [Z/OL]. https://energy.economictimes.indiatimes.com/news/coal/task-force-to-study-feasibility-of-making-methanol-from-coal/62417181.

[17] REMUS R, et al. Best Available Techniques (BAT) Reference Document on the Production of Iron and Steel [R]. Brussels: Joint Research Centre, European Commission.

[18] Federal Ministry for the Environment, Nature Conservation and Nuclear Safety, German Government. 'Green' hydrogen beckons for Chilean industry [EB/OL]. http://www.international-climate-initiative.com/en/news/article/%27green%27_hydrogen_beckons_for_chilean_industry.

[19] GrInHy (Green Industrial Hydrogen). Project overview [R/OL]. http://www.green-industrial-hydrogen.com/.

[20] H2FUTURE. Production of green hydrogen [R/OL]. www.h2future-project.eu/technology (accessed 20, March 2019).

[21] HIsarna. HIsarna: Game changer in the steel industry [R/OL]. http://www.tatasteeleurope.com/static_files/Downloads/Corporate/About%20us/hisarna%20factsheet.pdf.

[22] Hoenig V., HoppeH, Emberger B, Carbon capture technology-Options and potentials for the cement industry [EB/OL]. http://www.nrmca.org/taskforce/item_2_talkingpoints/sustainability/sustainability/sn3022%

5B1%5D.pdf.

[23] HOSOKAI S, et al. Ironmaking with ammonia at low temperature [J]. Environmental Science & Technology, 45 (2): 821-826.

[24] HYBRIT. HYBRIT-towards fossil-free steel [R/OL]. http://www.hybritdevelopment.com/.

[25] IEA (International Energy Agency). Oil 2019 [R]. Paris: IEA, 2019.

[26] IEA. Material Efficiency in Clean Energy Transitions [R]. Paris: IEA, 2019.

[27] IEA. World Energy Outlook 2018 [R]. Paris: IEA, 2018.

[28] IEA. The Future of Petrochemicals: Towards More Sustainable Plastics and Fertilisers [R]. Paris: IEA, 2018.

[29] IEA. 20 Years of Carbon Capture and Storage [R]. Paris: IEA, 2016.

[30] IEA and CSI (Cement Sustainability Initiative). Technology Roadmap: Low-Carbon Transition in the Cement Industry [R]. Paris: IEA, 2018.

[31] IFA (International Fertilizer Association). International Fertilizer Association Database [Z/OL]. http://ifadata.fertilizer.org/ucSearch.aspx(accessed 13 March 2018).

[32] LEVI P, Cullen J. Mapping global flows of chemicals: From fossil fuel feedstocks to chemical products [J]. Environmental Science & Technology, 52 (4): 1725-1734.

[33] LI J, et al. Study on using hydrogen and ammonia as fuels: Combustion characteristics and NO_x formation [J]. International Journal of Energy Research, 38: 1214-1223.

[34] Methanol Institute. Methanol Price and Supply/Demand [R/OL]. http://www.methanol.org/methanol-price-supply-demand/ (accessed 20 March 2019).

[35] Schmuecker Pinehurst Farm LLC. Carbon emission free renewable energy [EB/OL]. http://solarhydrogensystem.com/.

[36] SHUQIN J, FANG Z. Zero growth of chemical fertilizer and pesticide use: China's objectives, progress and challenges [J]. Journal of Resources and Ecology, 9 (01): 50-58.

[37] SIDERWIN. Development of new methodologies for industrial CO_2-free steel production by electrowinning [R/OL]. http://www.siderwin-spire.eu/.

[38] World Steel Association. Steel Statistical Yearbook 2018 [R/OL]. http://www.worldsteel.org/en/dam/jcr:e5a8eda5-

[39] World Steel Association. World Crude Steel Production-Summary [R/OL]. http://www.worldsteel.org/en/dam/jcr:dcd93336-2756-486e-aa7f-64f6be8e6b1e/2018%2520global%2520crude%2520steel%2520production.pdf (accessed 29 May 2019).

第4章

氢的制取和纯化

由于能源枯竭和环境污染，对清洁和经济能源的需求变得越来越强烈和迫切。在各种不同的能源形式中，氢能被认为是最有希望的能源，氢能不仅是最干净的能源，同时还具有高的比能量密度。氢能属于二次能源，可以由各种一次能源提供，其中包括矿物燃料、核能、太阳能、水能、风能及海洋能等。制取氢气的技术通常包括水电解及低燃料（甲烷、甲醇等）的蒸汽重整等，本章总结了氢气的典型制备过程并尝试对未来氢气的制备提供一些技术解决方案。

4.1 简介

由于人口快速增长及生活水准的提高，21世纪面临的主要挑战之一是日益增长的能源需求。例如，在2011年，全世界70亿人大约消耗了15TW能量；到2050年，能量消耗预计将升至30TW，人口总数将会达到90亿。图4-1展示了世界的燃料一次能源供应总量、发电量以及由此产生的CO_2排放量。从图4-1中可以看出，全球85%的能源供应都来自化石燃料，然而，由于它们的性质和非均匀分布，化石燃料预计不会跟上能源需求的增长。此外，容易开采的化石燃料逐渐消耗，开采成本的增加以及地区政治不确定性等因素，化石燃料的价格将会很难控制。除了经济问题，由于化石燃料的利用而产生的温室气体（主要是CO_2）的排放，以及它们导致的全球变暖，一直在提高人们对于环境污染的关注。因此，转向非化石燃料能源来源可以大大减少CO_2相关的排放量以及它们对全球变暖的不利影响。

可持续能源的使用可以减少对化石燃料的依赖并尽量减少对环境有害的排放。使用接近零或零排放和不断补充的资源，氢气可以成为理想的可持续能源载体。氢能源的优点包括：

1）高能转化率效率。
2）用水制取没有污染排放。
3）丰富。
4）不同的储存形式（如气态、液态或与金属氢化物一起）。
5）长距离运输。
6）易于转换为其他形式的能量。
7）燃烧热值高于大多数常规化石燃料。

另一方面，由于大部分制氢方法不成熟，导致高的氢气生产成本和低的效率。

在目前的研究中，有些研究者关注氢在可持续发展以及环境改善中起到的至关重要作用以及其所提供的最有效的解决方案。在目前可能的氢的制取方法中，天然气蒸汽重整是最常见的制氢工艺，整个过程同样导致温室气体大量排放。全球大约50%的氢需求来自于天然气蒸汽重整，30%来自原油重整，18%来自煤炭气化提纯，3.9%来源于水电解，以及

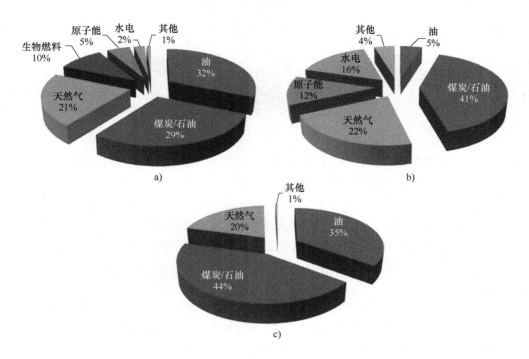

图 4-1 世界能源的情况

a）一次能源总供应量　b）发电量　c）2011 年 CO_2 排放量（其他包括地热、太阳能、风能、热能和废物等）

0.1%来自于其他方法。为了消除化石燃料利用对环境、人类健康及气候的影响，氢气的制取应该采用干净的、丰富的及环境良好的方法。这个概念称为"绿色氢气生产"，选取合适的制氢方法或者说确定适宜的氢气来源对于氢能的利用具有至关重要的作用。

4.2 常规原料转化制氢

4.2.1 甲烷制氢

由于天然气储量巨大，近年来人们对甲烷制氢进行了大量的研究工作。甲烷蒸汽转化法制氢的研究工作是从 20 世纪 20 年代后期开始的。到 20 世纪 30 年代，在美国建立了以天然气为原料的蒸汽转化炉，初期都是生产催化加氢用的氢气，到第二次世界大战期间转而生产合成氨的原料气。目前世界工业中普遍采用的蒸汽转化法有英国 ICI（帝国化学工业公司）化学工业法，丹麦托普索法及美国西拉斯法、凯洛格法、福斯特-惠勒法等。这些方法的工艺流程基本相同，就是往天然气中配入一定比例的氢气，混合气在对流段预热到一定温度，经钴、铝催化剂加氢后，用氧化锌进行脱硫，再进入蒸汽转化炉在一定条件下进行甲烷水蒸气重整制氢反应。在 20 世纪 70 年代，英国帝国化学工业公司又开发了弱碱催化剂用于天然气水蒸气转化制氢工艺。该工艺至今仍被广泛应用，在该工艺中所发生的主要反应为

$$CH_4 + H_2O \Longleftrightarrow CO + 3H_2 - 49.3 \text{kcal}^{\ominus} \qquad (4-1)$$

$$CO + H_2O \Longleftrightarrow CO_2 + H_2 + 9.8 \text{kcal} \qquad (4-2)$$

总反应式为

$$CH_4 + 2H_2O = CO_2 + 4H_2 - 39.5 \text{kcal} \qquad (4-3)$$

若原料是按下式比例进行混合的，则可得到 $CO:H_2 = 1:2$ 的合成气：

$$3CH_4 + CO_2 + 2H_2O = 4CO + 8H_2 + 157.7 \text{kcal} \qquad (4-4)$$

甲烷水蒸气重整制氢反应是强吸热反应，需在较高的温度下靠外部供热方可进行。而目前的传热效率不高，散热现象较严重，造成能源效率低下，因此甲烷水蒸气重整制氢提供氢源技术不适用于质子交换膜燃料电池汽车。

甲烷氧化重整制氢反应分为甲烷催化部分氧化反应和甲烷直接部分氧化反应。由于甲烷直接部分氧化反应需要在高温下进行，有一定的爆炸危险，因此在燃料电池中不适用。这里主要讨论甲烷催化部分氧化法制氢。甲烷与氧进行部分氧化反应时随混合气中氧含量不同、反应条件不同，反应生成物的组成也不同。当氧含量不大时（10%～12%），在 50～300 个大气压下主要生成甲醇、甲醛和甲酸；当氧含量为 35%～37% 时，在 1300℃ 温度下，反应区气体很快冷却则可以得到乙炔；再增加氧含量时，反应产物主要是 CO 和氢气；如果用大量过量氧进行反应，得到的产物仅为 CO_2 和水蒸气。

甲烷氧化制氢反应及反应平衡：

主要反应为

$$CH_4 + 0.5O_2 = CO + 2H_2 + 8.5 \text{kcal} \qquad (4-5)$$

在甲烷部分氧化过程中，为了防止析出碳，总是在反应体系中加入一定量的水蒸气。反应产物也会进一步参加反应。因此，除式（4-5）外还有以下反应：

$$CH_4 + H_2O = CO + 3H_2 - 49.3 \text{kcal} \qquad (4-6)$$

$$CH_4 + CO_2 = 2CO + 2H_2 - 59.1 \text{kcal} \qquad (4-7)$$

甲烷水蒸气重整与氧化重整制氢反应相比，前者工艺条件较缓和，但需要外部供热；后者反应条件苛刻、不易控制，但反应是自热过程，能量效率高。甲烷制氢与甲醇制氢相比，甲烷制氢是经济的，但甲烷制氢需在 800℃ 以上的高温下进行。而甲醇制氢反应温和，而且加注甲醇比天然气方便很多。因此甲醇制氢成为质子交换膜燃料电池首选重整制氢原料。目前尚未将甲烷氧化重整制氢作为质子交换膜燃料电池的氢源进行研究开发，但是甲烷在将来有可能成为燃料电池的制氢原料。

4.2.2 甲醇制氢

1. 甲醇制氢反应

甲醇是极为重要的有机化工原料，2018 年，我国的甲醇产量已超过 $2.5 \times 10^7 \text{t}$，是继合成氨、乙烯之后的第三大化工产品。早在 20 世纪 70 年代，Johnson-Matthey 就用甲醇水蒸气重整的方法制氢，但只限于用实验室级的重整器产生氢，用金属 Pd 膜分离除去 CO 和 CO_2，

$\ominus$　1kcal = 4.19kJ。

作为一些特殊的用途。由于 Pd 的价格高及供应有限,限制了其应用。

反应式为

$$CH_3OH + H_2O \longrightarrow CO_2 + 3H_2 \tag{4-8}$$

水蒸气重整反应是甲醇制氢法中氢含量最高的反应,因此,该反应的研究颇具吸引力。1992 年西南化工研究设计院采用铜基催化剂在甲醇水蒸气重整反应中表现出良好的效果。该工艺以来源方便的甲醇和脱盐水为原料,在 220~280℃下,利用专用催化剂进行催化转化获得含氢和 CO_2 的混合气。甲醇的单程转化率可达 99% 以上,氢气的选择性高于 99.5%,转化气中除了氢和 CO_2 以外有很少的甲烷和 CO,该催化剂的寿命较长,在工业装置中使用寿命超过 4 年。利用变压吸附技术,可以得到纯度为 99.999% 的氢气,CO 的含量低于 5×10^{-4}%。这种装置已经广泛使用于航空航天、精细化工、制药、小型石化、特种玻璃和特种钢铁等行业。

而关于整个甲醇蒸汽重整制氢具体反应过程,主要有以下两种观点:

1) 甲醇水蒸气重整制氢的反应发生时,先发生甲醇分解反应生成 CO 和 H_2,然后发生变换反应生成 CO_2,反应机理为

$$CH_3OH \longrightarrow CO + 2H_2 \tag{4-9}$$

$$CO + H_2O \longrightarrow CO_2 + H_2 \tag{4-10}$$

2) 甲醇水蒸气重整制氢的反应发生时,先发生甲醇重整反应生成 CO_2 和 H_2,然后发生逆变换反应生成 CO,反应机理为

$$CH_3OH + H_2O \longrightarrow CO_2 + 3H_2 \tag{4-11}$$

$$CO_2 + H_2 \longrightarrow CO + H_2O \tag{4-12}$$

张磊等利用原位傅里叶变换红外光谱技术,对甲醇水蒸气重整制氢反应机理进行系统研究,研究发现,该反应主要经历以下步骤:甲醇脱氢解离形成甲氧基,甲氧基转化为中间过渡产物甲酸甲酯,甲酸甲酯转化为甲酸,甲酸再分解生成 CO_2 和 H_2,CO_2 经逆水汽变换反应生成副产物 CO。根据张磊等人的研究可以看出,甲醇水蒸气重整制氢反应符合重整逆变换机理。

2. 甲醇水蒸气重整制氢催化剂

甲醇制氢的核心技术为催化剂,目前对于甲醇制氢催化剂研究较多的有 Cu 系、Ni 系和贵金属(Pd、Pt)系催化剂。Cu 系催化剂包括负载 Cu 或 CuO 的二元、多元体系,为了提高催化剂的性能,通常还加入一些助剂,该类催化剂对甲醇分解显示出较好的活性和选择性,且催化剂在受热时有较好的弹性形变,在高温下,反应速率加快,易分解成 CO 和 H_2。Ni 系催化剂主要是负载 Ni 的三元催化体系,其具有较高的活性和稳定性。

在燃料电池汽车上虽然可以利用燃料电池未反应完的废气燃烧提供热量进行甲醇的分解,但该法不足之处是分解气中含有 30%(mol)以上的 CO,而 CO 使燃料电池的铂电极严重中毒,需将 CO 转化,且其含量需控制在 10^{-2}% 以下,这样就需较大的转化器。因此甲醇分解法制氢不宜直接用于燃料电池汽车上。

3. Cu 系催化剂

Liu Y 研究小组发现 CuO/CeO_2 是一种非常有效的甲醇蒸汽重整反应催化剂,其催化活

性随着铜含量的增加而增高。Oguchi 研究小组发现 $w(CuO) = 80\%$ 的 CuO/CeO_2 催化剂催化甲醇蒸汽重整反应的活性最高，而且向催化剂中加入 ZrO_2 对甲醇蒸汽重整反应有促进作用。Udani 研究小组发现，在 160～300℃时，$w(CuO) = 70\%$ 的 CuO/CeO_2 催化剂催化甲醇蒸汽重整和甲醇氧化蒸汽重整反应的活性均最高。其中，在甲醇氧化蒸汽重整反应中，$w(Cu) = 2\%$ 和 $w(Cu) = 6\%$ 的 Cu/CeO_2 催化剂活性高于 $w(Cu) = 10\%$ 的 Cu/CeO_2 催化剂。Shimokawabe 研究小组采用浸渍法制备的 Cu/ZrO_2 和 Cu/SiO_2 催化剂，在甲醇蒸汽重整反应过程中，前者活性高于后者。Yao 研究小组发现，随着载体比表面积的增大以及铜分散度的提高，低温下甲醇转化率增大、CO 产率降低。Breen 和 Ross 研究发现 $Cu/ZnO/ZrO_2$ 比 $Cu/ZnO/Al_2O_3$ 对甲醇蒸汽重整反应的活性高。Pérez-Hernández R 研究小组发现，富含 CeO_2 的 Cu/CeO_2-ZrO_2 催化剂催化甲醇氧化蒸汽重整反应活性较高，催化活性随着 CeO_2 含量增加而提高，而 CO 的生成量随着 CeO_2 含量增加逐渐降低。当载体中的 $w(ZrO_2)$ 大于 50% 时，催化剂活性最低。J Papavasiliou 研究小组通过尿素-硝酸盐燃烧法制备了 CuO/CeO_2 催化剂，并向催化剂中掺入少量的 Sm 和 Zn 提高了甲醇蒸汽重整反应的活性，而加入 La、Zr、Mg、Gd、Y、Ca 反而降低了催化活性。H Oguchi 研究小组采用共沉淀法制备了 $w(CuO) = 80\%$ 的 CuO/CeO_2 催化剂，加入到 ZrO_2、Al_2O_3 和 Y_2O_3 中显著提高了甲醇蒸汽重整反应的活性。爱尔兰和俄罗斯学者也通过尿素-硝酸盐燃烧法合成了基于 Cu-Ce-Zr-Y 混合氧化物（单纯氧化铝和添加铬的）催化剂，并且考察了催化剂的化学成分对甲醇蒸汽重整反应的活性和稳定性的影响，结果发现，甲醇蒸汽重整反应的产氢速率和选择性取决于催化剂的组成（$Cu_xCe_{1-x}O_y$、单纯 Zr 及 Zr 和 Y 两者，还有加入氧化铝和铬的 $Cu_x(CeZrY)_{1-x}O_y$）。$Cu_xCe_{1-x}O_y$ 掺入 Zr 由于提高了比表面积，结果提高了甲醇转化率和产氢速率，而 CO_2 的选择性降低。Zr 和 Y 两者一同加入，在 300℃时对甲醇转化率和产氢速率均有影响，而 CO_2 选择性高达 100%。对于 $Cu_x(CeZrY)_{1-x}O_y$ 催化剂，其中铜是介于固溶体和 CuO 相态，甲醇转化率和产氢速率随着铜浓度上升而增大。向 $Cu_x(CeZrY)_{1-x}O_y$ 中加入氧化铝和氧化铬导致了产氢速率显著增加，这是由于载体的高比表面积（高达 $170m^2/g$）和铜的高度分散。当温度高于 300℃时，Al_2O_3 和含 Cr 催化剂上 CO_2 选择性比单纯 $Cu_x(CeZrY)_{1-x}O_y$ 上的低，但稳定性较后者高。说明氧化铝有助于活泼铜和铬分散，同样，也可防止铜烧结。Ta-Jen Huang 研究小组研究了 $Cu/(Ce,Gd)O_{2-x}$（掺入氯化钆的氧化铈负载铜）催化甲醇蒸汽重整制氢反应，考察了反应温度、催化剂用量和 Cu 含量对氢收率的影响。结果发现：

1）甲醇蒸汽重整制氢的正常温度为 210～270℃，$Cu/(Ce,Gd)O_{2-x}$ 上 CO 摩尔分数约为 1%。因此，重整中必须优先氧化 CO，降低其含量，使其在质子交换膜燃料电池中达到一个可以接受的量。

2）对于 H_2 收率、CO_2 选择性和 CO 含量而言，最佳反应温度为 240℃。

3）CO 产率随着温度的升高而升高。

4）在 450℃附近，CO 平均产率要比 CO_2 的高。

5）约 550℃时，H_2 收率、CO_2 选择性和 CO 含量保持恒定。

6）0.5g 催化剂是 CO 含量最低的一个最佳条件，也就是说，存在一个最佳接触时间。

7）CO 含量最低时催化剂中 Cu 的最佳质量分数是 3%。

8)240℃时 H_2 收率始终是3,并且不受催化剂重量或 Cu 含量变化的影响。

4. Ni 系催化剂

墨西哥研究小组通过浸渍法制备了 Ni/CeO_2-ZrO_2 催化剂。在催化甲醇氧化蒸汽重整反应中,富含 CeO_2(质量分数大于50%)催化剂活性最高,H_2 最终选择性接近45%,且在两个反应周期内无明显失活。在 250~375℃范围内,CO_2 都有较高的选择性,暗示了在这样的催化剂上不会发生逆水煤气变换反应。看来,在多数情况下,尽管 ZrO_2 载体降低了 CO 的生成量,但起制氢作用的主要是 Ni。文献报道了在 Ni-水滑石衍生催化剂上的甲醇蒸汽重整反应研究,其主要产物是 CO 和其他非 CO_2 的含碳物质。Qi C 研究小组早期研究发现,当反应温度高于300℃时,使用 NiAl-水滑石衍生催化剂催化甲醇蒸汽重整,制得的高纯氢可以作为车载燃料电池的燃料。Qi C 研究小组进一步研究了 NiAl-水滑石催化剂在390℃时催化甲醇蒸汽重整反应。其中,催化剂中 $w(K)=2.17\%$,Al/(Ni+Al)原子比为0.17。考察了催化剂不同预处理条件和不同蒸汽/甲醇比对反应的影响,结果发现,由于预处理条件不同产物构成不尽相同,在稀 H_2 条件下预处理比在原料中预处理时催化剂的活性和稳定性要好,CO_2 和 H_2 的选择性高,CO 产量低。在稀 H_2 预处理条件下,即使在 H_2O 相对 CH_3OH 物质的量的比处于比较宽范围内也没有甲烷生成;然而,在原料预处理条件下,催化剂易失活。这是由于预处理条件不同,催化剂的结构出现差异造成的。

5. 贵金属系催化剂

Takewaza 和 Iwasa 研究发现,在甲醇蒸汽重整反应中,经预还原处理的 Pd/ZnO 催化剂活性比 Cu 系的高。并对比研究了产物中 CO 的浓度,认为 Pd 与 ZnO 之间强烈化学作用形成的 PdZn 合金(1:1)是导致 CO_2 选择性较高、CO 浓度较低的重要原因。Agrell J 研究小组通过微乳液法制备了 Pd/ZnO 催化剂,用于甲醇部分氧化制氢时发现催化剂的活性随着 PdZn 颗粒的形成而提高。Iwasa N 研究小组通过对比研究 SiO_2、Al_2O_3、La_2O_3、Nb_2O_5、Nd_2O_3、ZrO_2 负载 Pd 与 Pd/ZnO 催化甲醇蒸汽重整反应后,发现 Pd/ZnO 催化剂的产物选择性最高。近来,Karim 研究小组研究了 PdZn 合金的形成和颗粒尺寸对甲醇蒸汽重整反应的影响。发现 Pd/ZnO 催化剂在高温、氢气气氛预还原条件下的活性高于低温、氢气气氛预还原条件下的。高温会导致 PdZn 合金结晶尺寸增加,但对催化活性基本无影响。低温预还原下的催化剂是 Pd 和 PdZn 合金颗粒共存,而高温下预还原的催化剂是 PdZn 合金。Chin 研究小组研究了不同预还原温度对 Pd/ZnO 催化甲醇蒸汽重整反应性能的影响,发现125℃下预还原的催化剂活性低于350℃的,产物选择性随着 PdZn 颗粒尺寸的增加而提高。近来,Yanhan 研究小组研究了 Pd/ZnO 催化甲醇蒸汽重整反应,发现预还原温度为300℃时的催化剂具有最高的甲醇转化率和 CO_2 选择性。加拿大的 I Eswaramoorthi 研究小组通过传统的水热法合成了大表面积和一致六边形孔的 SBA-15 载体,然后采用孔隙浸渍法负载 Pd-Zn,Pd 和 Zn 的原子比为1:1.5,$w(Pd)=0.5\%~5.5\%$,$w(Zn)=0.75\%~8.25\%$,将催化剂 Pd-Zn/SBA-15 在400℃、40ml/min 氢气气氛中预还原,然后用于催化甲醇部分氧化反应,其甲醇转化率和氢气选择性随着 Pd 负载量增加以及反应温度的提高而增大,催化剂使用5h 后稳定性基本无变化。由于高分散的 Au 催化剂对 CO 低温完全氧化反应具有良好的催化活性,Chang 研究小组研究了氧化铝负载 Au 系催化剂催化甲醇部分氧化制氢反应的性能,发现在高温下 Au

易烧结，使其应用受到限制。

4.2.3 氨制氢

英国科学和技术设施委员会（STFC）的一个研究团队经研究发现，通过对氨进行分解来制造氢气，不仅成本低廉，而且简单高效，为在现场实时按需制氢所面临的储存和成本方面的挑战，提供了一种可靠的解决办法。而且氨分解制氢技术无 CO 污染，且流程简单、储存安全可靠，价格低，因此具有广阔的应用前景和更大的经济效益。

1. 氨分解制氢技术的优势

氨为氮氢化合物（NH_3），分子组成中氢的质量分数为17.6%，能量密度为3000W·h/kg，高于汽油、甲醇等燃料，而且氨分解只生成氮气和氢气，没有 CO 副产物的生成。氨的密度为 0.7kg/m³，在常温、常压下是以气态形式存在的。增加压力或降低温度，都可以使氨气液化。因此氨以液态形式存在便于储存和运输，液氨的储存比较安全，能耗较小。氨虽然有毒，但其毒性相对较小，而且氨具有强烈的刺激性气味，一旦发生泄漏很容易被发现，可以及时采取措施。氨不易燃，燃烧范围不大，因而氨是一种清洁的高能量密度氢能载体。

氨气制造技术成熟，是遍布全球的基础产业，产品价格低，制取相对比较容易。另外，氨重整产生的气体中不含可导致燃料电池中毒的 CO_x，是目前解决燃料电池氢能来源的有效途径之一。因此，氨分解制氢技术受到人们的极大关注，其中的关键技术是研制高活性氨分解催化剂和发展新型氨分解反应器。

2. 氨分解制氢技术的研究现状

清洁、高效的燃料电池的开发和应用一直是近年来的研究热点。然而，氢的储存、运输和制氢催化剂及反应器的稳定性问题使燃料电池的商业化进程受到限制。解决这些问题最有效的方法是选择合适的具有高能量密度液体燃料催化转化即时产生氢气。液氨由于具有高能量密度和重量储氢量，分解只生成氮气和氢气，无 CO 等有害物的产生。氨分解制氢工艺具有经济性和安全操作简单性的特点。此外，液氨的储存安全，能耗小，极易压缩；氨的空气中燃烧范围为15%~34%（质量分数），范围较小；氨气比空气轻，泄漏后扩散快，不易积聚。并且，氨合成技术非常成熟，产品成本低。因此，氨作为氢的载体具有较大的应用前景。然而，过去的研究主要集中在合成氨工艺，而对氨分解反应的研究尚处于起步阶段，仅局限于氨合成反应的机理和动力学研究、设计高效合成氨催化剂的研究以及工业废氨气分解的研究。

3. 氨分解制氢催化剂的研究和发展

在氨分解研究的过程中，氨分解催化剂是其中重要的研究课题，它不仅直接影响氨分解的效率和经济效益，还影响氨分解反应器的设计。现有的氨分解催化剂主要以负载型催化剂为主，其中包括以 Ru 为代表的贵金属负载型催化剂（Ir、Pt 等），以 Fe、Ni 为代表的过渡金属催化剂（Co、Mo 等）、合金催化剂及一些碳化物和氮化物催化剂等。贵金属催化剂虽有较高的氨分解催化性能，但价格昂贵、成本过高，以 Ru 基催化剂为例，虽然具有较高的比活性，但是其负载量较高、催化剂的表面碱性较大时才具有较好的氨分解效果，因而制氢成本较高，并且对反应器的耐腐蚀能力要求苛刻。碳化物和氮化物催化剂的催化活性较低，催化氨分解反应温度较高，催化性能有待于改善。Fe 催化剂价格低廉，但其催化活性要远远低于 Ru 和 Ni。而 Ni 的储量丰富、价格低廉，氨分解活性仅次于 Ru，被认为是替代贵金属 Ru 的最佳选择。

关于氨分解催化剂的研究，起初，人们研究氨分解催化剂主要是为了了解更多关于氨合成方面的机理。大部分氨分解催化剂都是在氨合成催化剂基础上加以改进的。

4. 活性组分

20 世纪 90 年代之前，传统的合成氨用 Fe 基催化剂吸引了很多人的注意，一些人指出在氨的催化分解反应中，Fe 基催化剂的活性组分是不稳定的 FeN_x，FeN_x 活性中心分解生成氮气，但它易受 O_2、H_2O 等物质的影响而失活，而且在该催化剂上氨分解反应的温度高达 800~1000℃，反应温度较高。最近十几年，氨催化分解用催化剂的研究重心转移了 Ru 基催化剂上，众多研究表明，Ru 基催化剂是氨催化分解用催化剂中催化活性最为突出的一个。Ba-Ru 和 Cs-Ru 催化剂相比于传统的 Fe 基催化剂具有更高的活性。因此，Ru 基催化剂逐步取代了 Fe 基催化剂，在氨分解工业中有很大的发展潜力。

目前，氨催化分解用催化剂的活性组分主要以 Fe、Ni、Pt、Ir、Pd 和 Rh 为主。虽然 Ru 是其中催化活性最高的活性组分，但是它的高成本限制了其在工业上的广泛使用，而廉价的 Ni 基催化剂的确值得关注，它的催化活性仅次于 Ru、Ir 和 Rh，与贵金属相比，Ni 更具有工业应用的前景。

5. 载体

载体作为固体催化剂的特有组分，主要作为沉积催化剂的骨架，通常采用具有足够机械强度的多孔性物质。使用载体的目的是增加催化剂比表面积，从而提高活性组分的分散度。近年来，随着对催化现象研究的深入，发现载体还具有增强催化剂的机械强度、导热性和热稳定性，保证催化剂具有一定的形状，甚至提供活性中心或起到助催化剂的作用。催化剂的活性、选择性、传递性和稳定性是反应的关键，而催化剂的载体是反应性能的关键参数，其孔结构、比表面等将对反应物及产物能量和质量的传递起着非常重要的作用，而且载体有可能与催化剂活性组分间发生化学作用，从而改善催化剂性能。目前，所使用的载体主要有 Al_2O_3、MgO、TiO_2、CNT（碳纳米管）、AC（活性炭）、SiO_2 及分子筛等。

6. 助剂

碱金属、碱土金属和贵金属是已知的合成氨催化剂的有效助剂，同样也被应用于氨催化分解用催化剂体系中。在各种助剂的研究过程中，发现 K、Ba 和 Cs 都是氨催化分解催化剂的最理想助剂，碱金属 K 和 Cs 是电子助剂，助剂 Ba 则起电子助剂和结构助剂双重作用。三者催化性能的高低会随活性组分的不同而产生一定的差异。

因此，催化剂的组分、助剂的电子效应和载体性质对催化剂的氨分解反应的活性都有非常重要的影响。设计高效稳定的催化剂需要综合考虑各个方面的因素，这样才能得到高效稳定的催化剂。

4.3 化石燃料制氢

利用化石燃料为原料制取氢气是目前主要的制氢方式，技术成熟且成本较低。需要指出的是，消耗有限的化石燃料制取氢能只是权宜之计。化石燃料制氢过程中会释放 CO_2，进一步加剧温室效应。从减少碳排放量角度考虑，制氢过程应该进行 CO_2 捕获封存。蒸汽重整、部分氧化和自热重整是三种主要的化石燃料重整制氢技术。每个技术的优势和不足都罗列在表 4-1 中，可以通过表 4-1 了解这些不同技术的特点。化石原料制氢的产物除氢气外，还包括 CO 以及重整过程结束时排放的 CO_2。蒸汽重整技术通常需要外部热源来提供能量，但它不需要氧气来驱动这个过程，相对部分氧化和自热重整两项技术，它有一个较低的工作温度和较高的氢气产率。在部分氧化中，碳氢化合物被氧气部分氧化生成氢，它不需要使用催化剂，抗硫能力强，驱动整个过程的热源来自部分氧化（燃烧）反应。另外，自热重整技术对于气压的要求要低于部分氧化。除以上不同外，自热重整和部分氧化均不需要外部热源提供能量，但是，两者都需要有纯的氧气提供，因此工艺过程中要有供氧系统，这意味着需要提供氧气分离及相应设备成本的增加。综合来看，与其他化石燃料重整技术相比，蒸汽重整（特别是蒸汽甲烷重整）是氢气生产中最便宜、最常用的方法。

表 4-1 不同化石原料制氢的技术特点比较

技术路线	优　点	缺　点
蒸汽重整	最成熟的工业过程 不需要氧气 最低的操作温度 最佳氢气和 CO 生成比	最高的空气污染排放量
部分氧化	脱硫要求较低 不需要催化剂 甲烷含量低	低的氢气和 CO 生成比 复杂的处理过程 高的操作温度
自热重整	相对较低的操作温度 甲烷含量低	商业应用经验不够 需要氧气

4.3.1 天然气转化制氢

天然气制氢工艺的原理就是先对天然气进行预处理，然后在转化炉中有催化剂存在的条件下将甲烷和水蒸气转化为 CO 和氢气等，余热回收后，在变换塔中将 CO 变换成 CO_2 和氢气的过程，这一工艺技术的基础是在天然气蒸汽转化技术的基础上实现的，反应在 800~820℃ 范围内进行。用该法制得的气体组成中，氢气含量可达 74%（体积分数）。大多数大型合成氨及合成甲醇工厂均采用天然气为原料，催化水蒸气转化制氢的工艺。我国在该领域进行了大量有成效的研究工作，并建有大批工业生产装置。我国曾开发采用间歇式天然气蒸汽转化制氢工艺，制取小型合成氨厂的原料，这种方法不必采用高温合金转化炉，装置投资成本低。其生产成本主要取决于原料来源，由于我国天然气分布不均，采用该方法受到限制。

1. 绝热转化制氢技术

绝热转化制氢技术是天然气制氢技术中制氢效率相对较高的方式，在利用绝热转化制氢过程中，能够很好地将制氢工艺与制氢装置结合在一起，最大程度地使原材料天然气转变为氢气。在此反应中，原材料的反应本质是部分氧化反应，部分氧化能够使天然气最大化地转化成氢气，对整个制氢过程十分有利。在部分氧化反应过程中，所需要的氧化剂就是较为廉价易得的空气，将空气作为氧源可以节省不必要的化学试剂浪费，在绝热转化制氢装置中含有氧分配器，能够很好地解决催化剂床层热点问题，氧分配器能够将空气中的氧进行合理的分配，对催化剂的催化作用进行较好的支持，促进反应加快进行。利用空气作为氧源是对制氢成本进行减少的重要因素，因而这种制氢技术适合小规模制氢产业的发展。

2. 高温裂解制氢技术

高温裂解制氢技术就是利用较高的温度条件，将天然气裂解为氢和碳的技术。由于这种制氢技术对温度有很高的要求，导致生产过程中的有反应条件较难控制。高温裂解制氢技术的操作过程较为简单，但是其对设备的要求较高，高温条件下一般材料制成的设备无法正常工作，因而其设备所需的成本增加。但是高温裂解制氢技术的优点在于其反应过程中不产生温室气体的主要来源——CO_2，这就对生态环境的保护有着重要的意义。另外，反应过程中所产生的碳也是现阶段我国相关科学领域研究的重点内容，这种天然气制氢技术的未来发展前景十分广阔。

3. 自热重整制氢技术

自热重整制氢技术的主要特点就是将外源供热转变为自供热，在反应过程中制氢产生的热量能够作为催化反应进行的环境因素，从而大大减少外源供热过程中对资源的浪费。这种制氢的形式能够在较短的时间内利用自身的高热进行快速反应。在自热重整制氢过程中，反应器与放热的天然气燃烧反应和清晰热的天然气水蒸气重整反应进行耦合，最大程度地将反应过程中产生的热量利用，减少热量的损失。但是这种制氢技术还是存在一定的缺点，即对反应装置的要求过高，使反应装置的投资成本相应增加。因此，要想使自热重整制氢技术进行提高，首先就要对反应装置进行完善与创新，选择新型耐高温原料，合理减少原料的成本，使制氢的总体成本减少，这对该种制氢技术的发展十分有利。

4. 天然气部分转化制氢技术

天然气部分转化制氢技术也是现阶段制氢中较为常见的一种技术手段。这种制氢技术的最大优点在于其耗能很低，部分转化使得对反应条件的要求相对较低，这就从很大程度上减少了耗能。但是，在对制氢效率的保证中，这种制氢方式不能很好地提高氢的产率，这将使生产一定量氢的过程中耗费较长的时间和原料，提高制氢效率是现阶段对这种制氢方式进行完善的重要目标。

（1）汽油重整制氢　利用汽油重整制氢，可以使用现有的完善的基础设施。汽油含有不同类型的碳氢化合物，包括烷烃类、环烷烃、烯烃和芳烃，而且汽油还含有许多硫化物以及少量的添加剂，有时甚至含有氧化剂和乙醇。在不考虑芳香族化合物时，汽油的碳氢成分具有相似的重整性能，氧化添加剂有助于改善重整反应。但是值得注意的是：

1）芳香族化合物和硫化物会导致这些反应迅速退化，而且重整反应的降低与芳香族化合物的类型有关。

2）所有汽油重整处理系统都要求温度超过700℃，才能分解汽油中的稳定成分以及中间成分甲烷。

3）重整系统要求不含CO。

4）冷起动时要求外部热源加热，以达到重整装置催化剂的工作温度。

由此可知，目前汽油重整还有许多技术问题。

(2) 水煤气制氢 以煤为原料制取含氢气体的方法主要有两种：一是煤的焦化（或称为高温干馏）；二是煤的气化。我国有大批中小型合成氨厂均以煤为原料，气化后制得含氢煤气作为合成氨的原料，这是一种具有我国特点的制氢方法。煤制取氢气的优点是技术日臻成熟，原料成本低，装置规模大，而采用煤气化制氢方法，其设备费用占投资的主要部分。因此，水煤气制氢适合10000m³/h以上的大型氢气用户，一般用于合成氨和甲醇的生产中。

煤制氢的核心技术为先经过不同的气化技术将煤转变为气态产物，再经过低温甲醇洗等分离过程，进一步转换成高纯度的氢气。煤制氢的工艺流程如图4-2所示。

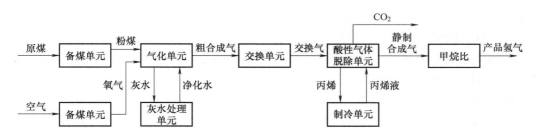

图4-2 煤制氢工艺流程

煤气化制氢是煤粉、煤浆或煤焦与气化剂在高温下进行部分氧化反应，在高温气化炉中生成以CO、H_2为主的合成气，再经过变换、低温甲醇洗工艺、氢气提纯等工序，得到高纯度产品氢气的工艺过程，即

$$2C + O_2 = 2CO \tag{4-13}$$

$$CO + H_2O = CO_2 + H_2 \tag{4-14}$$

4.3.2 地面煤气化制氢技术

地面煤气化制氢工艺根据气化炉内气流和燃料床层的运动特点可分为气流床、流化床和移动床三种工艺，每种工艺都有其自身的优点和缺点，见表4-2。20世纪30～50年代初德国研发出第一代煤气化工艺，开发了Lurgi炉、Winkler炉及K-T炉等一系列以纯氧为气化剂的气化炉，大大提高了气化强度和冷煤气效率。20世纪70年代，德国、美国等国开发了第二代气化炉，如BGL、HTW、Texaco、Shell及U-Gas等。

表 4-2　地面煤气化制氢不同工艺比较

工　艺	优点	缺点
气流床工艺	1）消除了燃料的黏结性对气化过程的影响 2）煤在气流床中的滞留时间短，单台设备处理能力强 3）煤种适应性强，原则上各煤种均可使用 4）出炉煤气中不含焦油，酚类等污染物	1）飞灰带出量大 2）出炉煤气温度高，显热损失大
流化床工艺	1）床内气、固之间混合接触好，传质和传热效率高 2）过程易于控制，有利于大规模生产	1）适用煤种范围窄，仅适用于活性高的褐煤、年轻的烟煤 2）飞灰和灰渣含量高，需建立辅助设备沸腾燃烧炉，设备复杂，投资高
移动床工艺	1）气化过程比较完全 2）灰渣中残碳少 3）气化效率高	1）对入炉煤的粒度和均匀性要求较高 2）单炉生产能力小，固态排渣操作困难 3）产生大量的废水和废气，环境污染严重

（1）气流床气化技术　主要反应有两个，分别是煤的热裂解和焦炭的气化。Texaco 炉就是一种率先实现工业化的气化技术，其煤种适应性广、系统运行可靠，得到了广泛的应用。但是压力不高，产出的氢气需要压缩，气化热效率也不高。

（2）流化床气化技术　该方法气化率高，煤种适应性好，床内温度均匀且易于控制，由于流化床可以接收并继续气化细小的煤粒，使煤的转化率提高。但是采用液态排渣时排气显热高，同时运行条件也受到限制。

（3）移动床气化方法　以加压 Lurgi 炉为典型代表。该方法对原煤要求低，气化率高，采用逆向流动，传热与传质效果好。但是该方法中煤粉碎和筛选的操作技术复杂，水蒸气利用率不高，为了减少甲烷的产量，只能采用较低的压力，另外还需要制氧装置关闭。

4.3.3　地下煤气化制氢技术

早在 1888 年，门捷列夫就提出了地下煤气化制氢的设想。1908 年英国著名化学家威廉·拉姆塞在都贺煤田的地下气化实验获得成功，将门捷列夫的地下气化制氢设想变成现实。

我国的煤炭地下气化始于 1958 年，在山西大同胡家湾等地以空气为气化剂进行地下气化获得成功。煤炭地下气化技术是一项集建井、采煤和气化工艺为一体的多学科开发清洁能源与化工原料的新技术，该技术将地下的煤炭进行有控燃烧，通过热作用及化学作用将煤转化为可燃气体。煤炭地下气化制氢的反应主要包括水蒸气分解反应、干馏煤气和 CO 变换反应三个方面。较地面煤气化制氢技术相比，地下煤气化制氢技术更有利于提高产品煤气中氢气的含量。这主要是因为地下气化通道长度远比地面煤气化炉高度大得多，并且它可被地下气化系统中许多无机盐催化，特别是铁的氧化物。地下气化技术在欧洲、美国及俄罗斯等国家和地区得到大力开发及应用。研究及应用结果表明：地下气化比地面气化在合成气的成本上可下降 43%，天然气代用品的成本可下降 10%~18%，发电成本下降 27%。近年来，我国对煤炭地下气化技术的研究也有很大进展。中国矿业大学提出并完善了"长通道、大断面、两阶段"的地下气化新工艺。

4.3.4 煤气化制氢技术的前景及存在的问题

近年来，随着洁净煤技术在全球范围内的兴起，煤气化技术在国外又呈现出强有力的发展势头。一些发达国家投入大量的人力物力和财力开发新一代大型煤气化技术，并加以推广示范，其目的是增加单台设备的生产能力、扩大原料煤种的适应范围及提高气化效率。其中有些已投入商业化生产，有些仍处于研发阶段。在我国，煤气化制氢技术仍有相当长的路要走，主要原因体现在三个方面：①工艺落后，原料气化不完全，气化效率低；②环保设施不健全，污染物排放超标，污染严重；③规模小，可用煤种范围窄，经济效益差。上述问题成为我国发展煤气化制氢技术的严重阻碍，为此应加大煤气化工艺的研发力度，建立健全环保设施，在卓有成效地自主研发一些关键技术、设备及材料的同时，大力加强与国际的交流与合作，使我国的煤气化制氢技术得以健康快速有效地发展。

4.4 生物制氢技术

生物质资源丰富，是重要的可再生能源。生物法可通过生物气化发酵制氢，或者通过其他细菌或藻类分解水，或另一种合适的底物来实现。转化反应可以在黑暗中继续进行，或在光辅助的条件下进行。生长的生物质首先需要能量输入，通常是太阳光，并涉及以下转换效率：从最初的外部能量到生物质材料的转化率，从生物质到氢能的转化率以及从太阳的整体辐射率到最终氢气产品的转化率。由于生产氢分子很少是天然生物系统的目标，为了达到这个目标必须进行一些改造，例如，通过基因工程进行修改。由于植物转化太阳能的效率非常低，使得设备的成本很高。

4.4.1 光催化产氢

微生物光合作用分解水产氢，其作用机理和植物光合作用相似，目前研究较多的是光合细菌和蓝绿藻。以藻类为例，藻类首先将水分解为氢离子和氧气，产生的氢离子在氢化酶的作用下转化为氢气。

藻类产氢过程被认为是经济且可持续的，因为它利用的是可再生的水，并且消耗 CO_2。但是，光催化分解水过程中产生的氧气会对产氢过程中的氢化酶起抑制作用。藻类的光催化分解水还具有其他缺点，例如产氢能力较低，并且这一过程中没有消耗废料。而光发酵和暗发酵途径可以在处理废物的同时产氢，因此被认为是良好的产氢途径。

目前已知的具有产氢能力的绿藻集中在团藻目和绿球藻目，包括莱茵衣藻、夜配衣藻、斜生栅藻和亚心形扁藻等。绿藻的产氢途径主要包括直接生物光解途径和间接生物光解途径。在直接生物光解途径中，绿藻通过捕获太阳光，利用光能经由光合反应将水分子光解，获得低电位的还原力，并最终还原 Fe 氢化酶释放出氢气。间接生物光解途径可以分为两个阶段，在第一阶段，绿藻细胞在有氧条件下通过光合作用固定 CO_2，合成细胞物质；在第二阶段无氧条件下，这些细胞物质会通过酵解产生还原力，用于 Fe 氢化酶的还原和氢气的释放。外源营养因素（如硫、葡萄糖、醋酸盐及细胞固定化技术等）都会影响绿藻的光合产氢。

管英富等采用固定化技术对海洋扁藻进行固定，发现固定化光解水产氢的效率提高 5 倍。纪超凡等研究了添加 CCCP（Carbonyl Cyanide m-chlorophenylhydrazone，羰基氰化物间氯苯腙）的海洋绿藻亚心型四爿藻光生物制氢体系，结果表明：四爿藻光生物产氢前期，电子主要来自 PS II 光解水以及胞内分解代谢，电子经由光合电子传递链传递至氢酶产生氢气；而后期释放的氢气是通过不依赖光合电子传递链的发酵途径产生的。

4.4.2 光发酵产氢

光发酵产氢过程是厌氧光合细菌根据从有机物（如低分子脂肪酸）中提取的还原能力和光提供的能量将 H^+ 还原成 H_2 的过程。这一过程具有以下优点：能适应广泛的光谱范围；产氢过程中没有氧气产生；基质的转化效率较高等，因此被当作一种很有前景的制氢方法。光发酵具有相对较高的光转化效率，并有提高光转化效率的巨大潜力。

当葡萄糖作为光发酵的基质时，反应方程为

$$C_6H_{12}O_6 + 6H_2O + \text{light energy}^{\ominus} \longrightarrow 12H_2 + 6CO_2 \tag{4-15}$$

许多光和异养型细菌在光照、厌氧条件下能够将有机酸（乙酸、乳酸和丁酸）转化成氢气和 CO_2，Rhodobacter spheroids、Rhodobacter capsulatus、Rhodovulum sulfidophilum W-1S、和 Thiocapsa roseopersicina 等光合细菌的光发酵制氢过程已经得到了深入研究。

宗文明等利用生物柴油废水进行了产氢光合细菌的筛选、鉴定，根据该菌株的形态、生理生化特征、16SrDNA 序列和 ERJC-PCR 结果分析，初步鉴定该菌株为类球红细菌，研究了该菌株在 30℃，4000lx 光照厌氧条件下利用不同浓度的生物柴油废水产氢的能力，当培养基起始 COD 浓度为 11.5g/L 时，其在对数生长期平均产氢速度为 38mL/(L·h)。才金玲等通过富集获得产氢海洋光合菌群，该菌群可以有效利用发酵产氢的关键副产物乙酸作为产氢碳源。温度、光照强度、起始 pH 和乙酸浓度均对该菌群产氢和生长有明显影响。当在 30℃、4000lx 光照和起始 pH 8.0 的条件下培养时，此光合细菌群产氢量和底物转化效率较高。廖强等采用凝胶将光合细菌固定化，之后在填充床中进行光发酵产氢特性的研究，实验结果表明填充床产氢速率和底物降解速率随进口葡萄糖浓度的增加而增大，光照强度低于光能饱和度时，随着光照强度的增大，产氢速率和底物降解速率呈递增趋势，光照强度超过光能饱和度则对填充床光合产氢和底物消耗产生明显抑制作用。

Guillaume Sabourin-Provost 等首次开展了通过光发酵过程将生物柴油生产过程中的粗甘油部分用于生物转化制氢的研究，结果显示紫色脱硫光合细菌 Rhodopseudomonas palustris 可以将粗甘油转化为氢气，最佳氢气产量为 6mol H_2/mol 粗甘油，达到了理论产量的 75%。章佩丽等采用稀硫酸预处理后的废再生纸厌氧发酵生物制氢。在稀硫酸质量分数为 0.5%、废再生纸粒径为 0.350nm、反应温度为 115℃、反应时间为 60min 时，最佳的产氢率为

$\ominus$ 光能。

42.8mL/g。Dipankar Ghosh 等同样开展了通过光发酵过程利用粗甘油产氢的研究，在这一研究中确定了氮源的影响以及最佳的基质浓度，产氢量达到了理论值的 87%，较先前的研究有很大提高。

实验室通过连续培养 Rhodobacter capsulatus JP91 菌种，通过光发酵过程利用葡萄糖作为基质进行了高效产氢的研究。这种紫色脱硫光合细菌具有利用多种基质产氢的能力。在水力停留时间为 48 h 时，得到了最佳的氢气产量，为 (9.0 ± 1.2)mol H_2/mol 葡萄糖。

小麦淀粉也被应用于光发酵制氢的研究中。首先将基质在 pH 为 3、温度 90℃的高压锅中水解 15min，水解产物用于光发酵制氢过程中，结果显示累积最大产氢量为 178mL，产氢量为 1.23mol H_2/mol 葡萄糖，特定氢产量是 46mL H_2/g，生物质糖溶液浓度由 2.2g/L 升高到 8.5g/L 时，氢气的体积由 30mL 升高到 232mL。

4.4.3 暗发酵产氢

当葡萄糖作为暗发酵的基质时，反应方程为

$$C_6H_{12}O_6 + 2H_2O \longrightarrow 4H_2 + 2CO_2 + 2CH_3COOH \tag{4-16}$$

在厌氧（无氧）条件下，绿色藻类可以利用氢气作为电子供体给 CO_2 同化过程，在缺氧的情况下，则通过质子与电子相结合产生氢分子。这些过程涉及一种酶（催化剂），称为可逆氢酶，类似于某些蓝藻中的双向氢化酶。利用基因工程技术将一些特定的氢化酶，如属"铁"类型的属性，从细菌芽孢杆菌中转移，可以在黑暗无氧的情况下，通过蓝球藻等的光合作用得到氢气。

在暗发酵制氢过程中，环境条件如培养基的 pH、离子浓度、氮源等均能影响氢气的产量。培养基的 pH 主要影响离子型氢酶的活性，pH 的降低会抑制氢气的产生，因此制氢过程中需要严格控制 pH。培养基的离子浓度也会影响氢气的产生，这主要是因为与氢气生成相关的氢酶主要存在于微生物细胞的氧化还原型铁硫蛋白中。氮源也是影响暗发酵制氢的主要因素之一。若培养基中 NH_3 或 NH_4^+ 的浓度高会抑制氢气的产生，当 NH_3 或 NH_4^+ 的浓度（以 N 计）从 2g/L 提高到 10g/L 时，氢气的产率会从 56mL/h 下降到 10mL/h。因此以尿素或其他铵盐为氮源时，发酵过程中没有氢气的产生。除此以外，乙酸、丙酸和丁酸等均能抑制氢气的产生，因此在厌氧发酵制氢过程中应尽量避免这些物质的积累。

汤桂兰等利用养殖场废水进行了厌氧发酵生物制氢技术的研究。以厌氧消化污泥作为天然产氢菌源，通过养殖场废水的厌氧发酵产生氢气，结果表明，加入营养物质接种污泥的养殖场废水氢气含量、累积产氢量和单位 COD⊖氢气产量最高可达到 50.65%、334.80mL 和 287.10mL/g。王媛媛等以猪粪为发酵底物进行了厌氧发酵产氢工艺的优化，分析结果表明，猪粪厌氧发酵产氢的较优工艺条件为初始 pH 5.98，水力停留时间 4.123 天，猪粪干物质浓度 51.98g/L；在此工艺条件下，氢气产率为 32.4mL/g。

Wei 等研究了厌氧发酵条件下淀粉废水作为基质时的产氢情况。实验研究了 pH、淀粉浓度对氢气产量的影响。37℃时产氢的最佳 pH、淀粉浓度分别为 6.5 和 5g/L，最高产氢量

⊖ 化学需氧量。

为 186mL/g 淀粉。产生的生物气经过 KOH 溶液吸收 CO_2，之后氢气的含量高达 99%。

Guo 等研究了以糖浆作为基质时混合微生物菌群的产氢情况。操作温度为 35℃，实验采用膨胀颗粒污泥床（Expanded Granular Sludge Bed，EGSB）反应器，最大产氢能力高达 0.71L/(L·h)，同时测得氢气的产量高达 3.47mol/mol 蔗糖，特定的氢产生速率为 3.16mmol H_2/g VSS⊖h。氢气体积占生物质气总体积的 30%~53%，并且在实验过程中没有检测到甲烷气体。实验还证实了高效的氢气产量和高效的乙醇产量是相关的，并且在较高有机负荷的情况下生物质停留较长的时间，有利于提高生物质的产氢能力。

Liu 等开展了在序批式生物反应器和连续式生物反应器利用新鲜的垃圾渗滤液发酵产氢的实验研究，实验采用的垃圾渗滤液来自城市固体废物，在序批式生物反应器有磷酸盐存在的条件下，产氢能力提高，而连续式 EGSB 中氢气在第 20 天产生并且持续到第 176 天，磷酸盐存在的情况下产量为 120mg/L。在液体上流速度为 3.7m/h，水力停留时间达 12h 的情况下，COD 的最佳去除率达到 66.9%。在最佳的操作条件下，氢气的产率为 2155mL/d，并且超过 80% 的液体代谢产物为乙酸盐和乙醇，这就意味着乙醇发酵是反应器中主要的过程。

Gopalakrishnan Kumar 等研究了两种不同的污泥作为种子污泥，将其用于氢气产生过程，初始条件是基质生物柴油的固体废物浓度为 10g/L，温度是 55℃，初始 pH 是 8，结果显示利用第一种污泥接种时，将污泥和基质分别在 100℃下热处理 1h 后，氢气的最大产量是 94.6mL H_2（/g 挥发性固体）。然而第二种污泥接种时，在无热处理的情况下，氢气的最大产氢和特征氢产率分别为每天 1.48L H_2/L 和每天 0.30L H_2/g VSS。结果证实生物柴油的固体废物可以用于暗发酵产氢过程。

厌氧消化阶段被广泛用于固体或者液体废物的生物固定化过程中。由于化石燃料燃烧过程会产生温室效应，利用可再生的生物质高效产甲烷和产氢发酵过程已经引起广泛关注。厌氧消化会产生生物气，即甲烷和氢气。

在有机废物的厌氧处理过程中，酸化阶段是在初始水解之后的第二阶段，在这一阶段可以产生挥发性脂肪酸、乙醇和氢气。不同类型的有机废物通过厌氧酸化阶段产生氢气的过程同样引起了广泛的关注。

厌氧发酵制氢是一种新兴的生物制氢技术，它利用可再生的厌氧发酵微生物作为反应主体，利用包括工农业废弃物在内的多种有机物作为基质产生氢气，耗能少，成本低廉，有巨大的应用前景和发展潜力。但是存在基质利用率较低、发酵产氢微生物不易获得和培养等问题。因此，未来的研究重点是如何方便快速地从自然界获得产氢效率高的混合微生物群以及如何利用农业生产中废弃的生物质（如谷壳、秸秆及甘蔗渣等）厌氧发酵产生氢气。

4.4.4 两步发酵工艺

两步发酵即先经过暗发酵再进行光发酵的制氢技术，是一种氢的新方法，比单独使用一种方法制氢具有很多优势，可有效提高氢气的产量。暗发酵后的发酵液中含有丰富的有机酸可用于光发酵，如此可消除有机酸对暗发酵制氢的抑制作用；而光发酵中的光合细菌对有机

⊖ 挥发性悬浮固体。

酸的利用能降低废水的 COD 值。为了保证该方法在两种反应体系中的正常进行，需严格控制发酵底物的组成和发酵条件。暗发酵的发酵液中铵离子浓度和 C/N 比应低于对光合细菌产生抑制的程度。在暗发酵结束后应调整发酵液的稀释率和 pH，以满足光发酵光合细菌对有机酸和 pH 的要求。

另外，还可采用光合细菌和厌氧细菌的混合系统产氢。厌氧细菌很容易将多糖类化合物分解，快速产氢。但由于有机物代谢分解不彻底，有机酸积累引起反馈抑制，从而影响产氢效率。而光合细菌能利用有机酸代谢产氢。若将这两者混合培养，互补利用这两种菌的功能特性，可以形成一个高效产氢体。

影响因素包括：营养、暗发酵过程的初始 pH、C/N 比及基质浓度等。

葡萄糖作为基质被广泛用于产氢的研究中。葡萄糖作为两步发酵的基质时，反应方程为暗发酵阶段：

$$C_6H_{12}O_6 + 2H_2O \longrightarrow 4H_2 + 2CO_2 + 2CH_3COOH \tag{4-17}$$

光发酵阶段：

$$2CH_3COOH + 4H_2O + \text{light energy} \longrightarrow 8H_2 + 4CO_2 \tag{4-18}$$

Yang 等开展了利用玉米芯作为基质时通过暗发酵和光发酵结合的方法产氢的研究，在暗发酵阶段，最佳的产氢量和产氢率分别为（120.3±5.2）mL H_2/g-玉米芯和 150mL H_2/(L·h)；而在光发酵阶段，光合细菌通过将暗发酵过程的出水消化产氢，最大产量为（713.6±44.1）mL H_2/g-COD，此时 COD 的去除率高达 90%。这说明了暗发酵阶段产氢主要是因为玉米芯水解产物中还原糖和低聚糖的生物转化作用，而光发酵阶段主要是通过暗发酵出水中乙酸、丁酸和乙醇的生物降解作用产氢。

4.5 水电解制氢

4.5.1 水电解技术简介

利用太阳能和风能等可再生能源发电产生氢气而不排放污染物的水电解技术已被公认为全球清洁能源战略和可持续发展的重要选择。近年来，由于清洁能源的迫切需求，水电解由于高纯氢、无污染、工艺简单及电源供应充足等诸多优点，引起了人们的广泛关注。

水电解的一个主要优点是它可以在很大尺寸范围内进行。例如，它可以使用离网或局部电源（包括风能和太阳能等可再生能源）以小规模尺寸进行，产生氢气，然后将氢气输送并转换成电力，用于智能、灵活的分布式和小型能源应用；也可以在一些大规模仪器上进行，以产生用于可再生能源储存的大量氢气，并用于补充或替代化石燃料。

另一个主要优点是水电解可以利用不稳定的可再生太阳能和风能产生稳定的氢能介质，然后可以在有需要时进行转换和使用。一般而言，太阳能和风能可以提供可变输出，由于其不稳定性，电网难以接收该输出，这基本限制了这些能源产生的电能供应进入电网。因此可以认为，如果提供一种介质，可以在这些电能充足时储存而在电能不足时释放出来是解决这些不稳定能源应用的关键。就此而言，使用来自太阳能和风能的清洁电力来驱动水电解并大量生产氢气作为储能介质被认为是可行的选择之一。

关于氢气作为清洁能源载体，有些优点可以将所有形式的能源使用联系起来，从而实现更大的整合，保证更大的灵活性和更高的整体效率。如所认识到的，氢气可以通过由分布式可再生能源或电网电力驱动的水电解产生，然后储存（以小的或太瓦时规模以及各种方式），然后按所需电力提供燃料。氢气还可以以其他方式使用，例如作为车辆燃料、工业商品及原料，或与碳结合以产生合成碳氢燃料的化学反应物。

事实上，水电解是一项非常古老的技术，可以追溯到大约 200 年前。英国科学家 William Nicholson 和 Anthony Carlisle 首次提出了通过电解将水分解为氢气和氧气。之后，Johann Ritter 重复实验并成功收集产生的氢气和氧气。水电解定律称为法拉第定律，于 1833~1834 年首次由电化学领域著名的迈克尔·法拉第通过研究发现。1890 年，一种用于产生氢气的水电解装置的工业产品被开发并用于法国军用飞艇。所有这些发现都有助于水电解的发展。然而，水电解的工业应用似乎非常缓慢，可能是因为与其他传统的氢生产技术相比成本高。将电解池开发到工业规模大约花费了 100 年的时间。随后，不同类型的水电解池被开发并商业化应用，以产生氢气。1927 年，挪威公司开发出第一台用于生产氨的碱性水电解池。1939 年，第一台生产 10000Nm³/h 的氢气装置投入运行，用于供应氢气。然后，包括 Bamag、Demag、Norsk Hydro、Stuart Energy、Electrolyzer Corp. 以及 Boveri & Cie 等在内的公司研究并应用了不同的工业应用级别的工程系统。第一台加压水电解池由 Zdansky/Lonza 于 1948 年建造和运营，随后第一台固体聚合物电解质（SPE）电解池由通用电气公司于 1966 年建造。1972 年和 1978 年，固体氧化物电解池（SOEC）和先进的碱性水电解池也分别开始开发和应用。

目前，水电解装置可按照类别分为三种技术：碱性水电解、质子交换膜水电解、固体氧化物水电解。这三种技术都被认为是可用于从水和可再生能源生产高纯度氢的关键工艺。据预测，水电解技术可能在氢生产行业中占据越来越突出的位置，并有望获得快速增长。

为了讨论水电解过程，图 4-3 显示了酸性电解质溶液中水电解的示意图。

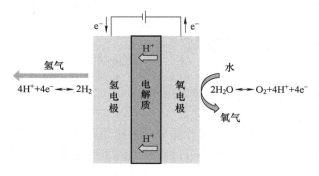

图 4-3　水电解过程示意图

将水供给氧（或正/阳极）电极，其中水被分解成氧、质子和电子，通过外部电路输送到氢（或负/阴极）电极。质子通过质子传导电解质传导，并与传输的电子在阴极电极处与氢结合。

4.5.2　水电解的电化学过程

如图 4-3 所示，整个电化学过程可以表示为

$$H_2O \longleftrightarrow \frac{1}{2}O_2 + H_2 \tag{4-19}$$

根据式（4-19）和热力学第二原理，电池反应的吉布斯自由能可以表示为

$$\Delta G_R = \Delta H_R - T\Delta S_R \tag{4-20}$$

这里 ΔH_R 是与式（4-19）相关的焓变化，T 是热力学温度，ΔS_R 是反应的熵，ΔG_R 定义为电池反应的吉布斯自由能。电池的电解电压（E_{cell}）可以表示为

$$E_{cell} = \frac{-\Delta G_R}{nF} \tag{4-21}$$

式中　n——反应过程中的电子数，也就是2；

　　　F——法拉第常数（96485C/mol）。

方程式（4-21）中计算出来的电压是电池电解水所需要的最小水分解电压。在标准温度条件（298.15K）和压力（101.325kPa）下，用 ΔH_R（285.83kJ/mol）、ΔS_R [163.09J/(mol·K)] 和 ΔG_R（237.23kJ/mol）计算出的电池电解电压约为1.229V。注意，该电解电池电压是热力学或可逆电压，并不代表电解电池产生电流时的实际工作电压。

如上所述，虽然理论可逆电池电压为1.229V，但由于氧电极上的析氧反应（OER）和氢电极上的析氢反应（HER）动力学较为缓慢，从而在两个电极处都产生过电位，此外，电池内部物质传输能力及内部和外部电子电阻均会阻碍电解发生，导致水电解的实际电池电压明显高于该理论值。因此，当电解电流（I）通过电池时，实际电池工作电压可以表示为

$$E_{real} = E_{cell} + IR + \sum \eta \tag{4-22}$$

式中　$\sum\eta$——过电位的总和，包括两个电极的电极工作过电位，以及从电极表面到电极内部的气体传输引起的浓差过电位；

　　　R——电解电池的总电阻，包括电池内阻和外部电路的电阻。图4-4所示为水电解的能量过程。

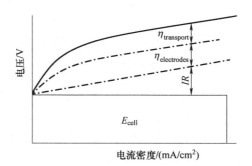

图4-4　水电解的能量过程

4.5.3　碱性水电解

理论上，水电解可以在酸性、中性或碱性电解质水溶液中进行。然而，碱性水电解池（其中一些可在市场上购买）是氢生产的常用方法之一。与其他水电解工艺相比，碱性水电解的优点可概括如下：由于使用廉价的电池材料（电极和隔板），资本支出相对较低；具有良好运营成本的成熟技术；大容量单元；原水可直接用于电解，无须特殊的纯化程序。

1. 工作原理

碱性水电解池的一般原理示意图如图4-5所示。

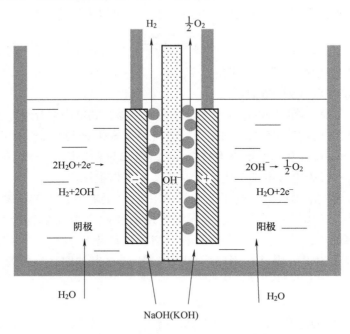

图4-5 碱性水电解池的一般原理示意图

碱性水电解池使用碱性水溶液（如KOH或NaOH）作为电解液用于输送离子。电解质溶液浓度通常控制在20%~40%（质量分数），以在高达90℃的温度下提供最大的电导率。半电池反应可表示为

$$2H_2O + 2e^- \longrightarrow H_2 + 2OH^- \tag{4-23}$$

$$2OH^- \longrightarrow \frac{1}{2}O_2 + H_2O + 2e^- \tag{4-24}$$

整个电池反应与式（4-19）中描述的基本相同，其中仅发生分解水的反应。通常，碱性水电解池的操作温度在343~363K范围内。在这样的操作温度下，水蒸气和少量的电解质也可以被气体产物带走。操作压力大多是大气压。如前所述，碱性水电解是一种成熟的技术，可以在干燥的基础上获得高达99.9%纯度的氢。现在，几乎所有通过电解产生的氢气都来自碱性水电解池。

理论电池电解电压（或热力学或最小电解电池电压）与氢气和氧气的压力有非常重要的关系。根据式（4-19），相关性可以表示为能斯特方程：

$$E_{cell} = E_{cell}^o + \frac{RT}{2F}\ln\left[\frac{(P_{O_2})^{\frac{1}{2}}P_{H_2}}{a_{H_2O}}\right] \tag{4-25}$$

式中 E_{cell}^o——标准条件下的电池电压（氧气压力和氢气压力均为1.0atm）；

R——通用气体常数；

T和F——分别与式（4-20）和式（4-21）中的含义相同。

从式（4-25）可以看出，随着氧气或氢气压力的增加，电解（或水分解）电池电压将

增加，导致需要更高的能量输入，以使水分解。

2. 电解池组件

由图 4-5 可以看出，碱性水电解池的两个气体端被隔膜（通常是多孔和电解质浸渍的材料）隔开，以避免氢气和氧气可能自发地反向反应又生成水。过去，标准多孔隔膜由石棉制成。然而，现在这种材料已因其有害而被放弃。然后，使用多种替代材料制备出一些无害的替代隔膜材料，包括聚合物基复合材料或陶瓷材料，这些材料不透氧气和氢气，具有离子导电能力，并且能在严苛的环境中（温度至少为 373K，升高的压力）稳定运行。

碱性水电解池的电极通常由钢格栅、铁、镍、镀镍铁或由硫化镍活化的材料制成。为了减少电极过电位，通常使用电催化剂来覆盖电极的表面。在这些电极材料中，Raney 镍电极已被确定为具有高性能的阴极材料，并且在碱性水电解池中使用了多年。这种电极通常通过将 Ni-Al 合金轧制或热喷到基板上再烧结来制备。然后，在 343~363K 的高温下用浓氢氧化钠或氢氧化钾处理烧结层，从而使大部分铝从合金中熔出，形成具有大比表面积和高的氢析出催化活性的多孔镍结构。通过向合金中添加钴或钼，可以进一步提高这种活化电极的耐久性。除此之外，其他新技术如真空等离子喷涂（VPS）和等离子激光沉积（PLD），也被用于在电极支撑（多孔板）上沉积 Ni-Zn、Ni-Co-Zn 或 Fe-Zn 合金。过渡金属的几种组合，如 Pt_2Mo、Hf_2Fe 和 TiPt，同样被用作阴极材料，并且已经显示出比现有理想的电极更高的催化活性。阳极过电位也可以通过一些混合氧化物来优化，例如氧化钌（RuO_2）、镍酸镧（$LaNiO_3$）或一些尖晶石结构氧化物（如镍钴合金 $NiCo_2O_4$）。在这些混合氧化物中，尖晶石结构的钴氧化物（Co_3O_4）对氧析出反应具有高的催化活性和良好的稳定性。

大多数单体碱性水电解池采用压滤机结构，电极不允许与隔膜直接接触。电解池电堆是电解系统的核心部件，通过多达数百个单体电池的串联连接制成。在电堆中，一个单独的电池与其相邻的电池共享一个共同的金属板（所谓的双极板）。将单个电极制成多孔板，其在离隔膜几毫米的距离处固定在电池支架上。在操作过程中，电解质分别在阳极和阴极室中循环。

3. 电池性能

能效是评估水电解系统性能的主要标准之一。能效通常定义为输出能量占总输入能量的百分比份额。能量效率通常是电池运行电压和电流密度的函数。降低电池设备成本需要更高的工作电流密度，但同时需要更低的电流密度来降低运营成本。因此，合适的电流密度是必要的，并且可能是一个巨大的挑战。

电池能效 $\eta_{EE}(\%)$ 可以表示为电压效率 $\eta_{VE}(\%)$ 和法拉第效率 $\eta_{FE}(\%)$ 的乘积：

$$\eta_{EE}(\%) = \eta_{VE}(\%)\eta_{FE}(\%) \tag{4-26}$$

电解电池的电压效率是实际工作电流密度的函数，其可以表示为在一定电流密度下热力学电池电压（E_{cell}）与实际工作电池电压（E_{POCV}）之间的比率，即

$$\eta_{VE}(\%) = \frac{E_{cell}}{E_{POCV}} \times 100\% \tag{4-27}$$

由于所需的电解电池电压（E_{POCV}），例如，在 $0.45A/cm^2$ 时，电池电压通常为 1.8~2.1V，总是高于热力学电压（标准条件下，氢气和氧气压力都达到一个标准大气压时，热力学电压为 1.229V），因此电压效率始终低于 100%。

法拉第效率是电子在电化学系统中转移以促进电化学反应的效率。它是在实际工作电流密度下，经过一定电解时间（t）产生的产物氢的摩尔量（M_{prod}^{act}）与在理论上利用电流和时间计算出来的理论产氢摩尔量（M_{prod}^{theo}）之间的比率。

$$\eta_{FE}(\%) = \frac{M_{prod}^{act}}{M_{prod}^{theo}} \times 100\% \tag{4-28}$$

实际上，M_{prod}^{act} 可以通过测量得到，M_{prod}^{theo} 可以根据法拉第定律结合工作电流和工作时间计算得到。将式（4-27）和（4-28）都代入式（4-26）中，能量效率可以表示为

$$\eta_{EE}(\%) = \frac{E_{cell}}{E_{POCV}} \frac{M_{prod}^{act}}{M_{prod}^{theo}} \times 100\% \tag{4-29}$$

4. 发展前景

直到现在，碱性水电解池仍然是利用水电解产氢最主要的技术手段。特别是，与氢同位素的使用相关的军事应用促进了该技术的发展。例如，挪威建造了第一批用于重水电解和生产氚的工厂。到 1980 年，阿斯旺安装了 144 台 162MW 的电解池，其氢气产量为 32400m³/h。

目前，世界上许多公司正在制造用于生产电解级氢的碱性水电解池。例如，NEL Hydrogen 通过使用 25%KOH 作为电解质在 80℃获得 99.9%纯度的氢气，具有 98.5%的高电流效率，而 De Nora SA P 公司在 80℃下使用 29%KOH 作为电解质获得 99.9%纯度的氢气。还有其他公司为碱性水电解池制造新型配置，如 Hydrogenics 公司，Teledyne（Teledyne Energy Systems，Inc.，是美国马里兰州 Teledyne Technologies Inc. 的子公司），俄罗斯公司 "Uralkhimmash"，以及意大利的 De Nora，其主要产品是用于氯生产的电解池。这些公司工业系统的生产能力通常为 5～500m³ H_2/h。

碱性水电解池开发速度快，吸引了广泛的市场，满足了清洁能源和氢气的迫切需求，为智能电网管理等应用开辟了一条新途径，提高了能源系统应用的灵活性。此外，可再生能源的储存和加氢站的建设也为其在汽车行业的应用提供了可能，具有非常广阔的应用前景。

然而，随着大量碳氢化合物能源越来越多地用于工业，水电解的经济优势似乎逐渐消退，因为煤气化和天然气重整能够以低得多的成本大规模生产氢气。尽管碱性水电解是用于制氢的商业技术，但该技术仍面临诸如能效相对较低和市场有限的一些挑战。低能效主要是由于低的电压效率和法拉第效率引起的。因此，开发新的、有效的和稳定的催化剂，例如用于促进析氢和析氧反应的一些过渡金属宏观循环催化剂，以减少电极过电位是当前主要努力的方向。此外，开发具有适合的电极/催化剂以替代有毒石棉的先进隔膜也是非常必要的。关于这一点，已有人提出通过复合陶瓷/聚合物隔膜来对石棉网隔膜进行取代，并在技术上进行了验证，但仍有很大的改进余地。

长三角研究院与清华大学团队在新型低能耗氢能装备和氢能应用等技术领域合作开发，采用新型的酸碱两性电解水制氢工艺，能够使制氢系统单位能耗≤3.4kW·h，对标参数为（GB 32311—2015）《水电解制氢系统能效限定值及能效等级》。与现有的制氢系统单位能耗 5.3kW·h 相比，节省能耗接近 30%。在国际上属于首创。

为了减小制氢能耗，国内外大量研究集中于开发高效电催化剂，减小水电解过程析氢、析氧的电化学极化，多数研究处于实验室材料开发阶段，产业应用尚有很大距离。

4.5.4 质子交换膜水电解

20世纪60年代，第一台基于质子交换膜（PEM）的水电解池由Grubb开发。通常，相对于传统碱性水电解技术，PEM水电解系统具有若干优势，包括更高的能效、更高的氢气纯度、更高的生产率以及更紧凑的设计。然而，PEM水电解也同样具有很多缺点。例如，PEM水电解池对组件有更多特殊要求，包括昂贵的聚合物膜、多孔电极和集流器。

1. 工作原理

PEM水电解池的工作原理图如图4-6所示。具有质子传导能力的Nafion聚合物薄膜用作电解质和隔膜。将具有高催化能力的两个电极与电解质膜一起压制，从而形成所谓的膜电极组件（MEA）。MEA浸没在不纯净的水中。水电解反应发生在阳极并分解成质子和氧气。移动的质子通过聚合物膜传输到阴极，并在那里与电子相遇生成氢气。详细的反应方程式可以描述为

阳极反应： $H_2O \longrightarrow \frac{1}{2}O_2 + 2e^- + 2H^+$ （$E^0 = 1.299V, 25℃, 1.0atm$） (4-30)

阴极反应： $H^+ + 2e^- \longrightarrow H_2$ （$E^0 = 0.000V, 25℃, 1.0atm$） (4-31)

总反应与式（4-19）中描述的完全相同。

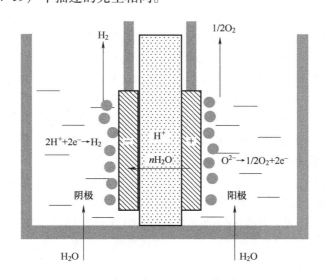

图4-6 PEM水电解池的工作原理图

2. 电解池组件

由图4-6可以看出，PEM水电解池由阳极、阴极和电解质膜组成。两个电极的重要组分是电催化剂，通常是贵金属和质子传导电解质膜。

（1）PEM水电解池的催化剂 由于PEM具有酸性环境，PEM水电解实际上是在酸性电解质溶液中进行的。因此，其对催化剂稳定性和活性的要求通常远高于碱性介质中使用的催化剂。实际上，PEM水电解池中使用的催化剂是贵金属基材料。由于贵金属催化剂的高成本，研究主要集中在通过提高催化能力和/或用廉价催化剂代替昂贵的贵金属材料来降低贵金属催化剂的负载量。在实际研究中，水电解的催化剂开发通常是针对析氢和析氧的两个电

极反应同时进行的。

在目前的技术状态下，碳载 Pt 催化剂通常用于阴极。人们已经认识到，使用高导电性、高比表面积和稳定的碳材料来负载 Pt 纳米颗粒可以有效提高 Pt 催化剂的利用效率。炭黑的比表面积约为 $250m^2/g$，平均粒径约为 30nm。然而，阴极催化剂成本仍然很高，需要通过将铂的负载降至约 $0.2mg/cm^2$ 来进一步降低其使用成本。

除此之外，研究者还尝试了一些其他方法来替代昂贵的 Pt 催化剂。例如，在一些研究中，二硫化钼和碳纳米管（CNT）被用来代替 Pt 催化剂。在这些工作中，二硫化钼对析氢反应（HER）显示出良好的催化能力，但与常规 Pt 阴极相比具有明显更低的电流密度。另外，使用比常规炭黑具有更高电子传导率和耐蚀性的 CNT 可以比单 Pt 阴极催化活性提高约 20%。Pd 也被用来代替 Pt 形成 Pd/CNT 复合阴极，但并没有发现明显的效果。尽管如此，其他一些金属也被评估作为阴极材料的可能性，如 Co 和 Ni 合金材料。这些金属的催化活性虽然可以保持稳定，但性能仍然不能与 Pt 相比。

对于阳极，催化剂可用于促进析氧反应（OER）。早些时候，Damjanov 等人使用液体电解质评估 Rh、Ir 和 Pt-Rh 等不同合金材料析氧反应的催化活性，发现其催化能力顺序为 Pt < Pt-Rh < Rh < Ir。后来，Burke 和 Moynihan 获得了一些与 OER 电催化相关的重要且有价值的结果。他们发现在 Pt 金属表面上形成氧化膜遵循 Elovich 动力学。此外，还评估了 Ir 和 RuO_2 的催化能力。在接下来的时间内，对 PEM 水电解的研究主要集中在电催化剂的研究上，强烈希望寻找到在恶劣的氧化环境中具有高稳定性的催化剂，同时解决 OER 不可逆以及反应缓慢的缺点。当使用单一金属作为阳极材料时，人们发现催化活性强烈依赖于贵金属本身的特性，催化活性顺序为 Ir > Ru > Pd > Rh > Pt > Au > Nb。基于此顺序，研究人员研究了 Ir、Ru 及其氧化物（如 RuO_2）在阳极催化中的潜在应用。在所研究的催化剂中，RuO_2 可以获得最低的过电位。然而，RuO_2 在酸性电解液中容易与氧气反应形成 RuO_4，其不稳定的特点限制了其在阳极催化剂材料中的应用。为了解决 RuO_2 的这个问题，研究人员试图通过将其他稳定元素或氧化物掺入 Ru 结构来降低 Ru 的侵蚀速率。由于 Ir 的高催化活性，这种金属及其氧化物与 Ru 的结合引起了关注。研究结果表明，IrO_2 与 RuO_2 的混合即使在 IrO_2 含量只有 20% 时也可以显著提高 RuO_2 在酸性电解系统中的化学稳定性。

由于 Ru 和 Ir 催化剂及其阳极合金具有较高的 OER 催化活性，早期 PEM 水电解池的研究主要集中在这些催化剂的使用和评估方面。但随着技术发展，越来越多的研究者尝试探索不同类型的阳极催化剂来改进能源效率、催化剂稳定性和降低成本。其中一个重要的研究是通过将一些廉价的金属或氧化物如 SnO_2、Ta_2O_5、Sb_2O_5、Nb_2O_5 或它们的混合物与贵重材料混合来稀释贵金属含量。贵金属 Ir 或 Ru 涂覆在这些氧化物的表面，以形成负载型催化剂，从而获得高利用效率和化学稳定性。

为了进一步改进 PEM 水电解技术，还研究了许多类似的催化剂材料，包括核壳催化剂、块状金属玻璃和纳米结构薄膜等。所有这些新型材料的目的都是可以降低贵金属负载量，从而提高贵金属催化剂的活性和利用率，降低整个 PEM 水电解池的使用成本，为其商业化应用奠定基础。

（2）**用于 PEM 水电解池的聚合物膜** 第一个质子传导膜由杜邦公司于 1962 年开发，它被称为 Nafion 膜，并于 1966 年应用于燃料电池系统。这种 Nafion 膜是一种具有功能性磺酸基团的全氟聚合物，多年来，由于其优异的化学稳定性、热稳定性、机械强度和高的质子电导率，已经得到了成功的商业应用。当 Nafion 膜用于 PEM 水电解池时，它暴露于液相水中，可以完全水合，提供足够的质子传导率。Nafion 膜有不同类型，适用于不同的应用。不同 PEM 的主要特征见表 4-3。

表 4-3 不同 PEM 的主要特征

公 司	类 型	厚度/μm	离子交换容量/(meg/g)	潮湿度（%）
杜邦	Nafion 117	50	0.91	—
	Nafion 112	175	0.91	33
康宁	Flemion	50	1.0	
		120	1.0	—
旭精工株式会社	Aciplex S1004	100	1.0	38
	Aciplex S1004H	100	1.0	47

值得注意的是，Nafion 膜通常价格非常昂贵，并且当它暴露于苛刻的环境中时也会发生一些电化学反应导致一些不稳定性问题。为了克服这些缺点，研究者已经尝试寻求将碳氢膜应用于 PEM 水电解技术。一些聚合物材料如聚苯并咪唑（PBI）、聚醚醚酮（PEEK）、聚醚砜（PES）和磺化聚苯基喹噁啉（SPPQ）作为 Nafion 膜的替代物，也可通过磺化生成离聚物/膜用于 PEM 水电解。然而，这些替代膜与标准 Nafion 膜相比，性能一般较低。除此之外，这些替代膜还面临另一个问题，在实际操作温度下它们的低质子电导率，迫切需要进一步改进来提高其质子电导率。

3. PEM 水电解池的制备

在制造 PEM 水电解池过程中，一个关键步骤是制造 MEA，其用于组装单个电池，然后进一步组装成 PEM 水电解池电堆。详细过程可归纳如下：

1）膜的预处理。对膜进行预处理的目的是清除膜上的所有杂质。首先在 80℃ 下用 3%~5% H_2O_2 处理膜，以除去有机杂质；再用 80℃ 的稀硫酸处理，清除无机杂质，浸渍质子，用去离子水洗涤。

2）将制备的多孔电极浸渍或涂覆全氟树脂溶液（离聚物），溶液的加载量控制在 0.6~1.2mg/cm²。之后，将电极加热至 60~80℃。

3）将处理过的 Nafion 膜夹在阳极和阴极之间以形成 MEA，然后将 MEA 粘在两块不锈钢板的中间，放入热压缩机内。

4）将电池在热压缩机内热压至 130~150℃，压力为 6~9MPa，持续时间约为 60~90s。

为了促进电极和电解质之间的接触，可以在热压过程之前对 Nafion 膜进行预处理。当膜转化为钠离子和当膜转化为钠离子时，热压温度应提高到 150~160℃，同时膜转化为季铵。MEA 可以用稀硫酸处理，在热压过程后再转化。

4. PEM 水电解系统的应用

实际上，PEM 水电解池的布局与碱性水电解系统相似，包括电解堆，氢气和氧气的气/液分离器，阳极供水的循环回路，压力控制阀、变压器、电源整流器调节和包括安全装置的控制系统。此外，在 PEM 水电解池的制造中，还必须应用和开发一些新的技术。在这些技术中,密封技术是获得高效水电解系统的一个重要技术。

密封技术根据技术原理分为两种类型,一种类型是加拿大巴拉德(Ballard)公司在专利中描述的单密封技术;另一种密封技术是中国的一个专利中介绍的双密封技术。单密封技术可以高效分离氢气和氧气,但膜的利用率仅为60%左右。相反,双密封技术可以将昂贵膜的利用率提高到90%~95%。

目前,PEM水电解池已经实现了小规模的氢生产装置的商业化,并且只有少数制造商提供具有$10m^3/h$氢生产能力的PEM水电解池,如美国的汉胜(Hamilton Sundstrand)和Proton OnSite及挪威的雅苒(Yara)。这些公司已经创造了在高达2.8MPa压力下运行的电解池,运行容量高达$26m^3/h$,并且可以将这些电解装置结合形成容量高达$260m^3/h$的大型电堆。德国公司H-tec可以生产一些小型PEM水电解池的示范样品,一般用于展示或教育等。PEM电解堆系统能耗与制氢速率的关系如图4-7所示,从图中可以发现,不同尺寸电堆的能耗几乎相同,并没有明显的区别,随着制氢速率的提高,功耗仅略微降低。

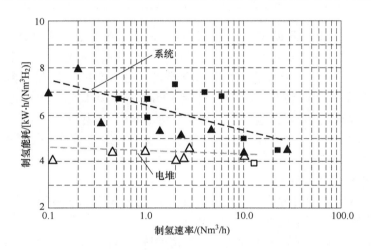

图4-7 能耗与制氢速率的关系图

日本、法国、德国、俄罗斯和印度等国家已经进行PEM水电解池的研究及开发,试图推广其应用范围。日本的WE-NET项目开发并成功测试了一个电解池系统,其表面积为$2500cm^2$,工作电压为1.556V,电流密度达到$1A/cm^2$,能量转换效率约为95.1%。欧盟第六期科研架构计划资助的GenHy PEM项目成本制备了高压(高达5.0MPa)的先进PEM电解池系统。该项目的目标是开发新的气密薄膜、高性能纳米催化剂(包括非铂)和双孔集电器,以提高传质过程的效率。俄罗斯的国家研究中心"Kurchatov研究所"已经进行了20多年的PEM水电解系统的研究和开发。

目前,不同制氢效率(从每小时几毫升到几立方米)的PEM水电解系统已经成功开发应用,这些水电解系统应用于各个方面。尽管目前市售的PEM水电解系统与碱性水电解系统相比具有较低的氢生产能力,但是PEM水电解池的市场应用方向与碱性水电解池比较类似。因此,尽管未来还有很长的路要走,PEM水电解池被认为是未来能源工业的重要组成部分,将会对可再生能源的电力储存做出巨大贡献。

4.5.5 固体氧化物水电解

20世纪80年代，在Dornier System GmbH的HotElly项目资助下，Dönitz和Erdle首先报道了使用管状电解质支撑的固体氧化物电解池（SOEC）。从那时起，由于操作温度较高，电化学反应容易发生，SOEC引起了极大的关注。研究结果表明，SOEC可以将电能转化为化学能，从而高效地生成氢。

1. 工作原理

传统意义上，根据使用电解质材料的不同，有两种不同类型的SOEC。它们的电解质可以是具有氧离子传导（氧离子传导SOEC）能力或质子传导（质子传导SOEC）能力的材料。在电解池系统中，阳极和阴极分别涂在电解质材料的两端，以形成类似于膜电极组件的电池系统。根据不同的导电电解质，水电解反应不同。当电解质采用氧离子传导时，氢电极处的水分解成氢和氧离子，然后氧离子通过电解质传导到空气电极生成氧气。对于质子传导SOEC，水在空气电极处分解，然后质子通过电解质从空气电极传输到氢电极生成氢气。详细的反应方程为

氧离子传导SOEC：

$$H_2O + 2e^- \longrightarrow H_2 + O^{2-}（氢电极反应） \quad (4\text{-}32)$$

$$O^{2-} - 2e^- \longrightarrow O_2（空气电极反应） \quad (4\text{-}33)$$

质子传导SOEC：

$$H_2O - 2e^- \longrightarrow \frac{1}{2}O_2 + 2H^+（空气电极反应） \quad (4\text{-}34)$$

$$2H^+ + 2e^- \longrightarrow H_2（氢电极反应） \quad (4\text{-}35)$$

2. 氧离子传导SOEC

在过去，研究和开发一直专注于固体氧化物燃料电池（SOFC）的发展，并在材料科学和技术方面取得了相当大的进步。氧离子传导SOEC的开发受益于SOFC的这种成就，并因此获得了快速的进步。最近，人们对SOEC技术产生了兴趣，欧洲、美洲和亚洲的不同研究小组正在努力推动这一领域的应用。

氧离子传导SOEC由氧离子传导电解质、阳极和阴极组成。氧离子传导SOEC的操作温度高度依赖于电解质材料，为了降低电解池的操作温度，可以选择具有高离子电导率和低活化能的电解质，已经有很多关于这方面的研究。

（1）电解质材料 氧离子传导SOEC的电解质材料传导氧离子并夹在阳极和阴极之间。它应具有高离子传导性、高化学稳定性并与电极材料具有良好的化学相容性以及热膨胀匹配性。此外，其烧结活性也应很好，以方便获得致密的薄膜。

SOEC电解质材料中掺杂的氧化锆是最为常用和理想的。8%氧化钇掺杂的氧化锆（8YSZ）已被证明是最合适的电解质之一。除了HotElly项目，其他许多研究人员也使用这种材料作为电解质。通常，掺杂的氧化锆具有萤石结构，在还原和氧化气氛下具有非常高的化学稳定性。然而，由于掺杂氧化锆的氧离子电导率较低（在880℃下约为0.02S/cm），将其作为电解质的SOEC通常需要在高于800℃的温度下运行，而高的运行温度对于整个电解池系统材料的要求也将提高，会导致高的运行成本，必将限制SOEC的商业应用。

为了降低 SOEC 的操作温度，还研究了一些其他电解质来针对性地改善离子电导率和化学稳定性。在这些新型电解质中，二氧化铈电解质可能是用于中温 SOEC 的最有希望的电解质。氧化铈通常掺杂有 Gd_2O_3（GDC）或 Sm_2O_3（SDC），以产生离子导电性，其远高于 YSZ。遗憾的是，虽然掺杂的 CeO_2 具有良好的离子导电性，与大多数电极也具有良好的化学相容性，但在 SOEC 工作条件下，不可避免地会导致 Ce^{4+} 还原为 Ce^{3+}，进而导致电子传导性增加和离子迁移的减少，从而引发 SOEC 的法拉第效率急剧降低，影响未来商业应用。为了改善这一点，已经探索了由掺杂的氧化锆和二氧化铈组成的双层结构。掺杂的氧化锆可以将二氧化铈与还原气氛分离，以避免铈的还原。具有双层电解质的 SOEC 表现出比单层 SOEC 更高的性能。

基于 $LaGaO_3$ 的氧化物电解质，通常在 La 位点掺杂 Sr 且在 Ga 位点上的 Mg（LSGM）也被认为是用于中温 SOEC 的最有希望的氧化物离子导体之一。研究人员已经研究了 LSGM 作为电解质的 SOEC，例如基于 LSGM 电解质，Elangovan 和 Hartvigsen 研究了使用 $La_{0.8}Sr_{0.2}CoO_{3-\delta}$（LSCo）作为空气电极和 $Ni_{1-x}Mg_xO$-二氧化铈复合物作为燃料电极的 SOEC，并测试表征了其制氢性能。LSGM 作为电解质材料的电解池同样也面临一些问题，如 LSGM 在高温下极易与燃料电极处的 Ni 发生化学反应，从而影响燃料电极的催化活化能力，进一步影响电解池性能。

如上所述，还有许多电解质可以应用于 SOEC，重要的选择标准是其离子传导性以及与电极材料的化学相容性。图 4-8 所示为常见电解质材料的电导率，从图中可以清晰明了地看到不同电解质材料在不同温度下的电导率变化情况。

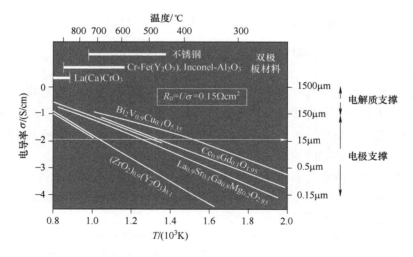

图 4-8 常见电解质材料的电导率

（2）电极材料 根据 SOEC 的反应原理，通常，在 SOEC 的氢电极一般发生吸水、水分解、氧离子扩散和氢气产生。根据氢电极的操作环境，氢电极材料应满足以下要求：高的水分解催化活性，孔隙度足够（>40%），还原气氛和水蒸气下的高化学稳定性，高的电子传导率和良好的离子导电性。

传统上，最常用的氢电极是具有一定含量的造孔剂的镍和电解质材料的复合电极。镍的高催化活性和电导率都可以有效地降低极化电阻。电解质材料可以提供离子传导性，以传输氧离子并改善与电解质的相容性。近年来，为了提高氢电极的催化活性，纳米级镍通过各种诸如浸渍等工艺引入氢电极表面，由于其低的尺寸和高的比表面积，可以增加催化反应的活性位点和降低电子电阻，从而有效地提高反应速率。然而，金属镍可被氧化，在整个电解池的操作过程中不断发生镍的氧化还原，由于材料结构尺寸发生变化，从而产生机械应力，导致氢电极结构损坏产生裂痕，电解池结构因发生破坏引起氢气等泄漏，电解池的寿命会受到极大影响。

因此，为了解决含镍电极存在的问题，研究者尝试采用其他金属氧化物来替代含镍的电极，其中，镧掺杂取代的钛酸锶和二氧化铈复合电极、$(La_{0.75}Sr_{0.25})_{0.95}Mn_{0.5}Cr_{0.5}O_3$（LSCM）及其他类似的陶瓷氧化物，都被应用于SOEC作为氢电极材料。这些金属氧化物作为氢电极的性能也进行了表征，并确定了下一步主要的研究目标，即改善电极微结构和提高电导率，同时要提高电极材料对于析氢反应的催化活性。

关于SOEC的空气电极，在蒸汽电解过程中，在阳极/电解质界面处形成较高的氧分压，导致在空气电极端分层，这也是电解池性能衰退的主要原因之一。因此，为了在高氧分压下改善材料相结构和电极/电解质界面的稳定性，需要开发新型空气电极材料。根据空气电极发生的反应，空气电极材料应具有高氧离子传导率和电子传导性，同时具有一定的孔隙率以及在氧化环境下的化学稳定性。

目前SOEC中最常用的空气电极材料一般均为具有钙钛矿结构的混合氧化物，其中掺杂锶的镧锰氧化物（LSM）是一种最为常见的空气电极材料，它不仅具有较好的化学稳定性，同时催化活性较好，但是LSM的一般使用温度高于800℃，不太适用于中低温SOEC。为了增强中低温度下析氧反应的电化学活性，可以采用纳米级Gd掺杂二氧化铈（GDC）浸渍在LSM材料表面上，这些纳米颗粒不仅促进了催化反应的进行，同时也可以抑制空气电极与YSZ电解质的分层。

除了LSM以外，还有许多其他离子电子混合导体如$La_{0.8}Sr_{0.2}FeO_3$（LSF）、锶和铁掺杂的钴酸镧（LSCF）、$Sr_2Fe_{1.5}Mo_{0.5}O_{6-\delta}$（SFM）等也被用作SOEC的空气电极材料。在所开发的这些新型空气电极材料中，$Ba_{0.5}Sr_{0.5}Co_{0.8}Fe_{0.2}O_{3-\delta}$（BSCF）被认为具有较好前景，由于其在SOFC体系下较好的性能表现，其在850℃下具有低至$0.077\Omega/cm^2$的极化电阻，可以有效提高电解的性能。然而，由于钴元素的存在，BSCF在高温下的结构并不稳定，可能影响SOEC的长期运行，限制了商业应用。

3. 质子传导SOEC

质子传导SOEC由致密的质子传导电解质、多孔阳极和多孔阴极组成。1981年，Iwahara基于$SrCeO_3$电解质开发出第一个质子传导SOEC，通过水电解过程获得氢气。之后，许多研究致力于改善电解质的导电性和化学稳定性。近年来，质子传导SOEC越来越受到关注。与氧离子传导SOEC相比，质子传导SOEC具有许多先天结构优势：

1）在氢电极一端只产生纯净且干燥的氢气，因此无须纯化即可获得纯氢，降低了运行成本。

2）质子传导电解质具有较低的活化能，在中低温下其离子电导率相对氧离子导体更高，更适合在中低温下应用，可降低系统成本。

3）质子导体电解质材料与电极材料具有良好的化学相容性。

4）在质子传导SOEC系统中，水蒸气在空气电极一端，而在氧离子传导SOEC系统中，水蒸气在氢电极一端，极易氧化氢电极中的镍金属，导致催化活性降低。

(1) 电解质材料 在用于质子传导 SOEC 的材料中,电解质材料是最关键的组分,其在传导质子、阻挡电子和氢气氧气的分离中起着非常重要的作用。电池的性能很大程度上取决于电解质的性质,如电导率、化学稳定性和热膨胀系数等。电解质材料应满足下列要求:

1) 高的质子传导率和低的电子传导性。
2) 在氧化还原气氛下具有良好的化学稳定性。
3) 在操作条件下,电解质薄膜必须致密从而分隔开两个电极的气体。
4) 与两种电极材料的化学相容性良好。根据这些要求,一些具有钙钛矿结构的材料(如 $BaCeO_3$ 和 $BaZrO_3$)通常用作电解质。

Iwahara 等人使用 Sc 掺杂的 $SrCeO_3$ 电解质进行了第一次用质子传导氧化物电解水的工作,电解质厚度为 0.5mm,观察到明显的析氢现象,电流转换效率在 $0.1\sim0.8A/cm^2$ 电流区间内达到了 50%~95%。使用 10% Sc 掺杂的 $SrCeO_3$ 电解质的 SOEC 在 900℃下,电流密度为 $0.4A/cm^2$ 时,每分钟可以生成 $2.5mL/cm^2$ 的氢气。这种析氢速率与氧离子传导 SOEC 在类似条件下几乎相等。除此之外,还有其他的一些元素掺杂(如 Yb 和 Y)的 $SrCeO_3$ 基质子导体也被用作 SOEC 中的电解质材料,也都发现了水电解的现象,实现类似的析氢行为。对于具有相对较厚的 $SrCe_{0.95}Yb_{0.05}O_3$ 电解质(0.5mm)的电解池,在 2.8V 的施加电位下,可以获得恒定的电解电流($0.2A/cm^2$),并且电流转化效率可以达到 95% 以上。Iwahara 等人还利用 $SrCe_{0.95}Yb_{0.05}O_3$ 电解液制作了一台实验室规模的电解池,在 750℃下每小时可以生产 3L 干燥的纯氢气。而且,由质子传导电解池生成的氢气是干燥的,不需要进一步的气体分离程序。

如上所述,掺杂的 $SrCeO_3$ 和 $BaCeO_3$ 电解质材料已经成功应用于质子传导电解池系统中,并测试了其作为电解质材料的水电解制氢性能,但是,由于电解质厚度较大,严重影响了电池的性能。为了克服由厚电解质引起的这些电池的欧姆损耗,高的电解电位是必要的。因此,必须采用降低电解质厚度制备电解薄膜的方法来降低电池的欧姆电阻。据估计,当 $SrCe_{0.9}Sc_{0.1}O_3$ 电解质薄膜厚度为 10um 时,1.08V 的操作电压所获得的电流密度为 $0.4\ A/cm^2$,而当电压为 1.32V 时,电流密度增加到 $0.6A/cm^2$。当 $SrCe_{0.9}Sc_{0.1}O_3$ 电解质的厚度为 0.5mm 时,在相同工作条件下,想要获得同样的电流密度,操作电压需要分别达到 7.2V 和 8.8V。此外,采用质子传导 SOEC 的主要目的之一是利用质子导体在中低温下较高的质子电导率,因此通过电解质薄膜化降低电池的欧姆损耗是非常必要的,使用薄膜质子导体电解质膜开发质子传导 SOEC 是其能否商业化应用的关键和必要步骤。然而,研究发现 $BaCeO_3$ 的化学稳定性不是很高,因为它与 H_2O 和 CO_2 都能发生化学反应生成杂质,考虑到 SOEC 操作需要在水蒸气条件下进行,提高这些材料的化学稳定性将是研究的一大挑战。

与铈酸基的陶瓷质子传导氧化物的不稳定性相反,锆酸盐质子传导氧化物(如 $SrZrO_3$ 和 $BaZrO_3$)在 H_2O 中及 CO_2 气氛中展现出良好的热力学稳定性。根据锆酸盐质子传导氧化物与水可能发生以下反应:$SrZrO_3 + H_2O \rightarrow Sr(OH)_2 + ZrO_2$ 和 $BaZrO_3 + H_2O \rightarrow Ba(OH)_2 + ZrO_2$,整个反应的标准吉布斯自由能变化值在温度低至 50℃ 时依然为正,考虑到吉布斯自由能值随温度升高而增加,$SrZrO_3$ 和 $BaZrO_3$ 基材料在水中的化学稳定性将会随着温度的升高而提高。因此,$SrZrO_3$ 和 $BaZrO_3$ 基材料由于其对 H_2O 的化学稳定性成为具有质子传导 SOEC 电解质材料另外一种可能的选择。

Sakai 等人制备了一种蒸汽电解池,其电解质为 $SrZr_{0.9}Y_{0.1}O_3$,厚度为 0.5mm,电极材料为贵金属 Pt，这种电解池在 800℃下的电流密度为 $25mA/cm^2$，这比具有 $BaCeO_3$ 或 $SrCeO_3$ 电解质的电解池的电流密度要小几个数量级。而当工作温度降至 600℃时，性能甚至更低。Pt 电极的应用可能是导致电池性能如此之差的主要原因，但在使用优化的电极材料时，电流密度也仅仅提高到 $60mA/cm^2$，仍然不能满足实际应用的需求。另外，这个研究中采用的电解质较厚，电池的欧姆损耗较大，也是导致电池性能较差的一个原因。因为 Y 掺杂的 $BaZrO_3$ 具有优异的化学稳定性，也同样被认为是质子传导 SOEC 的电解质选择之一。Stuart 等人试图用 $BaZr_{0.9}Y_{0.1}O_3$ 电解质制造电解池，但没有报告相关性能数据，这可能是由于 $BaZr_{0.9}Y_{0.1}O_3$ 电解质的高电阻所致的。考虑到这种材料的高化学稳定性以及单晶状态下的高质子电导率，其作为电解质薄膜应用于质子传导 SOEC 是合理的，但是锆酸钡基的电解质不易烧结，烧结温度过高，且由于材料本身烧结后晶界电阻过大，导致报道采用具有 $BaZrO_3$（或 $SrZrO_3$）薄膜电解质的 SOEC 非常之少。在以后的研究中，这种电解质薄膜制备的 SOEC 将是非常重要的一个研究方向。

此外，还有一些其他材料显示出良好的质子传导性和化学稳定性。例如，正如 Nowick 所报道的，具有复合钙钛矿结构的 $Ba_3Ca_{1.18}Nb_{1.82}O_{9-\delta}$（BCNO）在 600℃时具有 0.01S/cm 的高质子传导率，并且在 CO_2 气氛下，其电池性能可以稳定保持 100h。烧绿石结构的材料也显示出一些质子传导性和高化学稳定性，但低的质子电导性限制了实际应用。刘卫教授课题组通过氢渗透实验证明了具有萤石结构的 $La_2Ce_2O_7$ 系列材料同样具有质子电导性，也证明了其在含水气氛下具有高度的化学稳定性，这也符合成为质子传导 SOEC 电解质材料的基本条件。根据质子传导 SOEC 的基本要求，尽管以上这些材料的详细质子传导原理仍不清楚，也未见其作为质子传导 SOEC 电解质的报道，但是合理的化学稳定性和足够的质子电导性使这些材料均具有应用于水电解的潜力，可以作为未来质子传导 SOEC 探索的一个研究方向。

（2）电极材料 质子传导 SOEC 的电极是决定性能的必要组分，用于质子传导 SOEC 的空气电极必须是多孔的，以允许蒸汽的扩散，并且还为水的氧化提供足够的活性位点，这对于 SOEC 性能是至关重要的。使用低性能空气电极材料，水氧化成质子的速率将低于质子形成氢气的速率，导致质子浓度降低和空穴浓度增加，从而降低蒸汽电解效率。因此，用于质子传导 SOEC 的高性能空气电极材料的开发是至关重要的。通常，空气电极材料应满足下列要求：

1）良好的化学稳定性。
2）多孔结构。
3）高的电子电导率和足够的离子电导率。
4）与电解质良好的化学相容性。
5）析氧反应的高催化活性。

质子传导 SOEC 的空气电极材料几乎与用于常规质子传导 SOFC（H-SOFC）的阴极材料相同。阳极材料可分为两种，一种是电子导电材料，另一种是离子和电子的混合导体。在早期的研究中，Pt 和其他贵金属材料一般被用作电极材料，但是 Pt 等贵金属高昂的成本以及其极大的极化电阻损耗都限制了其使用。Matsumoto 等人比较了 Pt 和 $Sm_{0.5}Sr_{0.5}CoO_3$（SSC）作为质子传导 SOEC 空气电极的性能，发现在 SOEC 工作条件下，SSC 电极显示出比 Pt 小得多的极化电阻。此外，如 $La_{0.8}Sr_{0.2}CoO_3$（LSC）、$La_{0.6}Sr_{0.4}Co_{0.2}Fe_{0.8}O_3$（LSCF）以及 $Ba_{0.5}Sr_{0.5}Co_{0.8}Fe_{0.2}O_3$（BSCF）已被报道为用于质子传导 SOEC 的空气电极材料。然而，所有这些材料都是以前用作氧离子传导电解池的空气电极材料，并没有考虑到质子传导电解池与氧离子传导电解池在空气电极端不同的化学反应，因此质子传导电解质空气电极在未来的开发也必须考虑到质子传导电解质的特征反应，并研究其具体的反应机理，探索具有改进的电化学反应速率的新空气电极材料将是使用薄膜电解质进一步改善质子传导 SOEC 性能的关键。

最近，一种具有单相结构的空气电极材料同时展现出良好的电子电导性和质子电导性，这种材料作为质子传导 SOEC 空气电极的反应机理如图 4-9（参见彩图）所示。单相电极同时提供质子（H^+）和电子的传输途径，使得电化学反应能够在整个电极表面发生，即使与目前使用最多的复合空气电极相比，反应活性区域也大大延长，可以有效地降低空气电极端的极化电阻，预期这种类型的单相质子-电子混合导电空气电极可以显著改善 SOEC 的性能。然而，设计和寻找这种既具有高电子传导性又具有良好质子传导性的电极材料仍然是一种挑

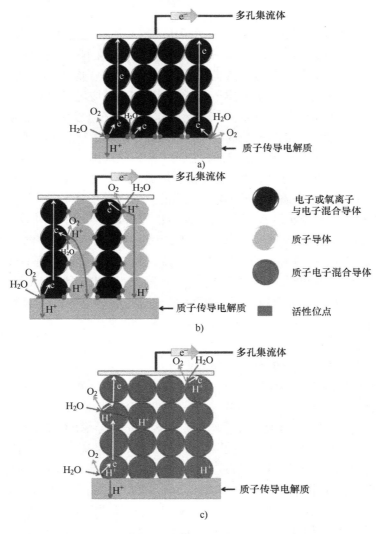

图 4-9 单相结构的空气电极材料的反应机理

战,并且目前仅少数材料显示出这种性质。$BaCe_{0.5}Bi_{0.5}O_3$、$BaCe_{0.9}Yb_{0.1}O_3$ 和 $BaCe_{0.8-x}Pr_xO_{2.9}$ 已被证明具有质子传导性和电子传导性,但这些材料都属于铈酸钡基材料,铈酸钡基材料在高水含量下的化学稳定性差,使它们不适合作为质子传导 SOEC 的空气电极。饶等人研究了钴掺杂的 $BaZrO_3$ 空气电极,根据报道钴能够在 $BaZrO_3$ 中引入电子传导性而不消除质子传导性,他们研究了不同的钴掺杂浓度,最后发现最佳化学计量比为 $BaZr_{0.6}Co_{0.4}O_3$,这种材料 700℃ 下的电子电导率为 5.24S/cm,离子电导率为 1.2×10^{-3} S/cm。该空气电极在 700℃ 下的极化电阻为 $0.19\Omega/cm^2$,比在相同条件下使用常规 SSC 复合空气电极所获得的极化电阻低近 65%。这一结果表明通过使用具有混合质子电子导电能力的单相材料来增加空气电极的反应位点,可以有效提高质子传导空气电极的催化性能。

除了具有质子和电子混合传导性的新型材料的设计之外,另一种开发高性能空气电极材料的方法是在现有用于氧离子传导电解质的空气电极材料中寻找具有质子导电能力的材料。Grimaud 等筛选了几种众所周知的氧化物,包括 LSCF、BSCF、$PrBaCo_2O_5$(PBCO)和 Pr_2NiO_4(PNO)等,发现 BSCF、PBCO 和 PNO 除了具有氧离子传导性和电子传导性外,在潮湿气氛中还显示出一些质子传导能力,它们可以被认为是具有三重导电(氧离子、质子和电子)能力的氧化物,这种混合导电能力有利于电解条件下的空气电极反应。Li 和 Xie 研究了 LSCF 和 BSCF 作为质子传导 SOEC 空气电极的性能,发现 BSCF 比 LSCF 具有更好的性能。LSCF 空气电极的极化电阻在 800℃ 时达到 $0.36\Omega/cm^2$,而在相同条件下使用 BSCF 可以将极化电阻值降至 $0.075\Omega/cm^2$。极化电阻显著降低表明 BSCF 中的一些质子传导性可能有助于质子迁移到空气电极的三相位点处,加速空气电极反应。

质子传导 SOEC 的氢电极是可以提供氢吸收、扩散和转化的区域。根据氢电极的操作环境,氢电极材料应满足下列要求:

1) 对析氢反应具有高催化活性。
2) 孔隙度足够(>40%)。
3) 还原气氛下的高稳定性。
4) 高电子传导率和良好的离子传导性。

在早期的研究中,Pt 是最常用的氢电极材料。后来 Ni 被提出作为氢电极材料,以降低实际应用的成本。尽管 Pt 和 Ni 在 $BaCeO_3$ 和 $SrCeO_3$ 基质子传导电解质中的性能表现都非常良好,但是随着电解质组合物中 Zr 含量的增加,它们的性能逐渐变差。这意味着单独的 Pt 或 Ni 不适合用于质子传导 SOEC 的化学稳定性较好的电解质。这些电极性能差的一个原因是有限的三相界面面积,故 Sakai 等人建议设计电镀电极而不是传统的粘贴电极,以减小电极粒径。使用电镀方法制备的电极的较小电极粒径比常规丝网印刷电极单位面积可以提供更多的三相界面位点,导致更好的电极性能和在相同温度下更高的氢气释放速率。尽管如此,使用电镀工艺的氢电极三相界面区域仍局限于电解质/电极界面,而且用于电镀电极的小颗粒的紧密排列降低了电极层的孔隙率,这也在一定程度上阻碍所产生的氢气的扩散。

目前,将三相界面扩展到更宽电极区域的最常用策略是应用由金属和电解质氧化物组成的复合氢电极。镍基复合材料可能是理想的质子传导 SOEC 氢电极。主要原因如下:首先,对于基于电解质薄膜的 SOEC 器件,氢电极通常作为支撑电极,而且镍基电极的低成本适合于实际应用;其次,镍显示出非常高的电子传导性,为电池运行下的电子转移提供了通路;

再次，即使在高达1400℃的温度下，镍也显示出与大多数现有质子传导氧化物的良好化学相容性，这有利于用Ni基氢电极制造质子传导电解池系统；最后，质子传导SOEC在氢电极侧产生氢气，这使复合电极中的Ni和质子传导氧化物的环境条件非常温和。因此，镍基电极不存在氧离子传导SOEC中面临的氧化问题，可以保持相对稳定的化学性质，原则上可以在质子传导SOEC操作条件下稳定地工作。

实际上，最近用于质子传导SOEC的氢电极材料均是基于镍基复合材料，特别是采用薄膜电解质的电解池。Ni-$SrZr_{0.5}Ce_{0.4}Y_{0.1}O_3$、Ni-$BaCe_{0.5}Zr_{0.3}Y_{0.2}O_3$和Ni-$BaCe_{0.5}Zr_{0.3}Y_{0.16}Zn_{0.04}O_3$复合材料已成功用作质子传导SOEC的氢电极并进行了性能测试。由于氢电极用作电池支撑，必须制造相对厚的电极层。因此，复合镍基氢电极的微结构必须设计成允许产生的氢气正常扩散。正如SOFC中梯度电极的设计，多层的电极设计可能对氢气扩散和电化学反应都有益。靠近电解质设计成一层相对致密但薄的功能层，由细粉末制成，可以为电子和质子提供更多的通路。外层则具有多孔结构，同时提供电池的支撑，为生成的氢气扩散提供了途径。目前，已经有关于氧离子传导SOEC的多层氢电极层的报道，电解池显示出长期稳定性，但是仍然缺乏质子传导SOEC的研究，需要进一步研究，以确定最佳氢电极的微结构。总体来说，SOEC的质子传导电解质的独特特征使得氢电极微结构优化已经成为改善性能的非常有前景的方法，并不需要寻找新的氢电极材料。

4. 技术发展和应用

如上所述，SOEC是一种非常具有应用前景的水电解技术，对于现有的水电解技术也是一项重要的补充。此外，由于这些电解装置的化学灵活性，它们还可用于将CO_2电解生成CO，以及用于水和CO_2的共电解，生成一些氢气和CO的合成气。目前，SOEC仍处于开发阶段，但研究在过去10年中呈指数级增长，吸引了越来越多的关注，也有许多世界知名的公司、研究中心和大学参与SOEC系统的研究及开发当中。例如，西门子-西屋（美国-德国）、俄罗斯科学院（俄罗斯）乌拉尔分公司的高温电化学研究所等均研究开发了一些SOEC产品，这些产品目前大部分处于实验室阶段，主要集中在开发新颖、低成本和高度耐用的材料，固有的制造工艺，以及高效耐用的SOEC的集成系统。

由于电池组件都以固相形式存在，因此SOEC可以容易地组装形成具有各种尺寸结构的电池系统。当前主要的电池形状有平板状和管状（电解质是薄壁管的形式），甚至还可以组装成更复杂的结构，如"蜂巢状"形状。

平板状结构简单，制备工艺简单，成本低，生产率高。与此相关，一组美国国家实验室（由美国能源部支持）的研发计划于2006年进行了平板状电堆的开发工作。通过这些研究计划，目前已经开发出包含25个平板电池组成的示范性电堆，其产氢能力为160L/h（800℃），这个示范性的SOEC电解池已经实现稳定运行1000h。然而，电堆的密封似乎仍然存在一定的问题，此外电堆在热循环下的性能也不是很稳定。近期，一些研究小组已经部分解决了面临的这些问题，通过问题的解决和技术工艺的进一步的发展，平板状SOEC的商业化进程也将快速推进。

除了平板状电堆以外，管状SOEC是另外一种常见的电堆形貌。管状SOEC可以通过挤出成形等工艺制备完成，制备好的管状电池可以通过并联或串联连接轻松组装并形成大规模电池系统。但管状单体电池的制备程序非常复杂和昂贵，而且由于管状电极的集流效果较差,现今世界上只有少数公司,包括美国西屋等掌握这项工艺技术。

4.6 光解水制氢

光解水制氢是一种理想的制氢技术。它的原理是直接利用太阳能,在光催化剂的协助下,将水分解产生氢气。这种方法直接利用一次能源,没有能源转换所产生的浪费,理论上简单高效,既实现了对可再生能源太阳能的利用,获得的氢能在使用过程中又避免了化石能源利用过程所带来的环境问题,因而被认为是最理想、最清洁的能源利用方式。

光解水制氢技术始自1972年,由日本东京大学Fujishima A 和Honda K两位教授首次报告发现TiO_2单晶电极光催化分解水从而产生氢气这一现象,从而揭示了利用太阳能直接分解水制氢的可能性,开辟了利用太阳能光解水制氢的研究道路。随着电极电解水向半导体光催化分解水制氢的多相光催化的演变和TiO_2以外的光催化剂的相继发现,兴起了以光催化方法分解水制氢(简称光解水)的研究,并在光催化剂的合成、改性等方面取得较大进展。

然而,这种制氢方法的技术仍然面临很多问题。制氢效率低(不到4%)是最主要的问题,因此它离实际应用还有相当长的距离。光催化材料的带隙与可见光能量匹配,光催化材料的能带位置与反应物电极电位匹配,降低光生电子-空穴的复合率是解决这一问题的三大待攻克技术难关。

1. 光解水制氢过程

概括来说,半导体光解水制氢过程可分为以下三步(图4-10):

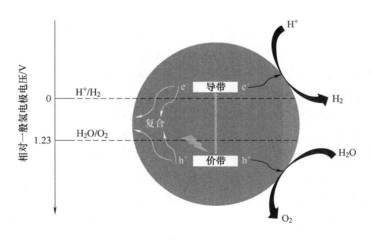

图4-10 半导体光解水制氢基本过程示意图

1)半导体受光激发。半导体吸收能量等于或大于自身带隙的光子,价带中的电子被激发到导带中,在导带中就多了带负电荷的电子,在价带中则留下带正电荷的空位(称为空穴,h^+),因两者成对出现,称为光生电子-空穴对(即光生载流子)。

2)光生载流子的复合与迁移。由于热振动或其他因素大部分光生电子和空穴会快速地复合掉(释放出光或热),只有少部分的光生载流子会由体相迁移到表面(迁移过程伴随复合过程)。

3)表面反应。到达表面的光生载流子仍有一部分会在表面发生复合,另一部分则被半导体表面吸附的水分子捕获，从而引发水的分解反应。

所有半导体材料都可以完成上述光解水过程中的步骤1）和2），但仅有部分半导体可以完成步骤3）水的分解，这是因为水的分解取决于电子-空穴的还原-氧化能力。电子-空穴的还原-氧化能力则取决于半导体材料的导带底和价带顶的位置：导带底的位置高于（或负于）氢的电极电势，则说明光致产生的电子有足够的还原能力来还原水生成氢气；价带顶的位置低于（或正于）氧的电极电势，则说明光致产生的空穴有足够的氧化能力来氧化水生成氧气。

2. 光解水能量转换效率

在光解水反应中最常用的效率是表观量子效率，即参与反应电子数与入射光子数的比值

$$\varphi = 参与反应的电子数 / 入射光子数 \times 100\%$$

在光解水反应过程中，需要两个电子才能生成一个氢分子，因而表观量子效率也可表示为

$$\varphi = (生成氢气的分子数 \times 2) / 入射光子数 \times 100\%$$

其中，入射光子数可通过辐照仪测得。

除了表观量子效率，太阳能-氢能转换效率可以更好地评估太阳能利用的程度，其表示式为

$$\eta = 生成氢气的化学能 / 入射太阳能 \times 100\%$$

式中，生成氢气的化学能等于生成氢气的速率（mol/h）与其在标准状态下生成的吉布斯自由能（237kJ/mol）之积；入射太阳能等于太阳光辐射强度和辐射面积之积，如当大气质量（Air Mass，AM）为1.5时，即典型晴天时太阳光照射到一般地面的情况，其辐射强度为$1kW/m^2$。

光解水反应中的表观量子效率和太阳能-氢能转换效率可以通过吸收波长对应起来。根据推算，太阳能-氢能转换效率至少要达到10%以上才具有工业化应用价值。要实现10%的太阳能-氢能转换效率，半导体材料的光吸收范围应在600nm以上，且表观量子效率要达到60%以上。遗憾的是，目前仍没有材料能够达到对太阳能-氢能转换效率的最低要求。

3. 半导体光催化材料的开发

（1）**无机化合物半导体** 自 Fujishima A 和 Honda K 开启半导体光催化这一研究领域以来，研究人员的工作重心就一直集中在研发光催化材料上。多年来，人们基于元素周期表，已经找到数百种能够用于光催化过程的光催化材料，且绝大多数光催化材料为无机化合物半导体，如金属氧化物、硫化物、氮化物、磷化物及其复合物等。在已知的能够用于光催化过程的半导体材料的元素组成有以下特点：利用具有 d^0 或 d^{10} 电子结构的金属元素和非金属元素构成半导体的基本晶体结构，并决定其能带结构；碱金属、碱土金属或镧系元素可以参与上述半导体晶体结构的形成，但对其能带结构几乎无影响；一些金属离子或非金属离子可以作为掺杂元素对半导体的能带结构进行调控；贵金属元素一般作为助催化剂使用。

根据组成半导体化合物的金属离子（阳离子）的电子特性，单一光催化材料可以分为两大类，一类是金属离子的 d 电子轨道处于无电子填充状态（d^0），如 Ti^{4+}、Zr^{4+}、Nb^{5+}、Ta^{5+} 和 W^{6+}；另一类是金属离子的 d 电子轨道处于满电子填充状态（d^{10}），如 In^{3+}、Ga^{3+}、Ge^{4+}、Sn^{4+} 和 Sb^{5+}。与 d^0 金属离子相配的非金属元素主要是氧元素，它们之间组合成的氧化物（如 TiO_2、ZrO_2、Nb_2O_5、Ta_2O_5 和 WO_3）都是被广泛应用的光催化剂。如前所述，一些碱金属、碱土金属或其他金属离子可以引入上述化合物中组成一些盐类，并且这些盐类也

被证明具有良好的光催化能力,如钛酸盐:$SrTiO_3$、$A_2Ti_6O_{13}$(A = Na、K、Rb)、$BaTi_4O_9$、$A_2La_2Ti_3O_{10}$(A = K、Rb、Cs)、$K_2Ti_4O_9$;铌酸盐:$A_4Nb_6O_{17}$(A = K、Rb)、$Sr_2Nb_2O_7$、$Cs_2Nb_4O_{11}$、$Ba_5Nb_4O_{15}$;钽酸盐:$ATaO_3$(A = Na、K)、MTa_2O_6(M = Ca、Sr、Ba)、$Sr_2Ta_2O_7$、$ACa_2Ta_3O_{10}$(A = H、Na、Ca)、$A_2SrTa_2O_7 \cdot nH_2O$(A = H、K、Rb)、$K_3Ta_3B_2O_{12}$、$Ba_5Ta_4O_{15}$;钨酸盐:$Ag_2W_2O_7$、$Bi_2W_2O_6$、$CuWO_4$、$SnWO_4$、$ZnWO_4$、ZrW_2O_8、$Na_2W_4O_{13}$;以及钒酸盐:Ag_3VO_4、$BiVO_4$。与d^{10}金属离子相配的非金属元素主要也是氧元素,它们之间组合成的氧化物(如In_2O_3、Ga_2O_3、GeO_2和SnO_2)也都被应用于光催化反应中。d^{10}金属离子也可组成具有光催化活性的盐类,如铟酸盐:MIn_2O_4(M = Ca、Sr)、$AInO_2$(A = Li、Na)、$LaInO_3$;镓酸盐:$ZnGa_2O_4$;锗酸盐:Zn_2GeO_4;锡酸盐:M_2SnO_4(M = Ca、Sr);以及锑酸盐:$NaSbO_3$。

(2)聚合物半导体 2009年王心晨等报道了一种完全由非金属元素组成的聚合物半导体材料g-C_3N_4,该材料具有类似石墨的层状结构,C、N原子通过sp^2杂化形成一个高度离域的π共轭电子能带结构,禁带宽度为2.7eV,并且导带底在氢的氧化还原电位之上,价带顶在氧的氧化还原电位之下。因此,g-C_3N_4可以在牺牲剂(如三乙醇胺或硝酸银)存在下光催化分解水产氢或氧。令人惊喜的是,已有研究表明g-C_3N_4经过修饰后可以实现全分解水,譬如:王心晨等通过原位光沉积方法获得了可以全分解水的Pt-PtO_x/g-C_3N_4,其中Pt作为产氢助催化剂,PtO_x作为产氧助催化剂;康振辉等发现由碳量子点和g-C_3N_4组成的复合材料可以通过两步双电子步骤实现全分解水,且其在AM 1.5G太阳光模拟器照射下全分解水的太阳能-氢能转换效率达到2%;陈等则通过Na离子掺杂对g-C_3N_4进行了去质子化,从而抑制了光解水过程中双氧水的产生,实现了一步全分解水;g-C_3N_4还可与其他半导体材料配合实现Z机制全分解水。

由于聚合物的材料特性,g-C_3N_4展现出比表面积小、产生的光生载流子的激子结合能高且复合严重等特点,这都不利于其在光解水制氢中的应用,因而各种提高其光催化活性的方法被报道。这些方法主要包括如下:

1)制备方法的改进。王心晨等利用手性介孔氧化硅为模板制备了螺旋g-C_3N_4纳米棒,该螺旋纳米棒展现出特殊的光学特性和良好的光催化活性。王心晨等以HNO_3对g-C_3N_4进行质子化和解聚合作用,可以获得稳定的g-C_3N_4胶体悬浮液,从而可以制备出结合性能很好的g-C_3N_4薄膜电极。刘岗等利用g-C_3N_4具有层状结构的特点,以空气为氧化剂,通过对体相g-C_3N_4进行简单的二次热处理可将其剥离成厚度只有2nm左右的纳米片,并大幅提高其光催化活性。

2)掺杂。刘岗等利用硫掺杂和随之引起的量子尺寸效应对g-C_3N_4的能带结构进行调控,使其光解水制氢效率提高8倍左右。王心晨等发现通过非金属元素B、I对g-C_3N_4进行掺杂也可提高其光催化活性。

3)与半导体复合。g-C_3N_4可与多种半导体材料组成Ⅱ型半导体异质结构,从而提高其光催化活性。

4)王心晨等通过共聚合方式把特定的有机官能团(如苯环、吡啶、噻吩等)嫁接到g-C_3N_4的骨架中,制备出一系列π共轭体系连续可调的g-C_3N_4基聚合物半导体光催化剂。

共轭聚合物半导体具有可调的组分和电子结构,某些能带结构合适的共轭聚合物半导体材料也可被用于光解水制氢反应中,例如苯并噻二唑聚合物、二苯并噻吩聚合物、甲亚胺聚合物等都展现出良好的光解水产氢性能。

(3) **单质半导体** 除了无机化合物半导体和聚合物半导体以外，最近的研究表明一些具有可见光吸收的单质元素（Si、P、B、Se 和 S）也具有一定的光催化活性，这丰富了光催化材料家族，但这些单质光催化剂的催化活性都很低，还需进一步研究，以提高其光催化效率。

4. 展望

光解水反应的最终目的是实现太阳能到氢能的转化，这是一个由热力学和动力学因素共同影响的过程。自 Honda-Fujishima 效应发现以来，光电催化和光催化分解水的研究快速发展，特别是对光电极材料和光催化材料的开发研究持续深入，很多关键基础科学问题也已获得重大突破。但光分解水过程仍受制于低能量转换效率这个瓶颈问题，距工业化应用还有很长的一段距离。而突破瓶颈的关键是开发具有可见光响应的、高效的光催化材料体系。

4.7 我国制氢技术介绍

氢能利用必须从制氢技术入手，解决实际应用过程中的一系列问题。世界各国都非常重视氢能的研发和利用，1990 年，美国通过并实施了《氢能研究与发展、示范法案》。进入 21 世纪后，美国政府和能源部也陆续发布了《国家氢能发展路线图》及《氢及燃料电池项目计划》等多项政策计划，投入大量资金进行氢能的研发部署活动。俄罗斯、加拿大和日本等国同样也出台相关政策促进氢能发展。我国对氢能基础研究比较重视，相关技术研究最早可追溯到 20 世纪 70 年代，随后 973 计划的"氢能的规模制备、储运及相关燃料电池的基础研究"项目从氢气的规模制备、储运以及相关燃料电池的研究三个方面展开并已通过验收。"利用太阳能规模制氢的基础研究"项目则从能源、材料、化学和生物等学科领域综合渗透与交叉的角度出发，将重点进行太阳能光解水和太阳能热解水及生物质制氢两类可再生能源制氢的基础理论研究，致力于建立大规模高效低成本制氢的理论与技术体系。近年来，国家发展和改革委员会（发改委）及能源局发布的《能源技术革命创新行动计划（2016—2030 年）》和《能源技术革命重点创新行动路线图》，将氢能产业纳入发展重点，表明氢能将在我国未来能源发展中承担重要角色。因此，比较不同的制氢技术并选取其中合适的在未来氢能的利用中将起到至关重要的作用。

4.7.1 我国制氢现状

在 2002 年之前，我国制氢技术专利申请数量一直处于低谷，没有明显增长的趋势，表明这一时期国内因基础薄弱，自主研发力不强，工业氢气制备主要依靠国外技术与设备；进入 21 世纪以后，特别是从 2003 年开始，专利申请数整体呈快速上升趋势。这是由于随着中国面临的能源问题越发突出，政府开始加大对新能源及制氢技术的支持力度，氢能技术被列入科技发展"十五"规划，并在随后的《国家中长期科学技术发展规划纲要 2006—2020》中将氢能列为重点研究内容，促进了我国制氢领域的发展，各项制氢技术的研发得到了重点关注。我国制氢专利年度变化趋势如图 4-11 所示。

其中，我国制氢技术的研发和实际应用热点主要集中在以下关键技术路线：化石资源制氢、水解制氢以及生物制氢等。

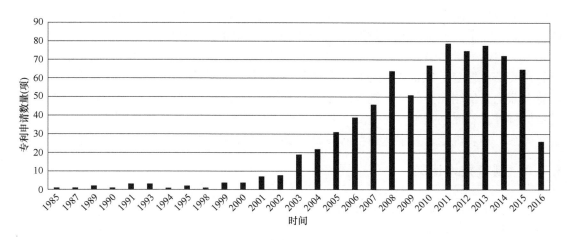

图 4-11　我国制氢专利年度变化趋势

煤气化技术是我国当前制取氢气最主要的方法之一，工业应用广泛，主要的开发单位包括华东理工大学、西安热工研究院（TPRI）、北京航天万源煤化工工程技术有限公司（HT-L 航天气化技术）、清华大学（气流床）和中国科学院山西煤炭化学研究所（流化床）等。在天然气蒸汽重整制氢方面，可以细分为天然气压缩加氢脱硫、天然气蒸汽转化、CO 变换和 PSA 氢气提纯。国内现有的大型、特大型天然气制氢装置多为国外引进技术，尽管研究已经产生部分专利，但尚未进行广泛应用，核心技术烃类水蒸气转化工序仍需采用国外的先进工艺技术，但在 PSA 提纯工艺技术方面，西南化工研究院和成都华西科技有限公司设计院开发的 PSA 技术已具有工业应用的条件。中、小型规模的天然气制氢装置也建有不少，主要采用自主开发的间歇式天然气蒸汽转化制氢工艺、加压蒸汽转化工艺和换热式两段蒸汽转化工艺。

生物制氢是利用生物自身的代谢作用将有机质或水转化为氢气，实现能源产出。中科院微生物研究所、浙江农业大学等单位进行"产氢紫色非硫光合细菌的分离与筛选研究"及"固定化光合细菌处理废水过程产氢研究"等，取得一定结果。我国目前已拥有生物质发酵制氢的中试工厂。哈尔滨工业大学任南琪教授首创的以厌氧活性污泥为产氢菌种的发酵法生物制氢技术，利用细菌从污水中分解收集氢气，在厌氧产氢细菌选育、产氢机理和工程技术等方面取得了令人瞩目的研究进展。国内已有不少单位开展了生物质气化制氢的研究。中科院广州能源研究所近年来在生物质焦油催化裂解和生物质催化气化制氢等方面做了较多的工作，以镍基为主要催化剂，氢产率达到每千克生物质 130.28g。天津大学提出了生物质的快速热解——催化蒸汽重整制氢技术路线，建成了循环流化床为气化反应器，固定床为催化反应器的二级催化气化——热解生物质制氢系统。浙江大学开展了稻壳、秸秆等生物质和煤气联产试验及理论的研究。此外，中科院工程热物理研究所提出了生物质直接制氢技术路线，东南大学提出了串联流化床零排放制氢技术路线，哈尔滨工业大学进行了流化床快速热解及生物法制氢等方面的研究。

电解水制氢的工艺复杂程度不高，但目前的问题是需要消耗较多的电能，如何合理地利用太阳能来进行水的电解将是电解水制氢在我国能否应用的关键。2014 年，中国科学技术大学杨金龙研究组提出具有电偶极矩的二维纳米催化剂，用红外光也可以分解水产生氢气。

同年，中国科学院大连化学物理研究所（简称"中科院大化所"）在以 Ta_3N_5 为基础的半导体光阳极研究中，发现"空穴储存层"电容效应，获得了高效稳定的太阳能光电化学分解水体系。2015 年，中国科学技术大学将光催化产氢效率与硅材料表面悬键联系起来，提出新的"光解水制氢"表面工程思路。同时，中科院大化所与日本东京大学合作，在可见光驱动光催化 Z 机制完全分解水制氢研究中取得新进展。研究结果发现，经一步氮化合成的异质结材料可有效促进光生电荷分离，基于此异质结材料构筑的宽光谱响应 Z 机制完全分解水制氢体系，其表观量子效率达到目前有关文献报道的最高值。

4.7.2 制氢技术比较

结合我国目前制氢技术的发展趋势，制氢技术主要应用途径包括化石原料制氢（包含甲烷、甲醇及煤气化等）、生物制氢及电解水制氢。下面主要总结讨论这些技术的特点及成本，希望能够为未来我国制氢技术的发展提供一些技术参考。

1. 不同制氢技术特点比较

化石原料制氢包含天然气重整制氢、煤气化制氢以及甲醇甲烷制氢等多种技术方法。天然气重整制氢的主要方法及特点可以参见表 4-4。天然气制氢大部分需要消耗大量的热能和空气中的氧气进行蒸汽重整生成氢气，而产物会排出大量的 CO_2 等温室气体，从而导致一定的环境污染。煤气化制氢工艺简便，但是设备投资相对较高，而获取的氢气纯度一般不高，需进一步提纯。甲醇制氢原料比较低廉，并且容易获取，设备投资较少，能耗也较低，此外，其获取的氢气纯度非常高。

表 4-4 天然气重整制氢的主要方法及特点

制氢种类	制氢方法	特 点
天然气制氢	天然气水蒸气重整制氢	1）需吸收大量的热，制氢过程能耗高，燃料成本占生产成本的 52%～68% 2）反应需要昂贵的耐高温不锈钢管作为反应器 3）水蒸气重整是慢速反应，因此制氢能力低，装置规模大且投资高
	天然气部分氧化制氢	1）廉价氧的获取 2）催化剂床层的热点问题 3）催化剂材料的反应稳定性 4）操作体系比较安全
	天然气自热重整制氢	1）变化供热为自供热，反应热量利用较为合理 2）其控速步骤是反应过程的慢速蒸汽重整反应 3）装置投资高，生产能力低
	天然气绝热转化制氢	1）制氢能力高 2）流程短，操作单元简单

生物制氢技术，特别是那些可以利用可再生能源的技术，由于可以处理污水、污泥等废弃物，且成本低、无污染，备受关注，不同微生物的产氢特性都得到了广泛的研究。表 4-5

列出了不同微生物制氢工艺的优缺点。从表中可以看到,厌氧型发酵制氢工艺具有非常明显的优势,它可以连续产氢,而且发酵的制氢对象资源丰富。而在工业制氢过程中,生物制氢获取的氢气杂质含量高,纯度较低,需要进一步改进工艺条件,提高制取的氢气纯度。

表 4-5 不同微生物制氢工艺的优缺点

微生物类型	优 点	缺 点
绿藻	可以从水中制取氢;太阳能转化率与树作物相比高 10 倍	产氢过程需要光照;氧气对系统有害
蓝藻	可以从水中制取氢;固氮酶主要产生氢气;可以将大气中的氮气固定	产氢过程需要光照;产生的氢气含 CO_2 和一定浓度的氧气,氧气对固氮酶有抑制作用;为抑制氢气的消耗需将吸氢酶除去
光发酵细菌	可以利用多种废弃物,如脂肪酸或其他有机废水;可利用光谱较宽	产氢过程需要光照;产生的氢气含 CO_2;发酵液会引起水污染问题
厌氧发酵细菌	不需要光照,可连续产氢;可利用多种碳源,如淀粉、纤维二糖、木糖等和各种固体废弃物;可产生丁酸、乳酸、乙酸等有用的代谢副产物,产氢过程为厌氧过程,无氧气限制问题	发酵液在排放前需进一步处理,否则会引起水污染问题;产生的氢气含 CO_2

水电解制氢是一种比较常用的方法,也是目前使用技术比较成熟的一种方法。众所周知,水是由氢气和氧气发生氧化燃烧反应之后生产的,因此只需要提供一定的能量将水进行分解,即可生产氢气和氧气。一般来说,小规模制氢经常会用到电解水的方法来制备氢气,这种制备方法的生产率在 75%~85% 范围内,该制备方法不仅非常简便,同时整个制备过程中不会产生相应的污染物质。不过这种制备方法所需要消耗的电能量极大,并且很难进行大型化生产,因此使用这种方法制备氢气受到了一定程度的限制。据相关研究显示,目前国内使用这种方法进行制氢的经济规模在 $300Nm^3/h$ 以下。

目前电解制氢技术的主要方案还是电解水,可分为三类:碱性水电解、质子交换膜水电解和固体氧化物电解。其中固体氧化物电解制氢的技术水平相对来说还是比较初步的,距离实现产业化仍较远,因而目前主要关注的还是碱性水电解和质子交换膜水电解,反映这两类技术核心的差异点包括转换效率、电解槽成本和波动性电源适应性。质子交换膜的转换效率更高,碱性电解水的电解槽成本更低。但是未来的一个核心关键点在于如何更多地采用低价的可再生能源制氢,因此波动性电源适应性是非常重要的因素。从这个角度来看,质子交换膜在爬坡和启停上的灵活性会高一些。

2. 不同制氢技术成本分析

制氢成本是影响氢能和燃料电池产业发展的重要因素之一,氢气成本主要包括原料成本、固定资产折旧和运行维护费用(运行、人员及维护费用)。通过计算不同制氢工艺的制氢成本,对于制氢工艺的选择具有非常关键性的指导意义。

氢气的成本结合原料价格、电价、水价及蒸汽价格等参数,可以表示为

$$P_{H_2} = \frac{C_{固定资产} \times (1 - \&) + C_{原料} + C_{运行}}{AD_{H_2}} \varphi \quad (4-36)$$

式中 P_{H_2}——单位质量氢气的生产成本，单位为元/kg；

$C_{固定资产}$——制氢系统的固定资产投入，包括设备和厂房等，单位为元；

$C_{原料}$——折旧年限内制氢原料成本，原料成本包括原料开采成本和原料运输成本等，这里以原料到厂价为基准进行计算，单位为元；

$C_{运行}$——折旧年限内制氢系统的动力成本、人员工资和维护成本等，单位为元；

$\&$——折旧率；

AD_{H_2}——折旧年限内氢气的总产量，单位为kg；

φ——基于能量法的分配系数，即产品氢气具有的能量占产品氢气和副产品总能量的比例，由于氧气为助燃剂，其自身不具备能量，在计算水电解制氢成本时，制氧能耗按照低温法空气分离制氧平均能耗 $0.8\text{kW}\cdot\text{h}/\text{Nm}^3$ 氧气进行计算。

表4-6是常见的一些原材料的价格，后续制氢成本的分析，原材料主要基于此表中的价格。其中，生物制氢技术虽然具有清洁、节能和不消耗矿物资源等突出的优点，在能源结构系统中的作用越来越明显，但对于达到实用化大规模工业生产的要求还有一定的差距，目前大部分生物制氢技术仍然停留在实验室阶段，因此其成本就不做讨论了。

表4-6 常见材料的价格成本

名 称	价 格	单 位
无烟煤	800~1600	元/t
烟煤	400~1000	元/t
褐煤	200~600	元/t
天然气	2.0~4.0	元/Nm³
甲醇	2000~3500	元/t
自来水	6.0	元/t
循环水	0.4	元/t
电	0.2~1.0	元/(kW·h)
中压蒸汽（约3.5MPa）	160	元/t
中低压蒸汽（约2.5MPa）	150	元/t
低压蒸汽（约1.0MPa）	130	元/t
人员工资	8	万元/年

（1）甲醇制氢成本分析 甲醇制氢过程中，原料费用所占比例最高，约为90%，固定资产折旧约占4%，人工费用占2%~4%，用电费用约占2%，维护费用约占0.6%。随着制氢规模增加，原料费用所占比例逐渐增加，固定资产折旧和人工费用所占比例逐渐降低，制氢成本逐渐降低。由于原料费用约占甲醇重整制氢成本的90%，甲醇原料价格对甲醇重整制氢成本的影响是至关重要的。当甲醇价格降至2000元/t时，甲醇制氢成本约为17元/kg（氢气）；而当甲醇价格涨至3500元/t时，甲醇制氢成本约为25~29元/kg。此外，甲醇制氢成本还与装置规模、工艺流程和设备配置等相关，具体制氢成本的影响将是多方面的。

（2）煤气化制氢成本分析 煤气化制氢过程中，原料费用所占比例最高，约为49%，用电费用占26%~35%，固定资产折旧占8%~12%，用水费用占3%~5%，维护费用占

3%，人工费用占1%~2%。由于煤气化技术不同，各种技术的制氢成本还会有差异。由于原料费用占煤制氢成本的近50%，原料价格变化对煤气化制氢成本的影响非常大。结合制氢规模，对于20000Nm³/h的制氢规模，当褐煤价格降至200元/t时，煤制氢成本降至10.58元/kg；对于30000Nm³/h的制氢规模，当无烟煤价格为800元/t时，煤制氢成本降至11.79元/kg；对于150000Nm³/h的制氢规模，当烟煤价格降至400元/t时，煤制氢成本降至6.47元/kg。此外，煤气化制氢成本还与气化炉型、煤种及气化炉容量等因素有关，以上规模的制氢成本估算的数据仅供参考，实际情况需要结合数据具体分析。

（3）天然气重整制氢成本分析　天然气重整制氢的成本与制氢规模息息相关，不同制氢规模的成本也会有很大不同。在具体成本中，原料费用所占比例最高，为74%~90%，固定资产折旧占4%~9%，用电费用约占4%，维护费用占1%~3%，人工费用占1%~2%。随着制氢规模增加，原料费用所占比例逐渐增加，固定资产折旧所占比例逐渐减小，用电费用和人工费用所占比例逐渐降低，制氢成本逐渐降低，规模效益显著。由于原料费用占天然气蒸汽重整制氢成本的74%~90%，原料价格对天然气制氢成本的影响非常大。当天然气价格降至2.0元/Nm³时，对于100000Nm³/h的制氢规模，成本为9.37元/kg；当天然气价格涨至4.0元/Nm³时，天然气制氢成本涨至17.39元/kg，天然气价格对于制氢成本的影响非常大。此外，天然气制氢成本还与装置规模、工艺流程和设备配置等因素有关，具体情况需要具体分析。表4-7给出了天然气制氢不同规模的成本计算数据，可供参考。

表4-7　天然气制氢成本分析表

天然气价格/(元/Nm³)	制氢规模			
	1000Nm³/h	5000Nm³/h	20000Nm³/h	100000Nm³/h
	制氢成本/(元/kg 氢气)			
2.00	14.10	12.49	9.61	9.37
2.20	15.02	13.50	10.40	10.17
2.40	15.94	14.51	11.18	10.97
2.60	16.86	15.52	11.97	11.78
2.80	17.78	16.53	12.75	12.58
3.00	18.71	17.54	13.54	13.38
3.20	19.63	18.55	14.32	14.18
3.40	20.55	19.56	15.10	14.98
3.60	21.47	20.57	15.89	15.79
3.80	22.39	21.58	16.67	16.59
4.00	23.32	22.59	17.46	17.39

（4）水电解制氢成本分析　水电解制氢的主要过程与用电相关，用电成本占水电解制氢成本的70%~90%，因此电的价格成为水电解制氢成本的决定性因素。表4-8罗列了不同电价、不同制氢规模的水电解制氢成本，从表中可以看出，当电价为0.10元/(kW·h)（1kW·h=1度电）时，水电解制氢成本为8~24元/kg；当电价为1元/(kW·h)时，水电解制氢成本涨至55~72元/kg。此外，水电解制氢成本还与电解槽类型、电解槽容量等因素有关。

参照国家发改委发布的新能源发电上网标杆电价,目前我国水电上网标杆电价为 0.2~0.4 元/(kW·h),风电上网标杆电价为 0.4~0.57 元/(kW·h),光伏发电(普通)上网标杆电价为 0.55~0.75 元/(kW·h),以 1000Nm³/h 的制氢规模为例,计算得到水电、风电、光伏发电制氢成本分别为 13.74 元/kg、24.25 元/kg 和 32.13 元/kg。另外,不考虑用电方式,我国目前工业用电价格一般为 0.4~1.0 元/(kW·h)(与用电时段有关),其制氢成本在 25~56 元/kg 范围内。

表 4-8 不同电价、不同制氢规模的水电解制氢成本

电价/[元/(kW·h)]	制氢装置规模		
	100Nm³/h	500Nm³/h	1000Nm³/h
	制氢成本/(元/kg)		
0.10	23.51	9.92	8.48
0.20	28.85	15.16	13.74
0.30	34.19	20.40	18.99
0.40	39.53	25.64	24.25
0.50	44.86	30.88	29.50
0.60	50.20	36.12	34.76
0.70	55.54	41.36	40.02
0.80	60.88	46.60	45.27
0.90	66.22	51.84	50.53
1.00	71.55	57.08	55.79

通过上述各种制氢技术的分析,可以看出,不同的制氢工艺,都存在一定的优缺点。选择合适的制氢工艺,需要从工艺流程、操作条件、设备投资、能量消耗及原料来源等多方面综合考虑。表 4-9 是不同制氢工艺技术特点的总结,可以更加直观地看出不同制氢工艺的具体特点。煤气化制氢和天然气重整制氢成本低,工艺简单且可大规模产业化生产,但制氢温室气体排放量大,对于环境保护不利,而且制备的氢气纯度一般不高,在具体使用时还需要进一步提纯;甲醇制氢纯度较高,原料丰富,成本相对较高;水电解制氢是一项蓬勃发展的清洁制氢技术,其工艺简便,可小规模产业化生产,制氢成本受电价影响较大,其在一些具有丰富太阳能、风能资源的地区具有广阔应用前景。我国可再生能源丰富,每年弃水弃风的电量都可以用于电解水。我国拥有水电资源 3.78 亿 kW,年发电量达到 2800 亿 kW·h。水电由于丰水期和调峰需要,产生了大量的弃水电能。我国风力资源也非常丰富,可利用风能约为 2.53 亿 kW·h,相当于水力资源的 2/3。但风电由于其不稳定的特性,较难上网,因此每年弃风限电的电量规模庞大。如果将这部分能源充分利用起来,有利于水电解制氢的发展。虽然目前水电解制氢成本远高于化石燃料,而煤气化制氢和天然气重整制氢相对于石油售价已经存在利润空间。但是用化石燃料制取氢气不可持续,不能解决能源和环境的根本矛盾。并且碳排放量高,煤气化制氢的 CO_2 排放量高达 193kg/GJ,天然气重整制氢也有 69kg/GJ,对环境不友好。而水电解制氢是可持续和低污染的,这种方法的 CO_2 排放最高不超过 30kg/GJ,远低于煤气化制氢和天然气重整制氢。

表 4-9 不同制氢工艺技术特点总结

制氢工艺	制备特点	纯度（%）	经济规模/（Nm³/h）	CO_2排放量/（kg/GJ）	制氢成本/（元/kg）
水电解制氢	工艺简便，能耗大	99.7	100～1000	17～20	24.3～55.8
天然气制氢	工艺复杂，能耗大，成本高	74	1000～10000	约69	9.4～23.3
煤气化制氢	工艺简便，投资高	35～36	20000～150000	约193	6.47～17.49
甲醇制氢	甲醇原料低廉，投资少，能耗低	99.5	5000～10000	约71	17.0～25.1
生物制氢	清洁、节能和不消耗矿物资源	15～61	实验室阶段	约25	

4.7.3 我国制氢企业状况

氢能是我国能源结构由传统化石能源为主转向以可再生能源为主的多元格局的重要媒介。2018年，中国氢气的年产量约2100万t。根据中国氢能联盟的预计，到2030年，全国氢气需求量将达到3500万t，在整个能源体系中占比5%。到2050年氢能在中国终端能源体系中的占比至少将达到10%，需求量接近6000万t，而且随着氢燃料电池新能源汽车的开发，也将成为氢能消费的重要突破口，2030年燃料电池商用车的销量将达36万辆，对于氢气的需求将会是非常巨大的，因此制氢企业的潜在市场非常可观。

1. 水电解制氢企业

(1) 中国船舶集团有限公司第七一八研究所 七一八研究所隶属于中国船舶集团公司，创立于1966年。制氢设备是七一八研究所支柱产业之一（图4-12），其中加压水电解制氢装置是七一八研究所最大的军转民产业项目，也是中国船舶重工集团公司的重点开发项目之一。从1984年开始利用军工技术开发出加压水电解制氢装置以来，现已有CDQ、ZDQ、KCDQ等装置，七一八研究所成为我国最大的水电解制氢研究及生产基地。

(2) 天津市大陆制氢设备有限公司 天津市大陆制氢设备有限公司自1994年成立以来，一直致力于水电解制氢设备的设计、制造、安装和运行维护工作，积累了丰富的经验。它是我国生产分立式循环水电解制氢设备的专业厂家。目前，该公司可生产0.1～1000Nm³/h的水电解制氢设备，其生产运行压力最高的制氢设备是生产压力为5.0MPa的水电解制氢设备（图4-13）。

(3) 苏州竞立制氢设备有限公司 苏州竞立制氢设备有限公司于1993年在苏州吴中经济开发区注册成立，是一家集研发、生产、销售水电解制氢设备、气体纯化、回收设备及各种类型的氢能专业设备于一体的高科技企业。该公司研制生产的水电解制氢设备（图4-14）的氢气产量范围为0.3～1000m³/h。2010年，该公司研制成功了500m³/h微机控制大型制氢设备，后续还有更大的800～1000m³/h压力型制氢设备问世，准备迎接电转气（Power to Gas）市场的需要，为解决弃风、弃电、弃光、弃水问题做出贡献。

图 4-12 七一八研究所水电解制氢装置

图 4-13 大陆制氢设备有限公司的水电解制氢设备

(4) 北京中电丰业技术开发有限公司 北京中电丰业技术开发有限公司是以经营、研发、生产、销售以及代理国外新能源水电解制氢设备为主的专业工程公司，是国家高新和中关村高新资质企业。该公司专业从事水电解制氢设备的研发、生产、销售和售后服务，对水电解制氢工程的设计、安装、调试运行和后期保养维修，都具有丰富的实践经验。此外，该公司还是业内知名的美国德立台能源系统公司及世界可再生能源储能加氢领域知名品牌法国阿海珐集团氢能源公司在中国的总代理，同时承担了两家知名公司在中国地区技术服务中心的职责。中电丰业 PEM 系列中大型纯水制氢设备如图 4-15 所示。

图 4-14 苏州竞立水电解制氢设备

图 4-15 中电丰业 PEM 系列中大型纯水制氢设备

(5) 山东赛克赛斯氢能源有限公司 山东赛克赛斯氢能源有限公司隶属于山东赛克赛斯集团，凝聚了多学科的高科技人员。首席技术负责人是中国最早开发 SPE 电极技术的专家，已有 20 多年的相关研发经验，开发了四代该技术的氢气发生器产品，均已获得专利。该公司着重利用固体聚合物电解质（Solid Polymer Electrolyte，SPE）阳离子（质子）交换膜，进行纯水电解及燃料电池等产品的研制、开发。山东赛克赛斯氢能源有限公司的制氢设备如图 4-16 所示。

(6) 淳华氢能科技股份有限公司 淳华氢能科技股份有限公司成立于 2015 年 6 月，是一家从事氢能源产业开发的高科技企业。该公司主要致力于 PEM 水电解制氢技术、储氢技术和氢能应用产品的开发、设备的生产和销售、氢能行业产业链的投资整合以及氢能小镇、氢能环保城市的基础设施建设。该公司研发的拥有全部自主知识产权的第六代 PEM 水电解制氢全系统设备技术是国家能源战略新型技术,具备两个国家重大科技专项、两个国防战略平台,达到世界领先水平。淳华的制氢设备如图 4-17 所示。

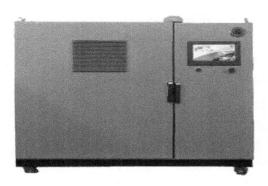

图 4-16　山东赛克赛斯氢能源有限公司的制氢设备　　　图 4-17　淳华氢能制氢设备

2. 天然气重整制氢企业

天然气制氢技术是现阶段我国制氢技术中发展较为快速的新型技术,利用天然气制氢能够在较为节省原料的基础上高效地进行制氢,与以往的制氢技术相比,天然气制氢技术更为可靠高效,因而成为目前我国较为重视的一项制氢技术。

中国石油-沙特阿美合资云南 1300 万 t/年炼油项目,加工沙轻、沙中、科威特原油,采用常减压蒸馏—蜡油加氢裂化—渣油加氢脱硫—重油催化裂化—加氢精制的全加氢工艺流程,建有 110000Nm^3/h PSA 装置、170000Nm^3/h 天然气制氢装置。该项目于 2017 年试车成功,目前处于安全验收评价中。

中国石油化工股份有限公司天津分公司的 100000Nm^3/h 天然气制氢项目于 2018 年 12 月开始进入施工阶段。该项目位于天津滨海新区中石化天津石化公司厂区内,项目总投资 59934 万元人民币,建设 1 套 100000Nm^3/h 天然气制氢装置,主要生产装置包括原料升压及精制系统、转化及产气系统、变换反应和热回收系统、变换气冷却部分以及 PSA 净化系统。

新疆天业二期 40 万 t/年 PVC 工程天然气制氢项目转化炉的主要工艺作用是将天然气进行高温转化产生纯度超过 75% 的氢气,由转成炉转化产生的氢气直接传送到中变炉进一步提取纯度为 99% 的氢气,然后进入 6 个变压吸附塔进行除渣,最终提炼出纯度为 99.99% 的氢气进入生产大系统中。

江苏亨通光导新材料有限公司成立于 2016 年,是亨通通信产业集团江苏亨通光电股份有限公司的全资子公司,该公司于 2017 年启动 6000Nm^3/h 天然气制氢项目,目前该项目已经成功试运行。

表 4-10 给出了我国天然气制氢部分项目的情况,从表中可以看到天然气制氢在我国已经是一项非常成熟的工艺,尤其是在石化行业。

表 4-10　我国天然气制氢部分项目情况

序号	企　业	规模/（Nm³/h）	纯度（%）	工艺路线
1	华南理工大学	200	99.9	水蒸气转化 + PSA
2	株洲正拓标氢气体有限公司	1500	99.999	水蒸气转化 + PSA
3	四川汉尊气体有限公司	1200	99.999	水蒸气转化 + PSA
4	中石油兰州化学工业公司	11000	99.9	水蒸气转化 + PSA
5	山东博兴华润油脂化学有限公司	2400	99.9	水蒸气转化 + PSA
6	石家庄正拓气体有限公司	1000	99.999	水蒸气转化 + PSA
7	首钢集团	500	99.99	水蒸气转化 + PSA
8	江苏飞翔化工股份有限公司	3000	99.9	水蒸气转化 + PSA
9	新疆天利高新技术股份有限公司	6000	99.9	水蒸气转化 + PSA
10	四川长风化工有限公司	3000	99.9	水蒸气转化 + PSA
11	辽宁海化石油化工有限公司	10000	99.9	水蒸气转化 + PSA
12	海南汉地石油化工有限公司	25000	99.9	水蒸气转化 + PSA
13	浙江巴陵恒逸己内酰胺有限责任公司	18000	99.9	水蒸气转化 + PSA
14	淄博鑫泰石化有限公司	5000	99.9	水蒸气转化 + PSA
15	泉州三安半导体科技有限公司	2000	99.999	水蒸气转化 + PSA
16	河北浅海石油化工集团有限公司	20000	99.9	水蒸气转化 + PSA
17	江苏亨通光导新材料有限公司	6000	99.999	水蒸气转化 + PSA
18	川普世科技有限公司	50	99.9995	水蒸气转化 + PSA

3. 煤气化重整制氢企业

短时间内我国氢能产业发展的氢源主要来自化石燃料制氢（煤制氢）和化工工业副产氢。目前，国内仅涉及煤制氢的企业就有数十家，而且大部分的煤制氢项目为石化行业炼化配套。2010 年至今，全国新建大型炼厂煤、石油焦制氢项目 6 套，煤制氢的总规模约为 80.5 万 Nm³/h，2017 年我国煤制氢行业市场规模约为 2418 亿元。目前，还有 15 个拟在建炼化一体化项目，其中 11 个确定采用煤气化制氢工艺，可以说煤制氢行业近几年的主要推动主要源于炼化行业。

华西科技公司成立于 2003 年，是一家提供各种气体生产装置及技术、各种油品加氢技术以及各类催化剂、吸附剂的公司。该公司煤气化制氢技术经过原料精制处理，与水蒸气在催化剂的作用下发生水蒸气转化反应，通过变换反应和 PSA 提纯工艺，生产纯度为 99% ~ 99.999% 规格的氢气，满足不同用户的需求，其中制氢单系列规模从 200 ~ 60000Nm³/h，目前产品已销售近百套。

神华集团已经建成的世界上首套百万吨级煤炭直接液化示范工厂，采用两套荷兰壳牌（Shell）公司的 SCGP 粉煤加压气化工艺，为煤液化、加氢稳定、加氢改质等装置提供氢气原料，单套日产氢能力为 313t，氢气纯度为 99.5%（mole⊖），$CO + CO_2 \leq 20\mu g/g$。

⊖ 摩尔百分比。

2012年8月，九江石化800万t/年油品质量升级改造中最大的单体项目——煤制氢装置项目转入具体实施阶段。该项目总投资14亿元，年产氢10万t，这也是九江石化首次引进煤制氢工业。煤制氢装置引进后，九江石化制氢工艺将由原来的渣油气化技术提升转变为水煤浆气化技术。九江石化10万 m^3/h 煤制氢项目于2014年继续抓紧建设，该项目总投资14亿元，采用GE气化技术。2014年7月，项目三台气化炉吊装完成。

2013年5月，湖北荆门引进煤制氢项目助力千亿石化产业。盈德气体煤制氢项目投资40亿元，打造湖北荆门化工循环产业园建设的公用配套项目，主要满足园区内用气企业对空分气体、合成气、氢气（包括荆门石化总厂1000万t扩能所需氢气）及蒸汽等工业气体的需求。该项目分三期建设，一期水煤浆制5万 m^3 氢气/h 及15万 m^3 氢氮气/h；二期水煤浆制5万 m^3 氢气/h；三期CO和氢气合成气及丙烯制丁醇和辛醇。项目建成为荆门石化1000万t扩能改造项目提供新的动力支持，还为荆门市打造千亿化工产业注入了强劲动力。

2014年1月，中石化扬子石化单喷嘴冷壁式粉煤加压气化示范装置"SE-东方炉"开车成功，产出了高纯度氢气。该装置位于江苏南京扬子石化厂区内，投煤量为1000t/天，生产氢气4.3万t/年、一氧化碳25万t/年、羰基合成气8.4万t/年。2014年12月9日，扬子石化煤制气装置因氢气资源平衡需要停止进料，主动退出运行，创造了连续运行153天的新纪录。

2014年7月，中石化长岭炼化加氢炼油装置成功大规模连续试用巴陵石化提供的煤制氢气。长炼800万t炼油项目有7套加氢装置，氢气主要依靠5万 Nm^3/h 制氢和70万t重整装置提供，需要消耗大量的炼厂干气。2013年，为了实现区域资源优化，总部在岳阳地区建成"巴陵—长岭"氢气管线，将巴陵石化煤制气装置甲烷化后含氢量85.84%的原料气提纯至99.5%的氢气，以超过3000Nm^3/h 的流量输送至巴陵石化云溪片区及长炼氢气管网。2014年5月21日，长炼生产系统全停大检修改造复产后开阀引用该管网氢气。综合数据表明，长炼试用煤制氢后，用氢总体成本下降33%~35%。

2014年12月，山东利华益集团利津石油化工厂煤制氢项目气化炉吊装。该项目位于山东省东营市，主要满足利津石油化工厂260万t/年重油加氢及油品质量升级项目需求，采用GE煤气化技术，建设10万 m^3/h 煤制氢装置。

2014年8月，由安徽华东化工医药工程有限责任公司和上海华西化工科技有限公司承担的甘肃宏汇能源化工有限公司4.8万 m^3/h 制氢装置设计合同举行签约仪式。该项目由酒泉钢铁集团与广汇能源共同出资建设，位于甘肃省嘉峪关市，第一阶段建设包括150万t/年煤热解提质装置、50万t/年焦油加氢改质装置及配套的煤气制氢装置和公用工程等。制氢装置共分为两套：一套为2.3万 m^3/h 的焦炉煤气制氢装置，另一套为2.5万 m^3/h 干馏煤气转化制氢装置。

4. 甲醇制氢企业

常州市蓝博净化科技有限公司是以气体为主的科技型企业，主要经营各种气体制取技术和气体装置，该公司的甲醇裂解制氢系统被评为高新技术产品，已经为多家化工企业提供了该套设备，其中滨州有40万t炼油项目配套甲醇制氢设备成功运行。该套设备具有以下优点：

1）绿色排放。尾气成分为水蒸气与 CO_2。

2）高效率。99%的燃料转化。

3）高安全性。无火焰反应，触媒氧化放热全程低压操作（<0.5kg/cm^2），燃料停止触媒即刻停止反应，无任何因燃料滞留引发爆炸的危险。

4）高稳定性。以甲醇进料量控制氧化放热反应，温度控制稳定于±2℃。

5）高体积利用率。无燃烧炉膛，反应器体积极小化。

山东寿光鲁清石化有限公司成立于2000年，是一家股份制民营企业，位于鲁北高端石化产业基地发展规划（2018—2025年）-寿光市高端石化产业园和第一批化工园区内，该公司230万t/年的柴油加氢装置达到额定负荷，运行平稳，效益良好。该项目配套了60000Nm^3/h甲醇制氢装置，是目前国内单套产能大且工艺先进的大型制氢装置。采用上海华西化工科技有限公司的工艺包，四川蜀泰的工艺方案、催化剂、装填方案、活化方案和操作方案。2018年3月26~29日，经过鲁清石化、上海华西、四川蜀泰三方联合考核校验，该装置实际产裂解气91300Nm^3/h，纯氢60100Nm^3/h，达到了各项设计指标，标志着国内首套超过60000Nm^3/h规模装置的正式运行，是国内特大型甲醇制氢装置和催化剂完全实现国产化的一个成功案例，也是国产研发、设计、催化剂大型化取得的一个历史性突破。

除了以上企业，国内还有多家企业进行了甲醇制氢设备的投产和运行。山东金诚石化集团有限公司的油品质量升级及配套改造项目，包括220万t/年加氢裂化装置、120万t/年连续重整装置和60000Nm^3/h甲醇制氢装置，该项目已于2017年成功投产。金澳科技（湖北）化工有限公司的110万t/年柴油加氢改质项目及配套工程项目，包括40000Nm^3/h甲醇制氢装置，该项目已于2015年建成投产。福建申远新材料有限公司配套40000Nm^3/h甲醇制氢装置，甲醇制氢能力同时满足2×20万t/年己内酰胺开车70%运行所需，并可搭配一条20万t/年苯酚法环己酮的运行需求，该项目已于2018年建成投产。山东神驰化工集团有限公司的160万t/年渣油加氢脱硫及配套制氢项目，包括40000Nm^3/h甲醇制氢装置，该项目已建成。山东滨化滨阳燃化有限公司的油品加氢质量升级项目，主要建设40万t/年柴油加氢改质装置及30000Nm^3/h甲醇裂解制氢装置，该项目已于2017年成功投产。东营齐润化工有限公司的油品质量升级及配套工程项目，主要建设150万t/年加氢裂化装置、120万t/年连续重整装置、48万t/年芳烃抽提、25万t/年异构化装置、10万t/年烷基化装置、30000Nm^3/h甲醇制氢装置，该项目已投产。山东汇东新能源有限公司的40万t/年蓖麻油精制项目，项目配套建设30000Nm^3/h甲醇裂解制氢装置，该项目已于2016年正式投产。山东尚能实业有限公司的100万t/年加氢裂化装置，配套30000Nm^3/h甲醇制氢装置，该装置已于2015年10月正式投产。新疆美克化工有限责任公司，氢气用于下游BDO生产所需原料。公司现有26万t BDO产能，考虑到以后二、三期扩能改造，产能预期可达到30万t/年，并留一定的操作弹性余量，选择配套30000Nm^3/h的甲醇裂解转化装置。

4.8 工业氢与燃料氢

工业氢一般指的是工业生产所需要的氢气，而燃料电池用氢国家标准GB/T 37244—2018《质子交换膜燃料电池汽车用燃料氢气》已于2019年7月1日起开始实施，进一步明确提出了"燃料氢"的概念。该标准规定了质子交换膜燃料电池汽车用燃料氢气的术语和定义、氢气纯度、氢气中杂质含量要求及其分析试验方法等，适用于全氟磺酸类质子交换膜燃料电池汽车用燃料氢气的品质要求。

据了解，目前全国运营的加氢站，绝大部分氢气的纯度或杂质含量并不能满足燃料电池的用氢标准，尤其是杂质含量过多，可能会给燃料电池带来不可逆的物理性损害。新标准颁布之前，我国燃料电池用氢多数参照工业氢标准。但工业氢与燃料氢有本质的区别，前者主要关注的是氢气的纯度，后者关注的是特定杂质的含量，即便纯度达到五个九（99.999%）的高纯氢，如果杂质超标，照样会对习惯"吃细粮"的燃料电池带来重大损害。

氢气中即使是微量甚至痕量的杂质，对氢燃料电池的影响也是非常严重的。卤化物在生成酸性物质后，会对燃料电池内部结构产生腐蚀，导致氢燃料电池不可逆的结构损坏。硫和CO由于与催化剂铂的亲和力比氢更强，其占据催化剂的活性位点后不易移除，导致催化剂铂没有足够的活性位点将氢催化分解为质子和电子，去完成氢燃料电池后续的反应，使氢燃料电池的输出功率下降且难以恢复，这其中又以硫更甚。

燃料氢主要存在以下三个问题：

一是氢气品质不够"高"。氢燃料电池对氢气的要求非常高，"娇贵"的氢燃料电池很容易因为氢气中杂质的存在导致性能下降甚至报废。而目前我国绝大部分氢气来源于化石能源，因此氢的纯度和品质不够高。

二是氢气价格不够"低"。目前我国加氢站经营的氢气价格在60～120元/kg范围内，而且还需要政府补贴。事实上，我国有大量低成本的工业副产氢可以利用，这部分氢气若通过纯化，可以大幅降低燃料电池汽车用氢的成本。以焦炉炼焦行业为例，2017年全国焦炭产量为4.32亿t，副产氢气可达到735万t，而百万辆燃料电池汽车每年的耗氢量不超过60万t。

产量巨大的工业副产氢成本较低，如芳烃重整得到的工业副产氢，一般对外售价为5～8元/kg，焦炉煤气的工业副产氢一般对外售价为8～10元/kg。如果能将工业副产氢充分利用，制取燃料氢气供燃料电池汽车使用，就无须额外消耗能源制氢，可以真正做到变废为宝，大幅降低燃料氢气的成本。

三是氢源距离不够"近"。目前能够满足燃料氢要求的氢源与加氢站和燃料电池汽车集中区域往往存在一定距离，需要长距离运输，导致氢气的储运成本居高不下，若能够充分利用与加氢站和燃料电池汽车集中区域较近的氢源，就可以大幅降低燃料氢气的储运成本。

GB/T 37244—2018《质子交换膜燃料电池汽车用燃料 氢气》中对氢气品质的要求见表4-1。

表4-11　GB/T 37244—2018《质子交换膜燃料电池汽车用燃料 氢气》中对氢气品质的要求

项 目 名 称	指　　标
氢气纯度（摩尔分数）	99.97%
非氢气体总量	300μmol/mol
单类杂质的最大浓度	
水（H_2O）	5μmol/mol
总烃（按甲烷计）[①]	2μmol/mol
氧（O_2）	5μmol/mol
氦（He）	300μmol/mol
总氮（N_2）和氩（Ar）	100μmol/mol
二氧化碳（CO_2）	2μmol/mol
一氧化碳（CO）	0.2μmol/mol
总硫（按H_2S计）	0.004μmol/mol

(续)

项 目 名 称	指 标
甲醛（HCHO）	0.01μmol/mol
甲酸（HCOOH）	0.2μmol/mol
氨（NH_3）	0.1μmol/mol
总卤化合物（以卤离子计）	0.05μmol/mol
最大颗粒物浓度	1mg/kg

① 当甲烷浓度超过2μmol/mol时，甲烷、氩气和氮气的总浓度不准许超过100μmol/mol。

目前绝大多数市场上销售的氢气，人们关心的仍是超纯氢还是高纯氢的问题，或者说纯度是几个九，这还停留在工业氢标准的思维上，相信随着时间的推移和对燃料氢品质问题的日益重视，这样的情况将会改善。

工业氢对硫化物没有要求，如氯、溴、碘等化合物，但在燃料电池里有严格要求，因为氯、溴、碘化合物会对燃料电池的质子交换膜产生腐蚀，破坏其碱性反应环境，对燃料电池造成不可逆的物理损坏，甚至穿孔。

根据国家标准《质子交换膜燃料电池汽车用燃料氢气》（GB/T 37244—2018），氮气、氩气、氦气的含量对于工业氢的影响很大，会影响其纯度。然而燃料电池里的三个气体为惰性气体，对电极和燃料电池本身没有太大影响，只是在一定程度上降低了燃料电池的效率。燃料氢不需要那么高的纯度，氢气纯度达到99.97%即可，只需保证CO和硫等特殊敏感杂质的含量就可以。

目前，国内燃料电池汽车用氢来源分为以下两类：

一类是水电解制氢，一般不存在杂质问题，只要把水的纯度保证好，氢的纯度是可以保证的。但是电解效率很低，氢气成本很高，且占地较大。

另一类是工业氢，高纯氢在工业中的应用比较多，主要应用在电子和精细化工行业，一般在这些产业集中区都会有相应的制氢和提纯装置，但是CO和硫的含量一般无法达到燃料氢的要求。甲醇重整制氢会有CO和甲烷脱除的问题，天然气重整制氢的CO和硫含量的控制是一个很大的挑战。如果要达到燃料氢气的标准，就需要对氢气进行有针对性的定向除杂提纯。

传统的氢气提纯技术主要是为了满足工业氢的标准，用来做燃料氢气提纯时，效率会比较低，传统方式提纯的氢气收率甚至只能达到60%~70%，但是MDP技术可以根据氢气情况的不同，使氢气收率达到90%以上。模块化定向除杂技术（Modular Directional Purification，MDP）是根据杂质的组成种类进行定向分析，优化选择脱除材料和方法及杂质的脱除顺序，从而达到优化脱除的目的。

工业氢通过MDP纯化后，可以完全满足燃料氢品质的要求，氢气纯度和各项杂质含量符合新的燃料电池用氢标准。

成本跟气体来源有关系，大体成本在2元/kg左右，如果原料氢气已经是99.9%经过提纯的氢气，成本仅为几毛钱。

目前有以下两种方式提纯：

一是在氢源端把纯度不够的氢气通过MDP提纯技术得到燃料氢，然后通过长管拖车运输到加氢站，能保证氢气在出厂前就达到燃料氢的品质，这样的应用场景是低压的氢气提纯。

二是把纯化设备放在加氢站,在长管拖车运输的氢气进入加氢站设备和管路之前,通过 MDP 提纯技术对氢气做一次纯化,保障加氢站设备的稳定运行和燃料氢的品质。

这样的应用场景是 20MPa 的高压氢气提纯,这样加氢站甚至都不需要高价采购高纯氢了,就近采购 99.9% 的普通工业氢通过这样的技术就可以满足燃料氢要求,大幅降低了加氢站的氢气采购成本和储运成本。

在氢源端,要考察氢的杂质,因为是通过不同方式得到的氢。如果已经是经过粗加工的氢气,例如三个九的氢已经脱除了很多的杂质,再经过设备进行提纯,成本会比较低。如果前端没有三个九的纯化,因为还涉及脱除大分子等杂质,还有很多工序,成本会比较高。

总之,氢气作为一种清洁能源载体,在化工、炼油以及新能源汽车等领域的应用越来越广。根据我国的经济发展现状和资源分布特点,氢气来源应是多元化的。在制氢工艺选择时,应结合当地经济发展状况、资源条件、已有制氢工艺和用氢需求等因素进行综合规划,优先选择低碳低成本氢源。在用氢规模较大且可与石油化工产品、煤制油工程项目等结合时,可发展煤气化提纯制氢,当技术发展成熟时,宜考虑配置 CCS 装置,从而减少制氢温室气体排放。在资源条件许可时,宜优先发展可再生能源电力水电解制氢,鼓励在风电、水电、光伏发电的集中区,开展大规模可再生能源电力水电解制氢。同时,还应当开展超临界水蒸煤制氢、生物质超临界水汽化制氢、太阳能光催化分解水制氢及生物发酵制氢等新型制氢技术的基础研究与应用示范,积极探索低碳低成本的制氢工艺。总之,在我国应因地制宜,开发原料多元化的工业制氢路线,降低制氢成本,改善环境,提升产业竞争力。

参 考 文 献

[1] ZENG K, ZHANG D. Recent Progress in alkaline water electrolysis for hydrogen production and applications [J]. Progress in Energy and Combustion Science, 2010, 36 (3): 307-326.

[2] Ni M, et al. A review and recent developments in photocatalytic water-splitting using TiO_2 for hydrogen production [J]. Renewable and Sustainable Energy Reviews, 2007, 11 (3): 401-425.

[3] ANDÚJAR J, SEGURA F. Fuel cells: History and updating. A walk along two centuries [J]. Renewable and sustainable energy reviews, 2009. 13 (9): 2309-2322.

[4] FARADAY M. On a New Law of Electric Conduction; On Conducting Power Generally [J]. Philos. Trans. Royal SOC, 1833, 123: 507-522.

[5] KREUTER W, HOFMANN H. Electrolysis: the important energy transformer in a world of sustainable energy [J]. International Journal of Hydrogen Energy, 1998, 23 (8): 661-666.

[6] SMOLINKA T, PRODUCTION F H. Water electrolysis. Encyclopedia of Electrochemical Power Sources [J]. Elsevier, 2009: 394-413.

[7] MILLET P, GRIGORIEV S. Water Electrolysis Technologies [J]. 2013: 19-41.

[8] BERGNER D. Membrane cells for chlor-alkali electrolysis [J]. Journal of Applied Electrochemistry, 1982, 12 (6): 631-644.

[9] Anon. SOFC system passes 50% 'Efficiency Threshold' [J]. American Ceramic Society Bulletin, 2008, 87 (1): 18-18.

[10] VANDENBORRE H, VERMEIREN P, LEYSEN R. Hydrogen evolution at nickel sulphide cathodes in alkaline medium [J]. Electrochimica acta, 1984, 29 (3): 297-301.

[11] SCHILLER G, BORCK V. Vacuum plasma sprayed electrodes for advanced alkaline water electrolysis [J].

International journal of hydrogen energy, 1992, 17 (4): 261-273.

[12] STOJIĆ D L, et al. Intermetallics as cathode materials in the electrolytic hydrogen production [J]. International journal of hydrogen energy, 2005, 30 (1): 21-28.

[13] ULLEBERG Ø. Modeling of advanced alkaline electrolyzers: a system simulation approach [J]. International Journal of Hydrogen Energy, 2003, 28 (1): 21-33.

[14] CAVALLOTTIPL, et al. Hydrogen as an Energy Vector [M]//BERNARD M, et al. Application of electrocatalysis to the electrolysis of water at high temperature and high current density. Berlin: Springer, 1980: 283-294.

[15] BORUP R, et al. Scientific aspects of polymer electrolyte fuel cell durability and degradation [J]. Chemical Reviews, 2007, 107 (10): 3904-3951.

[16] GRUBB W. Ionic migration in ion-exchange membranes [J]. The Journal of Physical Chemistry, 1959, 63 (1): 55-58.

[17] GRUBB W. Batteries with solid ion exchange electrolytes I. secondary cells employing metal electrodes [J]. Journal of the Electrochemical Society, 1959, 106 (4): 275-278.

[18] GRIGORIEV S. POREMBSKY V. FATEEV V. Pure hydrogen production by PEM electrolysis for hydrogen energy [J]. International Journal of Hydrogen Energy, 2006, 31 (2): 171-175.

[19] MARSHALL A, et al. Hydrogen production by advanced proton exchange membrane (PEM) water electrolysers—Reduced energy consumption by improved electrocatalysis [J]. Energy, 2007, 32 (4): 431-436.

[20] BARBIR F. PEM electrolysis for production of hydrogen from renewable energy sources [J]. Solar Energy, 2005. 78 (5): 661-669.

[21] PALMER M B, VANNICE M. The effect of preparation variables on the dispersion of supported platinum catalysts [J]. Journal of Chemical Technology and Biotechnology, 1980, 30 (1): 205-216.

[22] HINNEMANN B, et al. Biomimetic hydrogen evolution: MoS_2 nanoparticles as catalyst for hydrogen evolution [J]. Journal of the American Chemical Society, 2005, 127 (15): 5308-5309.

[23] LI Y, et al. MoS_2 nanoparticles grown on graphene: an advanced catalyst for the hydrogen evolution reaction [J]. Journal of the American Chemical Society, 2011, 133 (19): 7296-7299.

[24] XU W, et al. A novel hybrid based on carbon nanotubes and heteropolyanions as effective catalyst for hydrogen evolution [J]. Electrochemistry communications, 2007, 9 (1): 180-184.

[25] GRIGORIEV S, MILLET P, FATEEV V. Evaluation of carbon-supported Pt and Pd nanoparticles for the hydrogen evolution reaction in PEM water electrolysers [J]. Journal of Power Sources, 2008, 177 (2): 281-285.

[26] PANTANI O, et al. Electroactivity of cobalt and nickel glyoximes with regard to the electro-reduction of protons into molecular hydrogen in acidic media [J]. Electrochemistry communications, 2007, 9 (1): 54-58.

[27] BURKE L, MOYNIHAN A. Oxygen electrode reaction. Part 1. —Nature of the inhibition process [J]. Transactions of the Faraday Society, 1971, 67: 3550-3557.

[28] BURKE L, O'MEARA T. Oxygen electrode reaction. Part 2. —Behaviour at ruthenium black electrodes [J]. Journal of the Chemical Society, Faraday Transactions 1: Physical Chemistry in Condensed Phases, 1972, 68: 839-848.

[29] BUCKLEY D, BURKE L. The oxygen electrode: Part 4. Lowering of the overvoltage for oxygen evolution at noble metal electrodes in the presence of ruthenium salts [J]. Journal of Electroanalytical Chemistry and Interfacial Electrochemistry, 1974, 52 (3): 433-442.

[30] BUCKLEY D N, BURKE L D. The oxygen electrode. Part 6. —Oxygen evolution and corrosion at iridium anodes [J]. Journal of the Chemical Society, Faraday Transactions 1: Physical Chemistry in Condensed Phases, 1976, 72: 2431-2440.

[31] MILES M, et al. The oxygen evolution reaction on platinum, iridium, ruthenium and their alloys at 80 C in acid solutions [J]. Electrochimica Acta, 1978, 23 (6): 521-526.

[32] IWAKURA C, HIRAO K, TAMURA H. Anodic evolution of oxygen on ruthenium in acidic solutions [J]. Electrochimica Acta, 1977, 22 (4): 329-334.

[33] ANDOLFATTO F, et al. Solid polymer electrolyte water electrolysis: electrocatalysis and long-term stability [J]. International journal of hydrogen energy, 1994, 19 (5): 421-427.

[34] ARDIZZONE S, et al. Composite ternary SnO_2-IrO_2-Ta_2O_5 oxide electrocatalysts [J]. Journal of electroanalytical chemistry, 2006, 589 (1): 160-166.

[35] MORIMITSU M, OTOGAWA R, MATSUNAGA M. Effects of cathodizing on the morphology and composition of IrO_2-Ta_2O_5/Ti anodes [J]. Electrochimica acta, 2000, 46 (2): 401-406.

[36] TEREZO A J, et al. Separation of transport, charge storage and reaction processes of porous electrocatalytic IrO_2 and IrO/Nb_2O_5 electrodes [J]. Journal of Electroanalytical Chemistry, 2001, 508 (1): 59-69.

[37] JANG I Y, et al. Application of polysulfone (PSf)- and polyether ether ketone (PEEK)-tungstophosphoric acid (TPA) composite membranes for water electrolysis [J]. Journal of Membrane Science, 2008, 322 (1): 154-161.

[38] LINKOUS C, et al. Development of new proton exchange membrane electrolytes for water electrolysis at higher temperatures [J]. International Journal of Hydrogen Energy, 1998, 23 (7): 525-529.

[39] YAMAGUCHI M, et al. DEVELOPMENT OF $2500CM^2$ FIVE-CELL STACK WATER ELECTROLYZER IN WE-NET [J]. in Environmental Aspects of Electrochemical Technology: Proceedings of the International Symposium. 2000. The Electrochemical Society.

[40] MILLET P, et al. GenHyPEM: a research program on PEM water electrolysis supported by the European Commission [J]. International Journal of Hydrogen Energy, 2009, 34 (11): 4974-4982.

[41] FATEEV V, et al. Electrolysis of water in systems with solid polymer electrolyte [J]. Russ J Electrochem, 1993, 29 (4): 551-7.

[42] DOENITZ W, ERDLE E. High-temperature electrolysis of water vapor—status of development and perspectives for application [J]. International Journal of Hydrogen Energy, 1985, 10 (5): 291-295.

[43] 何非, 彭冉冉, 杨上峰. 质子型可逆固体氧化物电池的材料与反应机理 [J]. 化学进展, 2011, 23 (2): 477-486.

[44] ZUO C, et al. Ba $(Zr_{0.1}Ce_{0.7}Y_{0.2})O_{3-\delta}$ as an Electrolyte for Low-Temperature Solid-Oxide Fuel Cells [J]. Advanced Materials, 2006, 18 (24): 3318-3320.

[45] KIM-LOHSOONTORN P, LAOSIRIPOJANA N, BAE J. Performance of solid oxide electrolysis cell having bi-layered electrolyte during steam electrolysis and carbon dioxide electrolysis [J]. Current Applied Physics, 2011, 11 (1): S223-S228.

[46] ELANGOVAN S, HARTVIGSEN J J, FROST L J. Intermediate temperature reversible fuel cells [J]. International journal of applied ceramic technology, 2007, 4 (2): 109-118.

[47] STEELE B C, HEINZEL A. Materials for fuel-cell technologies [J]. Nature, 2001, 414 (6861): 345-352.

[48] YANG X, IRVINE J T. $(La_{0.75}Sr_{0.25})_{0.95}Mn_{0.5}Cr_{0.5}O_3$ as the cathode of solid oxide electrolysis cells for high temperature hydrogen production from steam [J]. Journal of Materials Chemistry, 2008, 18 (20):

2349-2354.

[49] SHARMA V I, YILDIZ B. Degradation mechanism in $La_{0.8}Sr_{0.2}CoO_3$ as contact layer on the solid oxide electrolysis cell anode [J]. Journal of the Electrochemical Society, 2010, 157 (3): B441-B448.

[50] CHEN K, Ai N, JIANG S P. Development of (Gd, Ce) O_2-impregnated (La, Sr) MnO_3 anodes of high temperature solid oxide electrolysis cells [J]. Journal of the Electrochemical Society, 2010, 157 (11): P89-P94.

[51] LIU Q, et al. Perovskite $Sr_2Fe_{1.5}Mo_{0.5}O_{6-\delta}$ as electrode materials for symmetrical solid oxide electrolysis cells [J]. Int J Hydrogen Energy, 2010, 35: 10039-44.

[52] WANG W, et al. A comparison of LSM, LSF, and LSCo for solid oxide electrolyzer anodes [J]. Journal of The Electrochemical Society, 2006, 153 (11): A2066-A2070.

[53] BO Y, et al. Microstructural characterization and electrochemical properties of $Ba_{0.5}Sr_{0.5}Go_{0.8}Fe_{0.2}O_{3-\delta}$ and its application for anode of SOEC [J]. International journal of hydrogen energy, 2008, 33 (23): 6873-6877.

[54] IWAHARA H, et al. Proton conduction in sintered oxides and its application to steam electrolysis for hydrogen production [J]. Solid State Ionics, 1981, 3: 359-363.

[55] NI M, LEUNG M K, LEUNG D Y. Technological development of hydrogen production by solid oxide electrolyzer cell (SOEC) [J]. International Journal of Hydrogen Energy, 2008, 33 (9): 2337-2354.

[56] KOBAYASHI T, et al. Study on current efficiency of steam electrolysis using a partial protonic conductor $SrZr_{0.9}Yb_{0.1}O_{3-\alpha}$ [J]. Solid State Ionics, 2001, 138 (3): 243-251.

[57] SERRA J M, MEULENBERG W A. Thin-Film Proton $BaZr_{0.85}Y_{0.15}O_3$ Conducting Electrolytes: Toward an Intermediate-Temperature Solid Oxide Fuel Cell Alternative [J]. Journal of the American Ceramic Society, 2007, 90 (7): 2082-2089.

[58] BI L, et al. A novel anode supported $BaCe_{0.7}Ta_{0.1}Y_{0.2}O_{3-\delta}$ electrolyte membrane for proton-conducting solid oxide fuel cell [J]. Electrochemistry communications, 2008, 10 (10): 1598-1601.

[59] BI L, et al. Indium as an ideal functional dopant for a proton-conducting solid oxide fuel cell [J]. International Journal of hydrogen energy, 2009, 34 (5): 2421-2425.

[60] XIE K, YAN R, LIU X. The chemical stability and conductivity of $BaCe_{0.9-x}Y_xSn_{0.1}O_{3-\delta}$ solid proton conductor for SOFC [J]. Journal of Alloys and Compounds, 2009, 479 (1): L36-L39.

[61] DU Y, NOWICK A. Galvanic cell measurements on a fast proton conducting complex perovskite electrolyte [J]. Solid State Ionics, 1996, 91 (1): 85-91.

[62] TAO Z, et al. A stable $La_{1.95}Ca_{0.05}Ce_2O_{7-\delta}$ as the electrolyte for intermediate-temperature solid oxide fuel cells [J]. Journal of Power Sources, 2011, 196 (14): 5840-5843.

[63] FABBRI E, et al. Composite cathodes for proton conducting electrolytes [J]. Fuel Cells, 2009, 9 (2): 128-138.

[64] STUART P A, et al. Solid oxide proton conducting steam electrolysers [J]. Solid State Ionics, 2008, 179 (21): 1120-1124.

[65] XU S, et al. Direct electrolysis of CO_2 using an oxygen-ion conducting solid oxide electrolyzer based on $La_{0.75}Sr_{0.25}Cr_{0.5}Mn_{0.5}O_{3-\delta}$ electrode [J]. Journal of power sources, 2013, 230: 115-121.

[66] HAUCH A, et al. Performance and durability of solid oxide electrolysis cells [J]. Journal of the Electrochemical Society, 2006, 153 (9): A1741-A1747.

[67] GEORGE R A. Status of tubular SOFC field unit demonstrations [J]. Journal of Power Sources, 2000, 86 (1): 134-139.

第 5 章

氢与燃料电池

5.1 概述

5.1.1 燃料电池——一种能效转换率高、清洁可靠的新兴动力

燃料电池（Fuel Cell）是一种不经过燃烧过程直接以电化学反应方式将燃料（如氢气、天然气等）和氧化剂中的化学能直接转化为电能的高效发电装置（图5-1），是继水力发电、火力发电、化学发电之后的第四种发电方式。燃料电池可以持续发电，且生成物主要是水，基本不排放有害气体，因此更加清洁环保。

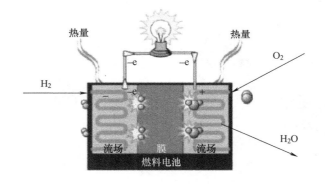

图 5-1　燃料电池通过电化学方式取得能量和直接发电的原理

与目前发电厂和乘用车广泛使用的以燃烧为基础的技术相比，燃料电池拥有诸多优势。传统的火力发电站的燃烧能量有60%~70%会消耗在锅炉和汽轮发电机这些庞大的设备上，在电力运输过程中也会存在5%左右的传输损耗，传统火力发电效率在30%左右（图5-2）。而使用氢燃料电池发电，是将燃料的化学能直接转换为电能，由于其没有传统热机卡诺循环的限制，不需要进行燃烧，具有远高于内燃机30%~35%的能源转换率，可超过60%（图5-3）。并且由于燃料电池发电设备具有分布式的特质，它可让地区摆脱中央发电站式的电力输配架构，这就避免了电力在传输过程中的损耗。此外，燃料电池还具有污染低、无机械振动、噪声小、能适应不同功率要求、可连续性发电以及可靠性高等特点，在交通、储能、航天及军事等领域有广泛的应用前景（图5-4）。随着数字化技术的不断深入，无人驾驶、互联网数据中心和军用设备等领域将继续扩展燃料电池的应用。

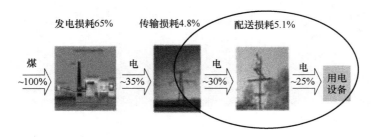

图 5-2 传统火力发电总能源转换率

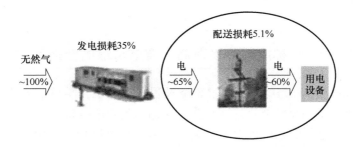

图 5-3 部分燃料电池总能源转换率

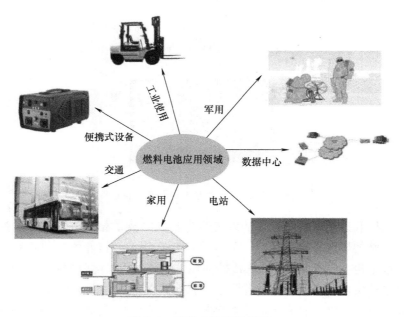

图 5-4 燃料电池应用领域

5.1.2 燃料电池的发展和系统组成

1. 燃料电池的发展

1838年，燃料电池的原理由德国化学家尚班（Christian Friedrich Schönbein）提出，

并刊登在当时著名的科学杂志上。1839 年，英国物理学家威廉·葛洛夫（William Robert Grove）发表了燃料电池理论（图 5-5），其后又于 1842 年发表了燃料电池设计草图。到 20 世纪 50 年代以前，燃料电池一直处于理论与应用基础的研究阶段。燃料电池理论和类型不断丰富，1952 年英国剑桥大学的 Bacon（培根）用高压氢氧制成了具有实用功率水平的燃料电池。在此前期间，GE（通用电气）资助了质子交换膜燃料电池的研究。20 世纪 60 年代由于载人航天对于大功率、高比功率与高比能量电池的迫切需求，燃料电池才引起一些国家与军工部门的高度重视。美国国家航空航天局（NASA）的阿波罗登月计划中就是采用燃料电池为太空飞船提供电力和饮用水的，是美国联合技术公司的 UTCPower 通过引进 Bacon 专利，成功研制了阿波罗登月飞船的主电源——Bacon 型中温氢氧燃料电池，双子星座号飞船也采用了通用的质子交换膜燃料电池为主电源。在此之后，氢氧燃料电池广泛应用于宇航领域，同时，兆瓦级的磷酸燃料电池也研制成功，可见，燃料电池在当时已是一种被验证的相对成熟的技术。20 世纪 70~80 年代，能源危机和航天军备竞赛大大推动了燃料电池的发展。以美国为首的发达国家开始大力支持民用燃料电池的开发，至今还有数百台当时投资的 PC25（200kW）磷酸燃料电池电站在世界各地运行。此后，各种小功率燃料电池也开始在宇航、军事和交通等各个领域中得到应用。从 20 世纪 90 年代起，人类日益关注环境保护。以质子交换膜燃料电池为动力的电动汽车、直接甲醇燃料电池的便携式移动电源、高温燃料电池电站、用于潜艇和航天器的燃料电池等蓬勃发展。正是由于各国看到了燃料电池具有广阔的应用前景，美、日及欧洲的发达国家等都从国家可持续发展和安全战略的高度，制定了长期的燃料电池发展战略。

William Robert Grove
英国物理学家

1839 年，英国物理学家 William Robert Grove 制造了第一个"气体电极电池"装置。该装置的原理是现代燃料电池技术的基础

右图是他当时制造的气体电极电池结构图。该装置包括装有氢气、氧气的试管、装有硫酸溶液的烧杯、装有水的烧杯以及一根连通上述装置的导线
① 气体电极电池　② 电解水的装置
阳极反应：氢气→氢离子+电子
阴极反应：氧气+氢离子+电子→水
总反应：氢气+氧气→水

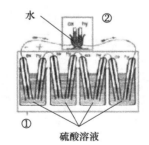

图 5-5　燃料电池的历史起源和反应原理

2. 燃料电池的组成

与原电池和二次电池不同的是，燃料电池发电需要有一个相对复杂的系统。典型燃料电池发电系统的组成如图 5-6 所示。除了燃料电池电堆外，燃料电池发电系统中还包括燃料供应子系统、氧化剂供应子系统、水热管理子系统及电管理与控制子系统等。燃料电池系统的

复杂性给运行的可靠性带来了挑战。燃料电池工作方式与内燃机类似，其燃料是在电池外携带的，而原电池及二次电池的活性物质是封装在电池内部。当将燃料电池用于交通领域时，燃料电池所用的氢气可以像传统汽车加注汽油一样快速充装，一般只需要几分钟，显示出比纯电动汽车较大的优势；另外，70MPa 的车载高压氢瓶，也保证了燃料电池汽车具有较长的续驶里程。因此，燃料电池汽车在加氢、续驶里程等特性方面与传统汽车具有一定的相似性。

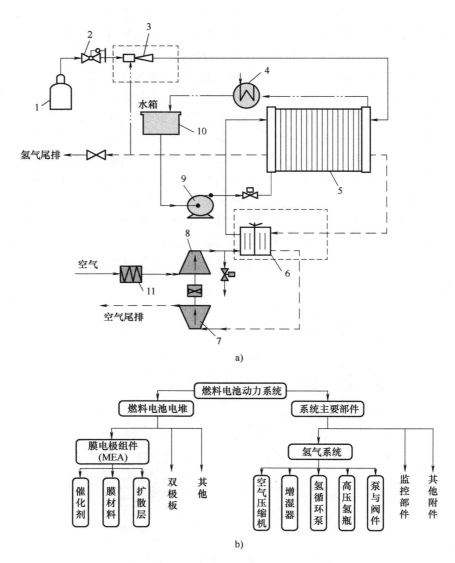

图 5-6　典型燃料电池发电系统的组成
1—氢瓶　2—减压阀　3—回流泵　4—散热器　5—燃料电池　6—增湿器
7—膨胀机　8—空气压缩机　9—水泵　10—水箱　11—空气滤清器

5.2 燃料电池

燃料电池（图5-7）是把燃料中的化学能通过电化学反应直接转化为电能的发电装置，将燃料和空气分别送进燃料电池中，电就被奇妙地生产出来。它从外表上看有阴极、阳极和电解质等，像一个蓄电池，但实质上它不能"储电"而是一个"发电厂"。

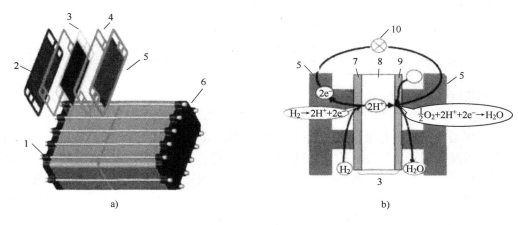

图5-7 燃料电池的工作原理图

1—螺栓 2—单体电池 3—MEA 4—密封件 5—双极板 6—端板 7—阳极 8—膜 9—阴极 10—负载

燃料电池按照电解质不同可分为不同类型，它们的性能比较见表5-1。按电池温度不同燃料电池又可分为低温（工作温度低于100℃）燃料电池，它包括碱性与质子交换膜燃料电池；中温燃料电池（工作温度为100~300℃），它包括培根型碱性燃料电池和磷酸燃料电池；高温燃料电池（工作温度为600~1000℃），它包括熔融碳酸盐燃料电池和固体氧化物燃料电池。

表5-1 不同燃料电池的类型及性能比较

类 型	碱性燃料电池	磷酸燃料电池	固体氧化物燃料电池	熔融碳酸盐燃料电池	质子交换膜燃料电池
燃料	H_2	H_2 和 CO_2	H_2、CO、CH_4	H_2 和 CO	H_2
电解质	NaOH/KOH	H_3PO_4	ZrO_2/Y_2O_3	$KLiCO_3$	离子膜
导电离子	OH^-	H^+	O^{2-}	CO_3^{2+}	H^+
氧化剂	纯氧	空气	空气	空气	空气
阳极材料	多孔石墨板	多孔石墨板	$Ni-ZrO_3$	多孔镍板	多孔石墨板
阴极材料	金属或石墨	多孔石墨板	$LaCoO_3$	NiO	多孔石墨板
构型	单极或双极	双极	双极	单极或双极	单极或双极
外壳	聚合物	石墨材料	$\alpha\text{-}Al_2O_3$	镍聚合物	石墨材料
工作温度/℃	≤100	≤200	800~1000	600~700	≤100
工作压力/MPa	0.1	0.1~0.3	0.1	1.0	约0.4

(续)

类型	碱性燃料电池	磷酸燃料电池	固体氧化物燃料电池	熔融碳酸盐燃料电池	质子交换膜燃料电池
功率密度/(W/kg)	35～105	120～180	15～20	30～40	340～3000
冷却介质	—	空气、水-空气	空气	空气	水
启动时间	几分钟	几分钟	>10min	>10min	<5s
寿命水平/h	10000	15000	7000	13000	100000
发电效率	40%～45%	40%～45%	50%～60%	45%～60%	40%～45%
应用领域	航天工业	特殊区域供电	联合发电、区域供电	区域供电	移动电源、洁净电站

5.2.1 质子交换膜燃料电池

目前发展最快的燃料电池是质子交换膜燃料电池（PEMFC），包含氢燃料电池、直接醇类燃料电池以及天然气、醇类等重整燃料电池等。尽管它发展的时间较短，但最有希望在交通运输领域得到应用。它的结构形式是一个固体聚合物膜被两个气体扩散层和电极像三明治一样夹着。膜的材料一般是全氟磺酸类聚合物。Pt或者Pt-Ru合金作为催化剂，在负极使氢分子分解为氢原子，氢原子渗透通过膜到达正极，在此与氧气结合生成水，这一反应也是由Pt来催化的。全固态设计使得电池结构紧凑，适合组成电堆。

氢燃料电池的基本结构由电极（氢气阳极和氧气阴极）、电解质隔膜和双极板组成。电极是燃料氧化和还原的电化学反应发生的场所，分为阴极与阳极两部分。电解质隔膜的功能是分隔氧化剂与还原剂并同时传导离子，目前氢燃料电池所采用的电解质隔膜可分为两类，一类为以绝缘材料制作的多孔隔膜，如石棉膜、碳化硅膜和铝酸锂膜等，再将电解液，如氢氧化钾、磷酸和熔融碳酸盐等，浸入多孔隔膜；另一类电解质隔膜为固态离子交换膜，如质子交换膜燃料电池中采用的全氟磺酸树脂膜。双极板主要起收集电流的作用，兼顾疏导反应气体及分隔氧化剂与还原剂的作用，双极板的性能取决于材料特性、流场设计与加工技术。图5-8所示为燃料电池的基本结构。

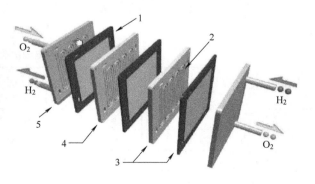

图5-8 燃料电池的基本结构
1—MEA 2—气流通道 3—重复单元 4—双极板 5—光电端板

1. PEMFC的发电机理

PEMFC在原理上相当于水电解的"逆"装置。其单电池主要由质子交换膜（PEM）、催化剂层、扩散层及双极板组成，工作原理如图5-9所示。

当分别向阳极和阴极供给氢气与氧气时，进入多孔阳极的氢原子在催化剂作用下离解为氢离子和电子。氢离子经由电解质转移到阴极，电子经外电路负载流向阴极；氢离子与阴极的氧原子及电子结合生成水分子。因此，PEMFC的电化学反应为

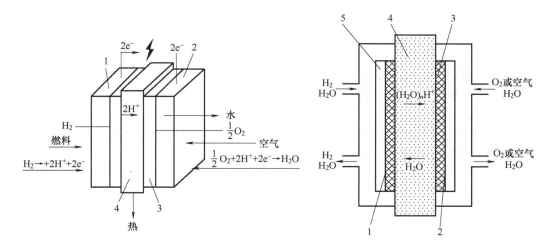

图 5-9 PEMFC 的工作原理

1—阳极 2—阴极 3—催化层 4—PEM 5—扩散层

$$阳极：H_2 \longrightarrow 2H^+ + 2e^- \tag{5-1}$$

$$阴极：\frac{1}{2}O_2 + 2H^+ + 2e^- \longrightarrow H_2O \tag{5-2}$$

$$总反应：H_2 + \frac{1}{2}O_2 =\!=\!= H_2O \tag{5-3}$$

由总反应式（5-3）可以看出，PEMFC 在发电的同时还产生了纯水，具体过程如下：

1）高压氢罐向电池阳极输入氢气。

2）氢分子（H_2）在阳极催化剂（铂金）作用下离解成氢离子（H^+）和电子（e^-）。

3）氢离子（H^+）穿过电池内电解质层（质子交换膜）向电池阴极方向运动，同时电子（e^-）因通不过电解质层而由外部电路流向电池阴极。

4）空气压缩机向电池阴极输入氧气（O_2），氧气（O_2）在阴极催化剂（铂金）作用下离解成氧原子（O）。

5）通过外部电路流向阴极的电子（e^-）、通过电解质层的氢离子（H^+）与氧原子（O）在阴极完成电化学反应，结合生成水（H_2O），所释放的热量由风扇和散热器带走。

6）电子（e^-）流动形成的外部电路产生输出电压，并通过 DC-DC 转换器转成高电压，向辅助动力源（蓄能电池）充电。

7）辅助电源供电驱动电动机行驶。

2. 单体电池及其关键组件

PEMFC 的单体电池包括 MEA、双极板及密封元件等。MEA 是电化学反应的核心部件，由阴阳极多孔气体扩散电极和电解质隔膜组成。在额定工作条件下，一节单体电池的工作电压仅为 0.7V 左右，实际应用时，为了满足一定的功率需求，通常由数百节单体电池组成燃料电池电堆或模块。因此，与其他化学电源一样，燃料电池电堆单体电池间的均一性非常重要。

(1) 质子交换膜（PEM） PEM 是质子交换膜燃料电池的核心部件，是一种厚度仅为数十微米的薄膜片,其微观结构非常复杂。它是一种选择透过性膜,仅为质子(H^+)传递提供通道,同时作为隔膜将阳极的燃料与阴极的氧化剂隔开,其性能好坏直接影响电池的性能和寿命。PEM 与一般化学电源中使用的隔膜有很大不同,它不只是一种隔离阴、阳极反应气体的隔膜材料,还是电解质和电极活性物质(电催化剂)的基底,即兼有隔膜和电解质的作用;另外,PEM 在一定的温度和湿度条件下具有可选择的透过性,在它的高分子结构中,含有多种离子基团,只允许氢离子(氢质子)透过,而不允许氢分子及其他离子透过。PEM 主要分为全氟磺酸膜、非全氟化 PEM、无氟化 PEM 和复合膜四大类。全氟磺酸膜和非全氟化 PEM 的化学结构如图 5-10 所示。

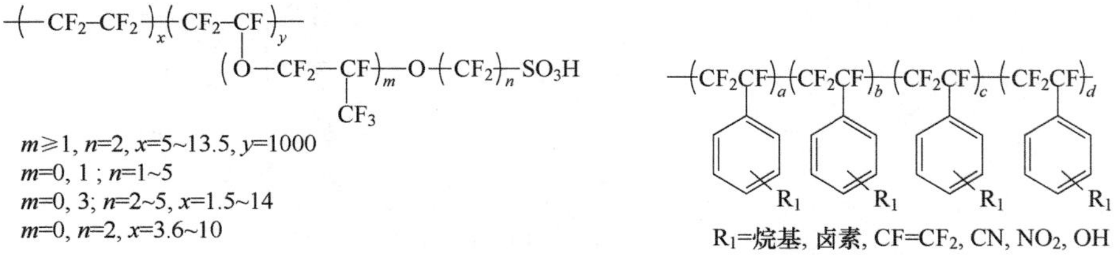

图 5-10 全氟磺酸膜和非全氟化 PEM 的化学结构
a) 全氟磺酸膜 b) 非全氟化 PEM

目前最常用的商业化 PEM 是全氟磺酸膜,其碳氟主链是疏水性的,而侧链部分的磺酸端基(—SO_3H)是亲水性的,故膜内会产生微相分离,当膜在润湿状态下,亲水相相互聚集构成离子簇网络,传导质子。目前常用的全氟磺酸膜有 Na-fion 膜及与 Nafion 膜类似的 Flemion、Aciplex 膜和国内新源动力㊀、武汉理工的复合膜等。山东东岳集团长期致力于全氟离子交换树脂和含氟功能材料的研发,建成了年产 50t 的全氟磺酸树脂生产装置、年产 10 万 m^2 的氯碱离子膜工程装置和燃料电池 PEM 连续化实验装置,产品的性能达到商品化水平(图 5-11),但批量生产线还有待进一步建设。

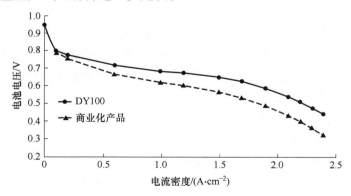

图 5-11 国产膜与进口商品膜燃料电池性能比较(东岳集团提供)

㊀ 新源动力股份有限公司,简称新源动力,后均同。

PEMFC 对于 PEM 的要求非常高，即 PEM 必须具有良好的质子电导率、良好的热和化学稳定性、较低的气体渗透率，还要有适度的含水率，对电池工作过程中的氧化、还原和水解具有稳定性，并同时具有足够高的机械强度和结构强度，以及膜表面适合与催化剂结合的性能。PEM 的物理、化学性质对燃料电池的性能具有极大的影响，对性能造成影响的 PEM 的物理性质主要有膜的厚度和单位面积质量、膜的抗拉强度、膜的含水率和膜的溶胀度。PEM 的电化学性质主要表现在膜的导电性能（电阻率、面电阻、电导率）和选择通过性能（透过性参数 P）上。

1）膜的厚度和单位面积质量。膜的厚度和单位面积质量越小，膜的电阻越小，电池的工作电压和能量密度越大；但是如果厚度过小，会影响膜的抗拉强度，甚至引起氢气的泄漏而导致电池失效。

2）膜的抗拉强度。膜的抗拉强度与膜的厚度成正比，也与环境有关，通常在保证其抗拉强度的前提下，应尽量减小膜的厚度。

3）膜的含水率。每克干膜的含水量称为膜的含水率，可用百分数表示。含水率对膜电解质的质子传递能力影响很大，还会影响氧在膜中的溶解扩散。含水率越高，质子扩散因子和渗透率越大，膜电阻随之下降，但同时膜的强度也有所下降。

4）膜的溶胀度。膜的溶胀度是指离子膜在给定的溶液中浸泡后，离子膜的面积或体积变化的百分率，即浸液后的体积（面积）和干膜的体积（面积）之差与干膜的体积（面积）的百分比。膜的溶胀度表示反应中膜的变形程度。溶胀度高，在水合和脱水时会由于膜的溶胀而造成电极的变形以及 PEM 局部应力的增大，从而造成电池性能的下降。

目前车用 PEM 逐渐趋于薄型化，由几十微米降至十几微米，降低质子传递的欧姆极化，以达到较高的性能。PEMFC 曾采用酚醛树脂磺酸型膜、聚苯乙烯磺酸型膜、聚三氟苯乙烯磺酸型膜和全氟磺酸型膜。研究表明，全氟磺酸型膜最适合作为 PEMFC 的固体电解质。但是，薄膜的使用给耐久性带来了挑战，尤其是均质膜长时间运行时会出现机械损伤与化学降解，在车辆工况下，操作压力、干湿度、温度等操作条件的动态变化会加剧这种衰减。虽然全氟磺酸膜具有良好的性能，但由于膜的结构、工艺和生产批量等问题的存在，且成本非常高，需要寻找高性能、低成本的替代膜。于是，研究人员在保证燃料电池性能的同时，为了提高耐久性，研究了一系列增强复合膜。复合膜是由均质膜改性而来的，利用均质膜的树脂与有机或无机物复合使其比均质膜在某些功能方面得到强化。下面介绍一些典型的复合膜。

1）提高力学性能的复合膜：这种复合膜以多孔薄膜（如多孔 PTFE）或纤维为增强骨架浸渍全氟磺酸树脂制成复合增强膜，在保证质子传导的同时，解决了薄膜的强度问题，同时尺寸稳定性也有大幅度的提高。例如美国戈尔（Gore）公司的 Goreselect 复合膜、中国科学院大连化学物理研究所的 Nafion/PTFE 复合增强膜和碳纳米管增强复合膜等。烃类膜由于磺化度与强度成反比，也可以采用类似的思路制成烃类复合膜，实现高质子传导与强度的兼顾。

2）提高化学稳定性的复合膜：为了防止由于电化学反应过程中自由基引起的化学衰减，加入自由基淬灭剂是有效的解决办法，可以在线分解与消除反应过程中的自由基，延长膜的寿命。中国科学院大连化学物理研究所赵丹等人采用在 Nafion 膜中加入 1%（质量分数）的 $Cs_xH_{3-x}PW_{12}O_{40}/CeO_2$ 纳米分散颗粒制备出了复合膜，利用 CeO_2 中的变价金属可逆氧化还原性质淬灭自由基，$Cs_xH_{3-x}PW_{12}O_{40}$ 的加入在保证了良好质子传导性的同时也强化了 H_2O_2 的催化分解能力，这种复合膜组装成 MEA 在开路电压下进行了耐久性试验，结果表明它比常规的 Nafion 膜以及 CeO_2/Nafion 复合膜在氟离子释放率、透氢量等方面均有所缓解。南京大学刘建国等人在 PEM 中加入抗氧化物质维生素 E，其主要成分 α-生育酚不仅能够捕捉自由基变为氧化态，而且能够在渗透的氢气帮助下重新还原，从而延长了燃料电池的寿命。

3）具有增湿功能的复合膜：在 PFSA 膜中分散如 SiO_2、TiO_2 等无机吸湿材料作为保水剂，制成了自增湿膜，可以储备电化学反应生成的水，实现湿度的调节与缓冲，使膜能在低湿、高温下正常工作。采用这种膜可以省去系统增湿器，使系统得到简化。中国科学院大连化学物理研究所利用 SiO_2 磺化再与 Nafion 复合，可以进一步提高膜的吸水率以及提供额外的酸位，使传导质子能力明显增强。

除了全氟磺酸膜外，高温质子交换膜燃料电池（HT-PEMFC）（操作温度为 120~200℃）也是研究热点之一，其高温操作可以提高动力学速率，有利于提高电催化剂对 CO 等杂质的耐受力，并可简化系统水管理、提高废热品质。代表性的成果是磷酸掺杂的聚苯并咪唑膜（H_3PO_4/PBI），利用 PBI 膜在高温下较好的机械强度与化学稳定性以及磷酸的传导质子特性，形成氢键网络，实现质子跳跃（hopping）传导，保证了在高温和无水状态下传导质子。非氟膜与全氟磺酸膜的主要区别在于，全氟磺酸膜的 C 均被 F 原子保护形成了高稳定性的 C—F 键（键能 485.6kJ/mol），因此，非氟膜的稳定性成为实际应用中面临的焦点问题。

由于碱性燃料电池可摆脱对贵金属催化剂的依赖，近年来碱性阴离子交换膜燃料电池（AEMFC）也是比较活跃的研究领域之一，但与酸性膜相比，其稳定性较差，离车辆应用还有一定的距离。

因此，在保证电池性能的前提下，PEM 可采用全氟磺酸材料与聚四氟乙烯（PTFE）的复合膜，其中 PTFE 是起强化作用的微孔介质，而全氟磺酸材料在微孔中形成质子传递通道。这种复合膜能够改善膜的机械强度和稳定性，而且膜可以做得很薄，减少了全氟磺酸材料的用量，降低了膜的成本，同时较薄的膜还改善了膜中水的分布，提高了膜的质子传导性能。另一个选择是寻找新的低氟或非氟膜材料。此外，还可以采用无机酸与树脂的共混膜，不仅可以提高膜的电导率，还可以提高膜的工作温度。

从全球应用市场来看，PEM 在国外已实现规模化生产，主流企业包括戈尔、科慕、旭硝子、旭化成等；国内技术水平与国外相当，但多处在中试阶段，能够批量化供应的只有东岳集团，已进入 AFCC（奔驰与福特研发汽车燃料电池的合资公司）供应链（表 5-2）。目前应用最多的全氟磺酸膜具有化学性能好、质子传导率高等优点，但其产品的合成及磺化工艺复杂，成本高；此外全氟磺酸膜对温度和含水量要求高，以 Nafion 膜为例，其最佳工作温度为 70~90℃，过高温度会使其含水量急剧降低，导电性迅速下降，因此电极反应速度难以提高，催化剂也容易中毒，从而损害电池寿命。故而部分氟化、无氟化、复合质子交换膜、高温质子交换膜成为重要研究方向，它们加工简单、成本低、稳定性更优。

表 5-2 生产 PEM 的国内外代表企业情况

	代表企业	产品型号	厚度/μm	EW[①]值/(g/mol)	产业化程度
国外	戈尔	Select 系列	—	—	全氟磺酸膜，技术全球领先，丰田、新源等用
	科慕（杜邦）	Nafion 系列	25~250	1100~1200	全球市场占有率最高
	旭硝子	Flemicri 系列	50~120	1000	性能与 Nafion 系列相当
国内	武汉理工新能源	复合膜	16.8	—	国外测试获得好评
	东岳集团	DF 系列	50~150	800~1200	高性能、高温 PEM，能量产，已进入 AFCC 供应链

① 聚合物交换当量，指含 1mol 磺酸基团树脂时的重量。

(2) 电催化剂 电催化剂（Catalyst）是燃料电池的关键材料之一，其作用是降低反应的活化能，促进氢、氧在电极上的氧化还原过程，提高反应速率。因为氧还原反应（ORR）交换电流密度低，是燃料电池总反应的控制步骤。目前，燃料电池中的催化剂主要分为三类，如图 5-12 所示。常用的商用催化剂 Pt/C，是由 Pt 的纳米颗粒分散到碳粉（如 XC-72）载体上的担载型催化剂。使用 Pt 催化剂受资源与成本的限制。目前 Pt 用量已从过去的 0.8~1.0g Pt/kW 降至现在的 0.3~0.5g Pt/kW，希望进一步降低，使其催化剂用量达到传统内燃机排气净化器贵金属用量水平（<0.05g Pt/kW），近期目标是将燃料电池电堆的 Pt 用量降至 0.1g Pt/kW 左右。Pt 催化剂除了受成本与资源制约外，也存在稳定性问题。通过燃料电池衰减机理分析可知，燃料电池在车辆运行工况下，催化剂会发生衰减，如在动电位作用下会发生 Pt 纳米颗粒的团聚、迁移、流失，在开路、怠速及起停过程中产生氢空界面引起的高电位导致催化剂碳载体的腐蚀，从而引起催化剂流失。

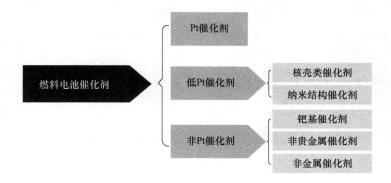

图 5-12 催化剂的分类

通常情况下催化剂颗粒在加工过程中主要沉积在膜的表面上，在过程中可能会沉积到气体扩散层上，一部分催化剂渗入气体流道中，但只要反应的气体能够到达膜表面，那么气体流道中渗入一些催化剂是可以接受的。这三层必须连续紧密接触，使得电子和质子（朝相反的方向）能够传输。早期的催化层用聚四氟乙烯来黏结 Pt，随后用喷涂 Nafion 的技术（大概 2mg/cm²），使之浸入。这个方法需要相当高的 Pt 含量（质量分数约为 20% 或者是在 400ug/cm² 以上）。随着 Nafion 含量的增多，性能上升到一定程度后下降，可能是由于孔道堵塞的原因。目前的加工技术是直接用 Nafion 黏结 Pt，形成薄膜。这样能够促进催化剂反应位上的质子传导，但是需要注意保证气体通道顺畅。

催化剂的选择需考虑对气体中污染物的耐受程度。纯 Pt 在极纯的氢气燃料下工作良好，但是燃料中少量的 CO 就会使其性能衰减。用 Pt-Ru 合金催化剂可缓解这个问题。

因此，针对目前商用催化剂存在的成本与耐久性问题，研究新型高稳定、高活性的低 Pt 或非 Pt 催化剂是目前的热点。

1) Pt-M 催化剂。Pt 与过渡金属合金催化剂，通过过渡金属催化剂对 Pt 的电子与几何效应，在提高稳定性的同时，质量比活性也有所提高。同时，降低了贵金属的用量，使催化剂成本也得到大幅降低。如 Pt-Co/C、Pt-Fe/C、Pt-Ni/C 等二元合金催化剂，展示出了较好的活性与稳定性。以 Au cluster（金簇）修饰 Pt 纳米粒子提高了 Pt 的氧化电势，起到了抗 Pt 溶解的作用。中国科学院大连化学物理研究所开发的 Pt_3Pd/C 催化剂已经在燃料电池电堆得到了验证，其性能可以完全替代商品化催化剂。

最近，Chen 等人利用铂镍合金纳米晶体的结构变化，制备了高活性与高稳定性的电催化剂。在溶液中，初始的 $PtNi_3$ 多面体经过内部刻蚀生成的 Pt_3Ni 纳米笼结构（图 5-13），使反应物分子可以从三个维度上接触催化剂。这种开放结构的内外催化表面包含纳米尺度上偏析的铂表层，从而表现出较高的氧还原催化活性。与商业催化剂 Pt/C 相比，Pt_3Ni 纳米笼催化剂的质量比活性与面积比活性分别提高了 36 倍与 22 倍。

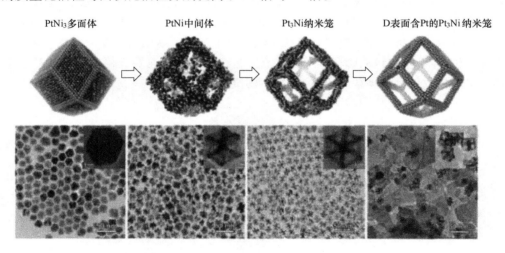

图 5-13　Pt_3Ni 纳米笼结构 ORR 催化剂形成过程

针对 Pt-M 催化剂，目前需要解决燃料电池工况下过渡金属的溶解问题，金属溶解不但降低了催化剂活性，还会产生由于金属离子引起的膜降解问题。因此，提高 Pt-M 催化剂的稳定性还需要进一步研究。

2) Pt 核壳催化剂。利用非 Pt 材料为支撑核、表面贵金属为壳的结构，可降低 Pt 用量，提高质量比活性，是下一代催化剂的发展方向之一。如采用欠电位沉积方法制备的 Pt-Pd-Co/C 单层核壳催化剂总质量比活性是商业催化剂 Pt/C 的 3 倍，利用脱合金（de-alloyed）方法制备的 Pt-Cu-Co/C 核壳电催化剂，质量比活性可达 Pt/C 的 4 倍。Wang 等人制备了以

原子有序的 Pt_3Co 为核,2~3 个原子层厚度的 Pt 为壳的核壳结构纳米颗粒,质量比活性和面积比活性分别提高了 2 倍和 3 倍,经过 5000 次电压循环扫描测试后,原子有序的核壳结构几乎未发生改变。中国科学院大连化学物理研究所以 Pd 为核、Pt 为壳制备了 Pd@Pt/C 核壳催化剂,利用非 Pt 金属 Pd 为支撑核、Pt 为壳的核壳结构,可降低 Pt 的用量,提高质量比活性。测试结果表明氧还原活性与稳定性好于商业化催化剂 Pt/C(图 5-14),其性能在电堆中的验证还在进行中。

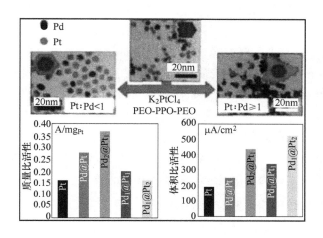
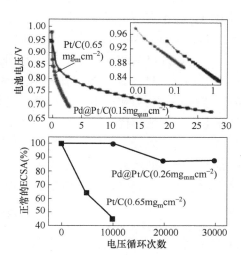

图 5-14　Pd@Pt/C 核壳催化剂与商业化催化剂 Pt/C 的比较

3)Pt 单原子层催化剂。制备 Pt 单原子层的核壳结构催化剂是一种有效降低 Pt 用量、提高 Pt 利用率,同时改善催化剂的 ORR 性能的方式。美国国家实验室 Adzic 的研究组在 Pt 单层催化剂研究方面比较活跃,他们以金属氮化物为核的 Pt 单层催化剂,表现出了较高的稳定性及 Pt 的利用率。上海交通大学张俊良等人在这方面也做了很多工作,主要采用欠电位沉积方法在金属(Au、Pd、Ir、Ru、Rh 等)或非贵金属表面沉积一层 Cu 原子层,然后置换成致密的 Pt 单原子层,通过内核原子与 Pt 原子之间的电子效应、几何效应等相互作用,提高催化剂的 ORR 活性。由于 Pt 原子层主要暴露在外表面,因此其 Pt 的利用率为 100%。

4)非贵金属催化剂。非贵金属催化剂的研究主要包括过渡金属原子簇合物、过渡金属螯合物、过渡金属氮化物与碳化物等。近年来,氮掺杂的非贵金属催化剂显示了较好的应用前景,Lefèvre 等人以乙酸亚铁($C_4H_6FeO_4$)为前驱体通过吡啶制备了碳载氮协同铁电催化剂 Fe/N/C,以担载量为 $5.3mg/cm^2$ 的非贵金属 Fe/N/C 电催化剂制备的电极,在电压不小于 0.9V 时,与 Pt 载量为 $0.4mg/cm^2$ 的戈尔电极性能相当。中国科学院长春应用化学研究所邢巍课题组制备了一种新型石墨化碳层包覆 Fe_3C 颗粒的 ORR 催化剂,该催化剂在酸性溶液中表现出高活性和稳定性。研究发现,催化剂中 Fe_3C 相和包覆碳层间的强相互作用能大幅提高表面碳层催化 ORR 的能力,同时,碳层对 Fe_3C 的有效保护提高了催化剂的稳定性,电池测试结果表明,催化剂即使在高温(120~180℃)质子交换膜燃料电池中工作也能保持良好的稳定性。

在非金属催化剂方面，中国科学院大连化学物理研究所 Jin 等人采用简单的聚合物碳化过程，合成了氮掺杂碳凝胶催化剂。该催化剂价格低廉；氧还原活性优良，最大功率密度达到商业化 Pt/C[20%（质量分数）] 的 1/3；加速老化测试表明，该催化剂具有优良的稳定性，成为质子交换膜燃料电池阴极 Pt 基催化剂的有力竞争者。南京大学胡征研究小组以氮掺杂碳纳米笼为载体，利用 N 原子上孤对电子的锚定作用，将具有混合价态的 CoO_x 纳米晶方便地高分散于表面，所得催化剂在碱性电解液中展现出优异的 ORR 活性和稳定性；将金属中的合金化策略拓展至氮化物及硫化物，获得了在酸性电解液中具有高活性和稳定性的新型 CoMo-N、Co-Mo-S 氧还原催化剂。

从催化剂目前的使用情况看，国外代表企业主要有英国 Johnson Matthery、德国 BASF、日本 Tanaka、日本日清纺和比利时 Umicore 等；国内有贵研铂业、武汉喜马拉雅、中科中创、苏州擎动动力和昆山桑莱特等，其产品性能见表 5-3。如何减少催化剂中铂的使用量，寻求更为廉价的替代品，一直是一个挑战。世界上各大公司对其进行大量研究工作，目前也有了一些初步成效。丰田推出的 Mirai 采用的便是铂钴合金催化剂，不仅铂的用量减少，还提高了催化剂的性能。铂用量仅为 0.1749g/kW，114kW 功率的 Mirai 只用了 20g 的铂。但丰田不满足于此，仍然在大力研发催化剂新技术，为更好地推广氢燃料电池汽车。

表 5-3 国内外催化剂代表企业及产品性能

国内代表企业	产品性能	国外代表企业	产品性能
贵研铂业	铂黑：黑色粉末 铂含量：≥99.99% 比表面积 $(28.0±1.0)m^2/g$	英国 Johnson Matthery	Pt 纯度达到 99.95%，拥有全球最先进的催化剂生产技术
宁波中科中创	Pt/C 催化剂：40% Pt（质量分数），60% Pt（质量分数），单批次 >200g 催化剂粒径尺寸为 2.8nm 电化学活性面积为 $85m^2/g$	日本 Tanaka	建立了稳定的催化剂供应系统，为本田 Clarity 燃料电池汽车提供 Pt 催化剂
武汉喜马拉雅	Pt/C 催化剂日产能力达到 200g 催化剂粒径在 2~3nm 范围内 电化学活性面积可达 $90m^2/g$（60% Pt/C 催化剂）	德国 BASF	全球最大的化工产品

国内一些机构和公司对于催化剂还处于研发阶段，与国际水平相比存在较大差距。我国贵研铂业和武汉理工新能源都进行了催化剂的研发，但侧重比例不一样。贵研铂业把研究的重心放在了催化剂上，它的子公司昆明贵研催化剂公司是国内最大规模的汽车催化剂生产商，每年可以产 300 万 L 的稀土催化剂。目前该公司正在和上汽集团共同开发研究燃料电池催化剂。武汉喜马拉雅光电与清华大学共同研发推出了产量可以达到 1200g/d 的燃料电池催化剂。未来催化剂的研究方向仍然是往超低铂、非铂发展，只有真正做到成本低廉、高性能、使用寿命长等，才能使燃料电池真正商业化。

(3) 气体扩散层 在 PEMFC 中，电极结构如图 5-15 所示，气体扩散层（Gas Diffusion Layer，GDL）位于流场和催化层之间，其作用是支撑催化层，稳定电极结构，并具有质/热/电的传递功能，必须能够传输气体，从入口通道到达催化层和膜的界面反应区域。同时，GDL 还必须能够传输电子或者形成活性区域，并且可以传输电子到连接着外部电路的双极板上，或是从双极板上得到电子。换句话说，这个多孔的材料结构应该有连续的气体通道，同时有连续的电子传输通道。因此 GDL 必须具备良好的机械强度、合适的孔结构、良好的导电性以及高稳定性。

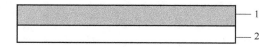

图 5-15 电极结构
1—催化层 2—GDL

通常 GDL 由支撑层和微孔层组成，支撑层材料大多是憎水处理过的多孔碳纸（图 5-16）或碳布，它们既可以传导电子，又因为多孔的结构适于传输氢气或氧气到催化层。在电池加工方面，催化剂可以沉积在气体扩散层或是膜上。碳纸上的微孔层通常是由导电炭黑和憎水剂构成的，其作用是降低催化层和支撑层之间的接触电阻，使反应气体和产物水在流场和催化层之间实现均匀再分配，有利于增强导电性，提高电极性能。支撑层比较成熟的产品有日本的东丽、德国的 SGL 和加拿大的 AVCarb 等。

图 5-16 多孔碳纸

中南大学首次提出了化学气相沉积（CVD）热解炭改性碳纸的新技术，显著提高碳纸的电学、力学和表面等综合性能，根据燃料电池服役环境中碳纸的受力变形机制，发明了与变形机制高度适应的异型结构碳纸，大幅提高了异型碳纸在燃料电池服役中的耐久性、稳定性，采用干法成形、CVD、催化碳化和石墨化相结合的连续化生产工艺，显著提高了生产率，其研制的碳纸各项指标已经达到或超过商品碳纸水平。表 5-4 给出了国产碳纸与进口碳纸的性能比较，电阻率降低、透气性增大，有利于燃料电池性能的提高，下一步需要建立批量生产设备，真正实现碳纸的国产化供给。

表 5-4 国产碳纸与进口碳纸的性能比较

碳纸	空隙率（%）	透气率/[mL·mm/(cm^2·h·Pa)]	石墨化度（%）	电阻率/(mΩ·cm)	抗拉强度/MPa
国产碳纸	78.7	233.163	82.2	2.17	30.2
进口碳纸	78	192.733	66.5	5.88	50

除了改进 GDL 的导电功能外，近些年对 GDL 的传质功能研究也逐渐引起人们的重视。日本丰田公司为了减少高电流密度下的传质极化，开发了具有高孔隙结构、低密度的扩散层（图 5-17），扩散能力比原来提高了 2 倍，促进了燃料电池性能的提高。此外，微孔层的水

管理功能逐渐引起研究者的重视，通过微孔层的修饰、梯度结构等思想，可以一定程度上改进水管理功能。

目前，国外的厂商如日本东丽、巴拉德、德国 SGL 等的碳纸产品已经实现规模化生产，国内如台湾碳能、安泰科技（开始供应普拉格）已实现批量生产，全球市场主要由东丽、台湾碳能等主导。国内其他研发主体主要集中于中南大学、武汉理工大学及上汽集团等高校、企业，多受制于市场需求规模小、技术不成熟等因素而不能规模化量产。表 5-5 比较了日本东丽和中南大学研发生产的碳纸产品性能。

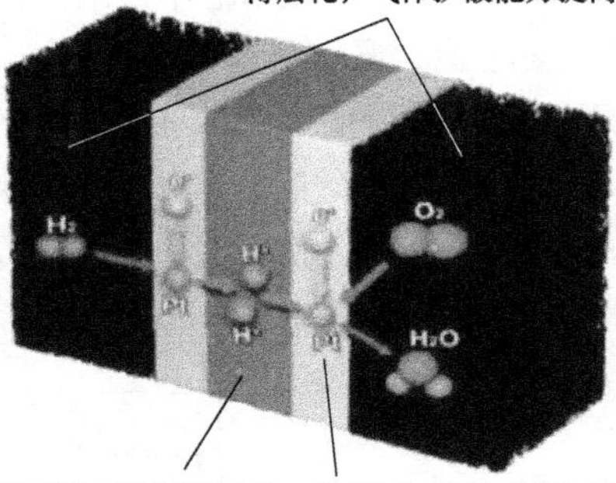

图 5-17 具有高孔隙率扩散层的膜电极

表 5-5 日本东丽和中南大学研发生产的碳纸产品性能

生产厂家	产品型号	厚度/mm	密度/(g/cm³)	孔隙率(%)	透气率 mL·mm/(cm²·h·kPa)	电阻率/(mΩ·cm)	抗拉强度/MPa	抗变强度/MPa
日本东丽	TGP-H-060	0.19	0.44	78	1900	5.8	50	—
	TGP-H-090	0.28	0.45	78	1700	5.6	70	39
	TGP-H-120	0.36	0.45	78	1500	4.7	90	—
中南大学	—	0.19	—	78	1883	5.9	50	—

（4）膜电极组件（MEA） MEA 是集膜、催化层、扩散层于一体的组合件，是燃料电池的核心部件之一。膜位于中间，两侧分别为阴极、阳极的催化层和扩散层，通常采用热压方法黏结使其成为一个整体，其结构如图 5-18 所示。MEA 的性能除了与所组成材料自身的性质有关外，还与组分、结构和界面等密切相关。

目前，国际上已经发展了三代 MEA 技术路线：

1) 把催化剂活性组分直接涂覆在 GDL 上，形成 GDE 结构膜，通常采用丝网印刷方法，其技术已经基本成熟。

2) 把催化层制备到膜上（CCM），与 1) 比较，在一定程度上提高了催化剂的利用率与耐久性。

3) 有序化的 MEA，把催化剂如 Pt 制备到有序化的纳米结构上，使电极呈有序化结构，有利于降低大电流密度下的传质阻力，进一步提高燃料电池性能，降低催化剂用量。

其中第一代、第二代技术已基本成熟，新源动力、武汉新能源汽车等公司均可以提供膜电极产品。中国科学院大连化学物理研究所开发了催化层静电喷涂工艺，与传统喷涂工艺的 CCM 进行比较，其表面平整度得到改善，所制备的催化层结构更为致密，降低了界面质子、电子传递阻力。放大实验的结果显示，常压操作条件下单体电池的性能可达 $0.696V@1A/cm^2$，加压操作条件下可提高至 $0.722V@1A/cm^2$，其峰值单位面积功率密度达到 $895\sim942mW/cm^2$（图 5-19）。

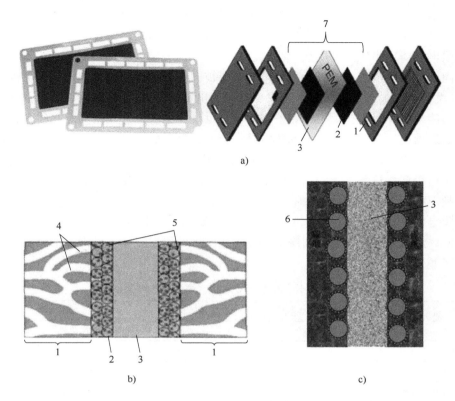

图 5-18 MEA 的结构示意图

1—GDL 2—催化层 3—PEM 4—气体到电极的通道 5—电极 6—催化剂 7—膜电极

 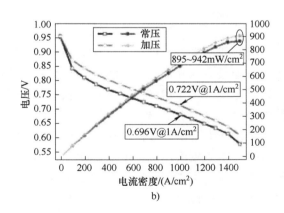

图 5-19 新型 MEA 及性能

第三代有序化膜电极技术还处于研究阶段。3M 公司纳米结构薄膜（Nano Structured Thin Film，NSTF）的电极催化层为 Pt 多晶纳米薄膜，结构上不同于传统催化层的分散孤立的纳米颗粒，氧还原比活性是 2~3nm Pt 颗粒的 5~10 倍，催化剂包裹的晶须比纳米颗粒具有较大的曲率半径，Pt 不易溶解，降低了活性面积对电位扫描动态工况下催化剂的流失，使稳定性得到大幅提高。

中国科学院大连化学物理研究所探索了以二氧化钛纳米管阵列作为有序化阵列担载催化剂，制成的Pt@Ni-TNTs-3纳米阵列作为电池阳极并进行测试，与普通膜电极相比，所制备的有序化膜电极体现出较高的质量比活性。

从目前市场应用情况来看，膜电极市场主要被国外企业占据，主流专业膜电极的供应商包括3M、戈尔和东丽等。巴拉德、丰田、本田等电池、乘用车企业自主开发了膜电极。国产膜电极性能与国际水平接近，稍有差距，但其批量化生产工艺和装备差距较大，国外已实现卷对卷的连续化生产。国内专业的膜电极供应商，据权威调研机构研究发现主要是武汉理工新能源，主要出口供应普拉格，以及供应国内车企使用，是全球六大膜电极供应商之一，其规模化量产年产量达到12万片，建成的自动化膜电极生产线产能达到2万m^2/年，未来预计建设到10万m^2/年。大连新源动力也自主生产膜电极，主要是为上汽的发动机配套。鸿基创能膜电极在建产能达10万m^2/年，有望实现投产。此外，还有中国科学院大连化学物理研究所、武汉喜马拉雅及苏州擎动等参与膜电极的研发工作。国内外部分生产膜电极代表企业的产业化情况见表5-6。

表5-6 国内外部分生产膜电极代表企业的产业化情况

	代表企业	功率密度/(W/cm^2)	铂载量	产业化程度
国外	戈尔	0.86	0.118mg/cm^2	膜电极有序化量产企业
	3M	0.8	0.175/(g/kW)	CCM工艺，全球主导地位
	丰田	—	—	不对外销售
国内	武汉理工新能源	>1	0.4/(g/kW)	CCM工艺，全球第六大生产商
	新源动力	0.8	0.4/(g/kW)	小规模生产
	鸿基创能	1.2	—	2020年量产
	苏州擎动	0.8	—	年产膜电极100万片

（5）双极板 双极板（Bipolar Plate，BP）是电堆的多功能部件，其主要作用是传导电子、分配反应气并带走生成的水，也就是通过表面的流场给膜电极输送反应气体，同时收集和传导电流（多个单体电池通过双极板串联）并排出反应的热量及产物水。其重量约占电堆的80%，成本约占30%。

从功能上要求双极板材料是电与热的良导体、具有一定的强度以及气体致密性等；稳定性方面要求双极板在燃料电池酸性（pH值为2～3）、电位（约为1.1V）及湿热（气水两相流，约为80℃）环境下具有耐蚀性且对燃料电池其他部件与材料的相容无污染性；产品化方面要求双极板材料易于加工、成本低廉。

燃料电池常采用的双极板材料如图5-20所示，包括石墨双极板、金属双极板和复合双极板三大类。石墨双极板耐蚀性强，导电导热好，但气密性较差，厚度大且加工周期长，成本较高。此外，由于乘用车空间限制，高功率、低成本的金属双极板具有更好的应用前景，目前国外已实现商业化利用。复合双极板更适合批量化生产，但目前研发程度较低。

由于车辆空间限制（尤其是轿车），要求燃料电池具有较高的功率密度。因此薄金属双极板成为目前的热点技术，几乎各大汽车公司都采用金属双极板技术，如丰田公司、通用公

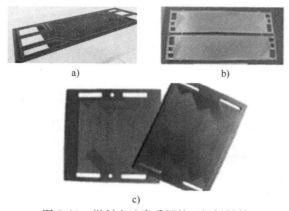

图 5-20 燃料电池常采用的双极板材料
a) 石墨双极板 b) 金属双极板 c) 复合双极板

司和本田公司等。

金属双极板的技术难点在于成形技术和金属双极板表面处理技术。其中以非贵金属（如不锈钢、Ti）为基材，辅以表面处理技术是研究的热点，主要内容是要筛选导电、耐腐蚀兼容的涂层材料与保证涂层致密、稳定的制备技术。表面处理层材料可以分为金属与碳两大类。金属类包括贵金属以及金属化合物。贵金属涂层（如金、银、铂等），尽管成本高，但由于其优越的耐蚀性以及与石墨相似的接触电阻，使其在特殊领域仍有采用，为了降低成本，处理层的厚度尽量降低，但是要避免针孔。金属化合物涂层是目前研究较多的表面处理方案，如 Ti-N、Cr-N、Cr-C 均表现出较高的应用价值。

除了金属类覆层以外，金属双极板碳类膜也有一定探索，如石墨、导电聚合物（聚苯胺、聚吡咯）以及类金刚石等薄膜，丰田公司的专利（US2014356764）披露了具有高电导性的 SP^2 杂化轨道无定型碳的双极板表面处理技术。

金属双极板表面处理层的针孔是双极板材料目前普遍存在的问题，由于涂层在制备过程中的颗粒沉积形成了不连续相，导致针孔的存在，使得在燃料电池运行环境中通过涂层的针孔发生了基于母材的电化学腐蚀。另外，由于覆层金属与基体线胀系数不同，工况循环时发生的热循环会导致微裂纹，可以选用加过渡层的方法使问题得到缓解。

中国科学院大连化学物理研究所进行了金属双极板表面改性技术的研究，采用脉冲偏压电弧离子镀技术制备多层膜结构，结果表明多层结构设计可以提高双极板的导电能力和耐蚀性（图 5-21）。

就目前的双极板技术情况而言，三种双极板中石墨双极板技术最成熟，目前主流供应商有 POCO、巴拉德等，国产厂商主要有上海神力、上海弘枫和嘉裕碳素等公司。尽管石墨双极板已初步实现国产化小规模使用，但由于缺乏耐久性和工程化验证，且生产工艺多为机械加工成形，成本难以降低。据权威调研机构研究发现国外金属双极板技术成熟，已完成工艺验证，主要供应商有德国 DANA、英国 Bac2 等。国内企业多数处于试制阶段，上海佑戈、上海治臻新能源及新源动力等企业研发较为领先，并已尝试车用。安泰科技钛双极板已于 2018 年实现量产，供应加拿大巴拉德。而复合双极板的研发目前还比较少，主要研究企业为武汉喜马拉雅和新源动力等，具体见表 5-7。

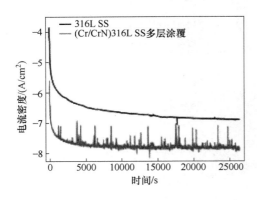 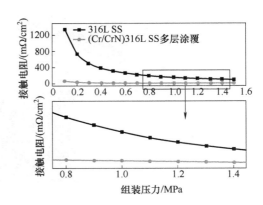

图 5-21 金属双极板耐蚀性与导电能力

表 5-7 双极板类型及生产代表企业

双极板类型	生产工艺	优 势	劣 势	代表企业
石墨双极板	石墨板机械加工成形、模压成形	耐蚀性强、导电性好	气密性差、易脆、厚度大、加工时间长、机械加工难、成本高	POCO、巴拉德/上海神力、上海弘枫、杭州鑫能、嘉裕碳素
金属双极板	不锈钢、钛合金、铝合金等冲压成形	导电导热性好、功率高、力学性能好、致密性好、成本低	耐蚀性差、成形工艺难度较高	德国 DANA、英国 Bac2、Cellimpact/上海佑戈、上海治臻、新源动力、安泰科技
复合双极板	多层复合型、材料复合型	力学性能好、重量轻、耐蚀性强、适合量产	导电导热性略低	武汉喜马拉雅、新源动力、爱德曼

3. PEMFC 电堆

PEMFC 电堆是发生电化学反应的场所，是燃料电池发电系统的核心。单体电池是由双极板与膜电极组成的，按目标负载需求，将多个单体电池层叠组合，嵌入密封件，经前、后端板压紧后用螺杆紧固拴牢，即构成电堆（图 5-22）。

为了满足一定的功率及电压要求，电堆通常由数百节单体电池串联而成，而反应气、生成水及冷剂等流体是并联或按特殊设计的方式（如串、并联）流过每节单体电池。同单体电池一样，电堆工作时，阳极为氢燃料发生氧化的场所，阴极为氧

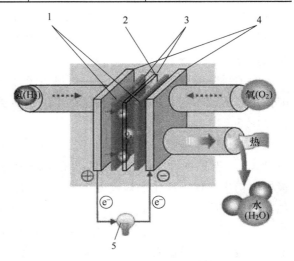

图 5-22 PEMFC 电堆的结构
1—GDL 2—PEM 3—催化剂 4—双极板 5—负载

化剂还原的场所，两极都含有加速电极电化学反应的催化剂，PEM 作为传递氢离子的介质，只允许氢离子通过，电子则在外部形成电流。工作时，电堆相当于一个直流电源，阳极即电源阳极，阴极即电源阴极。实际上燃料电池电堆不是一个储能装置，而是一个发电装置。

燃料电池电堆的均一性是制约燃料电池电堆性能的重要因素。燃料电池电堆的均一性与材料的均一性、部件制造过程的均一性有关，特别是流体分配的均一性，不仅与材料、部件和结构有关，还与电堆组装过程、操作过程密切相关。常见的均一性问题包括由于操作过程生成水累积引起的不均一、电堆边缘效应引起的不均一等。电堆中一节或少数几节电池的不均一会导致局部单节电压过低，限制了电流的加载幅度，从而影响电堆性能。从设计、制造、组装和操作过程控制不均一性的产生，如电堆设计过程的几何尺寸会影响电堆流体的阻力降，而流体阻力降会影响电堆对制造误差的敏感度。

中国科学院大连化学物理研究所的研究团队从设计、制备和操作三方面出发进行调控，通过模拟仿真手段研究流场结构、阻力分配对流体分布的影响，找出关键影响因素，重点研究了水的传递、分配与水生成速度、水传递系数、电极/流场界面能之间的关系，掌握了稳态与动态载荷条件对电堆阻力的影响，保证电堆在运行过程中保持各节单体电池均一性，额定点工作电流密度从原来的 $500\text{mA}/\text{cm}^2$ 提升至 $1000\text{mA}/\text{cm}^2$，使电堆的功率密度得到大幅提升，在 $1000\text{mA}/\text{cm}^2$ 电流密度下，体积比功率达到 2736W/L，质量比功率达到 2210W/kg。目前，中国科学院大连化学物理研究所已建立了从材料、MEA、双极板部件的制备到电堆组装、测试的完整技术体系，开发的燃料电池电堆如图 5-23 所示。

图 5-23 中国科学院大连化学物理研究所开发的燃料电池电堆

日本丰田 Mirai 燃料电池电堆采用 3D 流场设计（图 5-24），使流体产生垂直于催化层的分量，强化了传质，降低了传质极化，体积比功率可达 3100W/L。这种 3D 流场通常需要空气压缩机的压头较高，以克服流体在流道内的流动阻力。燃料电池电堆在车上通常要进行封装，为了保证氢安全，通常在封装内部设有氢传感器，当氢浓度超标时，可通过空气强制对流的方式排出聚集的氢，以免发生危险。此外，封装内部通常还设有电堆单电压巡检元件，以对单电压输出情况进行监控与诊断。

在《燃料电池产业链研究报告（2019）》中，目前将全球燃料电池电堆主要供应商分为两大梯队（表 5-8），第一梯队主要是大型乘用车厂商，如丰田、本田和现代等，其电堆功率均超过 100kW，自供燃料电池汽车使用，不对外销售。第二梯队以巴拉德、Hydrogenics 等为主，欧美燃料电池商用车多采用其电堆，功率较低。同时巴拉德、Hydrogenics 等企业积极布局中国市场，采取技术合作、技术转让、合资建厂及定向采购的模式，供应国内商用车。

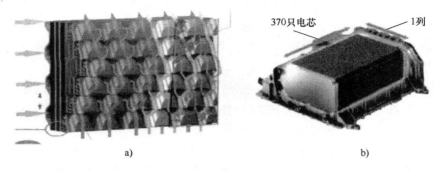

图 5-24 日本丰田 Mirai 燃料电池流场与电堆

表 5-8 全球电堆主要供应商及其产品性能

	代表企业	电堆功率/kW	功率密度/(kW/L)	低温启动/℃
第一梯队	丰田	114	3.1	-30
	本田	106	3.1	-30
	现代	100	3.1	-30
第二梯队	巴拉德	30/60/85	1.5	—
	Hydrogenics	30	0.8	—
	AFCC	30	—	-30

关于国内电堆生产企业（表 5-9），可分为规模较大的"巴拉德系"，发展模式选择引进巴拉德技术，通过合资建设生产线，购买巴拉德电堆组件生产，主要供应国内商用车、物流车，代表企业有广东国鸿、大洋电机和潍柴动力等；亿华通则通过产学研结合，自主研发，同时引进国外先进技术加以吸收、创新，成为国内燃料电池供应最多的厂家之一；国内纯自主研发的代表企业主要是新源动力、上海神力和明天氢能等，依靠与高校合作，产学研结合以及承担国家相关课题，经过多年技术积累，形成了一定产能。目前，国内燃料电堆产业化功率密度（乘用车）已达到 1.8kW/L，实验室达到 3.1kW/L，乘用车系统使用寿命普遍达到 5000h，商用车达到 10000h，具备 -30℃ 低温启动能力。

表 5-9 国内电堆生产代表企业及其产品性能

技术来源	发展模式	代表企业	电堆功率/kW	功率密度/(kW/L)	低温启动/℃
自主研发	产学研+承担国家课题	新源动力	26~40（复合双极板）	1.5	-10
			70~80（金属双极板）	2.4	-20
		上海神力	40/80（石墨双极板）	2	-20
		弗尔赛	16/36	—	-10
		北京氢璞创能	20~45	—	-10
		武汉众宇	0.25~1.2/36	—	
		明天氢能	20~100	—	-20

（续）

技术来源	发展模式	代表企业	电堆功率/kW	功率密度/(kW/L)	低温启动/℃
自主+引进	引进+产学研	亿华通	30/60	2.5	-30
技术引进	技术转让+合资建厂+定向采购	广东国鸿巴拉德	30/85	1.5	—
	中外合资	爱德曼	30/35/40	—	—

4. PEMFC 系统部件

燃料电池工作方式与内燃机类似，PEMFC 系统流程示意图如图 5-25 所示。燃料电池发电系统的性能与耐久性除了与电堆本身有关外，还与系统部件与系统控制策略密切相关。

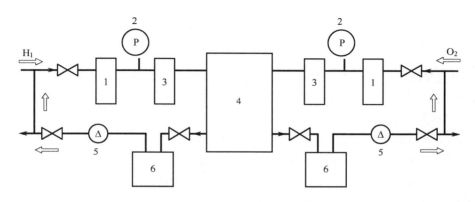

图 5-25　PEMFC 系统流程示意图
1—传感器　2—压力表　3—增湿器　4—电堆　5—氢气回流泵　6—气水分离器

车载空气压缩机是车用燃料电池的重要部件之一，常用的空气压缩机包括离心式、螺杆式和罗茨式等。空气压缩机的任务是提供燃料电池发电所需要的氧化剂（空气中的氧气），要求空气压缩机能够提供满足最高功率所需的空气，如果按空气化学计量比 2.0 计算，100kW 的燃料电池系统大约需要 300Nm^3/h 的空气。为了降低传质极化，可对燃料电池的结构进行改进，国际上有些产品的空气化学计量比已经降低至 1.8，这样可以减轻空气压缩机供气负担，减少内耗。另外，由于车辆体积限制，要求空气压缩机体积小，因此需要空气压缩机有高的电机转速，满足供气量需求。此外，能耗也是空气压缩机的重要指标，一般空气压缩机的能耗占电堆输出功率的 10% 以下才能保证整个系统高的发电效率。目前，燃料电池汽车载空气压缩机还是瓶颈技术之一，丰田汽车公司的空气压缩机是专有技术，国内车载空气压缩机也正在大力研发中。

增湿器是燃料电池发电系统的另一重要部件，燃料电池中的 PEM 需要在有水润湿的状态下才能够传导质子，反应气通过增湿器把燃料电池反应所需的水带入燃料电池内部，常用的增湿器形式包括膜增湿器和焓轮增湿器（图 5-26）等，其原理是把带有燃料电池反应生成水的尾气（湿气）与进口的反应气（干气）进行湿热交换，达到增湿的目的。由于燃料电池薄膜的使用，透水能力增加，加大了阴极产生水向阳极侧的反扩散能力，使阴、阳极湿度梯度变小。这样，一侧增湿即可满足反应所需的湿度要求。目前的发展趋势是采用氢气回流泵带入反应尾气的水，系统不需要增湿器，使系统得到简化。

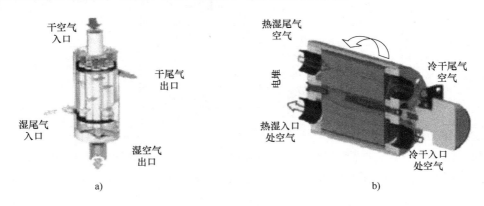

图 5-26 燃料电池增湿器
a) 膜增湿器 b) 焓轮增湿器

氢气回流泵的作用是把燃料电池发电系统氢气回路上未反应的氢气从燃料电池出口直接泵回燃料电池入口，与入口反应气汇合后进入燃料电池。利用回流泵一方面可以实现把反应气尾气的水分带入电池起到增湿作用；另一方面，可以提高氢气在燃料电池阳极流道内的流速，防止阳极水的累积，避免阳极被水淹，同时也起到了提高氢气利用率的目的。回流泵有喷射器与电动回流泵两种，前者的回流能力是固定的，因此只能在一定的输出功率范围内有效；后者是采用电动机变频控制使回流能力根据不同功率进行响应，氢气回流泵在丰田汽车公司的 Mirai 燃料电池汽车上已得到了应用。

储氢瓶在燃料电池汽车上相当于传统汽车的油箱。为了达到一定的续驶里程，目前国内外开发的燃料电池汽车大多采用 70MPa 高压气态储氢技术，其高压储氢瓶是关键技术。常用的储氢瓶分为四种类型：全金属气瓶（Ⅰ型）、金属内胆纤维环向缠绕气瓶（Ⅱ型）、金属内胆纤维全缠绕气瓶（Ⅲ型）及非金属内胆纤维全缠绕气瓶（Ⅳ型）。国际上大部分燃料电池汽车（如日本丰田汽车公司的 Mirai，图 5-27）采用的都是Ⅳ型气瓶，其储氢量可以达到 5.7%（质量分数）。Ⅳ型气瓶以其轻质、廉价的特点得到开发商的认可。国内目前还没有Ⅳ型高压储氢瓶的相应法规标准，35MPaⅢ型气瓶有一些供应商，如斯

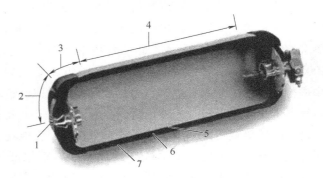

图 5-27 70MPa 车载储氢瓶（Ⅳ型）
1—加注口 2—弧顶部 3—过渡部 4—直筒罐身 5—塑料内衬
6—碳纤维强化塑料层 7—玻璃纤维强化塑料层

林达、科泰克等，同济大学对 70MPa 储氢瓶及加氢系统进行了开发，相关燃料电池加氢站正在建设中。

除了上述的系统部件外，系统的控制策略也非常重要。可以在现有材料的基础上通过优

化控制策略，提高耐久性。基于燃料电池衰减机理，提出车用燃料电池的合理控制策略，规避如动态循环工况、起动/停车过程、连续低载或怠速等不利运行条件的影响，延长燃料电池系统的使用寿命。

5. PEMFC 性能的影响因素

影响 PEMFC 性能的因素诸多，概括起来主要包括以下三个因素：一是电堆的技术状况，二是燃料电池的工作条件，三是整个燃料电池系统的水管理和热管理。与电堆本身相关的影响因素有膜电极的结构、制备方式和条件，PEM 的类型、厚度、预处理情况、传导质子的能力、机械强度及化学和热稳定性能，催化剂的含量和制备方法，以及双极板的结构和流场设计等。与燃料电池工作条件相关的影响 PEMFC 工作性能的因素有电流密度、工作电压、反应气体压力、工作温度和气体组成等。PEMFC 因采用较薄的固体聚合物膜作为电解质而具有非常好的放电性能，通过优化反应气体压力、工作温度和气体组成等条件，可以使它的性能维持在较高的水平。

（1）电流密度对工作电压和功率特性的影响　当电流增大，即电流密度增大时，工作电压随之下降，而功率增大。燃料电池的效率主要与工作电压有关，当燃料电池工作电压高时，能量效率高，由以上分析可知此时功率低。因此，设计的燃料电池既想获得高效率又想获得大功率只是一种"理想"，只能通过对电堆进行最优化设计，达到在一定的电流密度下获得较高的工作电压，既得到较高功率，又得到较高能量效率。一般来说，燃料电池的设计是依据最终的应用要求来决定是获得高功率还是获得高效率。例如，燃料电池汽车采用的 PEMFC，要求高功率密度和低成本，这只有在大电流密度下工作才能实现，而此时工作电压必然下降，能量效率就要低些；而对于地面固定发电站，要求高的能量效率和长寿命，这只有在高工作电压下才能实现，而此时电流密度必然降低，功率就会有所下降。

（2）反应气体工作压力的影响　PEMFC 的工作性能与反应气体的体积分数有关，而体积分数又与气体压力有关。工作气体压力的提高能够增加 PEMFC 的电动势，还会降低它的电化学极化和浓度极化。不过反应气体压力的提高也会增加 PEMFC 系统的能耗。但总体上气体压力越高，燃料电池性能越好，尤其是阴极的反应物，即氧气或空气的压力对电池性能的影响更大。同时为了减少氢气和氧气通过交换膜相互扩散，避免氢氧混合物引起危险，又应尽可能减小膜两侧的压力差。

（3）工作温度特性　工作温度对 PEMFC 的性能有明显影响，主要与 PEM 有关。温度升高，PEM 传质和电化学反应速度随之提高，电解质的欧姆电阻下降，温度升高还有利于缓解催化剂中毒问题。但是温度过高，会造成 PEM 脱水导致质子电导率降低，PEM 的稳定性也会降低，可能发生分解。而且 PEMFC 的工作温度也是受限制的。为了保证 PEM 具有良好的质子传导性，保持其适当的湿润条件是必需的，因而反应生成的水应尽量为液态水。受此限制，在常压下 PEMFC 的工作温度通常不能高于 80℃，在 0.4~0.5MPa 的压力下不能超过 102℃。电压-电流密度曲线线性区斜率绝对值随着温度的升高而降低，这说明电池内阻减小，此时在相同的电流密度下，工作电压升高，燃料电池的功率增大，效率也有所提高。这主要是因为在限定温度范围内，工作温度高，会加快反应气体向催化剂层的扩散，质子从阳极向阴极的运动也会加快，这些都能积极促进电池性能的提高。

（4）反应气体中杂质的影响　反应气体中的杂质也是影响 PEMFC 性能的重要因素。燃料气体中的杂质主要有 CO、CO_2 和 N_2 等。燃料的重整气中通常都会含有少量的 CO，CO 对 PEMFC 的阳极催化剂有严重毒化作用。因此，为了确保 PEMFC 的稳定运行，要通过各种净化方式降低燃料气体中的 CO 含量。同样道理，当 CO_2 的含量高时，对燃料电池性能的影响也很大。这主要是因为吸附在阳极催化剂 Pt 上的 H_2 和 CO_2 相互作用引起 CO 中毒所致。

（5）**纯 O_2 和空气对燃料电池性能的影响** 分别用纯 O_2 和空气作为氧化剂时，燃料电池的性能表现也是不一样的。通过实验研究发现，用空气作为氧化剂时，燃料电池的性能大幅下降，并在低电流密度时出现电压-电流线性区的偏离，这种偏离主要是由于"氮障碍层效应"和空气中氧分压较低造成的。

6. PEMFC 的特点

PEMFC 具有以下优势：

1）能量转化效率高，工作温度低。通过氢氧化合作用，直接将化学能转化为电能，不通过热机过程，不受卡诺循环的限制。

2）可实现零排放。其唯一的排放物是纯净水（即水蒸气），没有污染物排放，是环保型能源。

3）运行噪声小，可靠性高。PEMFC 无机械运动部件，工作时仅有气体和水的流动。

4）维护方便。PEMFC 内部构造简单，电池模块呈现自然的"积木化"结构，使电池组的组装和维护都非常方便，也很容易实现"免维护"设计。

5）发电效率受负荷变化影响很小，非常适于用作分散型发电装置（作为主机组），也适于用作电网的"调峰"发电机组（作为辅机组）。

6）氢气来源广泛，是一种可再生的能源资源。可通过石油、天然气、甲醇及甲烷等进行重整制氢，也可通过电解水、光解水及生物制氢等方法获取氢气。

燃料电池使用氢气为燃料。在近 5~10 年内，氢气的来源可能仍以化石燃料重整制氢为主。但从长远来说，人们更倾向于将氢气视为储能载体，氢气来源将主要依靠可再生能源资源。在人类社会进入氢能经济时代后，氢能将主要来自太阳能、风能、水能、地热能、潮汐能以及生物能。太阳能、风能、水能、地热能、潮汐能将大规模用于发电并用于电解水，从而大量地将这些不可直接储存的能量以氢能形式储存起来，供人们需要时使用；通过生物制氢的方法，城市和农村地区可以从有机垃圾和植物体中获取大量的生物能（如甲烷）。

尽管 PEMFC 目前发展很快，但还需要重点解决以下问题：

1）燃料电池电堆的成本降低仍然是行业发展的重点。在当前技术条件下，PEM、GDL 等加工成本主导的零部件可以通过规模化实现成本降低，而双极板、催化剂受原料成本主导难以通过规模化降低成本，因此需要更迭技术，探索低成本解决方案。

2）电堆及零部件国产化进程加快。目前国内用于乘用车的金属双极板、膜电极、PEM、催化剂及碳纸的生产能力较低。随着国内研发投入加大，未来电堆生产技术及各零部件技术与国外差距将缩小，国产替代将加速。

3）石墨双极板技术成熟，国内将迎来规模化生产。石墨材料将寻求性能更优、成本更低的新型碳基材料，生产工艺由机械加工成形向模压成形转变。而随着乘用车技术的进步，体积小、功率高，更适宜批量生产的金属双极板前景广阔。

4）有序化膜电极技术是未来膜电极制备主流发展趋势。有序化膜电极能够解决 CCM 技术催化层结构不稳定的缺陷,具有优良的多相传质通道,能有效降低 Pt 载量,并延长膜电极寿命。目前,行业内小范围实现量产,规模化量产仍面临水管理等技术和制备难题。

5) 降低催化剂 Pt 载量或使用非 Pt 催化剂是有效地降低成本方向。一方面通过改进电极,提高 Pt 质量比活性,以降低 Pt 用量,开发核壳机构、铂合金或纳米结构的超低 Pt 催化剂;另一方面研究开发非 Pt 催化剂,如钯基催化剂、非贵金属催化剂和非金属催化剂技术。

5.2.2 熔融碳酸盐燃料电池

1. 单体电池

熔融碳酸盐燃料电池(Molten Carbonate Fuel Cell,MCFC)于 1980 年研制成功,其电解质是一种存在于偏铝酸锂(LiAlO$_2$)陶瓷基膜里的熔融碱金属碳酸盐混合物,高温是该种电池的明显特征,可采用廉价的镍金属代替昂贵的铂作为催化剂。MCFC 是由多孔陶瓷阴极、多孔陶瓷电解质隔膜、多孔金属阳极和金属极板构成的燃料电池。其电解质是熔融态碳酸盐,通常是锂和钾,或锂和钠金属碳酸盐的二元混合物,如锂钾碳酸盐或锂钠碳酸盐,当温度加热到 650℃以上时,该电解质盐就会熔化,产生碳酸根离子,从阴极流向阳极,与氢结合生成水、CO$_2$ 和电子,电子通过外电路返回到阴极,从而发电。

在高温下,燃料电池利用碳酸根离子来穿透固体基质电解质,其过程如图 5-28 所示,由于燃料利用效率高,通常应用于固定式应用领域。这种熔融碳酸盐燃料电池的电极反应为

$$\text{阳极:} H_2 + CO_3^{2-} \longrightarrow CO_2 + H_2O + 2e^- \tag{5-4}$$

$$\text{阴极:} \frac{1}{2}O_2 + CO_2 + 2e^- \longrightarrow CO_3^{2-} \tag{5-5}$$

$$\text{总反应:} H_2 + \frac{1}{2}O_2 + CO_{2(\text{阴极})} \longrightarrow H_2O + CO_{2(\text{阳极})} \tag{5-6}$$

式(5-5)中的 CO$_2$ 在大多数设计中可以与式(5-4)中的 CO$_2$ 连同氢燃料一起循环重复利用。如将化石能源产生的 CO$_2$ 采用燃料电池的这种方式处理,可以有效降低温室气体的排放。式(5-4)中的 CO$_2$ 排放可以被收集起来或者重新以碳酸盐的形式进行回收。如图 5-28 所示,所有的气体必须通过合适的通道回收未使用完全的燃料气体,这样就需要从燃料电堆中分离出另外的燃料回路。电池的电解质包括 Li-K(对于一些接近大气压力运行的系统),或者是 Li-Na 化合物(对于高压系统),它们能够承载熔融的碱性碳酸盐,同时为了装置的稳定性和强度,这个电池通常用多孔的铝化合物基体(如 LiAlO$_2$)。

对于阳极的镍金属通常以 Cr 或 Al 为添加剂,从而提高材料强度;对于阴极材料氧化镍通常添加 Mg 或 Fe,以避免短路。从阴极产生的碳酸根离子,通过电解质基体,在 660℃以上的温度下于阳极与氢气混合。这个过程通常利用煤气气化所产生的氢气或者天然气所转化出的氢气。第一个研究装置(在 20 世纪 80 年代建成)有严重的电解质衰减问题,如基体经常发现裂缝。样机在 2000 年左右投入使用,人们认为长时间运行会产生结构变化影响,尤其是在密封和铝基体完整性方面。第一个熔融碳酸盐燃料电池发电厂的样机测试(250kW 以上)于 1996—2000 年在美国、日本、意大利和德国进行,达到 55%~60% 的转化效率,但是理论上,这个效率应该更高一些(大约应该达到 70%)。尽管测试样机的测试周期不长,但是人们仍然发现关键部件的老化问题比较严重。通常,电解质和电极的老化在所有电

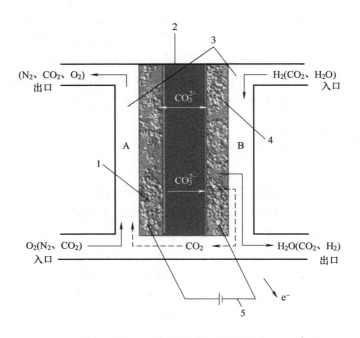

图 5-28　MCFC 的原理图
1—阴极　2—电解质基体　3—气体流动通道　4—阳极　5—外电路
注：括号中的气体不会参与电化学过程，但是它们既要保证气体正常流通，又要将多余的气体带出。
CO_2 从阳极到阴极的循环也可能以其他方式进行。

化学系统中都是很常见的，同时也是传统和现代电池寿命不长的根本原因。

电解质除了提供离子传输作用，还有分离气体的作用。电解质含有一种压缩粉末，在运行温度下呈现出软糊状，这就是电解质基体中液态 Li-Na 或者 Li-K 碳酸盐称为"熔融碳酸盐"的原因。$LiAlO_2$ 材料能够以三种形式存在（α、β 和 γ），同时在燃料电池的运行时间延长之后，还发现了一些过渡的形态（如 γ 向 α 的过渡形态），这些过渡形态将会加速电解质的衰退。一旦电池衰退到一定程度，孔的结构会打开，Ni 会沉积在电极之间，从而使电解质无法继续运行。Li-K 比 Li-Na 电解质更容易发生酸性溶解，但是后者对高温更敏感。使用 α 型的 $LiAlO_2$ 而不是传统的 γ 型可以在一定程度上降低老化速率。

阳极的稳定性很好，但阴极的气体流是相当具有腐蚀性的，同时会侵蚀一些氧化镍的材料。镍的腐蚀随着压力的增加而增加，对于 660~700℃ 的 MCFC 来说，这种现象尤为明显。但在温度高于 1000K 时，镍的腐蚀会下降。在常压下，氧化镍的溶解率约为 0.01~0.02g/($m^2 \cdot h$)，假如压力增加，溶解率会增加得非常多。这种高压下的性能意味着这些设备的运行寿命只有几个月，甚至在温和的压力下，它的运行寿命通常也不到 3 年。催化剂 Li-Ni-O 和 Li-K 共熔后的阻抗的测量通常是在有腐蚀性的 CO_2-O_2 气氛中进行的，测量的结果显示在运行过程中，Li 元素会进行转移，氧化镍材料会变形扩张。同样，电极面积减少对电池性能来说有负面影响。如果将 CO_2 和 O_2 通入不同的管道，CO_2 直接进入电解质基体，而 O_2 在另一侧电极流动，这样可大大减少腐蚀的问题，从而使效率的损失达到最小。利用生物气体作为燃料，由于含硫气体等其他不纯净气体的存在，可能导致新的腐蚀问题产生。

2. 电堆和发电系统

由一组电极和电解质板构成的单体电池工作时输出的电压为 0.6~0.8V，电流密度为 150~200mA/cm²。为了获得高电压，将多个单体电池串联构成电堆。相邻单体电池间用金属隔板隔开，隔板起上下单体电池串联和气体流路的作用。电堆安装在圆形或方形的压力装置中。

除电堆本身外，最基本的 MCFC 发电系统还包括利用传统燃料（天然气、富氢气体、甲烷或煤）的燃料处理装置、直交流变换装置以及余热利用（联合发电或底层循环）等部分（图5-29）。

3. MCFC 性能的影响因素

（1）气体工作压力　提高气体工作压力有利于提高电池的工作性能，但为了防止氧化镍阴极溶解，延长电池运行寿命，气体工作压力不可提高过多，必须控制在一定的范围内。

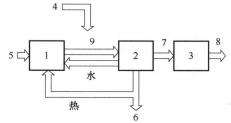

图 5-29　MCFC 发电系统概念图
1—燃料处理装置　2—燃料电池发电装置　3—电力调节装置
4—合成气体、氢气和重整气体　5—天然气、煤
6—联合发电或底层循环　7—直流电
8—交流电　9—富氢气体

（2）工作温度　根据化学反应动力学理论，随着温度的增加，化学反应速度以指数形式增加，阴极极化减小，电池电压升高，电池性能明显提高；但高温下电池材料腐蚀现象加剧，从而影响了电池长期工作运行。因此，为保证一定的电池寿命，电池工作温度不可提高过多，必须控制在一定范围内，一般在650℃左右。

（3）反应气体组组分和利用率　氧化剂中 $[CO_2]/[O_2]=2$ 时，阴极性能最佳；燃料气体中 $[H_2]/[H_2O][CO_2]$ 增加，可逆电动势升高。为了提高电压，电池应在低反应物气体利用率下工作，但这样会导致燃料利用不充分。为获得整体最佳性能，燃料利用率通常为 75%~85%，氧化剂利用率通常为 50%。

（4）燃料的杂质　尘埃颗粒吸附在多孔体表面，如硫化物、卤化物、氮化物等与电解质反应，并造成腐蚀，使电池性能下降。为了提高其性能和寿命，需在燃料气体进入电池前除杂，尤其是尘埃颗粒、硫化物、卤化物和氮化物等。

（5）电解质板结构和电解质成分　电解质板越薄，欧姆阻抗越小，单体电池性能越好。因此，在满足工艺要求下，应采用薄的电解质板。电解质组分不同，电池性能也不同。富锂电解质离子导电性高，电池电压降减小，但会使其腐蚀加快，影响电池的性能和寿命。

（6）电流密度　随着电流密度的增大，欧姆电阻、极化和浓度损失都会增大，从而导致电池的电压下降，在电流密度的变化范围内，线性欧姆损失大，因此应尽量减小线性欧姆阻抗。

4. MCFC 的特点

熔融碳酸盐燃料电池是一种高温电池（600~700℃），具有效率高（高于40%）、噪声小、无污染、燃料多样化（氢气、煤气、天然气和生物燃料等）、余热利用价值高以及电池构造材料价廉等诸多优点，但其电解质的温度和腐蚀特性表明这种电池可能会存在一些安全问题，但是，熔融碳酸盐燃料电池发电效率较高，适用于较大规模的发电需要。

5.2.3 固体氧化物燃料电池

1. 单体电池

固体氧化物燃料电池（Solid Oxide Fuel Cell，SOFC）利用金属锆的氧化物作为电解质层来传递在正电极上形成的氧离子。反应通常在固体状态下的电解质中发生，反应温度为600～1000℃。在所有的燃料电池中，SOFC的工作温度最高，属于高温燃料电池，主要由固体氧化物电解质、阳极（燃料气电极）、阴极（空气电极）和材料组成。氧分子在阴极得到电子，被还原成阳离子O^{2-}，在阴阳极氧的化学位差作用下，氧离子（通常以氧空位的形式）通过固态电解质传输到阳极，并在阳极同燃料（H_2、CH_4或CO等）发生反应生成水和电子，电子通过外电路形成回路发电。常压运行的小型SOFC的发电效率可达45%～50%。高压SOFC与燃气轮机结合，发电效率可达70%。燃料以氢气为例，SOFC的工作原理如图5-30所示，电极反应为

$$阳极：H_2 + O^{2-} \longrightarrow H_2O + 2e^- \tag{5-7}$$

$$阴极：\frac{1}{2}O_2 + 2e^- \longrightarrow O^{2-} \tag{5-8}$$

$$总反应：H_2 + \frac{1}{2}O_2 \longrightarrow H_2O \tag{5-9}$$

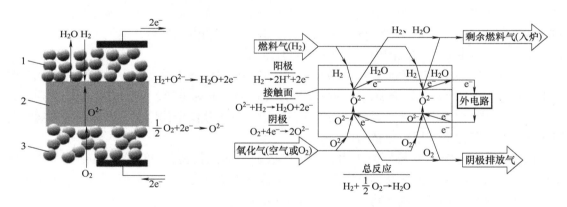

图5-30 以氢气为燃料的SOFC的工作原理
1—多孔阳极 2—电解质 3—多孔阴极

电解质需要能够传导氧离子，但是这些电解质不能让氢气和氧气透过。因此，固体的膜结构通常被用作电解质。固体氧化物电解质通常由二氧化锆掺杂3%～8%（摩尔分数）的三氧化二钇或三氧化二钪组成，分子结构如图5-31所示。大约$10\mu m$厚的陶瓷粉电解质材料被喷涂到阳极上，如果作为自支撑结构，需要$100\mu m$厚。通常情况下，电解质的极化损失随着电解质厚度的增加而增加，在不引起短路和气体渗透的情况下，电解质越薄越好。对于低温电池，为了获得比较高的电导率，需要开发电导率高的电解质，如采用金属钇掺杂二氧化铈，用于直接碳氢化合物的SOFC或者作为双层电解质的电池。第二层电解质可能是镓酸镧（$La_{1-x}Sr_xGa_{1-y}Mg_yO_3$），这种电解质具有很高的氧离子电导率，但是这种化合物不稳定，且镓的价格偏高。

电极的作用在于能够催化相关的反应，假如燃料不是氢气，电极还需要帮助燃料进行转化反应。电极需要有一个很大的有效表面积，但是在运行温度下，电极需要一定的稳定性和寿命。例如图 5-30 所示，气流位于电极的外部，电极需要拥有对于反应气体一定的渗透性。满足 SOFC 运行温度的电极通常以稀土金属的氧化物材料为主。对于阴极的材料，通常包括 $La_{1-x}Sr_xMn_{1-y}CO_yO_3$（有些材料中用 Fe 替代 Mn，用 Ca 替代 Sr）。$LaCoO_3$ 的分子结构如图 5-32 所示。通常，大约有 20% 的 La 原子被 Sr 所取代（$x = 0.2$），而 Co_y 的量控制着材料的电导率、电极的热膨胀系数，这两个数值都随着 y 的增大而增大。阴极材料都需要一定添加剂，以能够在高温氧气气氛下稳定存在。

负极材料可以用镍基化合物，如用 NiO 与钆掺杂陶瓷混合物，$Ce_{1-x}Gd_xO_{1.95}$（x 约为 0.1）以及 RuO_2 催化剂（在 600℃ 下）。对于碳氢燃料来说，需要在温度约为 600℃ 下进行反应。在负极中，也使用同样的金属钇基氧化锆作为电解质，与 Ni、Ce 的氧化物混合使用。金属有机化合物中的技术能够增大电解质和电极的接触表面积。

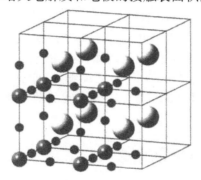

图 5-31 8 个单位的晶胞结构 $Zr_{0.75}Y_{0.25}O_2$

注：小原子（黑色）为氧，大原子为 Y（亮灰阴影）或者 Zr（在体心或者面心部分）。氧原子处在最对称的结构中。对于单独一个二氧化锆分子来说，氧原子之间的夹角为 21°，O-Zr 间距为 0.2nm。

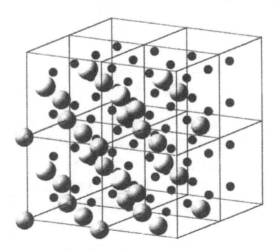

图 5-32 8 个单位的晶胞结构 $LaCoO_3$

注：体心为 La 原子（大的，带亮阴影）和 Co 原子（中等大小的，较黑的），在晶胞角落上的为氧原子（最小的，最黑的），它位于其他两种原子之间。

2. 电堆和发电系统

为了实际应用，单体电池需要做成电堆，以增加电压和输出功率。合理的SOFC结构应具有四个基本特征，即性能可靠、便于放大、方便维修和价格低廉。SOFC的构型不同，电池的制作方法也不同。SOFC电堆可以做成不同结构，如平板式、管式、套管式和瓦楞式等。但经过长期的发展和优化，SOFC在技术上经历了从高温（1000℃左右）到中低温（500～850℃）、从管式到平板式等不同设计。目前，SOFC结构类型主要有平板式和管式结构，其中管式又有圆管式和扁管式两种。

管式结构（图5-33）是最早发展的一种形式，也是目前较为成熟的一种形式。单体电池由一端封闭、另一端开口的管子构成。最内层是多孔支撑管，由里向外依次是阳极、电解质和阴极薄膜。燃料从管芯输入，空气通过管外壁供给。管式SOFC电堆单体自由度大，不易开裂；采用多孔陶瓷作为支撑体，结构坚固；电池组装相对简单，容易通过电池单元之间并联和串联组合成大功率的电池组。但是管式SOFC电极之间的间距大，电流通过电池的路径较长，内阻损失大，因此相应的功率密度较低。美国西屋公司最先开始大直径（22mm×1.8m）管式SOFC的研制，并于1997年成功地展示了第一个高温管式（1000℃左右）SOFC发电站，其已积累了2万h以上的运行经验。但是，由于建造、维护和运行成本过高，商业化十分艰难。目前这种SOFC主要由西门子-西屋继续开发，专注于开发新型扁管式SOFC，运行温度也从1000℃降至800℃，以期提高功率密度，降低制造成本。

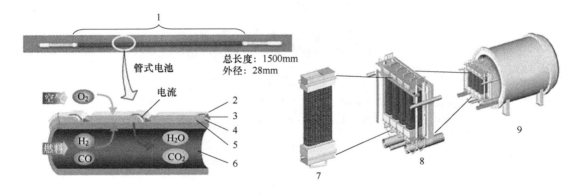

图5-33 管式SOFC的结构

1—发电单元 2—阴极 3—连接体 4—电解质 5—阳极 6—基管 7—子模块 8—模块 9—系统

平板式SOFC（图5-34）是目前最主流的类型，工作温度为500～800℃。平板式结构几何形状简单，由阳极、电解质和阴极薄膜组成单体电池，两边带槽的连接体连接相邻阴极和阳极，并在两侧提供气体通道，同时隔开两种气体。平板式SOFC的主要优点是单体电池具有高的功率密度，结构和制备工艺简单，从而可以大大降低制造成本。平板式SOFC既适合于小型分散发电（1～10kW），也在大型固定发电领域拥有广阔的应用前景，但是平板式SOFC的组件边缘要求进行密封以隔离氧化气和燃料气；对双极连接板材料要求很高，需要与电极材料热匹配，且具有良好的抗高温氧化性能和导电性能。中温平板式SOFC（700～800℃）已被纳入美国能源部SECA计划，是目前国际SOFC研究的前沿和热点。其最突出的优点是在保证高功率密度的同时，可使用不锈钢等合金作为连接体材料，降低了对密封等其他材料的要求，可采用低成本的陶瓷制备工艺，有望大幅降低 SOFC 的制造成本。其应用前景是作为固定或移动电源用于家庭、商业、交通运输和军事等不同领域，满足电网不能覆盖的偏远地区（如山区、草原、海岛等）的用电需求以及补充大都市的电力不足。与此同时，为用户提供热水和取暖。

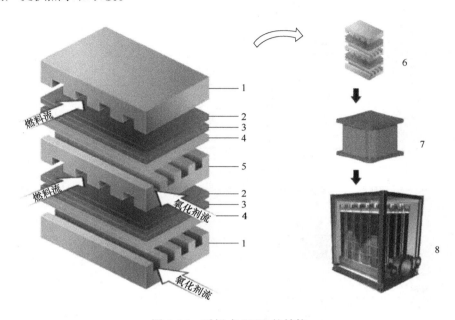

图 5-34　平板式 SOFC 的结构

1—端板　2—阳极　3—电解质　4—阴极　5—连接体　6—单体电池　7—电堆　8—系统

三明治结构的 SOFC 的阳极、电解质、阴极通过连接体（也称为双极板）串联在一起形成一定额定发电量的电堆（发电模块），几个电堆可以组合成更大规模的电站。一套完整的 SOFC 发电系统（图 5-35）除电堆（阳极、电解质、阴极、连接体、电路）外，还包含燃料供应系统（燃料重整器、喷射循环器、集电管路）、供气系统（泵、加热器、压缩机、鼓风机、循环管路）和控制系统（电压调节转换器、逆变器、电动机）。

图 5-36 所示为 SOFC 与微型燃气轮机（MGT）、蒸汽机（ST）构成的一种混合分布式发电系统。SOFC/MGT/ST 混合发电系统由燃料处理系统、电堆、余热利用系统以及直交流转换系统组成，发电效率高达 70% 以上。具体工作过程为天然气经过加压和脱硫处理后被系统废热加热，与利用电堆余热加热的水蒸气混合输入电堆的阳极。高温的洁净天然气和水蒸气在催化剂的作用下发生重整反应产生 H_2。常温的空气经压缩后由燃烧器的高温排气加热到电堆入口温度后输入电堆的阴极。电堆内发生氧化还原反应产生电能和热能。阳极与阴极排气（未反应完燃料和空气）进入燃烧室燃烧，燃烧室的排气在将天然气和空气加热到电堆的入口温度后，进入燃气轮机做功，输出电能。由于废气温度很高，经过燃气轮机排出的废气也有较高的温度，这部分废气通过余热回收蒸汽发生器，将冷凝水加热升温产生大量蒸汽带动蒸汽机转动，再次输出电能。经过余热回收蒸汽发生器的废气温度大幅降低，并排入大气中。

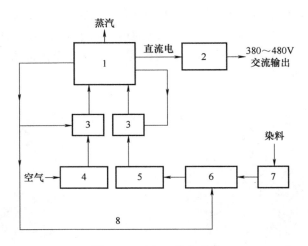

图 5-35 SOFC 发电系统

1—电堆 2—DC-AC 转换器 3—预热 4—过滤鼓风 5—燃料重整 6—蒸汽加热 7—脱硫 8—热回用循环

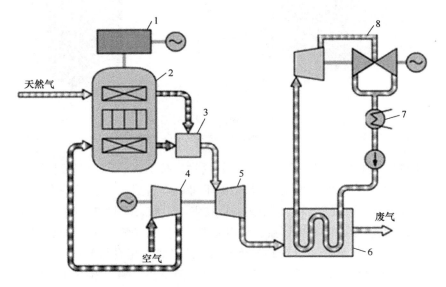

图 5-36 SOFC/MGT/ST 混合发电系统

1—逆变器 2—SOFC 3—燃烧室 4—空气压缩机 5—燃气轮机 6—余热回收蒸汽发生器 7—冷凝器 8—蒸汽机

3. SOFC 性能的影响因素

SOFC 的理论效率比熔融碳酸盐燃料电池和磷酸燃料电池低。但高温 SOFC 的极化低,电压损失主要受元件的欧姆损失控制,阴极欧姆极化是最主要的原因。尽管电解质和插接器的电阻率高,但其路径短,而阴极的导电路径很长。

(1) 压力的影响 与熔融碳酸盐燃料电池和磷酸燃料电池一样,提高压力可以提高 SOFC 的性能。

(2) 温度的影响 在 800℃时,电压-电流密度曲线的斜率增大,主要原因是电解质离子电导率显著降低,欧姆极化升高。相反,在 1050℃时,欧姆极化降低,电池性能提高。

(3) 气体组成及利用率的影响 与其他燃料电池一样，用纯氧代替空气时，SOFC 的性能提高。燃料气体组成对 SOFC 理论开路电压的影响由 O/C 原子比和 H/C 原子比确定。

(4) 其他影响因素

1）杂质影响。煤气中常见的杂质有 H、S、HCl 和 NH_3，4000mg/m^3 NH_3 对 SOFC 无影响，2mg/m^3 HCl 在 400h 运行期间也基本无影响，1.5mg/m^3 H_2S 对 SOFC 的性能有显著影响。继续实验证明，如果从燃料中去除 H_2S，SOFC 的性能恢复正常。如果保持 NH_3 4000mg/m^3，HCl 2mg/m^3，将 H_2S 质量浓度降至 0.15mg/m^3，对 SOFC 的性能无影响。

2）电流密度的影响。SOFC 的电压损失由欧姆损失、活化损失和浓度损失构成，它们随电流密度的增加而增大。

(5) 中温 SOFC 中温 SOFC 是指工作温度为 600~800℃ 的 SOFC。降低 SOFC 的运行温度，可以使用价格较为低廉的材料，配套设备的要求和成本也随之降低。由于电极和电解质界面组分相互扩散，高温 SOFC 的寿命受很大限制。低温可消除界面扩散现象，延长 SOFC 寿命。

4. SOFC 的特点

相对于其他燃料电池，因 SOFC 采用全固态电池结构，从而避免了使用液态电解质带来的腐蚀和电解液流失等问题。高温工作拓宽了燃料的选择范围，对燃料的适应性广，氢气、天然气、煤气及液化石油气等气体以及甲醇、乙醇都可以作为燃料，几乎没有颗粒物、NO_x、SO_x 的排放，同时采用价格相对低廉的烷烃类燃料可以在电池内部重整和氧化产生电能，这样就避免了使用价格相对昂贵的氢气作为燃料。超过 800℃ 的工作温度，工作时产生大量的余热，可以实现热电联用，提高发电系统的效率，如配合热汽轮机将热废气进行有效利用，可以使能量转换率至少达到 60%，甚至可达 80%。高温工作提高了电化学反应速率，降低活化极化电势，无须铂等贵金属作为催化剂，而代之以廉价的氧化物电极材料即可。高温工作大大提高了电池对硫化物的耐受能力，其耐受能力比其他燃料电池至少高两个数量级。全固态结构还有利于电池的模块化设计，提高电池体积比容量，降低设计和制作成本。以燃气机、燃气涡轮机和组合循环装置等有竞争力的系统设定的经济和技术的规格为基准，SOFC 组合系统在电效率、部分负荷效率和排放方面都比现有的技术具有更明显的优势。

SOFC 发电系统有着广泛的应用，目前已确定能使用 SOFC 的市场包括家居、商业和工业热电联供、分布式发电、运输领域的辅助电源装置及轻便电源。SOFC 作为移动式电源，可以为大型车辆提供辅助动力源。但是由于工作温度高，对电池材料和各种连接件要求高，生产成本一直居高不下也阻碍了其大力发展和推广。

5.2.4 磷酸燃料电池

1. 单体电池

磷酸燃料电池（PAFC）于 1967 年研制成功，它是以浓磷酸为电解质，以贵金属催化的气体扩散电极为阴、阳两极的中温型燃料电池，通常采用多孔碳负载铂的催化剂作为电极，可在 150~220℃ 工作，具有电解质稳定、磷酸可浓缩、水蒸气压低和阳极催化剂不易被 CO 毒化等优点。

PAFC 的基本组成和反应原理是：燃料气体或城市煤气添加水蒸气后送到改质器，把燃料转化成 H_2、CO 和水蒸气的混合物，CO 和水进一步在移位反应器中经触媒剂转化成 H_2 和 CO_2。经过如此处理后的燃料气体进入燃料堆的阳极（燃料极），同时将氧输送到燃料堆的阴极（空气电极）进行化学反应，借助触媒剂的作用迅速产生电能和热能，其中磷酸在水溶液中解离出氢离子（$H_3PO_4 \rightarrow H^+ + H_2PO_4^-$），将阳极（燃料极）反应中生成的氢离子传输至阴极（空气电极）。

PAFC 的电池片由燃料极、电解质层和空气电极构成。燃料极和空气电极都是由基材及肋条板催化剂层组成的，是两块涂布有催化剂的多孔碳素板电极。电解质层是用来保持磷酸的，它是经浓磷酸浸泡的碳化硅系电解质保持板。燃料以氢气为例，将氢气加入阳极，在催化剂的作用下被氧化成为质子。氢质子和水结合成水合质子，同时释放出两个自由电子。电子向阴极运动，而水合质子通过磷酸电解质向阴极移动。因此，在阴极上，电子、水合质子和氧气在催化剂的作用下生成水分子，具体的工作原理如图 5-37 所示，电极反应表达式为

$$\text{阳极：} H_2 + 2e^- \longrightarrow 2H^+ \tag{5-10}$$

$$\text{阴极：} \frac{1}{2}O_2 + 2H^+ \longrightarrow H_2O + 2e^- \tag{5-11}$$

$$\text{总反应：} \frac{1}{2}O_2 + H_2 \longrightarrow H_2O \tag{5-12}$$

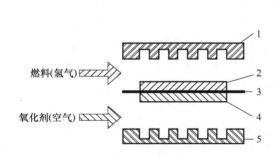
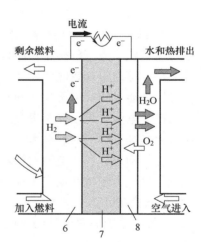

图 5-37 PAFC 的工作原理图

1—氢极板　2—氢电极　3—碳化硅多孔隔膜　4—氧电极　5—氧极板　6—阳极　7—磷酸电解质　8—阴极

由于采用浓磷酸做电解液，电极中存在腐蚀的问题，因此要在多孔石墨纸制成的电极上使用贵金属，如 Pt。然而，即使是 Pt 催化剂也会发生降解，这是由于附着于碳表面上的 Pt 分子会发生迁移，在运行 40000h 后，石墨含量会减少到原来的 20%。使用 H_3PO_4 作为电解质，而不是其他酸性液体，是考虑到其在 150~200℃ 具有低蒸发性和稳定性，适合于 PAFC 的运行。如果燃料基于天然气重整，则 CO_2 浓度通常为 20%，这对于 PAFC 反应来说是可以接受的，PAFC 的总体效率大约为 40%。像其他高温燃料电池一样，PAFC 需要几个小时来启动，因此不适合应用于汽车领域。由于不受 CO_2 的限制，PAFC 可以使用空气作为阴极反

应气体，也可以采用重整气作为燃料，这使它非常适合用作固定电站。

2. 电堆

将数枚单电池片进行叠加，为了降低发电时内部的热量，每枚电池片中叠加有冷却板，就可以构成输出功率稳定的基本电堆了。基本电堆再加上用于上下固定的构件、供气用的集合管等即可构成 PAFC 的电堆。PAFC 电堆的结构示意图如图 5-38 所示。

3. PAFC 的特点

1) PAFC 与 PEMFC 及碱性燃料电池不同的是不需要纯氢作为燃料，具有构造简单、稳定、电解质挥发度低、应用廉价的电解液及合理的启动时间等优点。目前，PAFC 能成功用于固定应用，已有许多发电能力为 0.2~20MW 的工作装置被安装在世界各地，为医院、学校和小型电站提供动力。

2) PAFC 的工作温度比 PEMFC 和碱性燃料电池的略高，为 150~200℃。工作压力为 0.3~0.8MPa，单体电池的电压为 0.65~0.75V。较高的工作温度使其对杂质的耐受性较强，当其反应物中含有 1%~2%（体积分数）的 CO 时，PAFC 可以正常工作。尽管 PAFC 的工作温度较高，但仍需电极上的铂催化剂来加速反应。

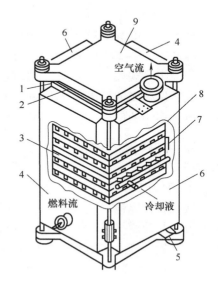

图 5-38 PAFC 电堆的结构示意图
1—电绝缘板 2—集电流板 3—冷却板
4—燃料极 5—主出线端 6—空气电极
7—发电单位电池片 8—分隔 9—夹板

3) 高运行温度（150℃以上）引起的另一问题是与燃料电堆升温相伴的能量损耗。每当燃料电池启动时，必须消耗一些能量（即燃料）在加热燃料电池至其运行温度上；反之，每当燃料电池关闭时，相应的一些热量（即能量）也会被损耗。若应用于车辆上，由于市区内驾驶情况通常是短时运行，该损耗是显著的。然而，在公共交通运输情况下，对于公共汽车这一问题是次要的，即 PAFC 可用作公共汽车的动力，而且有许多这样的系统正在运行，不过这种电池很难用在轿车上。

4) 磷酸电解液的温度必须保持在 42℃（磷酸熔点）以上。冻结的和再解冻的酸将难以使燃料电堆激化。保持燃料电堆在该温度之上，需要额外的设备，这就需要增加成本、复杂性、重量和体积。就固定式应用而言是次要的，但对车辆应用来说是不相容的。

5) PAFC 的缺点是电催化剂必须用昂贵的贵金属（铂）、酸性电解液的腐蚀性、CO_2 的毒化和低效率。用贵金属铂作为催化剂成本较高，如燃料气中 CO 的含量过高，则催化剂容易毒化而失去催化活性。PAFC 的效率比其他燃料电池低，约为 40%，其加热的时间也比 PEMFC 长。

用酸作为电解质最大的优点是抗 CO_2，不需要 CO_2 处理设备。但是电化学反应活性相对低，只有采用铂等贵金属催化剂才有一定的活性。要使铂催化剂不被 CO 毒化，温度必须高于 130~165℃（因 CO 含量而异）。用于构造电池而不被强酸腐蚀的材料有限，且造价较高。硫酸电导率虽高，但只能在低于 100℃ 的温度下工作，否则会被催化还原。高温下磷酸的电导率足够大,如200℃时,其电导率接近室温下 6mol/L KOH 的电导率,因此选用磷酸作电解质较为合适。PAFC 是目前最成熟的燃料电池之一,许多重整燃料(如甲醇重整)都可使用。PAFC 作为一种中低温型(工作温度为180~210℃)燃料电池,不但具有发电效率高、清洁、适应多样燃料、无噪声、运转费低、设置场所限制少、大气压运转容易操作、安全性优良以及部分负荷特性好等特点,而且还可以热水形式回收大部分热量。最初开发 PAFC 是为了控制发电厂的峰谷用电平衡,近来则侧重于作为向公寓、购物中心、医院、宾馆等地方提供电和热的现场集中电力系统。PAFC 用于发电厂包括两种情形:分散型发电厂,容量在10~20MW 范围内,安装在配电站;中心电站型发电厂,容量在100MW 以上,可以作为中等规模热电厂。PAFC 电厂比起一般电厂具有以下优点:即使在发电负荷较低时,依然保持高的发电效率;由于采用模块结构,现场安装简单、省时,并且电厂扩容容易。经过多年的研究,目前 PAFC 已经在医院、学校和一些小型电站得到应用。

5.2.5 碱性燃料电池

1. 单体电池

碱性燃料电池(AFC)由法兰西斯·汤玛士·培根(Francis Thomas Bacon)发明,以碳为电极,并使用 KOH 为电解质,电能转换效率为目前所有燃料电池中最高的,最高可达70%,是最早进入实用阶段的燃料电池之一,也是最早用于车辆的燃料电池。通过采用如 KOH、NaOH 之类的强碱性溶液作为电解质,传导电极之间的离子,由于电解液为碱性,与 PEMFC 不同的是在电解质内部传输的离子导体为 OH^-。

通常情况下以氢气为燃料,纯氧或脱除微量 CO_2 的空气为氧化剂,氧电极的电催化剂采用对氧电化学还原具有良好催化活性的 Pt/C、Ag、Ag-Au 及 Ni 等,并将其制备成多孔气体扩散电极;氢电极的电催化剂采用具有良好催化氢电化学氧化的 Pt-Pd/C、Pt/C、Ni 或硼化镍等,并将其制备成多孔气体电极。双极板材料采用无孔碳板、镍板或镀镍甚至镀银、镀金的各种金属(如铝、镁、铁)板,在板面上可加工各种形状的气体流动通道构成双极板。

以氢和氧作为燃料的 AFC,其工作原理如图 5-39 所示,该电池有两个燃料入口,氢及氧各由一个入口进入电池,中间则有一组多孔性石墨电极,电解质位于碳阴极及碳阳极中央。在阳

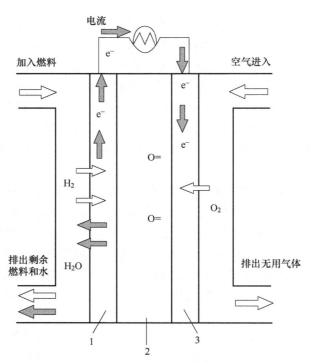

图 5-39 AFC 的工作原理
1—阳极 2—电解质 3—阴极

极，氢气与电解液中的 OH^- 在电催化剂的作用下，发生氧化反应生成水和电子，电子通过外电路达到阴极，在阴极电催化剂的作用下，参与氧的还原反应，生成的 OH^- 通过饱浸碱液的多孔石棉迁移到阳极。其阳极和阴极发生的电化学反应为

$$阳极：2H_2 + 4OH^- \longrightarrow 4H_2O + 4e^- \tag{5-13}$$

$$阴极：O_2 + 2H_2O + 4e^- \longrightarrow 4OH^- \tag{5-14}$$

$$总反应：2H_2 + O_2 \longrightarrow 2H_2O \tag{5-15}$$

另外，研究人员发现，氨气这种无色有刺激性气味的气体，可以通过裂化的方式分解成氮气和氢气，来自英国科学与技术设施理事会（STFC）的研究人员表示他们已经找到了无须造价高昂的催化剂参与就能裂化氨气的方式，而秘诀就在于氨基钠（Sodium Amide）这种物质，它可以将氢气和氮气轻松地剥离开。以氨气作为燃料，可分为直接供氨燃料电池和间接供氨燃料电池两类。

(1) 直接供氨燃料电池（DAFC） 在直接供氨燃料电池系统中，氨被直接输送到燃料电池的阳极，并在催化剂作用下氧化。

$$阳极：4NH_3 + 12OH^- \longrightarrow 2N_2 + 12H_2O + 12e^- \tag{5-16}$$

$$阴极：6H_2O + 3O_2 + 12e^- \longrightarrow 12OH^- \tag{5-17}$$

$$总反应：4NH_3 + 3O_2 \longrightarrow 2N_2 + 6H_2O \tag{5-18}$$

由于氨很容易与水分子结合，在进入含水电解质时会产生少量的质量损失，又由于运行过程中如果供氨速度太慢还会产生大量的活化损失，因此相对氢燃料电池，目前直接供氨燃料电池的效率和功率密度都较低。

(2) 间接供氨燃料电池（IAFC） 在间接供氨燃料电池系统中，氨首先经过重整装置被分解成氮气和氢气，再供给燃料电池。氨分解一般是在催化剂的作用下加热后实现的：

$$2NH_3 + 43.5kJ \longrightarrow 2N_2 + 3H_2 \tag{5-19}$$

氨分解加热所需的燃料可以是储罐中的原料氨，也可以是含氨的尾气。分解过程通常可以单步完成，控制也简单。氨分解通常在绝热的金属管中进行，管内充满小球形状的催化剂。金属管一般较长，这样可以增大氨与催化剂接触的面积，提高氨的分解速度。

氨作为燃料电池氢能载体，分解装置结构简单、效率较高，特别是携带方便，价格低，制造技术成熟，可作为车用燃料电池的氢源。尽管如此，氨燃料电池成本远高于内燃机，实际效率也还不理想，如何解决在燃烧过程中不产生氮氧化物（NO_x）也是一大技术挑战。

2. AFC 分类

(1) 循环式电解质 AFC 电解质溶液被泵入燃料电池的碱腔，电解质在碱腔中循环使用。这一设计的优点在于它可以随时更换电解质。

(2) 固定式电解质 AFC 电堆的每一个电池都有属于自己独立的电解质。这个设计由于其结构的简单性，现已广泛应用于航天飞行器中。

(3) 可溶解燃料 AFC 在电解质中混合了肼或氨这类燃料。这个设计成本低，结构紧密，制作简单且易于补充燃料。

3. AFC 的特点

AFC 效率高，因为氧在碱性介质中的氧化还原反应比其他酸性介质高，反应动力学过程较快，可用非铂催化剂，使用较为廉价的催化剂（如铁、镍等）代替贵金属催化剂（铂

等），降低燃料电池生产和运行成本。而且因工作温度低，可以采用镍板作为双极板。碱性环境下较快的动力学过程使得甲醇和乙醇等也可作为燃料使用。同时碱性环境对金属催化剂的腐蚀性比酸性环境小，可以延长燃料电池电堆的使用寿命。

AFC 的工作温度为 70~100℃，但是不同的催化剂（如 Pt 或 Ni）对应不同的非常狭窄的温度操作区间。并且燃料必须是高纯氢，不能含 CO_2，因为需要维持碱性 pH 值。CO_2 会和 OH^- 反应生成碳酸盐（K_2CO_3、Na_2CO_3），这会减少电解质中的离子产生和传导，严重影响电池性能，因此必须除去 CO_2，这给其在常规环境中的应用带来很大的困难。近年的研究表明，CO_2 毒化问题可通过多种方式解决，如通过电化学方法消除 CO_2，使用循环电解质、液态氢以及开发先进的电极制备技术等。

5.3　燃料电池的特点及现状

5.3.1　燃料电池的特点

1. 燃料电池的优点

（1）**燃料资源丰富**　燃料电池的燃料来源非常广泛，在地球上的储备也非常丰富，如氢元素就是地球上储量最多的元素之一。

（2）**高效，能源转换效率高**　燃料电池按电化学原理等温地直接将化学能转化为电能。它不通过热机过程，因此不受卡诺循环的限制，在理论上它的热电转化效率可达 85%~90%。但实际上，电池在工作时由于各种极化的限制，目前各类电池实际的能量转换效率均在 40%~60% 的范围内。若实现热电联产，燃料的总利用率可达 80% 以上。除用汽油重整制氢外，其他甲醇和碳氢化合物等燃料基本不用石油燃料。由发动机经驱动系统到车轮的综合效率，内燃机汽车为 11% 左右；以氢气为燃料的燃料电池汽车的实际效率可达 50%~70%；以甲醇为燃料，经重整产生氢气的燃料电池汽车，其实际效率达到 34%。可见燃料电池汽车的实际效率大大高于内燃机汽车。

（3）**环境友好**　燃料电池排放属于"零污染"。当燃料电池以富氢气体为燃料时，富氢气体是通过矿物燃料来制取的。在制取过程中，其 CO_2 的排放量比热机过程减少 40% 以上，这对缓解地球的温室效应是十分重要的。因为燃料电池的燃料气在反应前必须脱除硫及其化合物，而且燃料电池是按电化学原理发电，不经过热机的燃烧过程，所以它几乎不排放氮的氧化物和硫的氧化物，减轻了对大气的污染。当燃料电池以纯氢为燃料时，它的化学反应产物仅为水，从根本上消除了氮的氧化物、硫的氧化物及 CO_2 等的排放。

（4）**噪声小，可靠性高**　燃料电池按电化学原理工作，与燃烧涡轮机循环系统或内燃机相比，它的运动部件很少，结构件大多为板状和管件，除了空气压缩机和冷却系统以外无其他运动部件，无活塞、连杆等，构造比较简单，大大减小了运行时产生的机械振动和噪声，运行平稳，因而系统更加安全可靠。燃料电池从未发生过类似燃烧涡轮机或内燃机因转动部件失灵而发生的恶性事故，燃料电池系统发生的唯一事故就是效率降低。

（5）**续驶里程长，性能优于其他电池的电动汽车**　采用燃料电池发电系统作为能量源，克服了纯电动汽车续驶里程短的缺点,其长途行驶能力及动力性已接近传统汽车。燃料电池汽车可以车载发电,只要带上足够的燃料,它可以把人们送到想去的地方。燃料电池汽车在成本和整体性能上(特别是行程和补充燃料时间上)明显优于其他电池的电动汽车。

(6) 过载能力强　燃料电池除了在较宽的工作范围内具有较高的工作效率外,其短时过载能力可达额定功率的200%或更大,更适合于汽车的加速和爬坡等工况。

2. 燃料电池的缺点

(1) 成本高　燃料电池的成本尤其是初期建制成本,还是高于发电机,因而难以推广,虽然随着技术的进步,成本也在下降,但还有一段路要走。目前质子交换膜燃料电池是最有发展前途的燃料电池之一,但PEM价格昂贵。稀有金属Pt的大量应用也制约着燃料电池汽车的推广应用,因为催化剂Pt的价格也不低,而它作为燃料电池必不可少的反应催化剂,按照现有燃料电池的消耗量,地球上所有的Pt储量都用来制作车用燃料电池,也只能满足几百万辆车的需求。此外,Pt在反应过程中易受CO作用而中毒失效。如何降低燃料电池的生产成本成为燃料电池汽车实用化的关键。据美国能源部测算,目前燃料电池的生产成本已降为500美元/kW。专家估计,只有当燃料电池的生产成本降至50美元/kW的水平才能为消费者所接受,也就是说,当一台80kW的车用燃料电池的成本降到目前汽油机3500美元的价格时,才能创造巨大的市场效益。从市场经济学角度讲,高成本很难完成市场化推广,而无法实现市场化就不可能大规模批量生产,进而成本就无法降下来,最终导致成本与销售的恶性循环。

燃料电池汽车的使用成本过高,氢气的售价也不低廉,因此燃料电池汽车的运行成本并不乐观。目前,由燃料电池发电系统提供1kW·h电能的成本远高于各种动力蓄电池,这从一个侧面反映了作为汽车动力源,燃料电池还有相当长的路要走。

(2) 起动时间长,系统抗振能力还需提高　采用燃料电池的汽车加速性能相比普通活塞式发动机还有很大差距。以氢气为燃料的燃料电池汽车,其起动时间就比起内燃机汽车长得多(视反应条件不同,起动时间从2min到数十分钟不等,还有待进一步改进),进而影响汽车的机动性能。此外,当燃料电池汽车,其受到振动或者冲击时,各种管道的连接和密封的可靠性需要进一步提高,以防止泄漏,降低效率,严重时还会引发安全事故。

(3) 经济且无污染地获取纯氢燃料仍存在技术难点　通过重整或改质技术转化传统的化石燃料来获取纯氢,不仅要消耗大量的能量,而且没有从根本上摆脱对化石能源的依赖,也没有从根本上消除对环境的污染。自然界中,氢能大量储存在水中,虽然取之不尽,但直接使用热分解或电解的方法从水中制氢显然不划算。因此多数科学家都将目光转向了太阳能,但是还存在许多技术障碍。目前,他们正在进行太阳能分解水制氢、太阳能发电电解水制氢、阳光催化光解水制氢以及太阳能生物制氢等方面的研究。只有到了能以再生性能源廉价地生产出氢燃料,氢燃料电池民用汽车的燃料问题才算获得了根本性解决。

(4) 氢燃料的供应仍有大量需解决的技术问题　通常氢能以三种状态储存和运输:高压气态、液态和氢化物形态。用常用的压缩气体罐储存的氢只能供燃料电池汽车行驶150km,续驶里程太短,还不如蓄电池驱动的汽车。由于氢气是最小的分子,很容易引起泄漏。哪怕是微量的泄漏,都有可能造成可怕的后果。而在-253℃的条件下储存液氢的深度制冷技术目前还不成熟。就全球来说,目前能够加液氢的加氢站也没有几家。值得欣慰是，储氢材料的开发已取得了一定的进展。

（5）**供应燃料辅助设备复杂** 质量和体积较大，尤其是在以甲醇或者汽油为燃料的燃料电池汽车中，经重整器出来的"粗氢气"含有使催化剂"中毒"失效的少量有害气体，必须采用相应的净化装置进行处理，增加了结构和工艺的复杂性，并使系统变得笨重。目前普遍采用氢气燃料的燃料电池汽车，因需要高压、低温和防护的特种储罐，导致体积庞大，也给燃料电池汽车的使用带来了诸多不便。

（6）**加氢站等基础网络设施建设迟滞** 如果说技术和成本是科研机构和企业通过努力能够自行解决的问题，那么相应的配套设施建设则不是一人之力可以完成的，需要国家政策、产业链条、基础设施建设等多方面的准备，并及时制定完善的行业标准和规范加氢站等基础设施建设，既涉及城市规划、交通和电力等问题，又要解决投资和经营者的获利问题，同时还要有效解决加氢的核心技术和统一标准等问题。

5.3.2 燃料电池的发展瓶颈

氢燃料电池的发展瓶颈来自技术和应用两方面。目前，氢燃料电池技术上还存在瓶颈，关键技术尚未取得突破。国内近期研究表明燃料电池产品的耐久性可以达到5000h，与国际上8000h相比仍然存在着较大差距。目前大众普遍认可的指标是在性能衰减到10%后仍能运行5000h，我国电池在性能衰减10%后便不能再用，需进行更换。这在无形中增加了成本，也影响了氢燃料电池汽车的发展。因此在原有基础上，需加强在实际运行环境下的电池衰减机理研究等。通过不断的深入研究，解决氢燃料电池的这个发展瓶颈，从而大幅提高燃料电池的耐久性。

氢气的来源丰富。氢是通过一次能源转化而来的，不可以直接得到。目前的制氢技术主要有化工尾气制氢、天然气制氢、煤制氢、甲醇制氢和水电解制氢等，如图5-40所示。虽然制氢方式多样，但由于工艺和成本等因素影响，传统的煤制氢应用更为广泛。我国采用化石燃料生产氢气的占比接近70%，工业副产气体制得的氢气大约有30%，而采用水电解制氢不足1%，如图5-41所示。

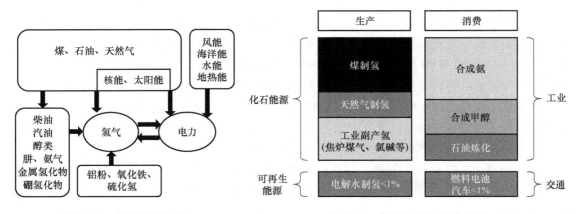

图5-40　各种制氢方式　　　　　图5-41　氢能生产与消费格局

从成本上看，肯定是用化石燃料制氢成本比较低。图5-42所示为主要制氢技术成本对比。但长期发展来说，水电解制氢更胜一筹。化石能源制氢可以大规模应用并且盈利，但这种制氢方式属于消耗不可再生能源，不可持续。它在制氢中的碳排放很高，不环保。而水电解制氢对环境的污染比较低，并且可持续。但就目前来说，它的成本过高，应用过程中基本无盈利，因此所占比例很小。要想发展水电解制氢，必须降低成本，而其中电价高是最大的问题，降低用电成本才能进一步发展水电解制氢。有效利用弃水、弃风的电量进行水电解制氢，不仅减少浪费，还可以促进水电解制氢产业蓬勃发展。

在燃料电池发展中，被认为是最具有前途的制氢方法是水电解制氢。采用这种方法获得的氢气纯度非常高，燃料电池汽车可以直接使用。日本在这一方面做得比较好，其主要的制氢产能都是来自水电解制氢，其他制氢方式所占的比例都比较小。我国可以借鉴其发展经验来发展自己的水电解制氢技术。

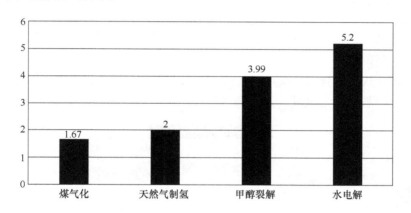

图 5-42　主要制氢技术成本对比（美元/kg）

制氢没有特别大的问题，但它的储存和运输面临的问题非常严峻，亟待解决。氢的储存分为高压气态储存、低温液态储存和固态储存三种。我国储氢产业有一定的基础，生产的 20MPa 钢瓶数量已经占据世界总量的 70% 以上。但我国还没有形成完整的氢气储运标准体系，面临氢气储运的诸多挑战。现在我国储运氢气采用的大都是 35MPa 压力标准，而国外已经采用 70MPa 压力标准。储氢瓶是发展氢燃料电池汽车的关键，但国内目前只有少数企业可以批量生产 35MPa Ⅲ 型储氢瓶，其他的还处于研发阶段，而国外已经普遍使用 70MPa Ⅳ 型储氢瓶，可以看到在储氢瓶这一块我国仍需发展。图 5-43 所示为Ⅲ型和Ⅳ型储氢瓶。固态储氢由于储氢体积密度大、操作简单安全且克服了其他两种储氢方法的缺点，被认为是未来重点发展对象。但就目前而言，还没有形成既成本低，又安全且能满足各种条件的通用储运方式，因而还是要多开发各种储氢技术，让它们在各自的市场里发挥作用。

目前氢气运输体系尚不完善，氢气运输选择何种方式与其距离和生产方式有关。运输氢气主要有两种方式：一是氢气被压缩到天然气管道中的管道运输；二是通过液氮、压缩氢气的罐车所进行的道路运输。管道运输更适用于输送量较大的场合，美国等发达国家拥有总长度超过了 16000km 的氢气管道。道路运输虽然可以长距离输送，但对能源消耗较大，设备的要求也比较高。因而目前还没有较成熟的氢气运输和分配系统，对氢燃料电池汽车商业化的应用不利。

图 5-43　Ⅲ型和Ⅳ型储氢瓶

加氢站基础配套设施建设不足，到 2018 年为止，我国正在运行的加氢站已超过 20 座，但其数量远远不够，这影响到了我国氢燃料电池汽车的进一步发展。

5.4　燃料电池的应用前景

氢燃料电池的应用领域广泛，早在 20 世纪 60 年代就因其体积小、容量大的特点而成功应用于航天领域。进入 20 世纪 70 年代后，随着技术的不断进步，氢燃料电池也逐步被运用于发电和汽车。现在，伴随各类电子智能设备的崛起以及新能源汽车的风靡，氢燃料电池主要应用于三大领域：固定领域、运输领域和便携式领域（图 5-44）。

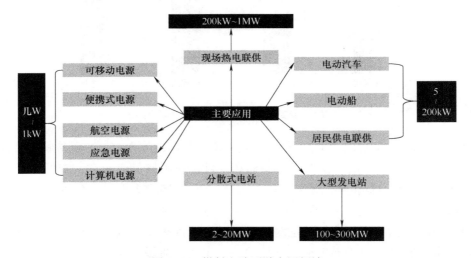

图 5-44　燃料电池下游应用领域

从市场的观点来看，燃料电池因其稳定性和无污染的特质，既适用于集中发电，建造大、中型电站和区域性分散电站，也可用作各种规格的分散电源、电动汽车、不依赖空气推进的潜艇动力源和各种可移动电源，同时也可作为手机、笔记本计算机等供电的优选小型便携式电源。从燃料电池出货量来看，目前市场主要集中在亚洲和北美，其中北美增长较快，经过几年的发展已经成为全球燃料电池最主要的市场。

1. 固定领域：出货量大，增速明显

燃料电池因其效率高、持久性好、环境适应度强等优点被广泛应用于固定电源、大型热电联产、居民住宅热电联产及备用能源（图 5-45），它还可以作为动力源安装在偏远位置，如航天器、远端气象站、大型公园及游乐园、通信中心、农村及偏远地区，对于一些科学研究站和某些军事应用非常重要。固定领域是目前燃料电池下游应用极大的一块领域,产业相对成熟。固定领域燃料电池出货量发展速度快,出货台数年复合增速达到53%,出货功率年复合增速为17%。供应商主要分布在美国、日本、澳大利亚和欧洲。

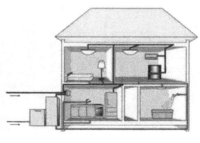

　　　　　a)　　　　　　　　　　　　　　　　b)

图 5-45　通信基站备用电源和热电联产
a) 通信基站备用电源　b) 热电联产示意图

　　固定燃料电池行业正处于一个非常活跃的阶段,许多公司计划开发或安装固定燃料电池系统,由于现代社会对电力系统的稳定性及在自然灾害情况下电力的持续供应要求的增加,固定燃料电池系统作为小型发电及备用电源系统得以迅速发展。像 MetroPCS、AT&T（美国电话电报公司）和 Sprint 等电信公司已经开始对燃料电池基站备用电源产生依赖,并且最新的燃料电池系统可方便屋顶安装。

　　轻质屋顶燃料电池解决方案可以轻松安装,无须使用起重机,也可以从地面重新加注燃料,因此无须屋顶燃料运输。燃料电池已经占据了 Sprint 的通信基站大约 1/4 的水平,随着下一拨的安装,公司将会从美国能源部获得实质性的补贴。Sprint 已经在其网络中部署了大约 500 个燃料电池系统。

　　日本在福岛核事故后因核能在发电比例中的下降导致进口化石燃料提供了日本国内绝大部分的能源,供给几乎完全依赖进口化石燃料来获取初级能源。日本在未来将继续依赖大宗能源进口,并产生更多的温室气体排放。为了高效地将化石能源转化为电能,减少未来对化石燃料的依赖,日本政府于 2009 年通过 ENE FARM 项目在民用住宅领域推广和部署燃料电池热电联产系统。日本政府通过向早期采用者提供补贴的方式,大力支持燃料电池技术的商业化推广。自项目实施至 2016 年年底总共安装燃料电池系统超过 19 万套,在这些微型热电联产燃料电池系统中,质子交换膜燃料电池系统约占 80%（17 万套）,固体氧化物燃料电池系统约占 20%（2 万 5 千套）。ENE FARM 项目的目标是在 2030 年达到 530 万套家用燃料电池系统。

　　图 5-46 所示为 ENE FARM 项目家用固体氧化物燃料电池热电联供示意图。系统通过使用民用天然气,将天然气通过电化学反应转化为电能,为家庭供电;燃料电池尾气通过燃烧器后预热气体并通过换热器产生热水,为家庭供暖及供应热水。

2. 便携式领域：应用前景广阔,面向未来市场

　　便携式燃料电池具备体积小、重量轻、效率高、寿命长、运行温度低、红外信号低、隐身性能好、运行可靠、噪声小及污染少等优点。此外,还具有显著的后勤优势,因为它的电容量大,能够极大地减轻电池带来的后勤负担。

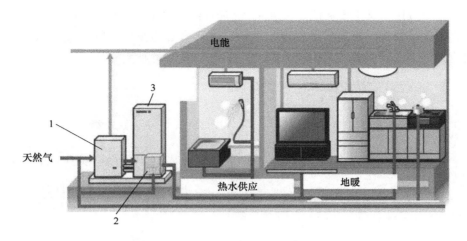

图 5-46　ENE FARM 项目家用固体氧化物燃料电池热电联供示意图
1—固体氧化物燃料电池发电系统　2—后备燃烧器　3—热水联供系统

便携式电源市场包括非固定安装的或者移动设备中使用的燃料电池，适用于军事、通信和计算机等领域，以满足应急供电和高可靠性、高稳定性供电的需要，实际应用的产品包括高端手机电池、笔记本计算机等便携电子设备电池、军用背负式通信电源及卫星通信车载电源等。目前相比锂电池从价格和性能两个方面来看优势并不明显，因此现在对于便携式燃料电池的需求很少。

不过在军用领域，燃料电池因其红外信号低、隐身性能好、运行可靠、噪声小和后勤负担低的优势，具有良好的发展前景，其发展或将由此处突破。

3. 运输领域：各国大力布局，蓄力静待爆发

车用燃料电池作为动力系统有着续驶里程长、加氢时间短和无污染等优势，是目前爆发最迅猛，也是关注度最高的应用领域。

从当前的数据来看，燃料电池技术有望在汽车领域率先爆发。大型车企的燃料电池汽车研发如火如荼，全球范围内的各大汽车生产厂商纷纷进入氢能源汽车领域，从 2013 年开始陆续有燃料电池汽车推出和展出。从全球市场来看，日韩车企最早推出产品，其中 Mirai 和 Clarity 当属燃料电池汽车领域的试水产品，从 Mirai（图 5-47）的订单规模来看，日本市场的订单量达到了 3000 辆，是预期销量的 750%，海外订单达到预期销量的 7 倍。从市场表现来看，市场对燃料汽车的接受程度较好，在政府大力补助的条件下，随着燃料电池产量的提升，燃料电池产业发展潜力巨大。车企在解决自身产能问题后，燃料电池汽车市场将会更加繁荣。

国内以一汽和中车为代表的企业正在燃料电池物流车领域发力。目前，国内厂商通过合作研发的方式，首先在国际市场上研发推广燃料电池物流车。中车时代电动汽车股份有限公司与加拿大 Loop Energy 燃料电池公司在美国签署了电驱动系统产品开发协议，开启了中国向欧美出口燃料电池系统产品的新篇章。

另外，氢燃料电池目前也在高速列车上得到了应用（图 5-48），全球首辆氢燃料电池火车于 2017 年年底开始在德国投入运行。德国目前已经订购了 14 列氢燃料电池火车，挪威、丹麦以及荷兰也对该车表示出兴趣。

第5章 氢与燃料电池

图 5-47　Mirai 燃料电池汽车

图 5-48　燃料电池火车

无人机发展至今已在很多领域发挥了作用，并逐步进入人们的视野成为市场的热点。

2016 年 4 月，科比特航空在深圳发布了旗下首款产品化氢燃料多旋翼无人机——HYDrone-1800（图 5-49），最长续航时间可达 273min，超过 4h。该款无人机的续航时间根据气瓶不同可分为三个层级：5L 大概 90min，9L 大概 180min，14L 大概 270min。同时科比特会给客户提供整套的电解制氢设备。

图 5-49　氢燃料电池无人机

目前也有航空公司在布局航空用氢燃料电池。有报道称英国易捷航空公司（EasyJet）正计划测试飞机氢混合燃料系统，希望在飞机上使用氢燃料电池来实现每年节省 5 万 t 燃料及减少 CO_2 排放的目标。EasyJet 预计采用此系统后可以实现每年节省 2500 万～3500 万美元的燃油费用。

参 考 文 献

[1] 程振彪. 燃料电池汽车：新能源汽车最具战略意义的突破口［M］. 北京：机械工业出版社，2016.

[2] 高建平，郗建国. 新能源汽车概论［M］. 北京：机械工业出版社，2018.

[3] 钟志华，等. 节能与新能源汽车产业培育与发展研究报告［M］. 北京：科学出版社，2015.

[4] 宁国宝，余卓平. 创新中的中国新能源乘用车［M］. 北京：人民交通出版社，2016.

[5] 黄佳腾，罗永革. 创新中的中国新能源客车［M］. 北京：人民交通出版社，2016.

[6] 麻友良. 新能源汽车动力电池技术［M］. 北京：北京大学出版社，2016.

[7] 衣宝廉. 燃料电池和燃料电池车发展历程及技术现状［M］. 北京：科学出版社，2018.

[8] 肖俊涛. 我国新能源汽车产业政策研究［M］. 成都：西南财经大学出版社，2016.

[9] 徐希曦. 氢燃料电池汽车发展策略研究［D］. 北京：北京邮电大学，2017.

[10] 徐洪流. 新能源汽车的发展前景和能效分析［J］. 科技视界，2018（36）：187-188.

[11] 裴冯来，高怡晨，郭则新. 氢燃料电池汽车产业链发展研究［J］. 质量与标准化，2018（01）：51-54.

[12] 阳道. 汽车氢燃料电池相关技术研究［J］. 时代汽车，2018（11）：83-84.

[13] 付甜甜. 电动汽车用氢燃料电池发展综述［J］. 电源技术，2017，41（04）：651-53.

[14] 庆绍军，侯晓宁，李林东，等. 甲醇制氢应用于氢燃料电池车的可行性及其发展前景［J］. 能源与节能，2019（02）：62-65，70.

[15] 张红辉，等. 基于专利情报的新能源汽车动力系统技术预见研究［M］. 北京：知识产权出版社，2017.

[16] 刘坚，钟财富. 我国氢能发展现状与前景展望［J］. 中国能源，2019（02）：32-36.

第6章

燃料电池汽车

6.1 全球燃料电池汽车产业发展

6.1.1 产业化发展窗口期的到来

燃料电池汽车（简称燃料电池汽车）迎来产业化发展重要窗口期。

1. 日本燃料电池汽车技术发展和示范推广处于全球领先地位

日本政府高度重视燃料电池汽车的发展。2017年12月，日本政府发布了《氢能基本战略》，描绘了从2020—2050年的战略蓝图。根据该战略，日本燃料电池汽车保有量在2030年将达8万辆，同时大力开展对燃料电池货车的研发，到2050年，燃料电池汽车将替代新增传统燃油汽车。2018年10月，在日本举办的第一届氢能部长级会议上，会议代表集中探讨了打造氢能可持续发展社会的愿景，达成了协调促进氢能与燃料电池技术和标准法规的发展、促进信息共享、加强国际合作以及加强氢能跨领域研究和科普宣传四个方面的共识。为了实现《氢能基本战略》的目标，日本也在不断加大燃料电池汽车技术研发的投入。2018年，日本经济产业省（METI）在氢能与燃料电池产业研发上的总投入达到2.6亿美元。

日本燃料电池汽车以乘用车为主，其燃料电池技术走在世界前列。丰田、本田汽车公司所研发的燃料电池乘用车整体性能可媲美传统燃油汽车，已在世界上率先迈入量产化阶段。丰田汽车公司经过20多年的技术积累，于2014年推出了量产燃料电池汽车Mirai。本田汽车公司也一直致力于燃料电池汽车技术的开发，并于2018年推出了燃料电池汽车Clarity。目前，丰田Mirai、本田Clarity已投放北美、欧洲和日本本土市场。截至2018年8月，日本燃料电池汽车保有量达2700辆。在燃料电池技术已达到量产水平的情况下，日本将继续积极推广燃料电池汽车。

2. 韩国一直致力于燃料电池汽车的技术开发和推广应用

韩国企业积极开展对燃料电池汽车技术的研发。2018年，现代汽车在途胜ix燃料电池汽车的基础上，通过专用平台打造了全新一代NEXO燃料电池汽车，技术状态达全球领先水平。在燃料电池商用车方面，继成功开发了第一代、第二代燃料电池大巴后，2018年2月平昌冬奥会期间，现代汽车推出了第三代燃料电池大巴。2018年9月19日，现代汽车在德国举办的汉诺威国际商用车展览会（IAA）上推出现代首款燃料电池概念货车，并与瑞士氢能源公司签署关于提供氢燃料电池重货产品的谅解备忘录，自2019年开始，现代汽车将在5年时间内向氢能源公司提供1000辆氢燃料电池重型货车。

韩国政府也在积极开展燃料电池汽车的推广工作。截至2018年8月，韩国燃料电池汽车保有量为422辆。韩国政府计划到2030年新增63万辆燃料电池汽车，届时新增燃料电池汽车占韩国新车的比例将达到10%。韩国政府推行的环保汽车示范项目，已经促进燃料电池汽车在首尔、光州、蔚山、昌原、忠清南道等设有加氢站城市的销售。韩国政府还加大了对燃料电池大巴的示范力度，目前韩国中央政府已与首尔、蔚山等5个地方政府合作展开燃料电池大巴的示范运行。

3. 欧洲燃料电池汽车已经步入市场导入期

欧洲企业研发燃料电池汽车起步很早。在政策和资金的持续支持下，欧洲逐步培育起一大批优秀的燃料电池企业，各整车厂也纷纷研发和推出燃料电池汽车。戴姆勒-奔驰先后推出多款燃料电池乘用车和客车，奔驰于2017年推出首款插电式混合动力燃料电池汽车GLC F-Cell；奥迪于2016年发布了H-Tron quattro燃料电池概念车；宝马汽车正在开发燃料电池汽车，并计划2021年实现小规模量产；沃尔沃也公布了燃料电池汽车研发计划。

欧盟及欧洲各国也非常支持氢能与燃料电池的研发和示范应用。2008年5月，欧盟委员会、欧洲工业合作研究组织共同出台了公私合营的燃料电池与氢能联合行动计划（FCH JU），支持欧洲氢能与燃料电池的研发、示范与推广应用。目前，该一揽子计划已进行到第二期（2014—2020年），总经费超过13.3亿欧元。一些国家也在积极开展示范应用。例如，法国在2018年6月推出了"氢能计划"，提出到2023年推广5000辆轻型商用车、200辆重型货车；到2028年，推广2万辆以上轻型商用车和800辆以上重型货车。挪威计划至2023年引进1000辆燃料电池重型货车。通过一系列项目的开展，欧洲燃料电池汽车目前已经步入了市场导入的早期阶段。

4. 美国燃料电池已实现多种形式应用

美国政府高度重视氢能与燃料电池的发展，不断推动氢能与燃料电池技术在交通运输及其他若干领域的发展。美国政府发布的《美国优先能源计划》，将重点支持氢能与燃料电池领域的前沿技术研发。在多方支持下，美国的氢能与燃料电池已实现多种形式应用。根据美国能源部统计，2017年，美国用于销售和租赁的燃料电池乘用车超过5600辆，正在示范运行的燃料电池巴士超过30辆，燃料电池叉车超过2万辆，燃料电池作为备用电池的出货量超过240MW。

在示范运营方面，无论是通过联邦政府还是通过各州的倡议，美国都大力支持燃料电池在巴士和公交领域的示范运营。美国联邦运输安全管理局为国家燃料电池巴士项目提供9000万美元的资金支持，其他如LoNo（Low or No Emission Deployment）项目，正有力地推动燃料电池巴士在多个州的示范运营。在诸多项目的支持下，目前美国加州已有25辆New Flyer和ElDorado燃料电池巴士处于示范运行中，斯塔克地区运营的燃料电池巴士已增至13辆。除此之外，伊利诺伊州和夏威夷州的燃料电池巴士也已开展小批量示范运营，其中作为"夏威夷的清洁能源计划"的一部分，夏威夷将在火奴鲁鲁国际机场推动燃料电池巴士的示范运行。

5. 中国燃料电池商用车示范应用取得突破性进展

受技术储备、基础设施及综合成本等多种因素的影响，近年来，我国燃料电池商用车实现了快速发展，发展速度明显快于燃料电池乘用车。经过十几年的研发投入，我国燃料电池技术趋于成熟，以福田欧辉、郑州宇通和佛山飞驰等为代表的燃料电池客车正逐步开始市场化进程，燃料电池物流车目前也已具备商业化发展条件。根据中国汽车工业协会统计，截至2018年12月，我国燃料电池汽车销售量已达到1527辆。

各地方政府支持燃料电池汽车商业化示范运行的热情高涨。北京、上海、如皋、盐城、常州、佛山、云浮、张家口及郑州等已设立了燃料电池公交专用线。自2003—2011年，由全球环境基金（GEF）和联合国开发计划署（UNDP）共同支持的"中国燃料电池公共汽车商业化示范项目"，已分别在北京、上海实施两期。2016年8月，第三期项目在上海正式启动，项目会在北京、上海、郑州、盐城、如皋、常熟、佛山示范运行119辆燃料电池汽车。江苏如皋当选为联合国开发计划署"氢经济示范城市"，在氢经济示范领域发挥着举足轻重的作用。与此同时，近年来不少物流企业对燃料电池汽车的发展也很重视。京东、申通等物流公司开始试用燃料电池物流车，其中京东经过数月试运行，最终在上海投入超过150辆燃料电池物流车进行正式日常运营，燃料电池汽车在物流行业的规模化应用已初见成效。

6.1.2 上游产业链环节的重大突破

1. 燃料电池电堆及系统技术快速发展

燃料电池电堆对燃料电池汽车的关键性能影响很大。目前，国外燃料电池电堆已形成批量化生产能力，并已广泛运用于燃料电池乘用车及商用车上。例如，加拿大巴拉德（Ballard）公司研发的石墨双极板燃料电池电堆，其耐久性已突破25000h。丰田、本田等汽车公司也相继开发出金属双极板燃料电池系统，功率密度达到3.1W/L，耐久性突破了5000h。

近年来，我国车用燃料电池电堆及系统技术得到了快速发展。目前，我国已掌握了车用燃料电池核心技术，已具备开展大规模示范运行的条件。由新源动力、亿华通、重塑及弗尔赛等燃料电池电堆及系统生产厂商生产的电堆，在功率密度、寿命和低温性能方面均有明显提升。新源动力开发的高性能大功率燃料电池电堆额定功率达60kW，可以实现-20℃无辅助低温启动和-30℃低温储存；其新开发的燃料电池电堆经台架测试和整车应用验证，突破了车用燃料电池5000h的耐久性难关，成为我国首例自主研发的超越5000h耐久性的燃料电池产品之一。

2. 膜电极技术取得重要提升

燃料电池的膜电极（MEA）是燃料电池电堆的核心零部件。当前应用最为广泛的膜电极采用CCM（Catalyst Coated Membrane，催化剂涂膜）技术，即催化剂直接或间接涂覆在质子交换膜上，形成催化层—膜—催化层三合一整体，然后与气体扩散层组装成MEA。经过多年发展，MEA性能和寿命都得到了很大提升。

国际上，Ballard、丰田及戈尔等企业处于技术领先地位。丰田自主研发的MEA供其燃料电池汽车使用，代表世界先进燃料电池技术的丰田Mirai所搭载的电堆功率密度达3.1W/L，Pt载量已降至0.365mg/cm^2，单体寿命达5000h。多数国际MEA生产商已具备连续化批量生产能力，产能最大可达每年数万平方米。

国内MEA经过十几年的研发,已取得较大进展,关键技术指标已接近国际先进水平。中国科学院大连化学物理研究所、武汉理工大学等在国家"863"项目支持下进行了基于GDE（Gas Diffusion Electrode,气体扩散电极）和CCM技术的低成本、高性能MEA研究,目前研发的新一代MEA单体寿命突破5000h,电堆功率密度达7W/L,预计能实现功率密度达3.1W/L的目标。

3. 金属双极板朝着高性能、低成本趋势发展

双极板是燃料电池的重要部件,开发高性能、低成本的金属双极板成为未来双极板发展的趋势。世界各大汽车和零部件制造商,如丰田、本田、通用及宝马等,均大力开展金属双极板的研发与量产。丰田Mirai搭载的燃料电池电堆采用金属双极板,并将条形流场改为3D流场,大幅提高了传质能力,同时还降低了浓差极化。此外,为生产高质量、高可靠性的金属双极板,丰田通过对金属双极板成形、连接和表面改性等多个工艺的集成化制造,不仅降低了生产成本,也使产品质量和鲁棒性等性能完全达到复杂工况的要求。

国产双极板经过多年技术积累,在极板设计、高精度一致性和耐久性等方面都有所突破。例如,上海交通大学/上海治臻团队开发的高深宽比细密流道超薄金属双极板,高度偏差可控制在±15μm,已达到国际先进水平。

4. 空气压缩机已形成配套能力

国外的燃料电池汽车开发历史较长,与之配套的供应商起步较早。整体而言,国外空气压缩机产品技术相对领先,在转子、轴承、高速电机和控制机等方面都积累了相当多的经验,拥有很多发明专利。这些企业大多有丰富的汽车配件开发经验,能按照汽车制造商的需求进行针对性开发,产品的均一性较好。

相对而言,国内燃料电池的空气压缩机起步也不算晚,西安交通大学、浙江大学等高校承担过多个对燃料电池空气压缩机进行研发的国家"863"和"973"课题,开发的样机也不乏亮点。但由于缺乏专业的制造商参与,在产业化方面进展较为缓慢。随着国内燃料电池产业的蓬勃发展,国内空气压缩机企业正迎头赶上,目前已经有几家企业实现了空气压缩机的批量化生产。未来,空气压缩机将朝着大流量和大压力、高集成度、节能高效、全工况下快速响应等趋势发展。

5. 高压化、轻量化、高安全性是车载供氢系统技术的发展方向

国外燃料电池汽车以乘用车为主,多采用70MPa车载供氢系统。加拿大Dynetek公司、美国Quantum公司、日本丰田和本田等都已具备70MPa车载供氢系统的世界领先技术。在储氢瓶方面,国外已完成对Ⅳ型瓶安全性、耐久性等方面的全面测试,并形成了一整套完备的法律法规,目前国外几乎所有整车企业的燃料电池汽车都使用Ⅳ型瓶。

国内燃料电池汽车以公交车、物流车为主,因此主要关注35MPa车载供氢系统。例如,张家港富瑞特装自主研发的35MPa供氢系统已进行了小批量示范应用,70MPa集成瓶口阀正处于研发阶段。目前,我国车载供氢系统与国外先进水平相比仍有差距,但随着国内车载供氢系统研发的积累、标准体系的进一步完善,我国车载供氢系统技术具有迎头赶上的基本条件。

6.2 燃料电池汽车和电动汽车对比分析

6.2.1 燃料电池汽车和电动汽车总体发展情况及技术对比分析

燃料电池汽车和电动汽车都是全球汽车产业转型发展的重要方向，但目前两者处于不同的发展阶段，在使用特征上也有明显差异。

1. 燃料电池汽车和电动汽车的总体发展情况

（1）**燃料电池汽车进入产业化加速发展的新阶段**　从国际上看，在各国政府的大力支持下，以丰田、本田和现代等为代表的部分车企经过多年的关键技术攻关、技术考核验证和特定用途领域商业化示范，基本解决了燃料电池电堆及整车的核心技术问题，开发出的整车性能已能够达到传统能源汽车水平。燃料电池汽车于2015年面向私人用户销售，开始规模化进入市场。截至2017年，全球累计销量已超过6000辆。与此同时，全球氢能供应基础设施建设步伐也在加快。

从国内来看，在国家科技计划和产业技术创新工程等项目的支持下，我国持续开展了燃料电池汽车的研究开发工作，基本形成了从燃料电池电堆、燃料电池动力系统到燃料电池整车的配套研发体系及生产制造能力，并在北京奥运会、上海世博会、广州亚运会、深圳大运会等重大活动期间进行了小规模的示范考核。在新能源汽车推广财政补贴政策以及科技部与联合国开发计划署国际合作项目的支持引领下，我国以客车、物流车等商用车型为先导陆续启动了示范推广，目前累计运行车辆超过1000辆。

（2）**全球电动汽车的产销量和保有量维持快速增长态势**　在政策支持、动力电池技术进步、基础设施建设完善、车辆排放标准变严等因素的综合影响下，全球电动汽车产业发展迅猛。

电动汽车的销量和保有量增长迅速。全球电动汽车销量增速自2015年以来均超过50%，2017年全球电动汽车的新车销量首次超过100万辆（图6-1）。2015年全球新能源汽车保有量首次突破100万辆，2016年和2017年分别接近或达到200万辆和300万辆（图6-2）。其中中国电动汽车销量和新能源汽车保有量占比均接近50%。

图6-1　全球电动汽车销量及中国占比

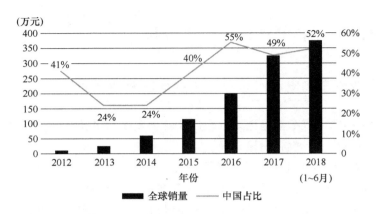

图 6-2　全球新能源汽车保有量及中国占比

由于充电基础设施与电动汽车同步发展，近年来充电基础设施的数量也保持高速增长，2015 年、2016 年和 2017 年分别超过 100 万个、200 万个和 300 万个（图 6-3）。根据电动汽车倡议（EVI）统计，2017 年充电基础设施数量已超过 350 万个。

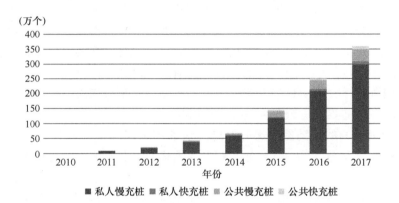

图 6-3　充电桩数量变化率

2. 使用特征对比

（1）续驶里程和燃料加注　燃料电池汽车与传统燃油汽车在续驶里程和燃料加注时间上均比较接近。国际上在售燃料电池汽车的主要参数见表 6-1。可以看到，国外的主要车型均以燃料电池动力系统为主要动力源，匹配的动力电池能量在 1kW·h 左右；车载储氢系统多采用 70MPa，续驶里程为 600~750km，加氢时间为 3~5min。

表 6-1　国际上在售燃料电池汽车的主要参数

车型		丰田 Mirai	现代 ix35	本田 Clarity	现代 NEXO
车重/kg		1850	2290	1875	2210
燃料电池动力系统功率/kW		114	124	103	135
电机参数	kW	113	100	130	120
	N·m	335	300	300	395

(续)

车　型	丰田 Mirai	现代 ix35	本田 Clarity	现代 NEXO
电池参数/kW·h	1.6 （镍氢电池）	0.95 （锂离子电池）	—	1.56 （锂离子电池）
续驶里程/km	650	594	750	754

电动汽车的续驶里程和充电时间与电池装载量直接相关。根据 IEA 统计，典型的电动汽车电池装载量为 20~100kW·h。在中国销量前十的车型主要为 A00 和 A0 级车型，电池装载量为 18~23kW·h；中级车的电池装载量为 23~60kW·h；大型车的电池装载量为 75~100kW·h。在当前的百公里电耗和充电技术情境下，电动汽车的续驶里程在 300km 以内，快充时间为 40~60min。

(2) 运营环境限制和消防安全因素　极端环境（如低温、高温等）将会导致燃料电池汽车和电动汽车性能下降。极端的温度环境会影响动力电池的性能，并且空调的开启还会带来额外的动力电池负荷。与此同时，低于结冰温度时，燃料电池的残余水可能将严重影响燃料电池的性能。因此，要保证燃料电池的高效运行，需要一定的运行温度区间。

燃料电池汽车和电动汽车都面临不同程度的安全问题，其中需要重点关注消防安全问题。由于电动汽车和燃料电池汽车都存在高压电气系统、动力电池或者氢气等触电或火灾风险因素，两者都需要特殊的消防安全设计、运营维修和应急救援培训。从燃料电池汽车来看，需要考虑其高压电气系统、高压氢气的储存系统及使用过程、氢气加注、车辆维修和停车以及泄漏检测等方面存在的安全风险，并建立防范机制和应对体系。

(3) 燃料与可再生能源的融合　氢能和电力都是重要的二次能源，氢能和燃料电池技术以及动力电池技术的发展应用也都有利于促进可再生能源的发展。

在电动汽车大规模发展的情况下，电动汽车在行驶过程中消耗的能量来自电网充电，同时，电动汽车和动力电池作为储能装置，也可以作为优化和保障电网运行的储能单元；特别是在大规模可再生能源接入的情景下，电动汽车和动力电池可通过智能充电、V2G（车-网）等技术实现电力的有序充放，提高电力系统的稳定性和可靠性。

在未来以氢能为基础的氢能经济愿景中，一方面，氢能将支撑大规模可再生能源接入能源系统，同时作为储能系统实现可再生能源的跨部门和跨区域分配，提高能源供应系统的稳定性和可靠性；另一方面，氢能将广泛应用于交通、工业和建筑等社会主要用能部门，实现能源的清洁化利用。

6.2.2　燃料电池汽车和电动汽车的全生命周期成本对比分析

1. 方法和关键参数

本研究基于消费者视角，建立了汽车生命周期的总成本评价模型（图6-4）。汽车生命周期的总成本包括初始成本、使用成本和报废回收成本三大模块。由于新能源汽车二手车交易市场仍未完全建立，还没有成熟的在用及报废新能源汽车的报废回收成本估计方法，因此本研究核算中并未考虑报废回收成本。

汽车生命周期的成本构成计算公式为

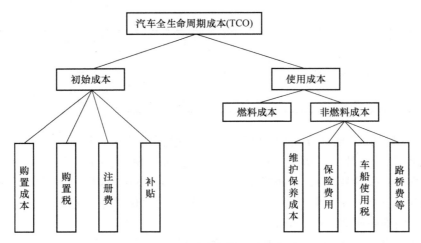

图 6-4　汽车生命周期成本的构成

$$\mathrm{TCO}_N = PC + \sum_{i=1}^{n} \frac{FC_i + MC_i + IC_i + TC_i + OC_i}{(1+r)^{i-1}}$$

式中　PC——初始成本，本研究考虑购置成本、购置税、注册费和补贴等因素；

　　　i——年份；

　　　FC_i——第 i 年的燃料成本；

　　　MC_i——第 i 年的维修保养成本；

　　　IC_i——保险费用；

　　　TC_i——车船使用税；

　　　OC_i——其他运行费用，如路桥费等；

　　　r——折现率。

为对比燃料电池汽车和纯电动汽车的生命周期总成本，本研究选取典型的 B 级汽油乘用车、续驶里程为 150km 的纯电动乘用车（EV150）、续驶里程为 300km 的纯电动乘用车（EV300）、燃料电池功率为 30kW 的燃料电池乘用车（FCV30）和燃料电池功率为 114kW 的燃料电池乘用车（FCV114）五类车型分别计算了其生命周期成本。

（1）初始成本　在本研究中，车辆的初始成本包括车辆的购置成本、购置税、注册费和补贴等因素。每类车型的注册费约为 500 元，其他成本详细分析见下文。

1）购置成本。将 B 级汽油乘用车作为基准车型，EV150、EV300、FCV30 和 FCV114 四类车型的配置参数见表 6-2。

表 6-2　EV150、EV300、FCV30 和 FCV114 四类车型的配置参数

参　　数	EV150	EV300	FCV114（丰田 Mirai）	FCV30（上汽荣威 950）
FC/kW	—	—	114	30
电机/kW	80	130	113	100
电池/(kW·h)	22.5（能量型）	60（能量型）	1（功率型）	11.8（能量型）

本研究采用自下而上的方法，评估了 EV150、EV300、FCV30 和 FCV114 四类车型由于

动力系统的结构差异带来的增量成本。其中，对于动力电池而言，动力电池目标成本在2017年、2020年、2025年、2030年分别为1.8元/(W·h)、1.0元/(W·h)、0.9元/(W·h)和0.8元/(W·h)；对于燃料电池动力系统而言，2017年、2020年、2025年、2030年的成本分别为5000元/kW、1500元/kW、800元/kW和200元/kW。

以典型B级车价格15万元为基准价格，从而得到四类车型在2017年、2020年、2025年和2030年的购买价格，见表6-3。

表6-3 四类车型在2017年、2020年、2025年和2030年的购买价格　（单位：元）

车　　型	汽油车	EV150	EV300	FCV30	FCV114
2017年购买价格	150000	184032	256532	334392	737152
2020年购买价格	156300	159050	195300	209440	325790
2025年购买价格	160710	153202.5	182290	182200	240535
2030年购买价格	161970	150555	176355	160191	169041

2）购置税。车辆购置税是计税价格乘以税率，其中计税价格是以发票价格减去增值税部分的购车款，车辆购置税税率为10%，即车辆购置税＝车辆价格/1.17×10%（17%是本研究进行时的增值税税率）。

根据《关于减征1.6升及以下排量乘用车车辆购置税的通知》（财税〔2016〕136号），2017年节能汽车的购置税按照7.5%征收；2014年8月，财政部、国家税务总局、工业和信息化部联合发布了《关于免征新能源汽车车辆购置税的公告》，明确对自2014年9月1日至2017年12月31日购置的新能源汽车免征车辆购置税。

本研究假定：节能汽车至2020年不再享受购置税优惠；纯电动车型和燃料电池车型在2020年前免征车辆购置税，2020年起按2.5%征收，2025年起按5%征收，2030年后不再享受优惠。

3）补贴。根据《关于调整新能源汽车推广应用财政补贴政策的通知》（财建〔2016〕958号）中规定的2017年新能源汽车推广补贴方案，购买EV150、EV300、FCV30和FCV114分别补贴2万元、4.4万元、18万元和20万元。

对于未来的新能源汽车补贴，本研究假定：2020年起燃料电池乘用车FCV30和FCV114补贴减至2017年的60%，2025年减至2017年的25%，2030年后不再补贴。

（2）使用成本　本研究考虑的汽车使用成本包括燃料成本、维护保养成本、保险费用、车船使用税和路桥费等。由于使用成本属于跨期消费，本研究引入现值分析理论，折现率取8%。

1）燃料成本。五类车型的能耗见表6-4。传统汽油乘用车能耗采用工信部公布的2017年汽油乘用车平均燃料消耗量，取6.7L/100km。

表6-4 五类车型的百公里燃料消耗量

车辆类型	百公里能耗	
	单　　位	能　　耗
汽油车	L/100km	6.7
EV150	kW·h/100km	12.2

（续）

车辆类型	百公里能耗	
	单 位	能 耗
EV300	kW·h/100km	16.2
FCV30	kg/100km	1.05
FCV114	kg/100km	1.05

单位能耗的价格见表6-5。其中，汽油价格取值6.28元/L。电动汽车的充电成本以采用私人充电桩充电为基准，根据《关于电动汽车用电价格政策有关问题的通知》（发改价格〔2014〕1668号），居民住宅小区充电桩执行居民用电价格的合表用户电价，本研究采用北京合表用户电价为0.4733元/kW·h。根据典型车型的汽油乘用车能耗和燃料电池乘用车能耗以及汽油价格核算，氢气成本在约40元/kg时，燃料电池汽车的燃料使用成本与汽油乘用车相当，本研究假定2020年氢气成本相比2017年降低20%，2020年后每5年降低20%。

关于汽车的年均行驶里程，本研究采用北京市交通委员会发布的2013—2017年北京市交通发展年度报告中公布的五年平均值，即每年12161km。

2）非燃料使用成本。非燃料使用成本包括维护保养成本、保险费用、车辆使用税以及路桥费。

其中，保险费用包括机动车交通事故责任强制险（"交强险"）和商业保险。交强险根据《机动车交通事故责任强制保险条例》采用统一费率，6座及以下私家车每年950元，商业保险的覆盖种类较多，本研究选取第三者责任险、车辆损失险、不计免赔特约险三种，费率采用新浪汽车保险估计系统进行计算。

表6-5 不同燃料类型的价格

类 型	单 位	价 格
汽油	元/L	6.28
电力-私人充电	元/(kW·h)	0.4733
氢气（2017年）	元/kg	40
氢气（2020年）	元/kg	32
氢气（2025年）	元/kg	26
氢气（2030年）	元/kg	20

在维护保养成本方面，根据北京市交通委员会发布的《2017北京市交通发展年度报告》，汽油乘用车的维护保养成本约为2500元。根据《从消费者的视角分析纯电动城市客车的生命周期成本》，纯电动车型的维护保养成本为汽油乘用车的85.46%，本研究假定燃料电池汽车的维护保养成本与之相同。

在车船使用税方面，根据《关于节约能源 使用新能源车船车船税优惠政策的通知》（财税〔2015〕51号），为节约能源，鼓励使用新能源，我国对节能汽车减半征收车船税，对新能源汽车免征车船税。本研究假定：2020年车船税对节能汽车不再减免，纯电动汽车减半征收，燃料电池汽车免征；2025年纯电动汽车征收75%，燃料电池汽车减半征收；2030年纯电动汽车不再减免，燃料电池汽车征收75%。

在路桥费方面，本研究也采用北京市交通委员会发布的《2017 北京市交通发展年度报告》中的数据，即 958 元/年。

2. 结论及分析

综合考虑初始成本和使用成本，计算出 2017 年、2020 年、2025 年和 2030 年成本条件下，不同使用年限五类车型的生命周期总保有成本，如图 6-5～图 6-8 所示。

在 2017 年的政策环境下，补贴及购置税优惠政策可使 EV150 和 FCV30 的购置成本与汽油乘用车相当，随着保有年限的增长，EV150 的总保有成本将持续低于汽油乘用车；FCV30 的总保有成本将与汽油乘用车相当或略高于汽油乘用车（差距为 1 万～5 万人民币）；EV300 的总保有成本将持续高于汽油乘用车，并在保有年限接近 20 年时与汽油乘用车的保有成本接近；FCV114 即使在保有年限达到 20 年的情况下，成本也将一直高于汽油乘用车（图 6-5，参见彩图）。

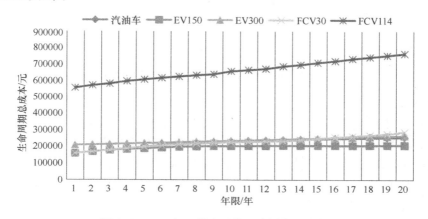

图 6-5　2017 年五类车型的生命周期总成本

在 2020 年，EV150 全生命周期的使用成本将低于汽油乘用车，并且保有年限越长，节省的成本越多；EV300 在保有年限大于或等于 8 年时，生命周期的总成本将低于汽油乘用车；由于本研究假定 FCV30 补贴延续，FCV30 的总保有成本将与汽油乘用车相当或略低于汽油乘用车（保有年限大于 9 年时，FCV30 的总保有成本将比汽油乘用车减少 1 万元以上）；即使 FCV114 保有年限达到 20 年，成本也高于汽油乘用车（图 6-6，参见彩图）。

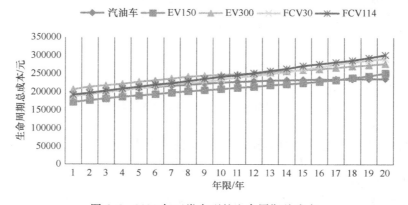

图 6-6　2020 年五类车型的生命周期总成本

在2025年，EV150全生命周期的使用成本将低于汽油乘用车，并且保有年限越长，节省的成本越多；EV300在保有年限大于或等于4年时，其生命周期的总成本将低于汽油乘用车；在FCV30补贴取消的情境下，FCV30在保有年限大于或等于9年时，其生命周期总成本将低于汽油乘用车；在FCV114补贴额度降为2017年25%的情境下，FCV114保有年限达到20年时，其生命周期的总保有成本将接近汽油乘用车（图6-7，参见彩图）。

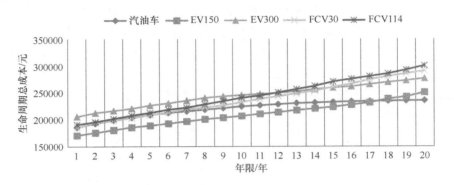

图6-7　2025年五类车型的生命周期总成本

在2030年，EV150和FCV30全生命周期的使用成本都将低于汽油乘用车，并且保有年限越长，节省的成本越多；EV300在保有年限大于或等于4年时，其生命周期总成本将低于汽油乘用车；FCV114在保有年限大于或等于3年时，其生命周期总成本将低于汽油乘用车。

与此同时，FCV30的生命周期总成本在EV300和EV150之间；在保有年限小于或等于5年时，FCV114的保有成本将低于EV300，在保有年限大于5年时，FCV114的保有成本将高于EV300（图6-8，参见彩图）。

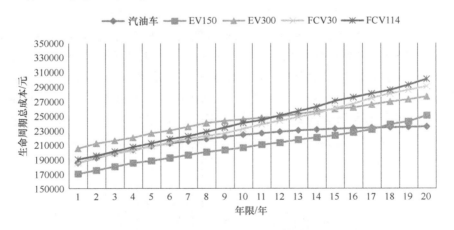

图6-8　2030年五类车型的生命周期总成本

6.2.3　燃料电池汽车全生命周期的能源消耗和环境影响分析

1. 分析方法及数据来源

（1）方法与模型　本研究应用美国阿贡国家实验室（ANL）开发的GREET2016模型进

行燃料生命周期能源消耗和温室气体排放及污染物排放的模拟。GREET 模型中车用燃料生命周期（WTW）的分析包括原料、燃料和车辆运行三个阶段。原料和燃料阶段合称为 WTP 阶段（Well-to-Pump，矿井到加油站，即上游阶段），车辆运行阶段称为 PTW 阶段（Pump-to-Wheels，加油站到车轮，即下游阶段）。

（2）制氢路径分析 典型的氢气制取路径包括作为工业副产品的焦炉煤气制氢、天然气重整制氢、水电解制氢以及可再生能源（如风电和太阳能等）电解水制氢等，其他在研究的制氢方式包括生物质暗发酵制氢、固体氧化物电解制氢、生物高温裂解油重整制氢等非化石能源的天然气重整制氢。

通过调研氢能制取技术并考虑国内现有的制氢路径，本研究涵盖的制氢方式包括天然气重整制氢、水电解制氢、太阳能电解水制氢以及工业副产的焦炉煤气制氢。储存和运输方式包括集中式制氢-液氢货车运输和加氢站制氢两种方式，加氢方式则考虑 70MPa 的储氢瓶加氢，见表 6-6。

表 6-6 研究涵盖的制氢路径

路径	制氢原料	集中式制氢或加氢站制氢	运输方式	加氢方式
焦炉煤气制氢	焦炉煤气	集中式	液态，货车	700bar①
天然气重整制氢1	天然气	集中式	液态，货车	700bar
天然气重整制氢2	天然气	加氢站	气态，不适用	700bar
水电解制氢	水	加氢站	气态，不适用	700bar
太阳能电解水制氢	水	加氢站	气态，不适用	700bar

① 1bar = 10^5 Pa。

其中，水电解制氢所用电网电力来源假设为全国平均电力构成。根据中国电力企业联合会数据，2015 年我国电力构成中，煤电占总发电量的 67.7%，燃气发电占 2.9%，水电占 19.5%，其他发电方式占 9.9%，具体的发电结构如图 6-9 所示。

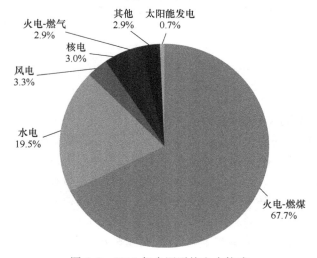

图 6-9 2015 年全国平均电力构成

(3) 车辆运行阶段能耗分析

1) 传统汽油乘用车、电动和燃料电池乘用车运行阶段能耗比较。

目前，我国市场上并没有燃料电池乘用车。本田、现代和丰田均有车型在美国市场销售。根据美国环保部对各车型的能耗评估结果（表6-7），本研究采用三种车型的平均值，即1.05kg/100km。

表6-7 燃料电池汽车基本性能参数

参　　数	2017 本田 Clarity	2017 现代途胜	2017 丰田 Mirai
综合工况下能耗/(kg/100km)	0.95	1.8	0.93
续驶里程/km	366	265	312
车辆类别	中型轿车	小型SUV	紧凑型轿车
电机类型	交流永磁同步电机	交流感应电机	交流感应电机
电池	346V锂离子电池	180V锂离子电池	245V镍氢电池

对于传统汽油乘用车，本研究采用2015年的新车燃油经济性数据。2016年10月16日，工信部、发改委、商务部、海关总署及质检总局发布了关于2015年度中国乘用车企业平均燃料消耗量核算情况的公告，其中指出，2015年我国乘用车行业平均燃料消耗量实际值为7.04L/100km。电动汽车的能耗采用2016年销量前四位的车型按照销量加权平均的计算结果为16.3kW·h/100km。

2) 传统柴油公交车、电动和燃料电池公交车运行阶段能耗比较。

我国已开展两期燃料电池公交车的示范，但只有2008年和2010年的运行数据。美国可再生能源国家实验室从2009—2016年分别对美国运行的燃料电池公交车的情况进行了评估。评估方式是将燃料电池公交车与同工况下运行的传统柴油车或天然气公交车进行比较，为了保持数据的可比性，纯电动公交车的运行阶段能耗也采用美国的测试数据。三种能源类型的公交车运行阶段能耗见表6-8。

表6-8 三种能源类型的公交车运行阶段能耗

公交车能源类型（12m）	百公里能耗
传统柴油车	55L/100km
燃料电池公交车	10.1kg/100km
纯电动公交车	120kW·h/100km

2. 燃料电池汽车生命周期能耗和排放分析

这里采用燃料生命周期的分析方法，基于GREET2016模型模拟了单车燃料生命周期的能源消耗及温室气体排放情况，对比分析基于不同制氢路径的燃料电池汽车与传统汽油车在节能和减排效益方面的差异。其中，在电解水制氢路径中，分析了基于前述全国发电结构和太阳能制氢两种情景；在天然气重整制氢路径中，分析了集中式制氢和场站内制氢两种方式；同时，考虑到工业副产氢的利用，还研究分析了焦炉煤气制氢路径。

（1）燃料电池乘用车生命周期能耗和温室气体排放分析 燃料电池汽车在车辆运行阶段实现了零排放，其全生命周期的温室气体排放主要集中在上游阶段。与传统汽车相比，燃料电池汽车全生命周期的温室气体排放根据制氢路径的不同会有很大差异。当氢气来自电解水制氢和集中式天然气重整制氢时，燃料电池乘用车并没有体现出减排优势；加氢站内天然气重整制氢和焦炉煤气制氢两种氢气生产路径能使燃料电池汽车分别减排18%和33%。煤制氢则增加了32.7%的温室气体排放，利用电网电解水制氢将增加120%的温室气体排放，太阳能电解水制氢生命周期内的温室气体实现了零排放。

与电动汽车相比，除太阳能电解水制氢外，焦炉煤气制氢可以节能11%，其他氢能来源的燃料电池汽车均无温室气体减排优势（图6-10）。

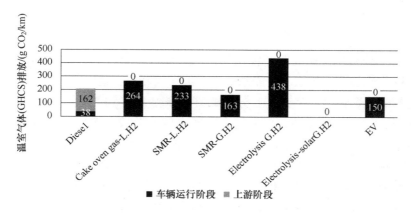

图6-10　不同氢能生产路径下，燃料电池乘用车的温室气体减排效益

在化石能源消耗方面，与传统汽油车相比，加氢站天然气重整制氢将节能10%，太阳能电解水制氢将节能100%。煤制氢、焦炉煤气制氢、集中式天然气重整制氢将分别增加能耗13.6%、3%和19%。与电动汽车相比，除太阳能电解水制氢外，燃料电池汽车并没有节能优势（图6-11）。

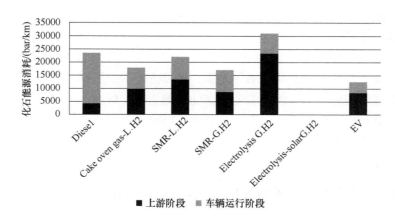

图6-11　不同氢能生产路径下，燃料电池乘用车的化石能源消耗

对于所有的氢能生产路径而言，与传统汽油车相比，燃料电池汽车将减少89%~100%的石油消耗。与电动汽车相比，集中式天然气重整制氢、加氢站天然气重整制氢和太阳能电解水制氢将分别减少8%、67%和100%的石油消耗（图6-12），因此，推广燃料电池汽车对降低我国石油对外依存度具有重大意义。

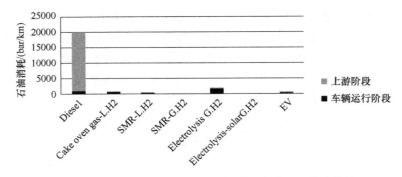

图 6-12　不同氢能生产路径下，燃料电池乘用车的总能耗

（2）燃料电池公交车生命周期能耗和温室气体排放分析　在生命周期内的温室气体排放方面，与传统柴油公交车相比，氢能来源为焦炉煤气制氢、集中式天然气重整制氢和加氢站天然气重整制氢的燃料电池公交车，分别减排49%、10%和37%。若直接用网电电解水制氢将增加69%的温室气体排放，而采用太阳能电解水阶段，燃料电池汽车可以大幅削减其排放量。对于NO_x和PM两种污染物，其减排效果则不如VOC（volatile organic compounds，挥发性有机化合物）和CO明显。

从上游氢能来源来看，在目前我国的发电结构下，电解水制氢用于燃料电池汽车，与传统汽油车相比并不具有节能和减排优势，但是在可再生电力比较丰富的地区利用电解水制氢驱动燃料电池汽车将带来节能和减排优势；未来随着电力系统的清洁化发展，电解水制氢路径也会带来一定的减排效益，而太阳能电解水制氢将使燃料电池汽车实现生命周期的零温室气体排放和零化石能源消耗。与此同时，焦炉煤气制氢、天然气重整制氢路径都将使燃料电池汽车具有节能和减排效益。

本研究并未涉及的生物制氢、垃圾填埋气制氢等方式也是可再生能源制氢的重要路径。未来，开展多种氢能制取路径的研究和分析，对保证氢能供应、实现燃料电池汽车全生命周期的节能和减排效益具有重要意义。

从车辆运行阶段来看，相对于传统汽车，燃料电池公交车将带来更大的节能减排效益。但是考虑到目前车型以及运行工况限制等因素，运行阶段的能耗仍具有不确定性，下一步需要在收集我国实际运行燃料电池汽车能耗数据的基础上深化研究。

总体来看，应用推广燃料电池汽车，一方面可以减少车用化石能源消耗，这将有利于降低我国的石油对外依存度；另一方面可以减少车辆运行阶段的温室气体排放，对改善城市空气质量也具有重要意义。

6.2.4　燃料电池汽车加氢基础设施建设总投资成本的核算与比较

本研究考虑电动汽车和燃料电池汽车的能耗水平、活动水平及充电站和加氢站的服务水平等因素，对比分析了不同发展规模情景下，电动汽车和燃料电池汽车的基础设施成本（不含土地成本）。

1. 分析方法及关键参数

车辆关键参数假定：本研究采用的两种车型年均行驶里程为15000km；电动汽车的能耗

对标典型 B 级车，取 22kW·h/100km；燃料电池汽车的能耗以商业化规模最大的丰田 Mirai 为参照，取 1.05kg/100km。根据车辆关键参数核算，可以得到不同车辆规模情景下，电动汽车和燃料电池汽车的电量需求和加氢需求。具体参数和计算结果见表 6-9。

表 6-9 车辆的关键参数及电能和氢能需求

车辆规模及运行参数		纯电动汽车		燃料电池汽车	
车辆规模/（万辆）	年均行驶里程/km	百公里电耗/（kW·h/100km）	电量需求/（GW·h/年）	耗氢量/（kg/100km）	氢需求/（万t/年）
1	15000	22	27	1.05	0.1575
10	15000	22	270	1.05	1.575
100	15000	22	2700	1.05	15.75
2000	15000	22	54000	1.05	315

充电基础设施关键参数假定：在充电桩的成本核算中，快充桩的配置数量按照车辆规模达到 1 万、10 万、100 万和 2000 万辆时，对应满足充电需求的比例分别为 15%、15%、20% 和 20% 计算。慢充桩多为家庭充电或工作场所充电，配置数量按照随车配建充电桩的模式计算。根据中国电动汽车充电基础设施促进联盟估计，慢充桩的配建率在 2016 年为 77%，2017 年为 88%，本研究假定车辆规模达到 1 万、10 万、100 万和 2000 万辆时的慢充桩配建率分别为 50%、60%、88% 和 90%。

按照行业调查结果，目前快充桩的功率主要为 60kW，成本为 10 万元/个，未来发展方向为大功率充电，成本也将降至 7 万元/个。根据国家能源局及相关研究，2016 年、2017 年公共充电桩的利用率分别不足 10% 和 15%。本研究设定在车辆规模达到 1 万、10 万、100 万和 2000 万辆时，快充桩的利用率分别为 7%、10%、15% 和 30%，充电效率为 85%。慢充桩成本目前约为 1 万元/个，未来可能降至 7000 元/个。车辆规模具体参数设置见表 6-10。

表 6-10 车辆规模具体参数设置

车辆规模/（万辆）	快充桩充电功率/kW	快充桩利用率（%）	快充满足充电需求比例（%）	快充桩成本/（万元/个）	慢充桩配建率（%）	慢充桩成本/（万元/个）
1	28	7	15	20	50	1.5
10	40	10	15	15	60	1.2
100	60	15	20	10	88	1
2000	80	30	20	7	90	0.7

加氢基础设施关键参数假定：本研究主要考虑外供氢的加氢站。根据调研，目前市场上主要建设的加氢站规模为 500kg/天，未来随着车辆规模的增加，加氢站规模也将扩大。当车辆规模达到 1 万辆时，对应加氢能力 500kg/天的加氢站成本约为 650 万元/座，未来考虑规模化和技术进步带来的成本降低，这个成本将降至 550 万元/座；当车辆规模达到 100 万辆和 2000 万辆时，将主要采用加氢能力为 1000kg/天的加氢站，成本分别为 507 万元/座和 405 万元/座。当车辆规模达到 2000 万辆时，加氢站的使用率参考目前成熟的加油站的使用率 50%；而车辆规模达到 1 万辆、10 万辆和 100 万辆时所对应的加氢站使用率分别假定为

20%、25%和35%。具体加氢基础设施的参数见表6-11。

表6-11 具体加氢基础设施的参数

车辆规模/(万辆)	加氢站参数		
	最大加氢量/(kg/天)	使用率/(%)	加氢站成本/(万元/座)
1	500	20	650
10	500	25	550
100	1000	35	507
2000	1000	50	405

2. 分析及结论

关于充电和加氢基础设施的规模方面，综合考虑电动汽车和燃料电池汽车的充电和加氢需求，以及充电基础设施和加氢基础设施的供应能力，核算得到对应不同车辆规模的充电和加氢基础设施的需求规模，见表6-12。

表6-12 对应不同车辆规模的充电和加氢基础设施规模

车辆规模/(万辆)	充电桩规模		加氢站规模
	快充桩/(万个)	慢充桩/(万个)	加氢站数量/座
1	0.07	0.50	44
10	0.34	6	350
100	2	88	1250
2000	15	1800	17500

关于加氢基础设施和充电基础设施的投资规模对比方面，根据单位充电和加氢基础设施成本及需求规模，核算得到对应不同车辆规模的充电和加氢基础设施的总体投资成本及单位车辆的投资成本，核算结果如图6-13所示。与充电站相比，车辆规模在1万辆以内时，加氢基础设施的投资规模大于充电设施的投资；车辆规模大于10万辆之后，加氢站成本迅速下降，在车辆规模达到约65万辆时，加氢基础设施的投资规模与充电设施的投资规模相当；当车辆规模达到100万辆时，加氢基础设施的投资规模比充电设施的投资规模低40%。

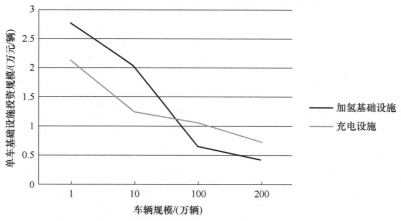

图6-13 不同车辆规模情境下，充电和加氢基础设施的投资对比

氢燃料电池汽车是全球汽车动力系统转型升级的重要方向，被认为是未来汽车产业技术竞争的制高点之一，也是我国新能源汽车发展战略的重要组成部分。氢燃料电池汽车能够实现车辆使用阶段"零排放"、全生命周期"低排放"以及能源的高效利用，同时具有续驶里程长、燃料加注时间短的优势，在车辆适用类型、应用领域等方面与纯电动汽车有较强的互补性。在今后较长的一段时间内，氢燃料电池汽车将与纯电动汽车共同发展、长期并存，共同支撑我国汽车产业的转型升级。

6.3 质子交换膜燃料电池系统在车辆上的控制

6.3.1 简介

本章讨论了燃料电池的基本原理，包括不同类型的燃料电池以及它们的性质、结构和应用，特别是聚合物电解质膜燃料电池。为了保证质子交换膜（PEM）燃料电池运行的安全性以及高效性，需要运用一些辅助设备，并对其进行了介绍。此外，还介绍了关于质子交换膜燃料电池组件的一些广为人知的面向控制的动态模型。典型的质子交换膜燃料电池（PEMFC）的仿真分析基于动态控制导向模式进行，控制导向模型使其用于经常使用的控制算法的实现，如氧过剩率与温度调节。

如前所述，由于 PEMFC 对于高温蒸汽的高度灵敏性，其操作温度限制在 60~80℃。湿度管理是保证 PEMFC 高效运行的一个非常重要的举措。在大多数的燃料电池系统中，副产物水被用于对膜的加湿，但是应当采取适当的措施来防止膜浸水或脱水产生的水分子在膜中的积累阻碍氢分子的通过，导致堆栈电压降低，从而发生液泛现象。所产生的热水，也可用于住宅热水的供应。此外，在热电联产（CHP）应用方面，废热用于空间加热或经营 CHP 系统，以产生更多电能。高温燃料电池像固体氧化物燃料电池（SOFC）一样，更适合于CHP模式下的操作。在 CHP 运行模式下，SOFC 可以达到 80% 左右的效率。

在 PEMFC 的工作情况下，由于可操作低温范围小，使其难以有效地使用余热。PEMFC 的另一缺点是需要纯氢，因为其对于氢气中所包含的杂质十分敏感，例如氨、CO 和硫，很可能一起中毒。此外，如果只有烃类燃料，则需要大量的燃料处理系统，系统的尺寸、复杂性和成本都会受到一定影响，并且会导致效率低至 35%。

尽管有上述缺点，PEMFC 仍然是目前最成熟的燃料电池。它已经作为备用发电用于固定电源，不久将在汽车应用方面实现完全商业化。

典型燃料电池系统包括以下几个方面：

（1）燃料供应子系统 每一种类型的燃料电池都需要一个特定的燃料。关于子系统合并纳入整个燃料电池系统取决于其所要求的燃料。PEMFC 对氢气中的杂质十分敏感，例如氨、一氧化碳和硫，混在一起很可能中毒。如果没有纯氢供给子系统，将需要将燃料制成氢的燃料处理器。对于住宅应用，天然气供给的燃料电池系统通常因为其广泛的可用性和扩展分配系统成为优选系统。

（2）反应物的流量子系统 该反应物流量子系统包括管理提供氢气和空气进入燃料电池的所有部件。这些组件可能包括管道、入口和出口歧管、泵、电动机、阀、压力或流量调节器和压缩机或风机。该子系统中的组件负责提供足够流量的反应物,以保持所需的过剩率,确保快速和安全的功率瞬态响应并减少附件功率消耗。

(3) 热管理子系统 热管理子系统包括燃料电堆和反应温度系统的监测和控制元件。热管理子系统负责保证该系统的工作温度,使其保持在可接受的范围内,同时优化辅助风扇和泵的功率消耗。一方面,温度过高可能会导致膜或脱水的细胞结构,从而严重降低燃料电池的性能;另一方面,操作温度过低会降低反应速率,从而降低燃料电池的效率,当燃料电池产生电流时,则会产生热量。对于大型堆栈,像车辆所需求的那样,所产生的热量不能被动地通过表面对流和辐射将其散发到周围的空气中,冷却系统必须有效地管理产生的热量。燃料电池的热管理比内燃机更为困难。首先,通常在堆栈中使用去离子水冷却剂,该冷却剂并不十分有效;其次,废气在低温下从低温燃料电堆排出,因此燃料电池比内燃机(ICE)产生的废气更难带出热量,内燃机的废气通常超过 500℃。

(4) 水管理子系统 水管理子系统的作用是将水化膜保持在所需的值,并保持系统中水的使用和消耗之间的平衡。影响膜湿度的主要因素是反应物的质量流速和水在阳极和阴极入口的流量。在当前被耗尽的燃料电池中,水分子都产生在阴极,并通过氢质子从阳极转移到阴极,这会影响膜的湿度。过干或过湿的膜都不利于工作,因为它们会导致较大的损失。水管理子系统可以监控膜的湿度,防止不良工作条件的产生。

(5) 功率管理子系统 功率管理子系统用于控制燃料电堆的输出功率,从燃料电池得到电流会对其他子系统产生直接的影响,但是不会控制输出电流,可看作该系统的干扰。当出现二次电源,如电池随着燃料电池一起使用时,功率管理将会变得更难。在这种配置中,电源管理子系统充当管理控制器,能提供良好的瞬态响应,并获得最佳的整体系统效率。图 6-14 所示为典型燃料电池系统框图,其中包括一些辅助组件。

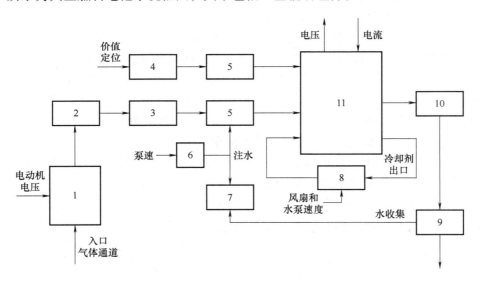

图 6-14 典型燃料电池系统框图
1—压缩机和电动机 2—供给总管 3—冷却器 4—氢气槽和阀门 5—加湿器 6—水泵
7—水槽 8—散热器和冷却剂泵 9—水分离器 10—返回歧管 11—燃料电池电堆

6.3.2 燃料电池系统模型

PEMFC 受诸多因素的影响,如材料输运质量、反应机理、压力、温度以及电极产生的电压和电流。除了过电压和欧姆损耗,一般认为 PEMFC 模型的复杂程度取决于以上因素。已经有人提出一些机械学和分析模型用于详细捕获燃料电池动力。这些研究解释了微观反应动力学,同时也是对 PEMFC 的结构分析。由于其高复杂性及未知的结构参数,实现它们是不符合实际的,因而需要进行数值模拟。与此相反,其他研究通过使用更紧凑的模型来说明这些动力学,因此不需要复杂的解决技术,可从实验数据获得半经验模型。这些研究都没有考虑燃料电池的辅助部件,而辅助部件对于燃料电池的高效率和操作的可靠性至关重要。

Pukrushpan 等人使用集总参数——控制量的方法开发了一种 PEMFC 系统的动态模型。该模型包括压缩机模型、供应和返回歧管、空气冷却器、加湿器、阳极和阴极流、水化膜模型以及燃料电池极化曲线,但是假设温度恒定,忽略双电荷层的影响,将其看作发生在靠近电极/电解质界面的一个快速动态行为。换言之,在阳极和阴极界面的带电层与电解质可看作一个电容器。Xue、Pathapati 和 Meyer 等人进行了更进一步的研究,包括温度和电荷双层效应对 PEMFC 模型的影响。然而为了能够实现燃料电池系统的控制方法,控制模型需要考虑瞬态效应,而忽略模型参数的空间变化。电化学反应和电极反应的动力学由于其快速的反应被忽视,然而其他的慢子系统,如歧管充填、热管理、空气压缩机以及它们之间相互作用的动态行为,被包括在这些模型中。

目前,一直在开发更细致的控制导向型 PEMFC 模型。Guo 等人结合前面所讨论的不同模型,统一极化曲线的稳态和瞬态行为,也开发了一个非线性模型。但是只考虑了燃料电池本身,而忽略了辅助成分的效果。

1. 极化曲线建模

燃料电池电堆性能的典型特征是它的极化曲线,如图 6-15 所示。极化曲线可以分成 3 个不同的区域:活化过电压、欧姆过电压和浓度过电压。活化过电压对应于反应物之间进行化学反应必须克服的能量界限,当电流密度很小时,活化过电压是电压损失的主要来源。由于其低效率,因此不能在该区域内操作燃料电池。随着电流密度的增加,活化过电压变得不那么显著,而欧姆过电压成为主要的电压损失,电池中的电阻损耗导致了欧姆过电压的发生。

电阻损耗发生在电解液、电极以及区域终端。根据欧姆定律,电压损耗的量在整个区域呈线性变化。随着电流密度接近极限电流密度(即反应物在催化剂表面的浓度达到零),浓度过电压成为主要的电压损失。浓度过电压的电压损失是由于饥饿反应(即反应物被消耗的速度比被提供的速度快)造成的。浓度过电压(V_{conc})和电流密度之间的关系由 Barbir 给定:

$$V_{conc} = \frac{RT_{cell}}{2F}\ln\left(\frac{i_L}{i_L - i}\right) \tag{6-1}$$

式中 i_L——极限电流密度(A/cm^2);

i——电流密度(A/cm^2);

R——气体常数;

T_{cell}——电池温度（K）;

F——法拉第常数（每摩尔电荷的电子，即 96485C/mol）。

随着电流密度接近极限电流密度，电池电压迅速下降。由于反应物不足可能会造成膜的永久性损坏，不能在该区域内操作燃料电池。极化曲线的形状主要取决于堆栈温度和反应压力。因此，在它的整个操作区域栈性能可以通过测量不同操作条件下的总体极化曲线进行说明。

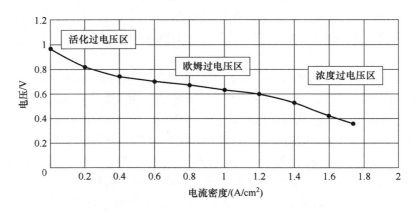

图 6-15　PEMFC 的极化曲线

不同的燃料电池电压模型在相关文献中已经被使用。一个常见的燃料电池电压模型为

$$V_{fc} = E - V_{act} - V_{ohm} - V_{conc} \tag{6-2}$$

式中　　E——开路电压;

V_{act}、V_{ohm}、V_{conc}——活化、欧姆和浓度过电压。

浓度过电压在正常工作条件下通常很小（即反应物不足不发生），因此在一些研究中忽略浓度过电压。利用能斯特方程对开路电压进行建模:

$$E = 1.229 - 8.5 \times 10^{-4}(T_{cell} - 298.15) + 4.308 \times 10^{-5} T_{cell}\left[\ln\left(\frac{p_{an}^{H_2}}{p_{atm}}\right) + \frac{1}{2}\ln\left(\frac{p_{ca}^{O_2}}{p_{atm}}\right)\right] \tag{6-3}$$

式中　$p_{an}^{H_2}$、$p_{ca}^{O_2}$、p_{atm}——氢气分压（Pa）、氧气分压（Pa）和标准大气压（101kPa）。

由图 6-16 观察到的燃料电池的性能随着反应物压力的上升而提高是因为化学反应与氢气和氧气的压力成正比，然而较高的压力对堆栈的密封性和附加压缩机的功率要求较高。从图 6-17 中可以观察到，增加堆栈的温度也可以增加其性能，但是温度应低于水的沸腾温度 100℃，在此温度下，水沸腾所产生的水蒸气会严重降低氧含量，由于氧缺乏会大幅降低电池的性能。利用 Tafel 方程可对活化过电压进行建模:

$$V_{act} = V_0 + V_a(1 - e^{\xi_1 i}) \tag{6-4}$$

式中　ξ_1——经验系数;

参数 V_0 为

$$V_0 = 0.27 - 8.5 \times 10^{-4}(T_{cell} - 298.15) = 4.3085 \times 10^{-5}\left\{\ln\left(\frac{p_{ca} - p_{ca}^{sat}}{p_{atm}}\right) + \frac{1}{2}\ln\left[\frac{0.1173(p_{ca} - p_{ca}^{sat})}{p_{atm}}\right]\right\} \tag{6-5}$$

参数 V_a 为

$$V_a = (-1.618 \times 10^{-5} T_{cell} + 1.618 \times 10^{-2}) \left(\frac{p_{ca}^{O_2}}{0.1173 \times 10^5} + \frac{p_{ca}^{sat}}{10^5} \right)^2 + $$

$$(1.8 \times 10^{-4} T_{call} - 0.166) \left(\frac{p_{ca}^{O_2}}{0.1173 \times 10^5} + \frac{p_{ca}^{sat}}{10^5} \right) - 5.8 \times 10^{-4} T_{call} + 0.5736 \quad (6-6)$$

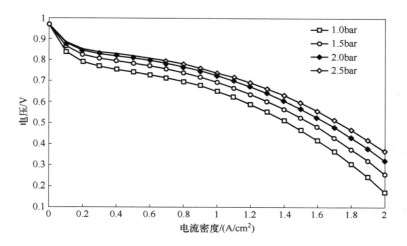

图 6-16 操作压力对燃料电池极化曲线的影响

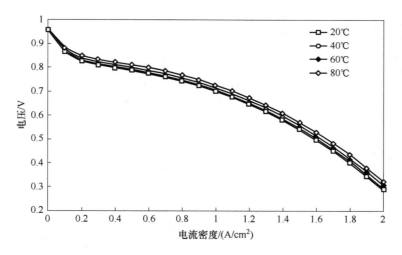

图 6-17 操作温度对燃料电池极化曲线的影响

利用欧姆定律对欧姆过电压进行建模：

$$V_{ohm} = R_{ohm} I_{st} \quad (6-7)$$

式中　R_{ohm}——电池电阻（Ω）；
　　　I_{st}——堆栈电流（A）。

电池电阻取决于该膜的水含量和叠堆栈温度。由 Amphlett 等人和 Pathapati 等人根据经验建模：

$$R_{ohm} = \xi_2 + \xi_3 T_{cell} + \xi_4 I_{st} \tag{6-8}$$

式中 ξ_2、ξ_3 和 ξ_4——由实验确定的参数系数。

由 Puknishpan 等人给出的浓度过电压为

$$V_{conc} = i\left(\xi_5 \frac{i}{i_{max}}\right)^{\xi_6} \tag{6-9}$$

式中 ξ_5、ξ_6 和 $i_{max}(\text{A/cm}^2)$——经验系数,参数 ξ_5 由堆栈温度和反应物的分压决定,即

$$\xi_5 = \begin{cases} (7.16\times10^{-4}T_{cell}-0.622)\left(\dfrac{p_{ca}^{O_2}}{0.1173\times10^5}+\dfrac{p_{ca}^{sat}}{10^5}\right)+(-1.45\times10^{-3}T_{cell}+1.68)\dfrac{p_{ca}^{O_2}}{0.1173} + p_{ca}^{sat} < 2p_{atm} \\ (8.66\times10^{-5}T_{cell}-0.068)\left(\dfrac{p_{ca}^{O_2}}{0.1173\times10^5}+\dfrac{p_{ca}^{sat}}{10^5}\right)+(-1.6\times10^{-3}T_{cell}+0.54)\dfrac{p_{ca}^{O_2}}{0.1173} + p_{ca}^{sat} \geq 2p_{atm} \end{cases} \tag{6-10}$$

2. 反应物供应系统模型

一个典型的燃料电池反应物供应系统如图 6-18 所示。燃料电池的空气供给系统由空气压缩机、加湿器、供给歧管、阴极、返回歧管以及背压阀组成。供给歧管入口流量和返回歧管出口流量通过空气压缩机和一个背压阀分别进行调节。氢气供给系统组件包括储氢罐、压力调节器以及阳极和放气阀。

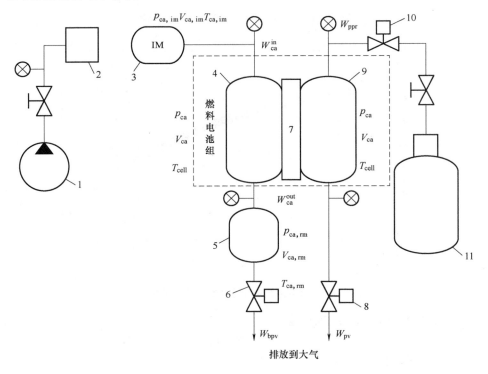

图 6-18 一个典型的燃料电池反应物供应系统
1—空气压缩机 2—加湿器 3—供给歧管 4—阴极 5—返回歧管 6—背压阀
7—交换膜 8—放气阀 9—阳极 10—压力调节器 11—储氢罐

(1) 空气反应系统模型

1）空气压缩机模型。

空气压缩机（以下简称压缩机）通常用于 PEMFC 系统的氧化剂供给。压缩机流动取决于压缩机的速度和压力比，通过压缩机映射图来确定。压缩机效率图（图 6-19）显示了不同的压力比与质量流量因数下的压缩效率。恒定转速因数线也标绘在图上。质量流量因数和旋转速度因数分别被定义为

$$\frac{W_{cp}\sqrt{T_1}}{1000p_1} 和 \frac{N}{\sqrt{T_1}},$$

其中 W_{cp} 是质量流率（g/s）；T_1 是压缩机入口温度（293.15K）；p_1 是入口压力（即大气压）；N 是所述压缩机的转子速度（r/min）。

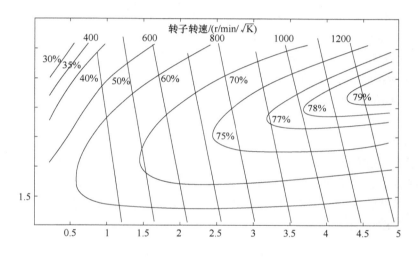

图 6-19 压缩机效率图

压缩机通常是由电动机驱动的，因此电动机的角速度为

$$J_{eq}\dot{\omega}_m = T_m - f_{eq}\omega_m - \gamma T_{cp} \tag{6-11}$$

式中　ω_m——电动机角速度（rad/s）；

γ——电动机和压缩机的齿轮数比，$\gamma = \dfrac{\omega_{cp}}{\omega_m}$；

J_{eq}——压缩机和电动机的结合惯性（kg·m²）；

T_m——电动机转矩（N·m）；

f_{eq}——摩擦系数[N·m/(rad/s)]；

T_{cp}——压缩机转矩（N·m）。

其中，电动机转矩是由静态模型确定的，即

$$T_m = \frac{\eta_m c_t \left(k_m u_m - \dfrac{30}{\pi} c_e \omega_m\right)}{R_m} \tag{6-12}$$

式中　u_m——控制输入电动机的电压（0~10V）；

η_m——机械效率；

k_m、R_m、c_t 和 c_e——电动机常数。

压缩机效率为

$$\eta_{cp} = g\left(\frac{p_{ca,im}}{p_{atm}}, \frac{W_{cp}}{10^3}\right) \quad (6\text{-}13)$$

式中　g——压缩机性能图；

$p_{ca,im}$——供给歧管压力（Pa）。

该压缩机性能图可以用不同的方法表示，例如反向传播神经网络、Jensen 和 Kristensen 运用的非线性曲线拟合方法建模等。所需的压缩机转矩由下式确定：

$$T_{cp} = \frac{c_p T_{atm}}{10^3 \omega_{cp} \eta_{cp}}\left[\left(\frac{p_{ca,im}}{p_{atm}}\right)^{\frac{(\kappa-1)}{\kappa}} - 1\right] W_{cp} \quad (6\text{-}14)$$

式中　c_p——空气的比热容（J/kg/K）；

T_{atm}——大气温度（293.15K）；

W_{cp}——压缩机流动速率（g/s）；

η_{cp}——压缩机效率；

κ——比热比。

2）加湿器模型。

加湿对于保证燃料电池进行有效工作是至关重要的。如果相对湿度过低，可能会发生脱水，导致性能变差，甚至电池损伤；如果相对湿度过高，可能会出水泛滥，从而导致不可接受的电压降。因此，通过在阴极侧和阳极侧安装加湿器提供外部加湿及控制。通过阴极侧加湿器调节的相对湿度为

$$RH_{ca,hum} = \frac{p_{ca,hum}^v}{p_{ca,hum}^{sat}} \times 100\% \quad (6\text{-}15)$$

式中　$p_{ca,hum}^v$——水蒸气分压（Pa）；

$p_{ca,hum}^{sat}$——蒸汽的饱和压力（Pa），通过以下方程模拟为

$$p_{ca,hum}^{sat} = 10^3\left(\frac{T_{ca,hum} - 273.15}{k} + 0.6105^b\right)^{\frac{1}{b}} \quad (6\text{-}16)$$

式中　$T_{ca,hum}$——加湿器的温度；

k 和 b——通过非线性拟合确定。

水蒸气分压为

$$p_{ca,hum}^v = p_{ca,hum} \frac{n_v}{n} \quad (6\text{-}17)$$

式中　n_v——水蒸气的摩尔数；

n——气体混合物（如氧、氮和水蒸气）的总摩尔数；

$p_{ca,hum}$——阴极加湿器的压力（Pa）。

忽略加湿器和阴极进气歧管之间的压力降，阴极加湿器压力等于阴极进气歧管压力。水蒸气的质量流率以及混合物的质量流率在阴极分别为

$$W_{\text{ca,hum}}^{\text{v}} = \frac{M_v MF_{\text{ca,hum}}^{\text{v}}}{M_a - M_a MF_{\text{ca,hum}}^{\text{v}}} W_{\text{ca,hum}}^{\text{in}} \qquad (6\text{-}18)$$

$$W_{\text{ca,hum}}^{\text{out}} = W_{\text{ca,hum}}^{\text{in}} + \frac{M_v MF_{\text{ca,hum}}^{\text{v}}}{M_a - M_a MF_{\text{ca,hum}}^{\text{v}}} W_{\text{ca,hum}}^{\text{in}} \qquad (6\text{-}19)$$

式中 M_a——空气的摩尔质量（g/mol）；

M_v——水蒸气的摩尔质量（g/mol）；

$MF_{\text{ca,hum}}^{\text{v}}$——阴极加湿器的水蒸气的摩尔分数。

水蒸气、氧气和氮气的质量分数分别为

$$\alpha_{\text{ca,hum}}^{\text{v}} = \frac{M_v MF_{\text{ca,hum}}^{\text{v}}}{M_a - M_a MF_{\text{ca,hum}}^{\text{v}} + M_v MF_{\text{ca,hum}}^{\text{v}}} \qquad (6\text{-}20)$$

$$\alpha_{\text{ca,hum}}^{\text{O}_2} = \frac{0.233(M_a - M_a MF_{\text{ca,hum}}^{\text{v}})}{M_a - M_a MF_{\text{ca,hum}}^{\text{v}} + M_v MF_{\text{ca,hum}}^{\text{v}}} \qquad (6\text{-}21)$$

$$\alpha_{\text{ca,hum}}^{\text{N}_2} = \frac{0.767(M_a - M_a MF_{\text{ca,hum}}^{\text{v}})}{M_a - M_a MF_{\text{ca,hum}}^{\text{v}} + M_v MF_{\text{ca,hum}}^{\text{v}}} \qquad (6\text{-}22)$$

气体的混合物摩尔质量为

$$M_{\text{cam,hum}}^{\text{m}} = MF_{\text{ca,hum}}^{\text{v}} M_v + 0.21(1 - MF_{\text{ca,hum}}^{\text{v}})M_{\text{O}_2} + 0.79(1 - MF_{\text{ca,hum}}^{\text{v}})M_{\text{N}_2} \qquad (6\text{-}23)$$

3）阴极进气歧管模型。

阴极进气歧管压力动力学可以使用理想气体定律来建模，即

$$\dot{p}_{\text{ca,im}} = \frac{RT_{\text{ca,im}}}{M_{\text{ca,im}}^{\text{m}} V_{\text{ca,im}}}(W_{\text{ca,im}}^{\text{in}} - W_{\text{ca,im}}^{\text{out}}) \qquad (6\text{-}24)$$

式中 $\dot{p}_{\text{ca,im}}$——阴极进气歧管压力（Pa）；

$T_{\text{ca,im}}$——阴极进气歧管温度（K）；

$M_{\text{ca,im}}^{\text{m}}$——阴极进气歧管中气体混合物的摩尔质量（g/mol）；

$V_{\text{ca,im}}$——阴极进气歧管体积（m³）；

$W_{\text{ca,im}}^{\text{in}}$——流入的质量流率（g/s）；

$W_{\text{ca,im}}^{\text{out}}$——流出的质量流率（g/s）；

R——气体常数，为8.314472J/(K·mol)。

由于阴极进气歧管流入量与加湿器流出量一样：

$$W_{\text{ca,im}}^{\text{in}} = W_{\text{ca,hum}}^{\text{out}} \qquad (6\text{-}25)$$

$$W_{\text{ca,in}}^{\text{m}} = W_{\text{ca,hum}}^{\text{out}} \qquad (6\text{-}26)$$

阴极进气歧管流出的质量流率为

$$W_{\text{ca,im}}^{\text{out}} = W_{\text{ca}}^{\text{in}} = k_{\text{ca,in}}(p_{\text{ca,im}} - p_{\text{ca}}) \qquad (6\text{-}27)$$

式中 $W_{\text{ca}}^{\text{in}}$——阴极流的质量流率（g/s）；

$k_{\text{ca,in}}$——阴极进气歧管流动系数［g/(Pa·s)］；

p_{ca}——阴极压力（Pa）。

4）阴极模型。

氧消耗为

$$CR_{O_2} = M_{O_2} \frac{n_{cell} I_{st}}{4F} \tag{6-28}$$

式中 CR_{O_2}——氧的消耗速度（g/s）；

M_{O_2}——水蒸气的摩尔质量（g/mol）；

n_{cell}——串联的电池数目；

I_{st}——阴极电流；

F——法拉第常数。

阴极入口可表示为

$$W_{ca}^{in} = W_{ca,in} = W_{ca}^{v,in} + W_{ca}^{O_2,in} + W_{ca}^{N_2,in} = \alpha_{ca,hum}^{v} W_{ca}^{in} + \alpha_{ca,hum}^{N_2} W_{ca}^{in} + \alpha_{ca,hum}^{N_2} W_{ca}^{in} \tag{6-29}$$

对于氧气、氮气和水蒸气分压 p 的衍生物分别为

$$\dot{p}_{ca}^{O_2} = \frac{RT_{cell}}{M_{O_2} V_{ca}} (W_{ca}^{O_2,in} - W_{ca}^{O_2,out} - CR_{O_2}) \tag{6-30}$$

$$\dot{p}_{ca}^{N_2} = \frac{RT_{cell}}{M_{N_2} V_{ca}} (W_{ca}^{N_2,in} - W_{ca}^{N_2,out}) \tag{6-31}$$

$$\dot{p}_{ca}^{v} = \frac{RT_{cell}}{M_{v} V_{ca}} (W_{ca}^{v,in} - W_{ca}^{v,out} + GR_{v} - W_{ca}^{v,plase}) \tag{6-32}$$

燃料电池阴极的总压力为

$$p_{ca} = p_{ca}^{v} + p_{ca}^{O_2} + p_{ca}^{N_2} \tag{6-33}$$

从阴极流出的质量流率为

$$W_{ca}^{out} = k_{ca,rm} (p_{ca} - p_{ca,rm}) \tag{6-34}$$

式中 p_{ca} 和 $p_{ca,rm}$——燃料电池的阴极压力（Pa）和返回歧管压力（Pa）；

$k_{ca,rm}$——流量系数（g/s/Pa）。

阴极的流出质量流率也可以写为

$$W_{ca}^{out} = W_{ca}^{O_2,out} + W_{ca}^{N_2,out} + W_{ca}^{v,out} \tag{6-35}$$

其中，

$$W_{ca}^{O_2,out} = \frac{n_{ca}^{O_2} M_{O_2}}{n_{ca}^{O_2} M_{O_2} + n_{ca}^{N_2} M_{N_2} + n_{ca}^{v} M_{v}} W_{ca}^{out}; \tag{6-36}$$

$$W_{ca}^{N_2,out} = \frac{n_{ca}^{N_2} M_{N_2}}{n_{ca}^{O_2} M_{O_2} + n_{ca}^{N_2} M_{N_2} + n_{ca}^{v} M_{v}} W_{ca}^{out}; \tag{6-37}$$

$$W_{ca}^{v,out} = \frac{n_{ca}^{v} M_{v}}{n_{ca}^{O_2} M_{O_2} + n_{ca}^{N_2} M_{N_2} + n_{ca}^{v} M_{v}} W_{ca}^{out}; \tag{6-38}$$

式中 $n_{ca}^{O_2}$、$n_{ca}^{N_2}$ 和 n_{ca}^{v}——氧气、氮气和水蒸气在阴极上的摩尔数。

5）阴极返回歧管模型。

氧气、氮气和水蒸气在返回歧管的分压衍生物分别为

$$\dot{p}_{ca,rm}^{O_2} = \frac{RT_{ca,rm}}{M_{O_2} V_{ca,rm}} (W_{ca,rm}^{O_2,in} - W_{ca,rm}^{O_2,out}) \tag{6-39}$$

$$\dot{p}_{ca,rm}^{N_2} = \frac{RT_{ca,rm}}{M_{N_2} V_{ca,rm}} (W_{ca,rm}^{N_2,in} - W_{ca,rm}^{N_2,out}) \tag{6-40}$$

$$\dot{p}_{ca,rm}^v = \frac{RT_{ca,rm}}{M_v V_{ca,rm}}(W_{ca,rm}^{v,in} - W_{ca,rm}^{v,out}) \tag{6-41}$$

返回歧管中的总压力为

$$p_{ca,rm} = p_{ca,rm}^{N_2} + p_{ca,rm}^{O_2} + p_{ca,rm}^v \tag{6-42}$$

6）阴极背压阀模型。

返回歧管出口处的背压阀用于调节返回歧管压力，可用喷嘴方程来建模，即

$$W_{bpv} = \begin{cases} \dfrac{C_{bpv}A_{bpv}p_{ca,rm}}{\sqrt{RT_{ca,rm}}}\sqrt{\dfrac{2\kappa}{\kappa-1}\left[\left(\dfrac{p_{atm}}{p_{ca,rm}}\right)^{\frac{2}{\kappa}} - \left(\dfrac{p_{atm}}{p_{ca,rm}}\right)^{\frac{\kappa+1}{\kappa}}\right]} & \dfrac{p_{atm}}{p_{ca,rm}} > \left(\dfrac{2}{\kappa+1}\right)^{\frac{\kappa}{\kappa-1}} \\ \dfrac{C_{bpv}A_{bpv}p_{ca,rm}}{\sqrt{RT_{ca,rm}}}\kappa^{\frac{1}{2}}\left(\dfrac{2}{\kappa+1}\right)^{\frac{\kappa+1}{2(\kappa+1)}} & \dfrac{p_{atm}}{p_{ca,rm}} \leq \left(\dfrac{2}{\kappa+1}\right)^{\frac{\kappa}{\kappa-1}} \end{cases} \tag{6-43}$$

式中　C_{bpv}——背压阀的流量系数；

　　　A_{bpv}——背压阀开口面积（m^2）；

　　　$T_{ca,rm}$——阴极返回歧管温度（K）；

　　　κ——空气比热容比，取值为1.4。

（2）氢气流模型

1）氢气流系统。

氢气流系统包括储氢罐、比例压力调节器、阳极加湿器、阳极和放气阀。比例压力调节器用于控制储氢罐的流动，以减少阴极和阳极之间的压力差。

2）比例压力调节器模型。

通过比例压力调节器的氢气流率为

$$W_{ppr} = k_1(p_{ca} - p_{an}) \tag{6-44}$$

式中　k_1——增益（g/s/Pa）；

　　　p_{ca}——阴极电压；

　　　p_{an}——阳极电压。

3）阳极加湿器模型。

假设加湿器入口的质量流率（干氢）为 $W_{an,hum}^{out}$，它等于通过比例压力调节器的水蒸气质量流率 W_{vpr}，该混合物和氢气的质量流率分别为

$$W_{an,hum}^{out} = W_{an,hum}^{in} + \frac{M_v MF_{an,hum}^v}{M_{H_2} - M_{H_2}MF_{an,hum}^v}W_{an,hum}^{in} \tag{6-45}$$

$$W_{an,hum}^v = \frac{M_v MF_{an,hum}^v}{M_{H_2} - M_{H_2}MF_{an,hum}^v}W_{an,hum}^{in} \tag{6-46}$$

其中，

$$MF_{an,hum}^v = \frac{p_{an,hum}^{sat}RH_{an,hum}}{p_{an,hum}^{hum}} \tag{6-47}$$

式中　M_{H_2}——氢的摩尔质量（g/mol）；

　　　M_v——水蒸气的摩尔质量（g/mol）；

　　　$p_{an,hum}^{hum}$——水蒸气在阳极加湿器的饱和压力；

$p_{\text{an,hum}}^{\text{sat}}$——阳极加湿器标准压力；

$RH_{\text{an,hum}}$——所期望的相对湿度。

水蒸气和氢的质量分数分别为

$$\alpha_{\text{an,hum}}^{\text{v}} = \frac{M_{\text{v}} MF_{\text{an,hum}}^{\text{v}}}{M_{\text{H}_2} - M_{\text{H}_2} MF_{\text{an,hum}}^{\text{v}} + M_{\text{v}} MF_{\text{an,hum}}^{\text{v}}} \tag{6-48}$$

$$\alpha_{\text{an,hum}}^{\text{H}_2} = \frac{M_{\text{H}_2} - M_{\text{H}_2} MF_{\text{v}}}{M_{\text{H}_2} - M_{\text{H}_2} MF_{\text{v}} + M_{\text{v}} MF_{\text{v}}} \tag{6-49}$$

4）阳极流模型。

阳极的质量流率为

$$W_{\text{an}}^{\text{in}} = W_{\text{an}}^{\text{H}_2,\text{in}} + W_{\text{an}}^{\text{v},\text{in}} = W_{\text{an,hum}}^{\text{out}} = \alpha_{\text{an,hum}}^{\text{H}_2} W_{\text{an,hum}}^{\text{out}} + \alpha_{\text{an,hum}}^{\text{v}} W_{\text{an,hum}}^{\text{out}} \tag{6-50}$$

式中　$W_{\text{an}}^{\text{H}_2,\text{in}}$ 和 $W_{\text{an}}^{\text{v},\text{in}}$——进入阳极的氢和水蒸气流率（g/s）。

大多数氢气和水蒸气在阳极的变化速度为

$$\dot{m}_{\text{an}}^{\text{H}_2} = W_{\text{an}}^{\text{H}_2,\text{in}} - W_{\text{an}}^{\text{H}_2,\text{purge}} - W_{\text{an}}^{\text{H}_2,\text{react}} \tag{6-51}$$

$$\dot{m}_{\text{an}}^{\text{v}} = W_{\text{an}}^{\text{v},\text{in}} - W_{\text{an}}^{\text{v},\text{purge}} - W_{\text{an}}^{\text{v},\text{phase}} \tag{6-52}$$

式中　$\dot{m}_{\text{an}}^{\text{H}_2}$——氢气在阳极的质量变化率，由氢气的流入流率 $W_{\text{an}}^{\text{H}_2,\text{in}}$、净化操作的氢气出流率 $W_{\text{an}}^{\text{H}_2,\text{purge}}$ 和氢气消耗速率 $W_{\text{an}}^{\text{H}_2,\text{react}}$ 共同决定；

$\dot{m}_{\text{an}}^{\text{v}}$——水蒸气在阳极的质量变化率，由水蒸气入流率 $W_{\text{an}}^{\text{v},\text{in}}$、净化操作的水蒸气出流率 $W_{\text{an}}^{\text{v},\text{purge}}$ 和水蒸气消耗速率 $W_{\text{an}}^{\text{v},\text{phase}}$ 共同决定。

应当指出的是，由于电迁移现象（即水分子与质子一起通过膜孔被拖动），水的传输在这里忽略不计。

氢气和水蒸气的分压变化率分别为

$$\dot{p}_{\text{an}}^{\text{H}_2} = \frac{RT_{\text{cell}}}{M_{\text{H}_2} V_{\text{an}}} \dot{m}_{\text{an}}^{\text{H}_2} \tag{6-53}$$

$$\dot{p}_{\text{an}}^{\text{v}} = \frac{RT_{\text{cell}}}{M_{\text{V}} V_{\text{an}}} \dot{m}_{\text{an}}^{\text{v}} \tag{6-54}$$

消耗的氢质量流率为

$$W_{\text{an}}^{\text{H}_2,\text{rect}} = M_{\text{H}_2} \frac{n_{\text{cell}} I_{\text{st}}}{2F} \tag{6-55}$$

阳极的出质量流率为

$$W_{\text{an}}^{\text{out}} = W_{\text{an}}^{\text{H}_2,\text{purge}} + W_{\text{an}}^{\text{v},\text{purge}} \tag{6-56}$$

用于净化操作的氢气和水蒸气的质量流率分别为

$$W_{\text{an}}^{\text{H}_2,\text{purge}} = \frac{n_{\text{an}}^{\text{H}_2} M_{\text{H}_2}}{n_{\text{an}}^{\text{H}_2} M_{\text{H}_2} + n_{\text{an}}^{\text{v}} M_{\text{v}}} W_{\text{an}}^{\text{out}} \tag{6-57}$$

$$W_{\text{an}}^{\text{v},\text{purge}} = \frac{n_{\text{an}}^{\text{v}} M_{\text{v}}}{n_{\text{an}}^{\text{H}_2} M_{\text{H}_2} + n_{\text{an}}^{\text{v}} M_{\text{v}}} W_{\text{an}}^{\text{out}} \tag{6-58}$$

5）放气阀模型。

通过放气阀的质量流率可使用喷嘴方程建模，即

$$W_{pv} = \begin{cases} \dfrac{C_{pv}A_{pv}p_{an}}{\sqrt{RT_{cell}}}\sqrt{\dfrac{2\kappa}{\kappa-1}\left[\left(\dfrac{p_{atm}}{p_{an}}\right)^{\frac{2}{\kappa}} - \left(\dfrac{p_{atm}}{p_{an}}\right)^{\frac{\kappa+1}{\kappa}}\right]} & \dfrac{p_{atm}}{p_{an}} > \left(\dfrac{2}{\kappa+1}\right)^{\frac{\kappa}{\kappa-1}} \\[3mm] \dfrac{C_{pv}A_{pv}p_{an}}{\sqrt{RT_{cell}}}\kappa^{\frac{1}{2}}\left(\dfrac{2}{\kappa+1}\right)^{\frac{\kappa+1}{2(\kappa+1)}} & \dfrac{p_{atm}}{p_{an}} \leqslant \left(\dfrac{2}{\kappa+1}\right)^{\frac{\kappa}{\kappa-1}} \end{cases}$$

式中　C_{pv}——放气阀流量系数；

A_{pv}——冲洗阀开口面积（m^2）；

p_{an}——阳极全压（Pa）。

通过冲洗阀的质量流率也可以写为

$$W_{pv} = W_{an}^{out} \tag{6-59}$$

3. 热管理系统模型

热管理是 PEMFC 中的基本子系统，用以确保精确的堆栈温度调节。根据燃料电池膜所用的材料，必须严格限制其温度，以防止膜损伤。此外，精确控制相对湿度（RH）对于燃料电池的性能和耐用性也至关重要。控制燃料电池的内部温度是其中一种维持适当相对湿度的方法。

许多研究已对燃料电池堆内温度动态进行描述。这些研究所使用的模型通常是空间与时间相关的偏微分方程，这对于热管理系统的实时实现来说过于复杂。在燃料电池领域的大多数研究中，堆栈内的温度动力学通常被忽略且假定堆栈内的温度恒定。

在 McKay 等人的研究中，设计和制造气体加湿装置用以控制燃料电池反应物的温度和湿度。对于这个系统，开发并用实验数据确定了一个关于加湿系统热动力学的低阶及面向控制的模型。Hu 等人使用的完整冷却剂回路的建模方法包括燃料电池的热模型、一个储水器模型、泵模型、旁通阀模型、热交换器模型以及燃料电池的电化学模型。

这里给出由 Kolodziej 等人和 Choe 等人介绍的温度管理系统：它采用的冷却剂流用以维持燃料电池堆内温度恒定。基于连续流动反应搅拌器（CSTR）模型引入的热学模型将产生一个集总参数、非线性、一阶差分方程。该模型是冷却剂的能量平衡，根据

$$\dot{E}_{stored} = \dot{E}_{in} - \dot{E}_{out} + \dot{E}_{gen} \tag{6-60}$$

式中　$\dot{E}_{stored}$——储存能量；

$\dot{E}_{in}$——输入能量；

$\dot{E}_{out}$——输出能量；

$\dot{E}_{gen}$——冷却液内产生的能量。

$$\dot{E}_{in} = \dot{m}_{in}\left(u + pv + \dfrac{v^2}{2} + g_Z\right)_{in} + \dot{q}_{in} \tag{6-61}$$

$$\dot{E}_{out} = \dot{m}_{out}\left(u + pv + \dfrac{v^2}{2} + g_Z\right)_{in} + \dot{w}_{out} \tag{6-62}$$

$$\dot{E}_{gen} = 0 \tag{6-63}$$

$$\dot{E}_{stored} = \dfrac{d}{dt}(\rho_c V_c c_{p,c} T_{stk,out}) \tag{6-64}$$

式中　$\dot{m}_{in}$——制冷剂入口的质量流率（g/s）；

$\dot{m}_{out}$——制冷剂出口的质量流率（g/s）；

ρ_c——冷却剂密度（g/cm³）；

$c_{p,c}$——制冷剂的比热容（J/g℃）；

V_c——栈内冷却液的有效体积（m³）；

u——冷却剂内部能量（J）；

p——冷却剂压力（Pa）；

ν——冷却比体积（m³/g）；

$v^2/2$——冷却剂的动能（J）；

g_z——冷却剂的潜在能量（J）；

$\dot{q}_{in}$——传递到燃料电池的热量（W）；

$\dot{\omega}_{out}$——冷却剂所做的功（W）。

据测定，该冷却剂入口和出口之间的高度和速度的变化可以忽略不计，因此，入口和出口冷却液的势能和动能总和相等。此外，V_c 不是冷却剂燃料电堆内的实际容积。Kolodziej 等人称其为冷却剂的"有效"量，人为地将其定义为堆的热质量。根据经验优化算法确定 V_c 的值，为 $V_c = 7.5 \times 10^{-4} \, m^3$。

据推测，唯一在堆栈中发生功率损失的是发热体，它直接传递到冷却剂。换句话说，标称电压的输出功率部分不会产生热量。冷却剂内的发热体及其所做的功（即 $\dot{W}_{out}$）忽略不计。在这种情况下，式（6-60）可写为

$$\frac{d}{dt}(\rho_c V_c c_{p,c} T_{stk,out}) = \dot{m}_{in}(u+p\nu)_{in} - \dot{m}_{out}(u+p\nu)_{out} + \dot{q}_{in} \tag{6-65}$$

冷却剂的进质量流和出质量流保持不变，即 $\dot{m}_{in} = \dot{m}_{out} = \dot{m}_c$，另外，认为入口和出口冷却液的势能和动能相等，则忽略这些能量的关系。一个过程的焓为内部能量和机械功的总和，也就是 $h = u + p\nu$。

此外，如果比热容 c_p 的温度依赖性可以忽略不计，基于这些假设，以及 $(\rho_c V_c c_{p,c})$ 为恒定不变的常量，

式（6-65）可进一步写为

$$(\rho_c V_c c_{p,c}) T_{stk,out} = \dot{m}_c c_{p,c}(T_{stk,in} - T_{stk,out}) + \dot{q}_{in} \tag{6-66}$$

传递到冷却剂的能量

$$\dot{q}_{in} = (U_{ideal} - U_{actual})I_{st} = (U_{nom} - U_{ave})n_{cell}I_{st} \tag{6-67}$$

式中　U_{nom}——25℃时，PEMFC 中单体电池的电压，根据反应的自由焓来计算；

U_{ave}——整个堆叠测定的平均电池电压（V）；

U_{ideal}，U_{actual}——堆栈标称和测得的电压（V）。

式（6-67）用于确定传递到冷却剂的能量，假设其可被测定。

4. 仿真研究

（1）燃料电池仿真　在本节中，为了压缩机电动机的控制电压和阴极背压阀开口用阶跃变化的电流两者均恒定的需求，对燃料电池的动态响应（即开路堆电压、功率、反应物的分压）进行了研究。使用表 6-13 中列出的参数用 MATLAB 进行仿真研究。对于阳极压力，通过使用比例压力调节阀，以尽量减少阴极和阳极之间的压力差。仿真结果如图 6-20 ~ 图 6-23

所示。图 6-20 中给出了燃料电池电堆的电压 V_{st}、功率输出 P_{st} 以及压缩机流率 W_{cp}。可以观察到稳定状态的堆电压随着电流的增加大大下降，有两个原因导致这种情况的发生：第一，由于使用固定的压缩机控制电压，反应物的分压随着电流的增加而下降，导致产生更小的开路电压；第二，电阻过电压的增加，其与堆电流成正比。通常是通过调整压缩机的控制电压，以保持合适的恒定氧过剩率，从而避免由于氧浓度低产生电池电压降，可定义为

$$\lambda_{O_2} = \frac{W_{ca}^{O_2,in}}{CR_{O_2}} \tag{6-68}$$

表 6-13 仿真参数

符号（单位）	值	描 述
$A(cm^2)$	1000	电池活性区域
b	0.145	水汽饱和压力模型系数
C_{bpv}	1.264×10^{-2}	背压阀流量系数
$C_e\left(\dfrac{V}{rad/s}\right)$	6.49×10^{-2}	电动机电动系数
$c_p\left(\dfrac{J}{kg \cdot K}\right)$	1004	空气比热容
$C_t\left(\dfrac{N \cdot m}{A}\right)$	0.62	电动机转矩系数
$f_{eq}\left(\dfrac{N \cdot m}{rad/s}\right)$	0	等效摩擦系数
$i_{max}\left(\dfrac{A}{cm^2}\right)$	2.2	极化曲线模型系数
$L_{eq}(kg \cdot m^2)$	2.0	等效惯性
k	98.27	水汽饱和压力模型系数
$k_{ca,in}(g/s/Pa)$	1.3672	阴极入口流量系数
$k_{ca,out}(g/s/Pa)$	1.2524×10^{-2}	阴极出口流量系数
k_1	0.021	比例压力调节器的增益
k_m	30	电动机常数
n_{cell}	540	电池数量
$R\left(\dfrac{J}{K \cdot mol}\right)$	8.314472	气体常数
$R_m(\Omega)$	0.159	电动机内阻
$T(K)$	303.15	阴极加湿温度
$T_{cell}(K)$	348.15	燃料电池组温度
$V_{an}(m^3)$	9.6×10^{-3}	阳极体积
$V_{ca,im}(m^3)$	7×10^{-3}	阴极进气歧管体积
$V_{ca}(m^3)$	10.8×10^{-3}	阴极体积

(续)

符号（单位）	值	描 述
$V_{ca,rm}(m^3)$	2.4×10^{-3}	阴极返回歧管体积
$v_0(V)$		极化曲线模型系数
$v_a(V)$		极化曲线模型系数
ξ_1		极化曲线模型系数
ξ_2	1.605×10^{-3}	极化曲线模型系数
ξ_3	-3.5×10^{-3}	极化曲线模型系数
ξ_4	8×10^{-3}	极化曲线模型系数
ξ_5		极化曲线模型系数
ξ_6	2.0	2.0 极化曲线模型系数
γ	5	电动机与压缩机之间的齿轮比
η_m	0.98	电动机轴的机械效率
κ	1.4	空气比热容比

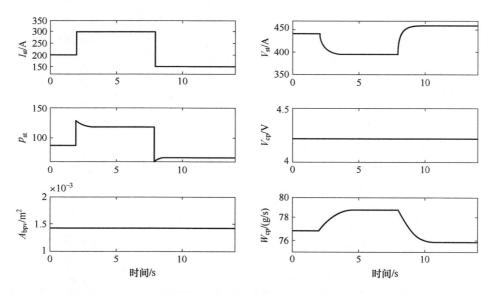

图 6-20 恒定压缩机电压和固定阴极背压阀开度下燃料电池系统电流阶跃变化的仿真结果

高氧过剩率对应于高的氧分压，从而增加了电池电压，然而这需要更多的功率来驱动空气压缩机。氧气过量率的标准值是 2.0。此外，由于降低的压力比，该压缩机流量随着堆栈电流而增加，从图 6-21 可以观察到。

图 6-22 所示为不同种类气体的局部压力变化，包括氧、氢、氮和阴极及阳极水蒸气。随着电流的增加，氧分压下降，从而导致更大的氧消耗速率。氢分压与氧分压趋势相同。阴极和阳极水蒸气由于其已经达到了饱和点，因此分压不会改变。

图 6-23 所示为在燃料电池不同位置压力变化的模拟结果。由图可以观察到，所有在燃

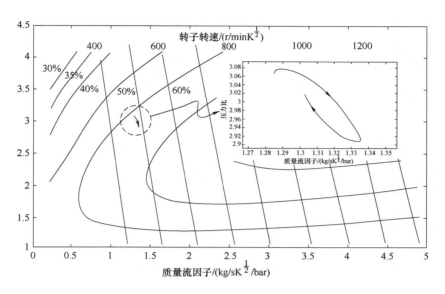

图 6-21　压缩机运行点步进电流的影响

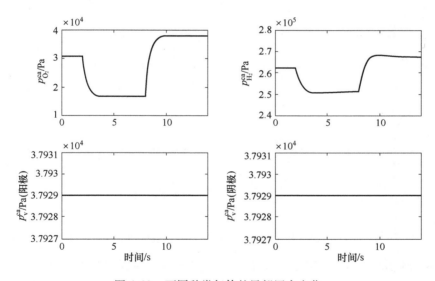

图 6-22　不同种类气体的局部压力变化

料电池阴极侧的压力相同,这可能是由于使用了恒定的控制信号,由于氢气和氢气消耗量增加,电流增大,阴极和阳极的总压力下降。

达到稳定状态所需压力的时间取决于压缩机动力。阳极压力由比例压力调节器控制,以跟踪阴极压力,可以从图 6-23 顶部的两个副区进行观察。采用恒定的压缩机控制电压的一个缺点是,压缩机流量不能根据所述燃料电池的负载状态进行调节,如图 6-24 所示。压缩机参考流量根据电流和氧过剩率来计算。随着电流的增加,压缩机的流量比基准流量显著降低,从而导致氧缺乏(Oxygen Starvation)和潜在的膜破坏。随着电流降低,压缩机流量比基准流量明显降低,这会降低总的燃料电池的能量效率。

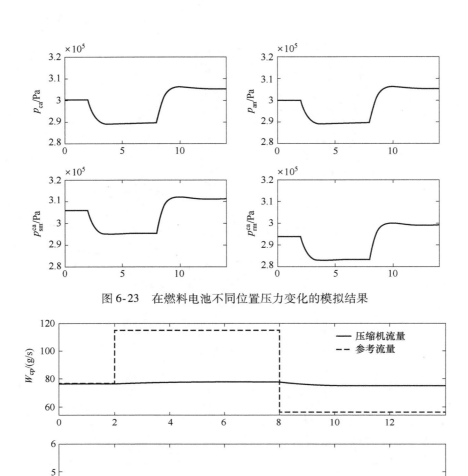

图 6-23 在燃料电池不同位置压力变化的模拟结果

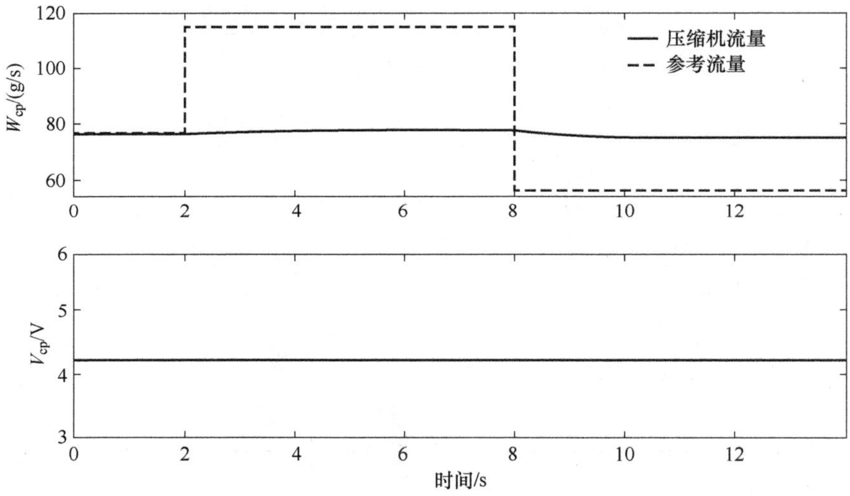

图 6-24 开环式压缩机流量下的恒定控制电压和电流阶跃变化

(2) 热管理仿真 在本节中,对热管理系统随着电流阶跃变化的开环反应进行了模拟。据推测,泵被用来产生冷却剂流速,其具有一阶动力学。因此,泵的输出质量流率和它的输入电压之间的传递函数为

$$\frac{\dot{m}_c(s)}{V(s)} = \frac{k_c}{\tau_c s + 1} \qquad (6-69)$$

其中,泵的时间常数和增益值分别为 $\tau_c = 2s$ 和 $k_c = 30 g/V$。模拟系统燃料电池电堆的输出电流曲线如图 6-25 所示。

每个电池的标称和平均电压分别为 1.23 V 和 0.8 V。因此,由于标称和实际堆栈电压之间的差值,式(6-66)所产生的热量损失为

$$\dot{q}_{in} = (1.23 - 0.8) n_{cell} I_{st} \qquad (6-70)$$

实际上,冷却剂的输入温度不是恒定的。因此,在本仿真中,冷却剂的输入温度在

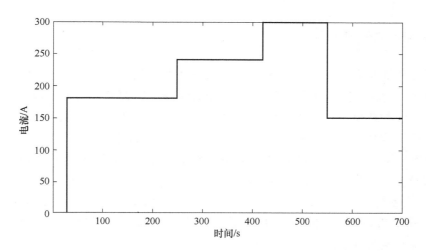

图 6-25 模拟系统燃料电池电堆的输出电流曲线

60℃的恒定温度下出现正弦变化。

在这些仿真中,泵上需要施加恒定的电压,并对堆栈温度,即冷却剂的出口温度的影响进行了研究。图 6-26 所示为入口温度、出口温度和泵电压为 1V 时,冷却剂的质量流率。对泵施加振幅为 9V 的电压,其效果也显示在图 6-27 中,正如预期的那样,冷却剂的质量流率增加,堆栈的温度降低。

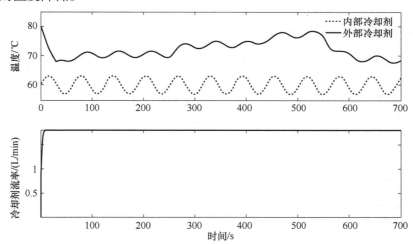

图 6-26 冷却液的小质量流率对电流阶跃变化的堆栈温度影响

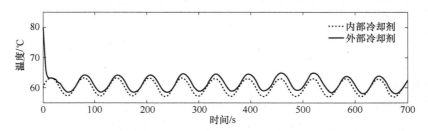

图 6-27 冷却液的大质量流率对电流阶跃变化的堆栈温度影响

6.3.3 燃料电池控制系统

为了实现高效的 PEMFC 性能，控制系统的设计和实现是一个具有挑战性的问题，因为不同子系统之间的相互作用较大。空气和燃料流量的调节需要控制算法，以提供反应物足够的分压力。对压力进行调节，以防止膜由于反应物之间存在的压差而发生破坏；需要进行热管理，以保持所需温度；功率管理用以确保所要求的功率传递。另一个问题是水资源管理，为了使燃料电池正常工作，它的 MEA 应该有足够的水分，以防止脱水。但是，太多的水会阻止反应物输送，从而降低燃料电池的效率。

在 PEMFC 系统中，入口的阴极和阳极压力应该是相同的。Bao 等人实施了基于 LQG 控制器和神经网络非线性控制器来调节压力差。Yu 等人采用比例积分（PI）控制器，以调节堆压力（其被假定为等于阴极压力）和阴极流率。

控制单元应确保不会发生氧缺乏，从而保证 PEMFC 的安全运行。在 Suh 等人的研究中，开发了一分散控制器，通过控制空气流量，以减少氧缺乏。其还包括一个 DC – DC 控制器来调节输出电压。为了确定空气流量设定点，Tekin 等人采用了模糊监督方法。

Pukrushpan 等人介绍了氧过剩率，即在阴极使用的，以确保足够的氧供应和实现最大功率的氧的比率。他们还证明，2~4 的氧过剩率可以确保基于堆栈电流实现最大的功率输出。为了控制氧过剩率，Grujicic 等人利用了一个前馈控制器，Pukrushpan 等人结合一个 LQR 基于观测器的反馈控制前馈控制器。Danzer 等人为了实现该目的，和一个观察员采用以非线性模型为基础的控制器。这些论文提出的观测器用以估计阴极中的氧分压。此外，它可以被用来检测氧和阴极峰值压力的短缺。在这些研究中，快速比例反馈控制器还可以实现压力调节。

另一个控制目标是调节输出电压，以保证燃料电池的安全操作。在 Na 等人的研究中，通过使用一个基于非线性精确线性化控制器来操纵堆电流以实现该目标，然而在实际应用中，通常认为堆栈的电流会干扰系统。Yang 等人施加的自适应控制策略，在设备变化的情况下，可以保持负载电流和氢气流量恒定来调节空气流量。Wang 等人提出双输入双输出模式，输入入口空气和燃料的流速，输出被堆叠的电流和电压。在此工作中，鲁棒控制算法实现了设计多变量 H 控制器，通过操纵空气和氢气流速来调节输出电压。

使堆栈温度保持在一个合理的范围内极其重要，特别是高功率燃料电池。基于式（6-66）和式（6-67）的模型，Choe 等人基于泰勒级数展开，使用线性化设计一个 PI 控制器来调节温度。然而，Kolodziej 等人利用大致相同的模型开发了反馈线性化设计前馈加反馈控制器，以此来调节冷却剂的质量流率，使其保持在所需的值。Hu 等人基于其完整的冷却剂回路模式，采用增量式模糊控制器与积分作用，使燃料电池温度保持在所需的温度范围内。

1. 流量控制

（1）阴极流量和压力控制 通常通过压缩机和背压阀分别控制阴极的流量和压力。所需的流速根据氧的消耗速率和所期望的氧过剩率 λ_{O_2}（通常为 2）来计算。在本部分，开发两个 PI 控制器，以控制压缩机和背压阀。PI 控制器可以通过以下公式描述：

$$u(t) = k_p e(t) + k_i \int_0^t e(t)dt \tag{6-71}$$

$$\frac{A_{bpv}(s)}{u_{bpv}(s)} = \frac{k_{bpv}}{\tau_{bpv}s + 1} \tag{6-72}$$

$$u_{bpv}(t) = k_p^{bpv} e_{p_{ca}} + k_i^{bpv} \int_0^t e_{p_{ca}}(t) \tag{6-73}$$

$$e_{p_{ca}} = p_{ca}^r - p_{ca} \tag{6-74}$$

$$u_{cp}(t) = k_p^{cp} e_{W_{cp}} + k_i^{cp} \int_0^t e_{W_{cp}}(t) \tag{6-75}$$

$$e_{W_{cp}} = W_{cp}^\tau - W_{cp} \tag{6-76}$$

$$W_{cp}^\tau = \lambda_{O_2} \frac{CR_{O_2}}{MF_{O_2}^{air}} \tag{6-77}$$

用一系列的电流阶跃测试作为模拟情景,结果如图6-28~图6-31所示。压缩机流量控制器参数 $k_p^{cp} = 2 \times 10^{-2} [\text{V/(kg/s)}]$; $k_i^{cp} = 4 \times 10^{-2} (\text{V/kg})$。阴极背压阀控制器参数 $k_p^{bvp} = 1 \times 10^{-4} [\text{V/(kg/s)}]$, $k_i^{bpv} = 1 \times 10^{-3} (\text{V/kg})$。由此可以看出,在稳定状态,由于活化、欧姆和浓度的过电压的增加,堆栈电压随着电流的增加而下降。由于反应物的分压下降而导致产生更小的电池开路电压,该电压降在过渡周期内更显著。

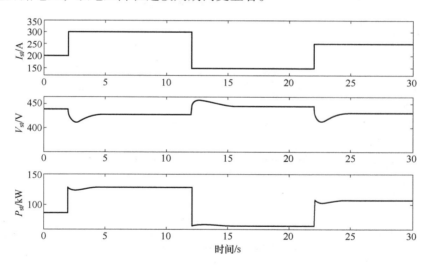

图6-28 堆栈电流、电压和功率、调节空气流量和阴极压力

氧、氮和水蒸气分压的仿真结果如图6-29所示。从图中可以看出,由于耗氧量增加,氧分压随着电流的增大而减小,并达到稳定的值,即压缩机流量达到稳定状态。由于低电流减少了水蒸气的产生,水蒸气分压随着电流减小而下降。

阴极压力使用背压阀进行调节,如图6-30所示。在稳定状态下,阴极的压力保持在 $3.0 \times 10^5 \text{Pa}$。由于耗氧率的增加,阴极压力最初随着电流的增加而下降。

压缩机空气流控制器的性能如图6-31所示。由图可以看出,实际的压缩机流量与参考量相比,效果较好。然而,由于电动机和压缩机转子的惯性,气流不能瞬间改变,这导致在短暂的过程中出现单元电压的显著下降,如图6-28所示。

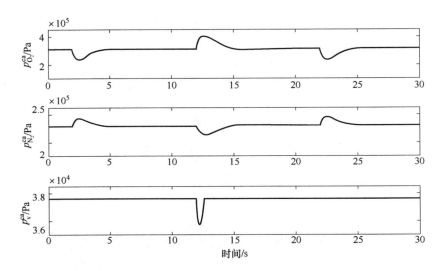

图 6-29 电流阶跃变化下的阴极气体分压

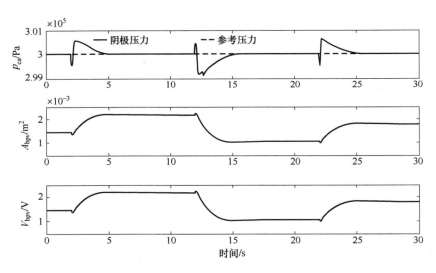

图 6-30 电流阶跃变化下的阴极压力和背压阀开度

(2) 阳极压力控制 阳极气体通常包括氢和水蒸气。为了减少阳极和阴极之间的压力差，由比例压力调节器控制阳极压力。流经比例压力调节器的流量为

$$W_{\mathrm{ppr}}^{\mathrm{an}} = k_1 (p_{\mathrm{ca}} - p_{\mathrm{an}}) \tag{6-78}$$

式中　k_1——比例增益（g/s/Pa）。

燃料电池的阳极设备如图 6-32 所示，包括一个压力调节器（比例压力阀）、加湿器、燃料电池的阳极和冲洗阀。燃料电池与阳极终端配置一起工作，这表明阳极出口通常是关闭的。它比开放式架构更有效率，而且比再循环配置简单得多。但是，它可能会产生过多的水，阻碍氢气通道，因此有必要通过打开排气阀以定期清水。冲洗阀可以与常闭型电磁阀在氢气通道的出口进行工作。阳极的仿真结果如图 6-33 所示。从图 6-33 中可以看到，排气阀

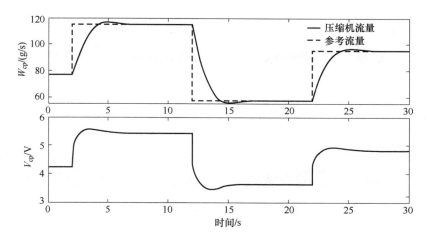

图 6-31 电流阶跃变化下的压缩机空气流和控制电压

打开,每 5s 的持续时间为 10ms,这导致氢气流量和阳极压力都是峰值,因为比例压力阀具有补偿净化流的作用。此外,阳极压力对阴极跟踪得很好。由于氢气消耗化和比例控制方法的采用,阳极压力有小的振动。从图 6-34 中也可以观察到排气阀打开时水蒸气低于饱和点。

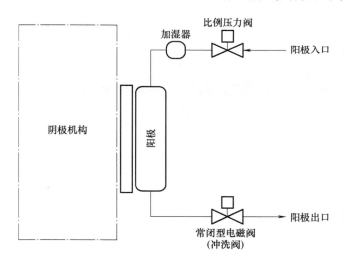

图 6-32 燃料电池的阳极设备

2. 温度控制

使用安装在燃料电池电堆周围的冷却系统以控制堆的温度是热管理最常用的技术之一。通常使用的冷却剂是水和乙二醇基水解。该控制的目的是保证该堆栈温度保持在合理的范围内。设计热管理系统时应该要考虑的另一个重要因素是使泵功率消耗最小,以提高系统的整体效率。这里提出了使用水作为冷却剂的一个控制策略,以保持堆栈温度在合理的范围内。为此,由 Kolodziej 等人根据式(6-26)引入了反馈线性控制器,旨在改变冷却剂的质量流率,从而实现所需的温度。此外,PI 控制器被用于调节泵,产生所需的质量流率。图 6-35 所示为该系统与上述控制器的框图。

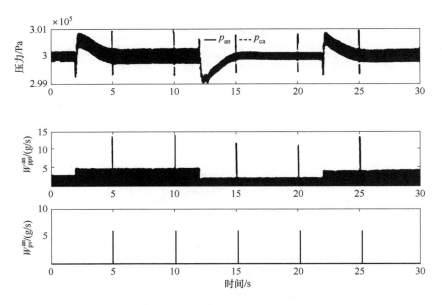

图 6-33 电流阶跃变化下的阳极总压力和净化操作的流速

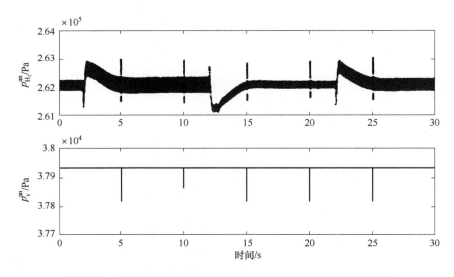

图 6-34 电流阶跃变化下的阳极氢气和净化操作的水蒸气分压

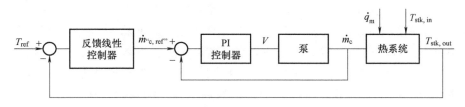

图 6-35 燃料电池热管理系统框图

热管理系统的控制目标是 70℃，调节冷却剂的出口温度所使用的反馈线性控制器具有以下结构：

$$\dot{m}_c = \frac{k(rVc_p)_c(T_{sp} - T_{stk,out}) - \dot{q}_{in}}{c_{p,c}(T_{stk,in} - T_{stk,out})} \tag{6-79}$$

其中，通过试验和误差进行控制增益 k 的选择，$k = 0.9$，在尽可能低的超调量下达到最快的瞬态响应。将 PI 控制器的比例增益和积分增益进行计算，使闭环特征多项系统具有 0.8 的衰减比率和 10Hz 的自然频率，这些增益的值是 $k_P = 0.5121$，$k_i = 0.3145$。图 6-36 所示为内部、外部以及外部参考冷却剂的温度。泵的输出流量及其输入电压分别如图 6-37 和图 6-38 所示。

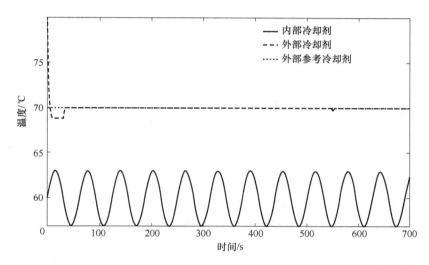

图 6-36　电流阶跃变化下外部冷却剂、内部冷却剂以及外部参考冷却剂的温度

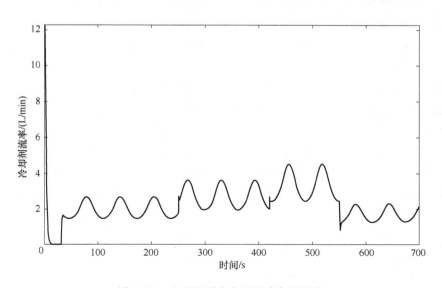

图 6-37　电流阶跃变化下的冷却剂流率

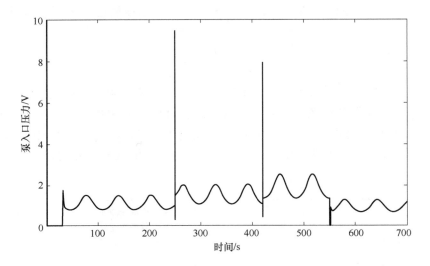

图 6-38　电流阶跃变化下的泵入口压力

从仿真结果可以看出，该方法可用于保证堆栈温度保持在合理范围内。冷却剂入口温度和被传递到冷却剂的能量被认为是系统的干扰因素。不论其信号形式，采用反馈线性控制器可以忽视这些干扰。因此，这种热管理系统对于不同的冷却液入口温度和功率损失来说是有效的。此外，控制方法的设计能够保证输入电压的泵不会超过其标称工作范围，同时提供足够的冷却剂质量流率来调节堆栈温度。

作为一种新的电源，燃料电池是一种有发展的运输候选方式，也可作为固定式发电设备，并且由于其高效率和功率密度，还可作为便携式应用，且其工作温度和排放量低。本节回顾了动态控制的建模和氢燃料电池控制的当前进度。首次采用电化学方程和经验模型开发了极化曲线，并对燃料电池的温度和反应物分压的影响进行了评估。可以发现，燃料电池的性能可以通过增加温度和/或反应物的压力得以改善，结合歧管填充动力学、水蒸气相变、电化学反应和热管理已开发了综合的燃料电池模型。开环仿真也已被研究。结果表明，适当的控制是为了避免氧缺乏，提高效率。为了通过压缩机控制压缩机的流量和阴极的压力，设计两个控制器，并在阴极返回歧管的出口安装背压阀。仿真研究表明，两个控制器能同时调节压缩机的流量和阴极压力。阳极压力通过使用比例压力阀跟踪阴极压力来调节，从而使阴极和阳极之间的压力差最小化。为了避免氢通道淹没，对冲洗阀在氢气通道出口进行的周期性操作进行仿真。仿真研究表明，比例压力阀对于阴极压力的跟踪非常好。为了将燃料电池的工作温度保持在一个特定值，开发燃料电池的热管理系统通过调节冷却剂的流速调节燃料电池的温度。仿真结果表明，该热管理系统可以成功地调节所述燃料电池的温度。

此外，本章还介绍了几个未来的工作发展方向。对于建模，可以进一步通过合并由于电渗透阻力和反扩散现象在阴极侧和阳极侧之间的水运，从而改善本章中开发的燃料电池模型。同时，可进行更多的实验工作以验证模型，开发系统技术，从而有效地计算经验参数。在过去，对燃料电池的仿真和控制已进行了大量研究，但是由于燃料电池系统的复杂性和非线性，开发了专门的控制方式，以达到相应要求（如压力控制、流量控制、温度调节）。对于一个典型的燃料电池系统，仍然缺乏能够实现高层次目标的系统，如集最大的燃油效率、

第6章 燃料电池汽车

油耗最低、避免发生氧缺乏、快速启动等为一体的综合控制系统。为了提高燃料电池的性能，仍然需要开发能调节整个系统的控制系统。未来的控制系统会完善燃料电池系统的不确定性或者通过调整模型以适应系统，从而在系统中实时控制参数。另一个未来方向是混合系统的动态建模和控制（即燃料电池与其他能源的结合，如内燃机、先进的电池系统等）。

6.4 燃料电池汽车系统

本节列举了一些使用氢气和燃料电池为汽车提供动力，或为一些固定基站提供热和电的装置。这类装置通常被认为是"系统"。"系统"这个术语使用相当普遍，因为系统和组成的区别一般不大，本书很多地方提及系统。本节系统考察各种不同类型的使用氢气和燃料电池的系统，由复杂单元构成的这种复合体可以满足各种不同的需求，例如提供人员或货物运输，或者给一幢大楼供热和电。在第5章，将这些单独的系统组合起来，形成全国范围内或全球相互关联的能量供应系统，这是"系统"术语的另外一个习惯用法。可以认为，相对于其他几个经常看到的经济学和社会学术语，如"氢能经济"和"氢能社会"，重复使用这个"系统"术语不会带来歧义。

6.4.1 客车

1. 可供客车选择的系统

不考虑直接燃烧，在一辆使用氢气的客车中最简单的系统包括燃料储罐、燃料电池和电动机。电动机与汽车所需要的最大功率相关，由于没有牵引用的蓄电池，燃料电池必须可以提供电动机相当于蓄电池的输入功率，同时储氢罐必须足够大，以保证汽车有较理想的续驶里程。

如果使用除氢气以外的其他燃料，燃料电池必须能兼容使用其他燃料（直接使用甲醇的燃料电池等），或通过使用一个重整装置把燃料转换成氢气。储罐可以储存所选择的不同燃料。

控制系统管控燃料的流量及各组件的作用时序。在大多数情况下，应配备一个水处理系统，以确保燃料电池（如果燃料电池不是质子交换膜型的）处于适当的湿度。在许多情况下，使用氢气冷起动汽车是不方便的，需要一个起动蓄电池提供起动功率。可以使用普通的有适当容量的铅酸类电池，但一般情况下，使用一个大容量的高电压电池以提高性能。

当一个电池用于牵引时，该系统称为混合动力系统。驱使车轮的动力源于燃料电池或已经储存在电池中的能量。在混合动力系统中，直接从燃料电池向电动机提供动力的选项（称为并行操作）不是强制性的，因为该燃料电池可以提供所有输出功率（串行操作）。无论何种情况，混合动力概念允许燃料电池的额定功率比发动机的小。一种选项是该燃料电池以一个恒定的功率运行，并当不需要牵引时给电池充电；另一种选项是允许电池不行驶时充电，例如在汽车停泊或在加油站时充电。这样的燃料电池汽车被称为插电式混合动力汽车。图6-39显示了一些可能的混合动力汽车的规划图。

对于普通的燃烧氢气的汽车，组件包括发动机和一个液氢储罐（用于获得足够的续驶里程）。控制装置必须包括排气系统，以便能安全地处理从储罐里挥发出来的氢气。Verheist

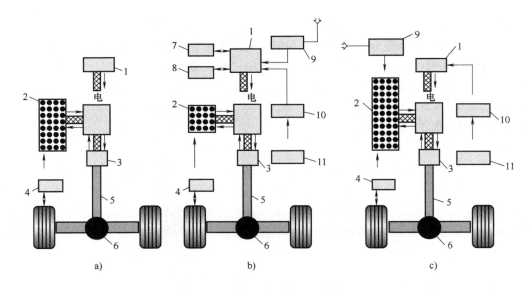

图 6-39 各种混合动力汽车概念
a) 标准混合动力 b) 氢充电选项 c) 电池充电选项
1—燃料电池 2—电池 3—电动机 4—电容 5—轴 6—差动器 7—H_2储罐
8—O_2储罐 9—充电器 10—变换器 11—液体燃料

和 Wallner 讨论了使用氢气内燃机后产生的一些特定问题和优化问题。

在评估能量效率时,把系统的所有组分都计算在内是很重要的。每个能量转换装置包括转换效率(输出的能量除以输入的能量)和能量效率(输出的自由能除以输入的自由能)两部分,后者反映了能量的品质。不同类型的燃料电池,其燃料转换成电的效率为 30%~70%,这引申出上游燃料的生产率和下游燃料的使用效率。从化石燃料或生物燃料生产氢气的转换效率为 45%~80%,而用电生产氢气的效率为 60%~90%。但如果采用化石能源发电,其电力生产的效率只有 30%~45%。对于可再生能源,如风能或光伏电池板,通常不包含转换效率,因为原始的来源是"免费"的。

对于汽车来说,下游的效率通常为 35%~45%,而对于电灯和电器来说,在不同的实际设备中几乎覆盖了整个效率范围。因此从一次能源到终端用户使用的能源,例如机动车,全部的效率可能低至 5%。这一事实中包含的积极信息是,通过对各组件适当的设计和组合,还有很大的空间用来提升效率。

2. 质子交换膜燃料电池汽车

图 6-40 所示为一个典型的乘用车纯质子交换膜燃料电池系统(即不是混合动力)。该系统包括加热器和加湿器,加热器用于使所述设备从环境温度到约 80℃ 的操作温度,加湿器用于确保操作时膜和电极所需的水分。水管理设备包括冷凝器已被集成到现有的散热器内,使其在比内燃机汽车低得多的温度区间内运行。

燃料电池设备给汽车增加了相当大的质量,使其效率降低,但同时也通过在汽车结构的下部放置重设备来提高汽车的稳定性。图 6-41 展示了戴姆勒-克莱斯勒公司的氢燃料电池的雏形车 Necar 4,燃料电池、氢气储罐和辅助设备安置在地板下面,这种布局使它比那些商业化的内燃机车辆更加稳定,例如商业化的梅赛德斯-奔驰 A 级轿车。然而 Necar 4 有一个

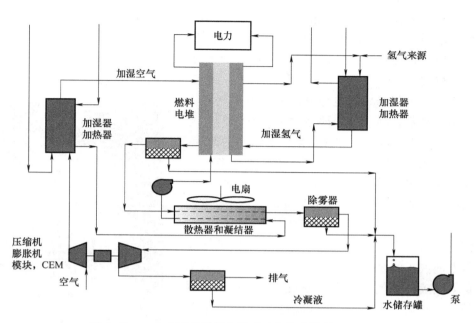

图 6-40 一个典型的乘用车纯质子交换膜燃料电池系统

75kW 的燃料电池组，更新后的戴姆勒-克莱斯勒系列燃料电池汽车采用了来自巴拉德动力公司的代号为 902 的一款 85kW 的燃料电池组。使用这种大的动力系统（相对于同样尺寸的 A 级轿车，它们一般使用一个 40~50kW 的柴油机）被认为是必需的，因为燃料电池相关的设备带来了额外的重量，同时为了不招致降低汽车运动性的批评。已经制造了一个更大的 B 级版本的燃料电池汽车，它拥有更小的燃料储罐，使用 70MPa 压缩氢气，而不是早期的 35MPa。

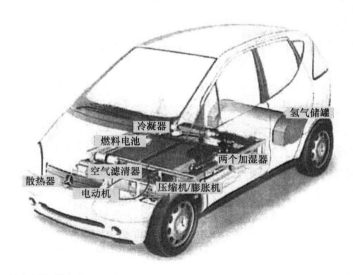

图 6-41 配制在早期戴姆勒-克莱斯勒原型车 Necar 4 内的燃料电池、氢气储罐和辅助设备

通用汽车首次提出了一个更先进的概念（图 6-42），不仅把所有的燃料电池设备放置在客舱下面，而且这个（滑板）与客舱和整个电子指令（用于驾驶、制动和加速）的接收完

全隔离。在每个轮胎处设置一个，共 4 个，而不是在一个电动机的辅助下实现最优控制。混合动力样车已经使用了这种概念，例如 Sequel（带有锂离子电池）和 HydroGen4（带有镍氢电池）。其他的汽车厂商，例如丰田，其燃料电池样车中的燃料电池组是放置在传统的客舱前面的发动机位置处的。

与直接使用氢气的燃料电池汽车同时发展的是甲醇重整汽车（如戴姆勒-克莱斯勒公司的 Necar 5），考虑到它的优势在于只需要对加油站做一些微小的改动，这比总效率的略微降低重要。然而，重整器性能的技术问题使甲醇重整汽车这条线目前的发展停滞不前。直接甲醇燃料电池汽车仍在开发中，如戴姆勒-克莱斯勒公司。

人们已经做了大量的调查研究，为了确定质子交换膜燃料电池汽车的最佳控制策略，如是否需要有牵引用的蓄电池或是其他的动力补充设备，例如一个调速轮或是一个电容。通过改善简单的控制策略，通常可以节省约 5% 的燃料。就如前面提到的，混合动力系统既可以是串联的（全部燃料电池的电力通过能量储存来传输），也可以是并联的（直接由燃料电池或蓄电池给电动机供电）。引用的参考文献中只研究了并联的混合动力系统。

图 6-42 通用汽车的"滑板"概念

混合动力系统结合了氢燃料电池和通常储存在电池中的电化学能，作为技术的自然延续，丰田的普瑞斯和相似的雷克萨斯混合动力汽车（汽油和金属镍氢化物电池）选择嵌入化石燃料电池。充电式混合动力汽车使用先进的锂离子电池，包括通用汽车的 Volt 和 Ampera。锂离子电池也在商业化的纯电动汽车（由雷诺和标致雪铁龙销售）的选择范围内，因为它们拥有完成复杂和苛刻的行驶工况的卓越性能。带有锂离子电池小的电子产品，其安全问题通常由自卸压紧急通风装置解决。

由于燃料电池的反应时间比大部分电池都慢，即使在纯燃料电池汽车中，也需配置一个适当尺寸的电池，以在行驶状况改变时（如加速或减速）提供更好的操作性能。这种功能可由其他技术替代，如电容器。要不是安全原因，人们已经考虑使用调速轮了，它们更适用于固定环境，例如置于地下。另一方面，电容器可以显示出极高的能量密度（与适当的满负荷电池相比），能带来赛车和驾驶的兴奋感。Ayad 等在 2010 年、Lin 和 Zheng 在 2011 年分别提出了用电容器和超级电容器整合燃料电池里的动力总成控制系统，该系统可以包括或不包括电池。也有研究者认为把燃料电池、电池和超级电容器这三个组件全部组合在一起可能是多余的。在反向的思路上，有人认为单一电池的混合动力性能可能足够用于道路车辆了，在极端情况下末端不设变压器（一种允许电池末端和电动汽车的电压不同的装置），以使效率最大化。

然而早期的纯燃料电池乘用样车的额定功率为 100kW 左右，混合动力的优势在于，昂贵的燃料电池不需要提供峰值电量。最小型的汽车可能只需要几千瓦等级的燃料电池的电量，一辆四人座的汽车需要 10~20kW。同时，燃料电池的出现使蓄电池的容量可以降低，影响到了另外一个昂贵的构件。

6.4.2 其他道路车辆

在早期阶段，把燃料电池和大车结合起来引起了人们的兴趣，这是因为与在乘用车中安装相比，大设备更适合安装在大车中。而货车公司对此几乎没有兴趣，公交公司成为首批志愿测试燃料电池技术的公司。目前，有大约100辆燃料电池公交车在世界各地不同城市以固定线路模式行驶。有一种积极的想法：固定线路行驶和使用专用的加油站使容纳有限容量的燃料电池公交车和在测试城市的合适地点建立专用加氢站变得容易了。图6-43 所示为典型的燃料电池公交车布局，汽车尾部有电池组，顶部有压缩氢气罐。

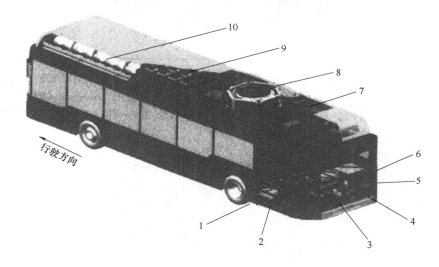

图 6-43 典型的燃料电池混合动力公交车布局

1—电力推进系统 2—巴士附属系统 3—离子交换膜燃料电池 4—初级/二级冷却循环系统 5—电源转换器
6—熔丝 7—制动电阻 8—热交换器二级冷却系统 9—电力储存系统 10—压缩气体氢储存系统

6.5 世界燃料电池汽车的发展

6.5.1 日本燃料电池汽车产业发展情况

日本燃料电池汽车产业已率先进入量产化发展阶段。

1. 日本燃料电池汽车技术发展现状

无论是乘用车还是商用车领域，日本的燃料电池汽车技术都走在世界前列。

（1）**燃料电池乘用车领域** 早在20世纪90年代，丰田、本田及日产等日本汽车企业就不约而同地开展了对燃料电池汽车的研发，并将其确定为企业下一代汽车开发的重要战略方向。目前，丰田、本田开发的燃料电池乘用车已率先进入量产化阶段。丰田汽车公司经过20多年的技术积累，于2014年推出了世界上首款量产燃料电池汽车——Mirai（图6-44）。

Mirai 采用丰田最新的燃料电池技术，最高车速达 175km/h，能在 -30℃ 的低温顺利起动；搭载两个总容量为 5kg、耐压力为 70MPa 的储氢罐，一次加氢续驶里程达 700km。此外，Mirai 可通过自带接口，为住宅提供 60kW·h 的电能。目前，Mirai 已销售至全球 9 个国家和地区。根据丰田计划，其燃料电池汽车的销量到 2025 年将达 30 万辆。

图 6-44 丰田 Mirai

本田也一直致力于燃料电池汽车技术的研发，其开发的 FCX Clarity 燃料电池汽车（图 6-45），搭载 70MPa 储氢瓶，续驶里程可达 750km。目前，FCX Clarity 已登陆北美和日本本土市场。

图 6-45 本田 FCX Clarity

(2) 燃料电池商用车领域 丰田推出了燃料电池公交车——SORA（图 6-46），搭载丰田自主研发的燃料电池组，配备 10 个 70MPa 储氢瓶，一次加氢续驶里程为 200km。目前，丰田已向东京市政府交付了 5 辆 SORA。此外，丰田还将推出燃料电池货车 Project Portal（2.0）（图 6-47）。Project Portal（2.0）是 Project Portal 燃料电池货车 Alpha 的升级版。其

图 6-46 丰田 SORA 燃料电池公交车

氢燃料的储存容量更大，续驶里程也将达到500km。

图 6-47 丰田 Project Portal（2.0）燃料电池货车

在中长期技术发展展望方面，日本新能源产业技术综合开发机构（NEDO）研究提出了 2040 年燃料电池汽车发展的技术指标，具体见表 6-14。

表 6-14 日本 2040 年燃料电池汽车技术指标

	续驶里程/km	>1000
	电堆功率密度/(kW/L)	9
	单体最大负载时的电池电压/V	0.85
	最大运行温度/℃	120
成本 （年产量 50 万辆）	燃料电池系统/(日元/kW)	2000
	电堆/(日元/kW)	1000
	储氢/日元	100000
耐久性	乘用车/km	>150000
	大巴车/km	750000
	卡车/km	1000000

2. 日本燃料电池汽车示范推广情况

2018 年，日本经济产业省（METI）在氢能与燃料电池产业研发上的总投入达到 2.6 亿美元。在燃料电池技术已达到量产水平的情况下，日本计划继续积极推广燃料电池汽车。东京政府计划用燃料电池公交车逐步替换传统燃油公交车。此外，预计日本还将投放 6000 辆燃料电池乘用车用于示范运行。

根据日本能源研究所（IEEJ）在 IEEG Energy Journal 杂志上给出的数据显示，2013—2018 年间日本政府为氢能研发的投入、氢能应用的补贴金额逐年上升，总计为 27.8 亿美元，具体情况见表 6-15。

表 6-15　2013—2018 年间日本对氢能的补贴金额

名称	性质	项目内容	2013/百万美元	2014/百万美元	2015/百万美元	2016/百万美元	2017/百万美元	2018/百万美元	总计
METI	研发	电转气、可再生能源制氢	—	0.1	14	8	12	—	34.1
METI	研发	氢能供应链：生产、进口、运输、应用	18	44	107	25	42	85	321
Cabinet	研发	光伏制氢、氨的运输与应用、有机负荷物、液氢	—	30	30	32	33	26	151
METI	研发	新一代燃料电池耐久性、降低成本	40	—	—	33	28	26	127
METI	研发/补贴	家用燃料电池、工/商业氢能热电厂	156	153	135	86	84	80	694
METI	研发	加氢站研发（自动化、安全）	—	29	37	—	—	22	88
METI	补贴	加氢站建设、运营	41	65	123	114	90	106	539
METI	补贴	燃料电池汽车补贴（清洁汽车计划的一部分）	—	—	—	123	111	117	351
METI	研发	煤气化燃料电池联合循环发电（IGFC）	63	56	—	108	119	129	475
		总计	318	377.1	446	529	519	591	2780.1

注：METI：日本经济产业省；Cabinet：内阁府。

从表 6-15 中可见，首先，日本政府对于氢能的支持主要是通过 METI，得到资金最多的是家用和工商业燃料电池热电厂，其次是加氢站的建设和运营、煤气化燃料电池发电、氢能汽车以及氢能供应链。尽管对于氢能的支持（27.8 亿美元）相当可观，但是同期日本政府在可再生能源研发和补贴方面的投入高达 66.25 亿美元，此外还有 8.02 亿美元支持碳捕捉与储存。

与中国以政府产业园式的推进方式不同，日本在氢能产业方面更多地采用财团—产业联盟方式进行氢能产业培育。以政府下属的新能源和工业技术开发组织（NEDO）为主导，东芝能源、东北电力公司和岩谷产业公司，以各自不同的优势组团进行投资，不仅可以共同承担项目的风险，也在为工厂正式投产之后的运营、电力消纳和供应、氢能源的运输及销售铺平了道路。

同样的模式也体现在日本氢气下游应用方面的开发，以丰田为代表，联合产业链上下游包括氢气供应、运输、消纳和终端各个方面的企业，进行产业联盟式的市场共同开发。

这种模式的好处显而易见，即不同产业巨头进行协同，可以在应用终端生产之后，几乎同步实现整个产业链的打通；同时，共担风险、共享收益，让每家企业都能在氢能蛋糕上分一杯羹，保证市场扩张进度的可持续。

3. 日本燃料电池在全球的推广情况

日本受制于本国资源禀赋以及市场容量,海外既是资源来源也是市场所在,因此,加强国际合作是其成功实施氢能战略的关键。近年来,日本政府和相关日企持续探索通过使用不同的能源来生产氢气,并开展与氢能供应链可行性相关的多个示范项目,见表6-16。

表6-16 日本开展的国际氢能供应链示范项目

项目合作国	制氢方式	能源	运输方式
澳大利亚	煤气化+CCS	褐煤	低温液态
新西兰	电解	地热	—
挪威	电解	水电	低温液态
文莱	SMR[①]+电解	天然气/风电	有机液体
沙特	石油裂解+CCS	石油	氨

注:来自 Ahead 项目和千代田公司。
① SMR 是加工制氢方法之一。

2019年11月27日,文莱"加氢厂"建成揭幕(图6-48),标志着世界第一个基于有机液体储氢的全球氢供应链——利用千代田公司的 SPERA 技术将文莱生产的氢气运输到日本的工作已经开始。

图6-48 文莱有机液态氢进口示范项目

先进氢能源链技术开发协会(Ahead)是于2017年在 NEDO 的指导下,由千代田、日本邮船、三井物产、三菱商事四家企业联合设立。该项目旨在建立一个使用有机液态氢进口示范。通过在文莱建设天然气重整制氢、加氢工厂,在川崎建设脱氢厂,实现有机液态长距离海上运输氢。该项目于2018年下半年开始建设,2019年年底建成(仅剩后续川崎脱氢厂的启用),2020年正式运营。达产后,该项目将每年运送210t氢至日本用于发电和交通领域。未来,该项目还将利用文莱的风电资源,开展可再生能源电解制氢,以实现低碳清洁氢的供应。

不同于日本与澳大利亚开展的褐煤制氢-液氢输运,Ahead 项目采用千代田公司的 SPERA 技术探索有机液态储氢的商业化。相对于低温液态储氢的高能耗(25%左右)、易蒸发

（0.5%～1%/天），有机液态储氢具有性能稳定、简单安全以及可充分利用现有石化基础设施等优势，但也存在反应温度较高、脱氢效率较低以及催化剂易毒化等问题。该技术的核心是找到高效的催化剂。千代田公司利用甲基环己烷（MCH）作为载体，其开发的催化剂"有效寿命"超过1年，并成功进行了10000h的示范运行。

6.5.2　韩国燃料电池汽车产业发展情况

韩国燃料电池汽车产业已步入商业化发展初期阶段。

在燃料电池乘用车方面，现代汽车公司处于世界领先水平。现代早在1998年就着手燃料电池汽车的开发，并于2000年推出首款圣达菲FCV，2004年推出途胜FCV。途胜FCV搭载的燃料电池电堆均为现代自主研发。此后，现代不断改进电堆材料及工艺，提升燃料电池电堆性能和燃料电池汽车技术，以实现燃料电池汽车关键零部件的自主开发。途胜ix FCV于2010年研发成功，并于2013年实现量产。该车搭载两个70MPa Ⅳ型储氢瓶，可实现-20℃正常起动，一次加氢续驶里程达600km。途胜ix FCV已推广至全球18个国家。2018年，现代在途胜ix燃料电池汽车的基础上，通过专用平台打造了全新一代NEXO燃料电池汽车（图6-49）。该车搭载现代自主研发的更高性能的第四代燃料电池系统，配备两个70MPa、总储氢量5.64kg的储氢瓶，电池系统功率达135kW，续驶里程超过800km，技术状态居全球领先水平。根据其计划，到2022年现代将在全球市场销售1万辆NEXO氢燃料电池汽车。除现代外，起亚也计划推出燃料电池乘用车。2018年9月19日，现代在德国汉诺威国际商用车展览会（IAA）上推出首款燃料电池概念货车，如图6-50所示。

图6-49　现代新一代燃料电池汽车NEXO

图6-50　韩国现代燃料电池概念货车

6.5.3　欧洲燃料电池汽车产业发展情况

欧洲大力支持燃料电池汽车的技术创新与应用。

1. 欧洲燃料电池汽车技术发展现状

在燃料电池乘用车方面，德国梅赛德斯-奔驰是最早开展燃料电池汽车研发的企业之一。奔驰早在1994年就推出了首款燃料电池汽车，其续驶里程仅为130km。通过多年的研发和推广，奔驰先后推出多款燃料电池乘用车。2015年，奔驰推出F015 Luxury in Motion燃料电池概念车，续驶里程超过1000km。2017年，奔驰在法兰克福车展上发布首款插电混动版燃料电池汽车 GLC F-Cell（图 6-51）。该款车型的续驶里程超过 400km，电池系统结构更优化，既能通过外界电源充电实现纯电模式行驶，又能通过燃料电池驱动行驶。宝马汽车公司曾推出宝马 7 系燃料电池高性能车，目前也在计划推出全新燃料电池车型。除此之外，沃尔沃、奥迪也公布了燃料电池汽车研发计划。

在燃料电池商用车方面，梅赛德斯-奔驰汽车公司在德国汉诺威国际商用车展览会（IAA）上推出了一款燃料电池货车（图 6-52），其续驶里程达 300km。

图 6-51 奔驰 GLC F-Cell 燃料电池汽车

图 6-52 奔驰燃料电池货车

2. 欧洲燃料电池汽车示范推广情况

欧洲各国一直致力于氢能与燃料电池的研发和示范应用。通过一系列项目的开展，欧洲燃料电池汽车现已经步入市场导入的早期阶段。根据 IPHE⊖ 统计，截止到 2018 年 4 月，欧盟共运行约 1000 辆燃料电池乘用车、67 辆燃料电池大巴，同时，还有 15 辆燃料电池垃圾车在签约中。

2008 年 5 月，欧盟委员会与欧洲工业合作研究组织共同出台了公私合营的燃料电池与氢能联合行动计划，以支持欧洲氢能与燃料电池的研发、示范及推广应用。

欧洲燃料电池和氢能联合组织（FCH JU）致力于支持燃料电池汽车的五个项目，包括 CHIC 项目（Clean Hydrogen in European Cities，2010—2016 年）、High V. Lo-city 项目（Cities Speeding up the Integration of Hydrogen Buses，2012—2019 年）、Hytransit 项目（European Hydrogen Transit Buses，2013—2018 年）、3 Emotion 项目（Environmentally Friendly, Efficient Electric Motion，2015—2019 年）和 JIVE 项目（Joint Initiative for Hydrogen Vehicles across Europe，2017—2020 年）。

CHIC 项目（2010—2016 年）是在欧盟第七研发框架计划（FP7）的支持下进行的，项目总预算约为 8190 万欧元，旨在推动零排放燃料电池公交车的商业化运行。该项目在欧洲多个城市，如瑞士阿尔高州、意大利博尔扎诺、英国伦敦、意大利米兰、挪威奥斯陆、德国科隆和汉堡等示范运行 54 辆燃料电池公交车。该项目的成功运行，展示了燃料电池公交车对建设低碳化、低噪声化的清洁环保型城市所起的关键作用。

High V. Lo-city 项目（2012—2019 年）在欧盟第七研发框架计划（FP7）的支持下进

⊖ 国际氢能经济和燃料电池伙伴计划。

行，项目总预算约为2920万欧元。该项目通过在英国苏格兰、意大利利古里亚、比利时佛兰德斯和荷兰格罗宁根运行14辆燃料电池公交车，展示新一代燃料电池技术和运行效率，从而推动燃料电池公交车商业化运行。

Hytransit项目（2013—2018年）在欧盟第七研发框架计划（FP7）的支持下进行，项目总预算约为1770万欧元。该项目在苏格兰等地运行约20辆燃料电池公交车。

3 Emotion项目（2015—2019年）在欧盟第七研发框架计划（FP7）的支持下进行，项目总预算约为4190万欧元。该项目在伦敦、罗马、佛兰德斯、鹿特丹和瑟堡五大城市运行27辆燃料电池公交车。

JIVE项目（2017—2020年）的总预算达1.06亿欧元，通过部署140辆燃料电池公交车，在意大利、英国、德国、拉脱维亚和丹麦等地的9个城市进行示范运行，为商业化铺平道路。该项目将在燃料电池大巴的运行及维护、加氢等方面积累经验。而后续项目JIVE 2，提出更加雄心勃勃的目标，即在欧洲部署约152辆燃料电池巴士。

目前，该一揽子计划已进行到第二期（2014—2020年），总经费超过13.3亿欧元。第六个项目JIVE 2（2018—2023年）正在洽谈中。

6.5.4　中国燃料电池汽车产业发展情况

我国燃料电池汽车示范应用已取得突破性进展。

1. 中国燃料电池汽车技术发展现状

基于我国燃料电池汽车的发展现状、基础设施发展现状及成本考虑，得到我国燃料电池汽车的发展路径：通过发展燃料电池商用车，实现规模化，以降低燃料电池及氢气成本，再拓展到乘用车领域。近年来，我国燃料电池商用车得到较大发展，根据中汽中心、工信部统计数据，2018年中国燃料电池客车销量为1418辆，占比93%；燃料电池货车销售量为109辆，占比7%，合计1527辆，客车为主流产品。2016—2018年累计销售3054辆。生产厂商分别为东风汽车（东风牌）、金华青年汽车（青年曼牌）、上汽大通（大通牌）、江苏奥新新能源（达福迪牌）和宇通汽车（宇通牌）。

在燃料电池巴士方面，经过十几年的研发投入，我国燃料电池技术日益成熟，以福田欧辉、郑州宇通及佛山飞驰等为代表的燃料电池客车正逐步市场化。福田欧辉作为中国燃料电池商用车的龙头企业，已完成三代车型的开发，并逐步实现商业化运营（图6-53）。福田欧辉的第三代燃料电池客车，可实现-20℃低温起动，续驶里程也提高到500km。2016年福田欧辉燃料电池客车获得全球首个100辆级的订单，实现了商业化运行。宇通客车作为中国最早研发燃料电池巴士的整车企业之一，通过多年的技术积累，于2016年开发出第三代燃料电池巴士，目前正在开发第四代燃料电池巴士技术，计划实现燃料电池巴士的小规模示范运行。

在燃料电池物流车方面，我国也有多年的技术积淀，目前已具备商业化发展条件。北汽福田早在2013年就启动了燃料电池增程式物流车项目，2017年又启动了全新平台的燃料电池环卫车项目。上汽大通在2017年的广州车展上正式展出燃料电池货车FCV80（表6-17）。FCV80搭载上汽集团自主研发的燃料电池电堆系统，使用便利性可媲美传统燃油商用车，目前已获得100辆的订单。除此之外，东风汽车和青年汽车开发的燃料电池物流车均已进入营运阶段。

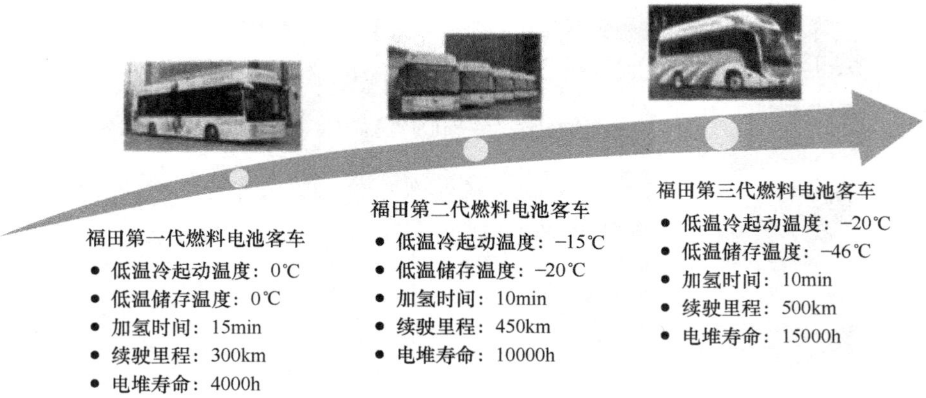

福田第一代燃料电池客车
- 低温冷起动温度：0℃
- 低温储存温度：0℃
- 加氢时间：15min
- 续驶里程：300km
- 电堆寿命：4000h

福田第二代燃料电池客车
- 低温冷起动温度：-15℃
- 低温储存温度：-20℃
- 加氢时间：10min
- 续驶里程：450km
- 电堆寿命：10000h

福田第三代燃料电池客车
- 低温冷起动温度：-20℃
- 低温储存温度：-46℃
- 加氢时间：10min
- 续驶里程：500km
- 电堆寿命：15000h

图6-53　福田欧辉三代燃料电池客车发展历程及整车关键参数

表6-17　上汽大通FCV80燃料电池系统性能参数

性　　能	数　　值
燃料电池系统额定功率/kW	30
工作温度范围/℃	-10~80
氢瓶压力/MPa	35
氢瓶容积/L	100×2
综合工况下续驶里程/km	305

但受技术积累、加氢基础设施建设和使用成本等多种因素的限制，我国燃料电池乘用车发展较为缓慢，代表性产品较少。上汽先后推出荣威750和荣威950燃料电池乘用车。目前，荣威950已投放市场用于分时租赁，其搭载两个耐压力为70MPa的储氢罐，储氢量为4.2kg，一次加氢最大续驶里程达400km，能实现-20℃低温下起动。除上汽外，奇瑞、吉利和一汽等整车企业也纷纷布局燃料电池乘用车。

以丰田公司Mirai、本田公司Clarity Fuel Cell、现代公司途胜ix35 FCV、NEXO为代表，氢燃料电池轿车开始面向全球私人用户销售，标志着氢燃料电池汽车进入商业化初期阶段。具体参数如图6-54所示，其中，现代NEXO一次加氢最高续驶里程为754km，电堆功率达到120kW，功率密度也达到了3.1kW/L，而本田和丰田的性能参数也居前列，德国戴姆勒-奔驰汽车公司的GLC燃料电池汽车已以月租的形式提供服务。

在国际上真正实现量产的车型只有丰田Mirai、本田Clarity、现代ix35 FCV及现代NEXO四款车型，在销量排行中，丰田Mirai居全球氢燃料电池汽车销量排行榜首位。具体配置参数如图6-55所示。

2. 中国燃料电池汽车示范推广情况

截至2018年12月，我国燃料电池汽车销量超过1500辆，达到1527辆，产品主要集中在商用车领域。其中，燃料电池公交车、客车、货车已有部分车型量产，率先进入运营阶段。氢燃料电池乘用车生产企业相对较少，其中上汽集团在氢燃料电池乘用车领域的投入较大，目前还处于示范运行阶段。截止到2019年9月，我国的燃料电池汽车主要还是侧重于公交车和运输物流车领域。国内燃料电池客车配置参数如图6-56所示，2019年全国各省市氢燃料电池汽车上线情况见表6-18。

氢能与燃料电池电动汽车

区分	本田 Clarity	丰田 Mirai	现代 NEXO	奔驰 GLC F-Cell
燃料电池汽车整车性能基本满足商业化示范需要			
燃料电池电堆技术基本满足车用要求			
氢能基础设施与车辆同步实施,超前部署满足商业化发展需要			
续驶里程/km	589	650	754	478
电堆功率/kW	114	103	120	100
燃料电池组的输出功率密度/(kW/L)	3.1	3.1	3.1	—
售价	766万日元	670万日元 补贴后520万日元	6.9万欧元	799欧元/月 出租

图6-54 国外燃料电池乘用车性能参数

客车厂家	美国Van Hool	美国New Flyer	德国戴姆勒-奔驰	日本丰田和日野
车辆图片				
燃料电池功率	120kW	150kW	2×60kW	2×114kW
燃料电池厂家	US Fuel Cell (US Hybrid)	Ballard HD6	AFCC	TOYOTA
动力电池的容量或功率	17.4kW·h,锂离子 (EnerDel)	47kW·h,锂离子 (Valence)	26kW·h,锂离子 (A123)	2×1.6kW·h 两个轿车用的镍氢电池模块
电机功率或转矩	2×85kW Siemens ELFA	2×85kW Siemens ELFA	2×80kW Wheel Hub Motor	2×110kW 两个轿车电机
氢气气瓶	350bar, 8个	350bar, 8个	350bar, 7个	700bar, 8个
氢气量	40kg	56kg	35kg	480L, 18kg
耐久性	18000h	8000h	12000h	未公开
续驶里程	482km	482km	250km	未公开
整车成本	200万美元	200万美元	未公开	未公开

图6-55 国外燃料电池客车配置参数

客车厂家	北汽福田	北汽福田	上海申沃	郑州宇通	上汽大通
车辆图片					
燃料电池功率/kW	60	30	35(双堆)	60	30
燃料电池厂家	亿华通	亿华通	捷氢科技	亿华通	新源动力
动力电池的容量或功率/(kW·h)	41.44 锰酸锂	82.88 锰酸锂	51 锰酸锂	108 磷酸铁锂	14.3 磷酸铁锂
总质量/kg	18000	17000	18000	18000	4220
氢气气瓶	350bar, 8个 140L/个	350bar, 6个 140L/个	350bar, 7个 145L/个	350bar, 8个 140L/个	350bar, 4个 100L/个
氢气量/kg	26.4	19.8	21.8	26.4	4.4
耐久性/h	10000	10000	5000	13000	5000
续驶里程/km	>300	>300	560	500	260

图6-56 国内燃料电池客车配置参数

表 6-18 2019 年全国各省市氢燃料电池汽车上线情况

省	市	上线时间	线路	车型	数量/辆	整车品牌	动力系统	合计
安徽	六安	12 月 26 日	301	公交车	2	安徽安凯汽车	明天氢能	2
河南	郑州	12 月 23 日	727	公交车	20	宇通客车	亿华通	20
山东	济南	11 月 24 日	K115	公交车	40	中通客车	潍柴动力	140
	济宁	11 月 9 日	C602	公交车	10	中通客车	潍柴动力	
	聊城	8 月 24 日	K11/K351	公交车	30	中通客车	潍柴动力	
	潍坊	8 月 23 日	K55/K98/K65	公交车	30	中通客车	潍柴动力	
	德州	5 月 11 日		物流车	30	奥新新能源	氢璞创能	
江苏	盐城	11 月 20 日	K11	公交车	10	南京金龙客车	江苏兴邦能源	44
	张家港	8 月 1 日	20 路	公交车	15			
	无锡	7 月 10 日	硕放机场·江阴客运站线	客车	4	上汽大通		
	苏州	6 月 14 日	港城 28 路	公交车	15	10 辆整车由宇通客车提供,动力系统上海重塑配套 8 辆,亿华通配套 2 辆	5 辆整车由苏州金龙客车提供,动力系统来自亿华通	
福建	福州	11 月 5 日	616 路闽运	公交车	2	厦门金龙汽车	雪人股份	2
浙江	嘉善	11 月 4 日	示范区 3 路	公交车	8	厦门金旅客车	爱德曼	18
		10 月 16 日	高铁环线 702	公交车	10	厦门金旅客车	爱德曼	
河北	张家口	11 月 22 日	2 路	公交车	30		亿华通	50
		10 月 29 日	K2 路	公交车	8	福田欧辉	亿华通	
		10 月 26 日	K1	公交车	12	福田欧辉	亿华通	
广东	佛山	9 月 17 日	樵 16 线	公交车	4			451
		6 月 12 日		426 辆物流车 11 辆公交车	437		10 辆公交车由广东广顺新能源与泰罗斯联合开发	
	云浮	1 月 16 日	Q102 路	公交车	10			
山西	大同	8 月 26 日	33 路	公交车	10			50
		7 月 24 日	62 路	公交车	40	中通客车	雄韬氢雄	
		4 月 15 日	201 路	公交车		中通客车	雄韬氢雄	
四川	成都	7 月 29 日		公交车	20	中植一客	亿华通	20
湖北	武汉	5 月 29 日	240/237 外环/237 内环	公交车	21	武汉开沃汽车	20 台由雄韬氢雄配套 1 台由泰歌氢能配套	26
		3 月 7 日	359 路	公交车	5	武汉开沃汽车	武汉泰歌氢能	
上海		1 月 18 日	114 路	公交车	6	上海申龙客车	上海神力	6

2019年年初，氢能被首次写进政府工作报告，紧跟顶层设计步伐，氢燃料电池汽车市场也随之高涨。2019年1~11月，国内氢燃料电池汽车产销分别完成1426辆和1337辆，同比增长分别为398.6%和375.8%。

据不完全统计，目前有19个地区进行了氢燃料电池公交车示范运营，总上线数量超800辆。其中广东佛山和山西大同一次性上线数量最多，均为40辆。年度总投放量最大的省份是山东，上线了110辆公交车。

另外，有两个地区投放了氢燃料电池物流车开展示范运营，分别是广东省佛山市投放了426辆物流车，山东省德州市投放了30辆物流车。从这些车辆的品牌来看，中通客车提供的整车数量最多。

根据各省规划，未来将有更多的氢燃料电池汽车上线，嘉善交投集团曾公开表示将投入40辆氢能源客车，在城乡公交线路、城区环线以及长三角毗邻公交线路，开辟氢燃料电池公交车线路。

从总体发展来看，随着我国氢燃料电池领域的技术提升，以及政策、标准和基础设施等体系的不断完善，我国氢燃料电池汽车产业的未来可期。

6.6 国内氢能产业发展及运行情况

6.6.1 北京车用氢能产业发展与燃料电池汽车示范运行

1. 北京车用氢能及燃料电池产业发展情况

根据北京市新能源汽车联席会议分工安排，推进新能源汽车（含燃料电池汽车）相关部门职责如下：北京市新能源汽车联席会议办公室（北京市科学技术委员会）负责统筹推进新能源汽车推广应用，推进科技创新与示范。北京市经济和信息化委员会（现已改名为北京市经济和信息化局）负责对参与北京推广应用的新能源汽车生产企业和产品进行引导，指导在京生产企业开发适用于北京推广的新能源车型产品；负责市级补助资金的兑付；会同相关部门督促生产企业落实废旧动力电池回收主体责任。北京市财政局负责组织制定市级财政补助政策。北京市城市管理委员会负责新能源汽车充电站（桩）的建设和运营管理。北京市交通委员会负责新能源小客车指标申请受理、组织审核和差异化的新能源汽车交通管理政策制定等。北京市公安局公安交通管理局负责办理新能源汽车车辆登记、核发新能源汽车号牌等。北京市质量技术监督局负责对在京销售的新能源汽车进行监测抽检。

为了加快推进北京市新能源汽车技术创新，打造"高精尖"经济结构，北京市于2017年12月正式印发实施了《北京市加快科技创新培育新能源智能汽车产业的指导意见》，将燃料电池汽车作为重点支持方向，主要包括：

① 加大以氢燃料为主的燃料电池乘用车开发力度，着力在整车耐久性、续驶里程和燃料电池使用寿命等领域取得突破。

② 加快燃料电池汽车质子交换膜、气体扩散层和金属双极板等关键材料及部件的开发，实现高比功率高耐久性燃料电池电堆等关键技术的突破，金属双极板燃料电池电堆重量比功率达到3kW/kg。

③ 提升整车竞争能力。强化整车带动,全面推进现有整车设计和制造企业转型升级。鼓励企业加大燃料电池汽车整车技术与产品创新力度,强化自主品牌建设,提升整车设计能力、工程化开发能力和智能制造水平,加快打造具有国际竞争力的新能源汽车企业。

④ 增强关键零部件配套能力。重点增强燃料电池电堆及系统、氢气循环泵和空气压缩机等零部件以及高压储氢、液态储氢等的研发生产能力。

⑤ 培育新能源汽车服务新业态。发展检验检测服务,提升燃料电池汽车整车及关键零部件检测能力,完善相关标准体系。

⑥ 围绕燃料电池汽车规模化示范应用,在冬奥会和冬残奥会相关区域推进制氢、加氢核心技术应用。

为了进一步落实新能源汽车补贴政策,鼓励购买新能源汽车,北京市于2018年发布了《关于调整完善北京市新能源汽车推广应用财政补助政策的通知》,对燃料电池汽车按照中央与地方1:0.5的比例安排市级补助。此外,北京还成立了氢能技术协同创新平台,旨在探索氢能技术协同创新的氢能汽车蓝皮书新模式,推动未来科学城央企与研究院、入驻单位与京内外科研产业单位开展高水平、高效研究,提高整体研发效率,加快科研成果产出。

1) 北京车用氢能产业发展。

北京市持续推进燃料电池汽车科研、开发及产业化应用,在燃料电池客车、物流车和轿车等整车领域以及高功率长寿命电堆及高压储氢系统等方面给予持续支持,围绕氢能与燃料电池汽车技术开展核心攻关,逐步形成以高精尖科研院所和骨干企业为核心的氢能与燃料电池汽车产业技术开发闭环。在氢能基础设施方面,北京建成了国内首座持续运营车用加氢站——永丰加氢站,并鼓励多方主体参与氢能制备—储存—运输全链条布局规划。例如,神华集团、中节能风力发电等公司均积极开发利用河北省丰富的风电资源,在张北、沽源等地建立了风电制氢项目,制氢项目分期完成,能满足京津冀地区氢燃料电池汽车对高纯度、低成本气源的需求;支持华能集团开展风电制氢关键技术研究并在张家口开展风电制/加氢站建设,拟日产氢气12000Nm³,连续加注六辆燃料电池大客车;推动中国石化北京石油分公司在昌平区王府加油站基础上,开展加油加氢合建站的建设,为北京市成为国内领先的氢燃料电池车辆示范城市奠定坚实的基础。

2) 北京燃料电池汽车示范运行情况。

北京市积极推进燃料电池示范应用,推动产业研发环节向示范运作环节延伸,截至2018年7月底,在北京和张家口共运行燃料电池客车142辆,并积极推进全球环境基金(GEF)/联合国开发计划署(UNDP)"促进中国燃料电池汽车商业化运营项目"实施。该项目由GEF/UNDP资助,旨在推进燃料电池汽车产业化。2003—2011年期间,科技部联合北京市、上海市成功组织实施了GEF/UNDP资助的中国燃料电池公共汽车示范项目的一期、二期项目。此外,在国家863项目的支持下,北京市还在2008年奥运会期间组织燃料电池公交车示范运营。

2. GEF/UNDP 中国燃料电池公共汽车示范项目

北京市于2003年开始参与燃料电池汽车的GEF第一期示范,在2004—2005年间通过招标采购了3辆戴姆勒-奔驰的燃料电池客车,又在2006—2007年间在北京建成了全国首个加氢站。

2006年9月启动试运营,单车平均日运行里程为78.71km,平均满载率约为6.7%;2006年11月北京公交对燃料电池公交车运营线路和运营计划进行调整、摸索,并从2007年1月起开始正式实施。车辆早班于7:10由永丰站载客发车,沿384路路线到北宫门,末班车时间为15:00,全日车次24次。线路调整后单车平均日运行增至103km,平均满载率最高达49%。

2007年10月底,3辆燃料电池公交车示范运行结束。自2006年6月至2007年10月,3辆燃料电池公交车经过了17个月的示范运行,累计示范运行里程达84922.1km,单车平均运行超过28000km;电堆累计运行时间为5358.3h;运送乘客56851人次。3辆车累计燃料消耗16621.8kg,百公里燃料消耗为19.57kg。燃料电池公交车累计示范运行905个工作日,车辆平均完好车率和工作车率约为88%。据了解,该项目的车辆完好车率与欧洲和澳大利亚示范项目相比大体相同。

3. 2008年奥运会示范运营

2008年奥运会期间,在国家863科技支撑计划项目的支持下,北京市继续开展燃料电池公交车示范运营项目。为了便于分析比较,国产燃料电池客车项目仍按前期GEF/UNDP合作示范项目的运行路线和运营组织方案,从2008年8月1日开始在801路区间段正式运行,2009年7月31日示范运行结束。

在此期间,利用联合国项目配套建设的永丰加氢站为燃料电池客车的运行提供加氢服务,如图6-57所示。

示范运行线路选择与GEF/UNDP合作的"中国燃料电池商业化示范项目"相同的运行线路,首末站设在永丰示范基地——永丰公交场站,基地距加氢站约2km。在此载客发车,基本沿384路到北宫门,再从北宫门沿801路区间段到人民大学运行4圈后载客返回永丰基地,单车日运行里程为103km。首车时间为7:30,末车时间为15:00,全日车次24次。示范线路计划全程行驶时间为70min,计划间隔35min。

图6-57 燃料电池公交车在永丰加氢站加氢

国产燃料电池客车示范运行数据见表6-19。

表6-19 国产燃料电池客车示范运行数据

指 标	国产燃料电池	指 标	国产燃料电池
电堆累计工作时间/h	3646	满载率(%)	27.26
累计载客行驶里程/km	60198	运送乘客/人次	39995
累计行驶里程/km	75460	平均故障间隔里程/km	3009
燃料消耗量/kg	5753	加氢量/kg	5753
完好车率(%)	99		

通过将该数据与奔驰燃料电池客车示范运行数据相比（同期情况下），在里程和气候相当的条件下氢耗至少减少40%。结合前期运行情况和经验，北京市作为GEF/UNDP资助的中国燃料电池汽车联合示范项目三期项目示范城市之一，并在2018—2020年期间继续开展不少于15辆燃料电池汽车的示范运行工作。

6.6.2 长江三角洲地区氢能及燃料电池汽车产业进展

1. 长江三角洲地区车用氢能产业发展背景

（1）**长三角氢走廊建设具备较好的基础和明显优势** 当前我国燃料电池汽车正加快从研发向产业化阶段过渡，并逐步进入产业导入期。长江三角洲（简称"长三角"）地区作为我国经济最发达、汽车产业基础最扎实的区域之一，发展建设氢走廊具有先天性的产业基础和发展条件。

第一，产学研联合创新燃料电池产业链完备。长三角地区高校众多，研发实力雄厚。同济大学很早就着手开展氢燃料电池及乘用车相关的技术攻关，形成了较强的研发能力，曾成功研制出"超越"系列燃料电池轿车，并且联合壳牌于2006年年底建成上海首座固定加氢站；2018年7月，同济大学与上海重塑能源科技有限公司共同成立"燃料电池复合电源系统联合实验室"，开展对燃料电池电堆、燃料电池发动机及燃料电池关键零部件三个层面的研究。上海交通大学成立了国内首个高校专业燃料电池研究机构，致力于质子交换膜、固体氧化物等燃料电池的研发，在双极板领域成功实现低成本高性能燃料电池金属极板的产业化。长三角地区是国内最大的汽车产业集群区，氢能与燃料电池汽车产业已初步形成以上海为中心、以整车企业为带动的较为完备的产业集群。在整车企业方面，已经实现以上汽为首的燃料电池汽车研发和生产。上汽集团是最早研发燃料电池的整车企业之一，在燃料电池乘用车、商用车及大客车方面均取得较大突破。上汽集团与新源动力股份有限公司联合开发了首款自主研发的耐久性超越5000h的燃料电池产品；上汽集团于2017年推出FCV80燃料电池客车，目前已有上百辆订单，新的一款车型也于2019年2月试装下线，此外，上汽还先后推出了荣威FCV750和FCV 950系列燃料电池乘用车；为了更好地推动燃料电池电堆及系统开发，上汽集团于2018年单独成立了捷氢科技有限公司，目前新一代的电堆也在积极开发中。江苏奥新研发的燃料电池邮政车已实现小批量示范运行。青年客车、金龙客车和安凯客车等车企也在积极布局燃料电池汽车产业。在燃料电池关键零部件方面，已初步形成燃料电池汽车配套生产能力。上海重塑能源科技有限公司已完成多款燃料电池系统的研发，并于2017年6月投入批量生产；张家港富瑞氢能装备公司已成为国内主要的氢能装备研发设计与生产制造基地之一；南通百应能源有限公司实现了膜电极的规模化生产。在加氢基础设施建设领域方面，上海舜华新能源系统公司已形成氢能技术研发以及氢能基础设施建设和运营的专业能力；氢枫能源成为国内建设和运营加氢站数量最多的企业之一；嘉氢实业也正在积极开展加氢站的建设。

第二，氢资源丰富，氢气供应链完备。从供应量的角度看，长三角地区因工业发达，石油、化工产业的制氢规模大，产能丰富。目前，长三角地区纯氢（99.99%）及以上的氢气年供给总量约为27000t，主要分布在上海、张家港、南通、常熟、常州、南京、宁波、杭州和扬州等地；此外，长三角地区目前潜在可用于燃料电池汽车的副产氢气年产量为20万t

以上，现有天然气重整制氢装置也能释放 20 万 t 以上的氢气产能。这些氢气资源如果利用起来，未来有望满足约 267 万辆燃料电池乘用车或 8.5 万辆燃料电池巴士运行。同时，多个新建石化装置正在计划建设中，未来也将带来大量的副产氢源。另外，长三角地区的可再生能源丰富，如盐城等城市的风电、光伏产业规模较大，未来可通过再生能源电解水制氢，为氢资源的供给提供清洁路径。从供应链的角度看，长三角地区现有工业基础非常发达，国际国内工业气体公司集聚，拥有一大批大型供氢企业，如上海化工区工业气体公司、上海宝氢、德国林德、法国液化空气集团、大和氯碱化工以及上海浦江特种气体有限公司等，从制氢到运氢、储氢的氢气供应链完备。

第三，地方政府积极引导，推动氢能与燃料电池汽车产业稳步发展。长三角地区作为全国氢经济最活跃的地区之一，各地政府纷纷布局氢能产业，出台氢能与燃料电池汽车产业发展规划。上海市出台《上海市燃料电池汽车发展规划》，提出打造国内领先的燃料电池汽车技术示范城市，形成优质产业链资源聚集效应；到 2025 年，形成区域内相对完善的加氢配套基础设施建设，探索燃料电池汽车的批量投放；2030 年，成为具有国际影响力的燃料电池汽车应用城市，燃料电池汽车产业链和价值链辐射全国。此外，苏州、如皋、张家港、常熟等城市也出台相应的氢能与燃料电池汽车产业规划，南通、湖州、盐城、宁波也正在开展产业发展规划研究，各地产业政策积极推动氢能与燃料电池汽车产业在长三角地区的发展。

第四，加氢基础设施日趋完善，支撑燃料电池汽车商业化示范。截止到 2019 年年底，上海已建成加氢站 7 座：安亭（博园路 7575 号）、江桥（靖远路 1555 号）、化工区驿蓝（舜工路 68 号）、电驱动（恒裕路 300 号）、上海神力加氢站（远东路 777 弄 28 号）、上海石油所属安智（安智路 700 号）和西上海油氢合建站（百安公路与恒裕路交叉口）。按区域来分，嘉定 5 座（安亭、江桥、安智、西上海、电驱动），奉贤 1 座（上海神力），金山 1 座（化工区驿蓝加氢站）；按加氢站性质来分，安亭、化工区 2 座为公共加氢站，上海石油所属安智、西上海油氢合建站 2 座为公共油氢合建站，其他 3 座为企业用户加氢站。安亭站作为 863 科研项目加氢站，已取得危化品经营许可证；金山站已取得充装证；江桥站作为企业内部供应加氢站，通过会议纪要形式暂时允许内部运营。

安亭加氢站的加氢总量为 4.4 万 kg，江桥加氢站的加氢总量超过 23 万 kg，金山站加氢总量达 3 万 kg 以上，神力加氢站加氢总量超过 1000kg。

苏州、如皋、张家港、常熟及湖州等城市也纷纷对加氢基础设施建设做出规划，确保长三角地区燃料电池汽车商业化示范的持续开展。

第五，示范推广率先展开，燃料电池汽车商业化运营全国领先。上海于 2018 年年底在京东、德邦、盒马、申通等企业投放了约 260 辆燃料电池商用车，开启全球最大规模的燃料电池商用车运营项目。同年 9 月，上海首条燃料电池公交专线正式开通，先后有 6 辆燃料电池公交车投入运营，并有多辆燃料电池中巴投入示范运营。据《上海市氢燃料电池汽车监测报告》显示，上海共销售 936 辆燃料电池汽车（未包含 28 辆燃料电池邮政物流车），并接入上海市新能源汽车公共数据采集与监测研究中心，合计运营里程将近 1000 万 km。

燃料电池商用车示范运营情况见表 6-20。

表 6-20 燃料电池商用车示范运营情况

序号	车辆运营单位	接入数量/辆	车辆类型	行驶里程/km	接入日期
1	氢车熟路汽车运营（上海）有限公司	500	物流车（东风）	8504666	2018/1/15
2	上海嘉定公共交通有限公司	6	公交车（申沃）	194540	2018/12/21
3	上海奉贤汽车客运有限公司	1	公交车（申龙）	23131	2019/3/27
4	上海奉贤巴士公共交通有限公司	1	公交车（申龙）	5469	2019/3/27
5	上海纽集新能源汽车租赁有限公司	10	客车（FCV80）	16880	2018/1/19
6	上海顺祥电动巴士（集团）有限公司	100	客车（FCV80）	69042	2019/6/20
7	上海舜华新能源系统有限公司	10	客车（FCV80）	132156	2018/1/19
8	上海驿动汽车服务有限公司	200	客车（FCV80）	216431	2019/6/20
9	上海驿蓝能源科技有限公司	10	客车（FCV80）	70924	2018/1/19
10	上海方时新能源汽车租赁有限公司	1	客车（FCV80）	232	2019/6/6
11	上海国际旅游度假区运营管理有限公司	2	客车（FCV80）	401	2018/1/19
12	上海杰宁汽车服务有限公司	3	客车（FCV80）	43495	2018/1/19
13	上海浦江特种气体有限公司	3	客车（FCV80）	29752	2019/6/20
14	上海氢驰新能源汽车销售有限公司	1	客车（FCV80）	13422	2019/6/20
15	上海燃料电池汽车动力系统有限公司	2	客车（FCV80）	9981	2019/6/20
16	上海新能源动力有限公司	2	客车（FCV80）	3582	2018/1/19
17	上海旋健新能源汽车租赁有限公司	2	客车（FCV80）	10741	2018/1/19
18	上海治臻新能源装备有限公司	1	客车（FCV80）	784	2019/6/20
19	上海国际汽车城新能源汽车运营服务有限公司	50	乘用车（FCV950）	452146	2017/7/7
20		31	乘用车（FCV750）	已停用	2017/2/17
合计		936	—	9797775	—

江苏省如皋市于 2016 年当选为联合国开发计划署"中国氢经济示范城市"，一直积极推广燃料电池汽车示范运营，从 2018 年开始先后投入 8 辆燃料电池公交车进行示范运营，如皋成为国内首个正式开通氢燃料电池大巴公交线路的县级城市。2019 年 11 月，江苏省盐城市有 10 辆燃料电池公交车正式上线。长三角氢能燃料电池汽车科普巡游活动分别于 2018 年 10 月和 2019 年 9 月举办两届，由中国汽车工程学会与国际氢能燃料电池协会（筹）联合主办，联合国开发计划署、中国国际经济技术交流中心协办。促进了氢能基础设施建设和燃料电池汽车示范运营在长三角地区的开展和普及。

综上所述，长三角地区已经具备相对成熟的氢能产业发展基础，构建了相对完善的氢经济产业链，同时燃料电池汽车的快速发展急需加氢基础设施布局完善，上述所列优势均为长三角地区建设氢走廊提供了有利条件，有助于将长三角氢走廊打造成为世界领先的氢能与燃料电池汽车产业经济带，助推燃料电池技术和产业的转型升级，提升整体氢能与燃料电池汽车产业在国际上的竞争力。

(2) 亟待解决的问题和挑战 长三角地区作为我国氢能与燃料电池汽车产业先行示范

区域之一,虽然当前发展形势良好,但加氢基础设施建设作为燃料电池汽车产业发展中的关键一环,仍存在诸多问题和挑战。

第一,加氢站数量相比发达国家热点地区相对滞后。加氢基础设施先行并适度超前将有利于燃料电池汽车产业的发展。长三角地区作为氢能产业先行区域,截止到2018年年底已运营的加氢站仅有6座,而发达国家热点地区如美国加州,占地面积不到长三角地区2倍,已运营的加氢站却达35座,是长三角地区的6倍左右。长三角地区加氢站的建设不能适度超前将阻碍氢能及燃料电池汽车产业化进程。

第二,长三角加氢站未形成连线成网的互联互通的协同效应。目前长三角地区加氢站建设与规划尚处于每个城市单独规划的阶段,往往仅考虑本市因素,忽略区域总体因素,缺少统一的区域性规划布局,未全盘考虑城市与城市互联互通的加氢站数量不足,区域间的协作能力弱,不能形成连线成网的互联互通协作效应,难以带动长三角区域氢燃料电池汽车的联动发展。

第三,加氢站建设的审批和标准法规不完善。我国加氢站存在审批流程不明确导致建设周期长的问题。上海市已经明确了由住建部门牵头开展加氢站建设,如皋市已经率先推出加氢站建设审批流程,建议其他地区在统一规定出台之前能够参照这个管理办法,并加快明晰审批流程。此外,标准法规的不完善在一定程度上增加了建设成本,限制了建设选址。

第四,加氢站建设和运营成本高昂。在产业发展的起步阶段,加氢站核心设备如高压储氢罐成本较高、氢气压缩机等依赖进口,导致建站成本相对高昂。并且目前燃料电池汽车运行未具备规模,引发加氢站运营过程中使用效率低、成本负担压力大等一系列问题,导致加氢站实现商业运营面临较大困难。

综上所述,长三角氢走廊建设面临较多挑战,有待国家层面明确交通用氢气作为能源管理的属性,统一加氢站审批流程,制定相关政策标准,设立统一监管平台;企业、高校及科研院所协同聚力攻关加氢站核心技术,从而促进长三角地区加氢站网络化布局建设,满足燃料电池汽车出行需求,实现长三角地区氢能与燃料电池汽车产业发展的互通联动。

2. 长江三角洲地区总体氢能产业进展

长三角地区的氢能企业有上海舜华、浦江特汽、国富氢能、淳化氢能、华昌化工、苏州竞立、氢枫能源、南通安思卓和南通中集等。

电堆及系统企业包括上汽捷氢、上海重塑、爱德曼氢能、上海神力、江苏清能、上燃动力、昆山弗尔赛、氢璞创能、百应能源和兴邦能源等。

整车企业包括上汽集团、上海申龙、南京金龙、苏州金龙和江苏奥新等。

无论是氢能源层面、燃料电池汽车系统层面还是其他支持性产业链,均得到了充分覆盖。并且对于处于产业链核心地位的氢能源使用和燃料电池系统,有着显著的侧重。其中氢能源占36%,包括制氢、运氢、储氢、加氢及车载氢系统;电池系统占38%,包括电池原材料、电池组件、电池单体、电堆和电池系统;整车集成占12%,包括动力总成、整车应用和整车制造;其他占14%,包括工程测试、车辆运营、监测平台和产业投融资等。

在35家重点企业中,过半的企业已经表现出不错的产业化势头,其中有6家企业在2018年的收入已过亿,15家企业的年收入超过千万。

截至2019年年底,已公开的专利数最多的前5个省市中,长三角地区的江苏省、上海市、浙江省分别占第 2、4、5 名，加上第 12 名的安徽省，长三角区域专利总数居全国首位（图 6-58）。

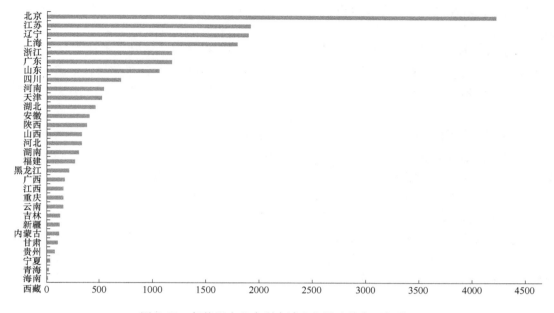

图 6-58　氢能源产业专利申请人归属地分布（部分）

国内申请量排行前列的大部分为高校研究所，长三角地区占据了排名前 20 中的 6 个席位，分别是浙江大学、上海交通大学、上海神力、同济大学、复旦大学及东南大学，这也对长三角区域的燃料电池技术起步起到了支撑作用。而长三角地区的高校（如浙江大学、东南大学、上海交通大学等）都有大量专利被引用，足以证明长三角地区在燃料电池领域已具备核心技术。

3. 长三角地区代表城市氢能产业进展

下面主要以上海市燃料电池汽车发展规划为例进行介绍。

（1）上海市燃料电池汽车平台建设情况

1）上海市燃料电池汽车示范应用创新联盟与国际汽车城凝聚产业发展力量。作为上海市级汽车产业园区，经过多年开发建设，上海国际汽车城已成为具备全产业链功能的汽车产业发展平台。自 2010 年起，上海国际汽车城积极推进新能源汽车领域示范项目建设，于 2011 年被科技部认定为全国唯一的新能源汽车示范城市 EVZONE（核心区），2015 年被工信部认定为全国首个"智能网联汽车示范区"。

上海市燃料电池汽车示范应用创新联盟（简称"联盟"）于 2018 年 4 月在上海国际汽车城成立，由积极投身于燃料电池汽车示范应用，致力于燃料电池汽车及其关键零部件相关的技术与产品研发、生产与制造、示范与服务等企事业单位的社会团体组成，依托单位为上海国际汽车城（集团）有限公司。

作为聚集产业资源和服务氢能燃料电池汽车产业发展的平台，联盟主要开展以下工作：

① 完善燃料电池汽车示范环境。探索创新商业模式，开展相关政策、法规和标准的研究，为燃料电池汽车规模化示范运行奠定坚实的基础。借助 UNDP 三期项目、上海市科学技

术委员会（简称"上海市科委"）配套课题、国家重大科技专项等支持，开展燃料电池公交客车、乘用车和物流车等示范运行项目，考核多种燃料电池动力系统在上海高温、高湿等环境下的可靠性和耐久性，获取 1000h 以上的车辆实际工况运行数据，解决 70MPa 氢燃料加注问题。

② 建设开放性创新服务平台。开放性创新服务平台以燃料电池动力系统及关键零部件技术创新为主旨，通过产学研深度合作开展燃料电池动力系统及关键零部件技术研发，形成在氢能燃料电池汽车领域具有国际影响力的研发能力，吸引国内外相关企业、研究机构加盟上海。

③ 培育氢能燃料电池汽车产业。通过燃料电池汽车示范应用的牵引，建立燃料电池汽车维护保养体系及专业维护团队，为后续燃料电池汽车规模化示范奠定基础。与高校、科研机构开展产学研合作，培养氢能燃料电池汽车高水平研究人才以及从业人员，为氢能燃料电池汽车技术扩散做好准备。

④ 开展国际合作交流。依托电动汽车国际示范区、电动汽车国际科技合作基地以及全球环境基金（GEF）与联合国开发计划署（UNDP）等国际机构积极开展与国外氢能燃料电池专业研究机构及企业间的合作交流，借鉴国外示范应用经验，学习国外先进的技术，宣传上海燃料电池汽车示范应用及技术研发成果，提升上海在氢能燃料电池汽车领域的国际影响力。

2）智能新能源汽车科创功能平台服务燃料电池产业研发与技术孵化。上海智能新能源汽车科创功能平台有限公司（简称"功能型平台"）是落实国家《上海系统推进全面创新改革试验加快建设具有全球影响力的科技创新中心方案》（国发［2016］23 号）和《上海市燃料电池汽车发展规划》（沪科合［2017］23 号）、围绕新能源汽车和智能汽车关键共性技术研发支持和转化的平台，是上海首批规建、汽车领域唯一的，以支持创业创新、技术孵化、政策咨询的功能型服务平台。

功能型平台在上海市各级政府部门的指导与支持下，由市科委、市经信委（经济和信息化委员会）和嘉定区两级政府共同组织建设，同济汽车设计研究院有限公司、上海国际汽车城（集团）有限公司、上海机动车检测认证技术研究中心有限公司、上海汽车电驱动工程技术研究中心有限公司、上海电科智能系统股份有限公司五家单位凝聚共识、立足公益、创新机制，共同出资组建而成。平台聘请国内相关领域的院士组成战略委员会，咨询、指导平台的战略发展方向和技术路径；在全球层面遴选技术带头人，构建贯穿服务于基础研发、测试评价和工程服务的技术服务体系。

作为独立运行的公益性服务平台，聚焦电动化和智能化，支撑上海市燃料电池和智能网联汽车的技术创新，助力上海汽车产业的转型升级和可持续发展。为社会提供项目咨询、方案制订、数据分析和成果转化一站式服务，为政府提供相关技术经济研究和战略咨询服务。仅在燃料电池技术领域，功能型平台规划投资研究、测试和工程服务的设备费用逾 4 亿元，构建材料形貌分析、电化学过程研究等贯穿燃料电池基础测试试验体系；构建催化剂性能测试评价、制备合成、材料结构和功能分析实验室；构建膜电极等测试评价和制备能力以及单电池（短堆）测试评价实验室等。通过向社会提供开放实验室和燃料电池仿真开发平台等服务方式，托举初创企业，推动原始创新。依托测试服务，构建贯穿材料、单体电芯、动力系统等层面数据链，累积数据平台，服务于产品研发、技术经济研究和战略决策支持。

平台串联起燃料电池新结构的水热气管理建模仿真、新材料及新组件创新研究、电芯到系统工程化开发的技术支持、测试评价和产品认证服务全产业链技术支持平台；集聚燃料电池产业化发展迫切需求的动力系统集成创新技术能力，构建国际先进水平的燃料电池动力系统硬件在环测试评价服务体系。预计功能型平台将构建起燃料电池基础实验室，初步覆盖燃料电池单片、电堆、发动机试验能力；逐步构建"可视化"的燃料电池、锂电池材料形貌分析和纳米尺度电化学过程分析技术链，形成支撑正向产品开发和测试评价的分析及研究能力。

3）产品测评认证及科研公共服务平台保障氢能与燃料电池汽车产业发展。上海机动车检测认证技术研究中心有限公司暨国家机动车产品质量监督检验中心（上海），是第三方的国家级机动车产品检测机构，拥有汽车、摩托车产品的全部国家授权，包括工信部车辆《公告》检测、环保部车辆环保目录检测、交通部车辆油耗检测、国家认监委车辆及零部件产品3C认证检测等。

上海机动车检测认证技术研究中心积极推进科研院所、组织机构和全产业链企业（包括整车OEM、系统供应商、零部件企业、加氢设施及附件供应商、材料供应商等）合作，开展氢燃料电池汽车及零部件产品、加氢设施的测评认证、委托研发测试、示范运行、标准制修订咨询服务以及科研项目等多项重要工作。此外，作为上海地方智库，参与制定了《上海市燃料电池汽车发展规划》《长三角氢走廊建设发展规划》等；作为上海新能源地标委的秘书处承担单位，主导了多项氢能燃料电池相关标准的制修订工作。

上海机动车检测认证技术研究中心将在上海市政府的指导下，联合区域内优势企业构建"氢能源技术服务平台"等实体，以服务上海市氢能与燃料电池汽车产业发展为基本立足点，以落实上海市燃料电池汽车发展规划、完善氢能与燃料电池汽车产业链构建、保障氢能与燃料电池汽车产业健康有序发展为目标，并结合我国氢能与燃料电池产业发展需求，打造"立足上海、服务全国"的覆盖加氢设施、氢能多种应用、燃料电池汽车、混合动力三电及接口技术、燃料电池系统、氢系统、核心零部件及核心材料的氢能与燃料电池汽车产品测评认证服务以及科研支撑第三方公共服务平台。

经过10余年的发展，上海聚集了大量产业资源，已初步形成了较为完善的氢能燃料电池汽车产业体系。其中，形成了以上汽集团为代表的整车企业，以同济大学为代表的燃料电池汽车技术创新、人才培养机构，以上海机动车检测认证技术研究中心有限公司、上海智能新能源汽车科创功能平台有限公司为代表的测试、评价和认证机构，以上海新源动力有限公司、上海电驱动股份有限公司、上海神力科技有限公司、上海重塑能源科技有限公司、上海攀业氢能源科技有限公司和上海燃料电池汽车动力系统有限公司等为代表的燃料电池研发和产业化先锋，以上海国际汽车城（集团）有限公司、氢车熟路汽车运营（上海）有限公司为代表的氢能燃料电池汽车示范运营商，以及以上海舜华新能源有限公司、上海氢枫能源技术有限公司、上海驿蓝能源科技有限公司等一批企业为代表的氢能基础设施建设主力军。此外，上海已拥有安亭加氢站，初步具备了氢能、燃料电池、燃料电池动力系统、燃料电池汽车以及基础设施等较为完整的产业配套要素。

（2）上海市燃料电池产业化状况　在燃料电池方面，上海聚集了上海新源动力有限公司、上海电驱动股份有限公司、上海神力科技有限公司、上海重塑能源科技有限公司、上海攀业氢能源科技有限公司和上海燃料电池汽车动力系统有限公司等企业，形成了包括燃料电池电堆研发生产、系统开发及集成、测试评价、车载储氢供氢技术以及电动辅助系统等在内的核心技术，开发了与燃料电池汽车相配套的系列关键零部件。

1) 上海神力科技有限公司。

上海神力科技有限公司（简称"神力科技"）是中国最早开发车用燃料电池发动机的公司，从"九五"至"十三五"期间，不断承担科技部"863"计划等重大课题，其中低压不增湿燃料电池技术已达到世界先进水平，并拥有完全自主知识产权。截至2017年年底，神力科技已获授权专利333项，其中发明专利143项，美国专利4项，牵头起草和参与制定的燃料电池国家标准，已有24项颁布实施，获得注册商标4个。

2015年，神力科技成为北京亿华通科技股份有限公司的控股子公司，迎来了新的发展机遇。公司建立与国外燃料电池企业合作，国内产学研结合的运营模式，引进国内外优秀技术专家，组建经验丰富的技术团队，成立了集研发、测试于一体的国内一流燃料电池研发中心。公司拥有年产能2000台的国产化燃料电池核心电堆半自动化生产线和双极板自动化生产线各1条，拥有氢系统集成制造生产线1条，拥有从100W～100kW电堆的测试设备，拥有从10～150kW燃料电池系统测试设备，燃料电池开发、燃料电池系统集成开发、燃料电池系统测试台开发、氢系统开发、燃料电池及系统测试、燃料电池及系统实验室规划建设是神力科技的主营业务。

神力科技已经同上汽集团、上汽大众、郑州宇通、北汽福田、中通客车、中国中车、上海申龙、苏州金龙、奇瑞汽车及长城汽车等国内知名的整车企业合作，成功开发了燃料电池新能源汽车，并在中国（北京、上海）、美国加州、英国和韩国等国家和地区成功示范运行。

2) 上海重塑能源科技有限公司。

上海重塑能源科技有限公司（简称"重塑科技"）致力于提供车用燃料电池产品和车载配套技术服务。车用燃料电池系统已进入产业化阶段，CAVEN系列32kW和46kW的燃料电池系统已实现量产，并在广东省云浮市建成中国首条燃料电池系统生产线，已实现年产能5000套，扩充产能可达20000套/年。

2017年12月，搭载了重塑科技CAVEN 3（32kW）燃料电池系统的500辆东风牌7.5t燃料电池物流车在上海地区完成了销售并上牌，以租赁的形式开启了商业化运营，目前有13家物流及电商企业在使用该款车型，主要包括京东、德邦及申通等。运营路线主要围绕重塑科技内部加氢站120km的半径进行物流配送。终端使用客户对燃料电池汽车在中长途、中重载和高强度等方面表现出的优异性能给予了肯定。截至2018年7月22日，该批次车辆累计运行里程为848045km，累计耗氢量为23152kg，车辆百公里氢耗仿真设计值约为3.1kg，实际运行中百公里耗氢统计值为2.6～2.8kg，累计车辆平均无故障行驶里程为7572km。

为了监控车辆的安全运营并做好售后服务，该批次车辆已接入重塑科技售后服务中心数据安全监控平台。如发生氢泄漏等安全问题，该平台会在第一时间发送报警信息通知驾驶人、售后服务中心、车辆运营商及平台运营商等，并会按照既定程序进行处理，以确保车辆的安全运行。

3) 上海燃料电池汽车动力系统有限公司。

2001年12月,在科技部"863计划电动汽车重大专项""863计划节能与新能源汽车重大项目"的支持下,上汽集团与上海科技投资公司、上海工业投资(集团)公司、信息产业部电子第二十一所等共同成立了上海燃料电池汽车动力系统有限公司(简称"上燃动力")。

上燃动力基本形成了包括以燃料电池汽车为核心的整车设计、集成,动力系统平台集成与控制,车载储氢供氢技术以及电动辅助系统等在内的核心技术,开发了与燃料电池汽车相配套的系列关键零部件,包括电动空调、整车控制器(VMS)及功率电子集成控制单元(PCU)等。依托上汽集团的整车平台,结合同济大学的产学研合作,先后完成了我国第1~4代燃料电池轿车动力平台研发,并成功开拓出"电-电混合、动力系统平台、副产氢气纯化和高压储氢"的燃料电池轿车。

目前,上燃动力开展的工作主要包括30kW燃料电池系统优化、百套级燃料电池系统生产线设计与系统生产制造、金属板及大功率燃料电池系统预开发、燃料电池系统和零部件测试台产品开发、燃料电池汽车运营维保、加氢站建设规划以及整车技术服务等。上燃动力已构建上海市燃料电池汽车运营的维保中心,提供氢燃料电池汽车的维修保养工作,包含氢系统安全检测、燃料电池发动机系统维修与保养等服务。

未来,上燃动力将以"安亭·环同济创智城"项目建设为契机,打造上海"氢能燃料电池产业园",园区配置了完善的办公、研发、试制和测试等功能性平台,并拟建设1座加氢站和新能源汽车运营维保中心,可满足至少200辆燃料电池汽车在上海的日常运营。目前,已有近十家企业和公司签订了战略协议并意向入驻该园区,包括上汽大通、上海楞次、安徽明天、上海方时、上海机动车检测中心以及上海科创中心——智能型新能源汽车功能性平台等整车企业、燃料电池零部件企业和科研院所及机构。

(3) 上海市燃料电池汽车发展状况 自2001年开始,上海在国家863计划支持下开发燃料电池轿车。采用"电-电"混合技术的燃料电池动力系统指标在国内处于领先地位,部分技术指标达到或接近国际先进水平。动力系统装载于大众帕萨特领驭、上汽荣威、奇瑞东方之子、一汽奔腾及长安志翔等整车上。在燃料电池轿车动力系统研发积累的基础上,上海进一步开发了采用双轿车动力系统的燃料电池公交客车。

1) 以上汽集团为代表的整车企业加快推进燃料电池产业发展进程。

上汽集团作为上海燃料电池整车企业的代表,从"十五"开始,在"三纵三横"各方面进行全面布局,积极探索新能源汽车发展方向,尤其是在燃料电池汽车研发和商业化应用方面持续投入,积累了丰富的开发经验,取得了丰硕的成果。

2001年,上汽集团与通用一起成功开发了"凤凰一号"燃料电池汽车。2008年北京奥运会期间,上汽集团与同济大学共同开发了20辆燃料电池汽车作为赛时公用车。2010年,上汽集团为上海世博会共提供了1125辆新能源汽车,其中包括174辆氢燃料电池汽车。世博会期间,新能源示范车辆总载客超过1.2亿人次,车辆安全平稳运行超过2900万km,圆满完成了世博示范运营任务。近年来,上汽集团在燃料电池领域不断取得突破。围绕燃料电池汽车项目,上汽集团累计投入超过10亿元,开发完成了200型燃料电池系统(200A和

200B 两个系列），完成三款燃料电池汽车的开发制造，主要掌握了燃料电池电堆及系统、电控、整车集成、整车验证的开发能力，在乘用车、商用车和大客车方面均取得突破，并带动了我国燃料电池汽车产业链的建设。荣威 750 与荣威 950 燃料电池轿车的核心性能见表 6-21。

表 6-21　荣威 750 与荣威 950 燃料电池轿车的核心性能

项　　目	荣威 750	荣威 950
长×宽×高/(mm×mm×mm)	4862×1765×1422	4996×1857×1502
整备质量/kg	1860	2080
百公里加速时间/s	15	12
最高车速/(km/h)	150	160
最大爬坡度（%）	20	25
续驶里程/km	310	430/350
低温起动性能/℃	-10	-20
氢瓶容量/kg	3.6	4.2
氢瓶压力/bar	350	700

乘用车方面，上汽荣威 750 燃料电池轿车于 2014 年 7 月完成国内首个燃料电池汽车公告，已累计销售 31 辆。2016 年 12 月，燃料电池创新工程项目小批量投产并销售 50 辆荣威 950 燃料电池轿车，其中 40 辆参加 UNDP 三期示范项目。目前，上汽集团已累计推广 81 辆燃料电池轿车。

商用车方面，上汽大通 FCV80 燃料电池轻客于 2017 年投产，当年完成销售 100 辆，成功实现燃料电池汽车商业化应用。上海申沃于 2017 年成功中标 UNDP 三期上海示范运营项目，计划提供 6 辆燃料电池客车投入嘉定公交线路运营。

上汽集团将与国际和国内优质资源合作，研发具备世界先进水平的燃料电池技术，突破核心材料和关键部件的瓶颈，进一步开发 300 型大功率、高功率密度燃料电池系统，突破燃料电池电堆和核心部件等关键技术，掌握自主设计、开发能力。同时，上汽集团还将大力推动燃料电池商用车的生产、制造与使用。

2）同济科研团队与工程化平台建设支撑氢能燃料电池汽车发展。

同济大学新能源汽车工程中心成立于 2000 年，是中国燃料电池汽车技术创新战略联盟秘书长单位。此外，受科技部委托，中心同时承担了国际氢能经济和燃料电池伙伴计划（IPHE）联络办公室的工作，代表科技部出席相关会议，定期向科技部汇报国际上氢能燃料电池的最新进展。

在科研人才方面，同济大学新能源汽车团队从 2006 年开始，已获多项授权专利。在科研成果方面，在"十五"至"十二五"期间，该团队在新能源汽车领域承担了 20 余项 863 项目、973 专项及一大批地方和企业的重大科研攻关项目，代表性的项目包括"燃料电池轿车""燃料电池轿车动力系统技术平台""混合动力轿车""燃料电池发动机可靠性与耐久性试验"等国家 863 项目，以及"燃料电池汽车高压氢气加氢站和供氢技术""70MPa 加氢机""风光互补制氢加氢站""氢能汽车加氢设施关键技术及标准研究"等氢设施相关课题。通过承担上述科技项目，已形成了一支科研实力雄厚、年龄结构合理的技术团队。

同济大学成功研制的拥有完全自主知识产权的、电-电混合"超越"燃料电池轿车动力平台,填补了我国燃料电池轿车研制领域的空白。并与上汽集团、上汽大众和奇瑞等汽车整车企业紧密合作,研制了基于上海大众桑塔纳3000、上汽MPV和奇瑞东方之子等"超越"系列燃料电池轿车示范样车。为2008年奥运会研制的20辆燃料电池轿车,成为我国首款进入汽车产品公告的燃料电池汽车,圆满完成马拉松比赛引导等奥运任务。16辆奥运燃料电池轿车于2009年相继在美国加州进行示范。在上海世博会期间,联合上汽、一汽、大众、长安及奇瑞等企业为上海世博会提供燃料电池轿车80辆,燃料电池观光车100辆,3辆UNDP燃料电池城市公交客车。

(4)氢能及加氢站产业化发展状况 上海拥有以上海舜华新能源有限公司、上海氢枫能源技术有限公司、上海驿蓝能源科技有限公司等企业为代表的基础设施建设主力军。同济大学则在建设上海世博会固定加氢站1座和移动加氢站2座后,继续建设一座填补国内空白的风光互补耦合电解制氢70MPa加氢站。

1)车载氢系统。

上海舜华新能源系统有限公司(简称"舜化新能源")的主营业务包括加氢站设计与工程技术服务、供氢系统及加氢设备研发销售,是国内领先的氢能系统整体解决方案供应商。

在车载氢系统方面,舜华新能源是国内较早从事车载氢系统研发的企业,拥有35MPa和70MPa车载氢系统技术,参与主持了多项国家、省部级项目,如国家863计划"燃料电池轿车用高压供氢系统研发研制报告"、上海市科委"燃料电池汽车70MPa车载供氢系统"等,参与了历年"超越"系列燃料电池轿车供氢系统的设计、集成,配合上汽集团完成了荣威系列燃料电池汽车的研发。目前,舜华新能源所集成的35MPa车载供氢系统已配套上海申沃、成都客车及中植汽车等6款燃料电池汽车,并获工信部公告。舜华新能源自主研发的35MPa车用集成瓶阀获得成功,并进行了小批量试用,正在进行量产准备;70MPa车用集成瓶阀也在开发中,已完成样机研发。在其他车载氢系统部件方面,舜华新能源已开发出车载氢系统控制器、红外通信模块等,并在研发加氢口、减压集成模块及管路连接系统等。舜华新能源车载氢系统及检测设备见表6-22。

表6-22 舜华新能源车载氢系统及检测设备

高压集成瓶阀	高压储氢/供氢系统	增压加氢机/氢气测试设备
工作压力:35MPa/70MPa	工作压力:35MPa/70MPa	加注压力:20~70MPa
工作环境温度:-40~85℃	输出压力:0~2MPa	入口压力:20~50bar
接口形式:2-12UN	储氢罐容积:28L/52L/74L/145L	可依据客户需求定制
介质:氢气/天然气等	—	—

2) 氢能基础设施建设。

① 固定式加氢站。在氢能基础设施方面，舜华新能源先后建设完成了安亭加氢站、世博加氢站、亚运会加氢设施、深圳大运会加氢站、云浮加氢站及多台移动加氢站或模块式加氢设施，累计为燃料电池汽车提供加氢服务 35000 余次，加注氢气超过 45000kg，由舜华新能源负责管理运行的安亭加氢站已持续安全运行超 10 年。舜华新能源自主研发成功了 70MPa 加氢机，在大连加氢站得到应用。舜华新能源建立了上海驿蓝能源科技有限公司和云浮舜为氢能有限公司，致力于推进上海、佛山等地区的氢能基础设施建设，推动国内氢能技术发展。

上海驿蓝能源科技有限公司（简称"上海驿蓝"）是由上海舜华新能源系统有限公司、上海鉴鑫投资有限公司、上海驿动汽车服务有限公司及林德气体有限公司共同出资成立的上海市氢能源基础设施投资建设运营平台公司，目标是在 2025 年建成标准加氢站、加氢母站、加油加氢合建站、加氢充电合建站 40~50 座。上海驿蓝围绕具体落实《上海市燃料电池汽车发展规划》，旨在 2022 年完成上海加氢走廊建设。

同时，上海驿蓝围绕长三角核心城市进行长三角加氢走廊布局，关注细分市场氢能的推广和应用，逐步构建长三角加氢网络。目前上海驿蓝托管安亭加氢站并投资在建上海化工区加氢站，下面介绍相关具体情况。

a. 安亭加氢站。2003 年，科技部启动了 863 项目"燃料电池汽车高压氢气加气站及供氢技术研发"，坐落于上海市安亭国际汽车城的安亭加氢站，是该项目的重要组成部分。安亭加氢站是上海首个固定加氢站，由舜华新能源和同济大学等单位共同建设。安亭加氢站是一座外供氢加氢站，加注压力为 35MPa，储存压力为 43MPa，可连续为 20 辆燃料电池轿车和 6 辆燃料电池大巴加注氢气。

b. 化工区加氢站。化工区加氢站位于上海化工区舜工路，是上海驿蓝成立后第一个自主投资建设的加氢站，该站占地面积约为 8000m^2，属于大型加氢母站，具备燃料电池汽车加氢、氢气长管拖车充装和电动汽车充电三个功能。加氢站设有 2 台 35MPa 加氢机和 1 台 70MPa 加氢机；包含 90MPa 氢气离子压缩机在内共三台压缩机；25MPa、45MPa 和 90MPa 储氢装置，最大储氢量可达 850kg。

充装站设有 2 台 22MPa 氢气压缩机、2 个氢气长管拖车充装柱和 3 个氢气长管拖车充装位。充装站主要服务于 20MPa 氢气长管拖车，日供氢能力约为 1800kg，未来上海市加氢站将主要由化工区加氢站配送氢气。

充电站部分将建设一套微电网系统，即"光—储—充"互补的智慧微网，主要建设内容包括光伏、储能和充电站系统。光伏发电系统：建设太阳能光伏发电系统容量为 130kW；储能系统：储能系统电池容量为 400kW·h，具备并网逆变系统功能，电池使用寿命为 4000 次；电动汽车充电桩：60kW 直流一体式充电桩 6 根，1 机双枪。

c. 其他加氢站。上海驿蓝正在与上海国际汽车城、上汽集团等多家企业积极沟通，在已有项目投资建设的同时，加速上海全市加氢站布局工作。目前已在嘉定郊野公园、宝山丰翔路完成后续建站选址工作。上海驿蓝也在和中石化上海石油分公司探讨加油加氢合建站可行性研究，利用符合要求的中石化现有加油站点，改建、扩建加油加氢合建站，加快上海市加氢站建设工作，推动燃料电池汽车在上海的发展。同时，上海驿蓝还在和无锡、南通等长三角多个城市进行商业化加氢站布局的项目论证。

② 撬装式加氢设备。上海氢枫能源技术有限公司（简称"氢枫能源"）是一家专业从事加氢站投资、建设和运营的企业，目前在上海、十堰、佛山、中山均建有自有加氢站，同时承接了南通百应能源、聊城中通客车加氢站建设项目，并都已建设完成，交付使用。同时还有一大批客户，如爱德曼氢能源装备有限公司、深圳五洲龙汽车有限公司等，也已签订合作书。

氢枫能源在上海正在建设的加氢站是位于嘉定区外冈镇的上海电驱动加氢站（图6-59），设计加氢规模为500kg/d，设计氢气储量为998kg，日加注150辆氢燃料电池汽车。该站的主要设备包括一套加氢能力为500kg/d的撬装式加氢设备，一套具备三级加注能力的储氢瓶组（工作压力为45MPa）和一台加氢能力为35MPa的加氢机。加氢站采用先进的分级加注理念，运用顺序控制阀组的工艺设计和逻辑设定，极大提高了加氢效率。

图6-59　上海电驱动加氢站

氢枫能源还在上海化工区筹划与浦江气体合建上海第一座70MPa的加氢站。该站设计加氢规模为500kg/d，具备70MPa加氢能力（兼容35MPa），项目已进入实际操作阶段。此外，该项目还承担了上海市科委项目"70MPa撬装式加氢设备技术研发"任务。

以上海化工区为核心建设"化工区氢走廊"可以为加氢站提供大量清洁的氢能，降低氢能源的获取成本。因而，氢枫能源在2020年前分别在奉贤、金山、浦东建设两个加氢站，围绕化工区打造氢能汽车的加氢走廊。针对这个广阔的市场，氢枫能源有着"化工区氢走廊"和"环上海氢能圈"的前景规划。

③ 制氢加氢一体化加氢站。上海浦江特种气体有限公司（简称"浦江气体"）是国内较早的专业氢气制造企业，公司具有工业氢、纯氢、高纯氢和超纯氢等完整的产品系列。目前，浦江气体正在与氢枫能源等企业合作，在上海化工区合建上海首个制氢加氢一体化加氢站。

2018年7月，浦江气体获得车用氢气充装许可，具备实现上海首个制氢加氢一体化加氢站的基本条件。车用氢气充装压力为35MPa，日充装能力为300kg。浦江气体自购3台上汽大通FCV80车辆用于员工班车及化工区示范运营。

浦江气体还于2017年10月获得上海化工区的"三基地"立项许可，在上海化工区E5地块建设氢能研发基地、工业区管道供气技术研发基地和瓶装工业气体产业互联网技术研发基地。其中，氢能研发基地包括日充装能力 1000kg、充装压力为 70MPa 的加氢站一座，一期 6000m³/h 高压商品氢气充装站一座，国内首套民用液氢装置一套（氢气液化处理量 1000m³/h）及有机物储氢中试装置一套（氢气处理量 150m³/h）。同时，该站还设计了掺氢天然气（HCNG）的配置和加注装置，用于车辆及锅炉的 HCNG 产能达 5000m³/h。该基地占地 3.4 万 m²，是国内最大的化工尾气回收利用工厂，能为上海及长三角地区提供能源用氢。

6.6.3 佛山/云浮车用氢能产业发展与燃料电池汽车示范运行

1. 佛山/云浮车用氢能产业发展背景、组织机构及相关支持政策

（1）发展背景 佛山是一个以工业为主导、三大产业协调发展的制造业名城。经过改革开放 30 多年的发展，形成了家用电器、机械装备、金属材料加工及制品、陶瓷建材、纺织服装、电子信息、食品饮料、塑料制品、精细化工及医药、家居用品制造等十大优势行业。进入 21 世纪以来，为加快传统产业产型升级，佛山市逐步引进汽车零部件及整车装备生产企业，并于 2014 年成为广东省汽车零部件生产基地。

佛山市是我国较早关注并引入车用氢能产业的地区。2010 年年底，广东广顺新能源动力科技有限公司正式成立，拉开了佛山市氢能产业发展的帷幕。以此为契机，佛山市陆续与中国科学院大连化学物理研究所、华南理工大学等高等科研院所在车用氢能燃料电池及核心零部件等领域展开深度合作，为后续引进长江汽车、爱德曼等产业化项目奠定了坚实基础。

云浮市车用氢能产业的发展始于佛山、云浮两市结对帮扶合作。在广东省委、省政府的关心支持下，佛山、云浮两市深入贯彻落实对口帮扶工作部署，有序推进全面对口帮扶各项工作。2014 年以来，佛山、云浮两市以产业合作共建为主要抓手，紧跟新一轮科技和产业变革方向与步伐，充分依托对口帮扶和产业共建合作平台，前瞻性创新推进氢能全产业链跨区域协同布局发展，率先整合构筑起领跑全国的氢能源产业体系和集群，加快培育支撑未来云浮经济发展的新兴产业和主导产业。

经过多年的努力，佛山、云浮两市在车用氢能产业发展政策、基础设施建设、产业链构建及氢燃料电池汽车推广应用等方面率先实现突破，已经初步确立了先发优势。

（2）支持政策 随着车用氢能产业快速发展，佛山、云浮两市陆续出台了系列支持政策，并推动广东省逐步加大了对车用氢能产业的支持力度。

1）省级政策支持。广东省历来注重新能源汽车产业的发展，自 2013 年开始出台系统的新能源汽车产业发展规划和一系列支持政策，对车用氢能技术创新、燃料电池汽车示范运行等大力支持，为佛山、云浮两市车用氢能产业快速发展营造了有利环境。

2013 年广东省出台的《广东省新能源汽车产业发展规划（2013—2020）》明确指出，要根据燃料电池技术发展适时开展制氢、储氢、加氢技术与装备的研发，研究探索燃料电池汽车整车和高可靠性低成本燃料电池。2016 年 3 月，省政府办公厅发布《广东省人民政府办公厅关于加快新能源汽车推广应用的实施意见》，提出对包括燃料电池汽车在内的各类新能源汽车实行差别化和分类扶持的补贴政策。2017 年 3 月，省交通厅发布《广东省城市公交车成品油价格补助和新能源公交车运营补助实施细则》，细化了新能源公交车运营补助方法。2018 年 1 月，广东省出台了《关于广东省新能源汽车推广应用省级财政补贴政策的通知》,明确了氢燃料电池汽车补贴政策,同时鼓励地方统筹用好国家奖励资金、省奖励资金、市县财政资金支持示范加氢站。2018年6月,广东省出台了《广东省人民政府关于加快新能源汽车产业创新发展的意见》,明确提出2018—2020年新能源汽车推广应用省级财政补贴中的30%用于支持氢燃料电池汽车推广应用,同时出台了取消对新能源车的限行、大力推进氢燃料电池汽车产业化、大幅降低氢燃料电池汽车专用制氢站谷期用电价格(执行蓄冷电价政策)、推进公交电动化(含氢燃料电池汽车)和扩大其他公共服务领域新能源车应用规模、开展氢燃料电池汽车标准体系研究等氢燃料电池汽车发展支持政策。

近期,广东省出台了《广东省加快氢燃料电池汽车产业发展实施方案》——粤发改产业函〔2020〕2055号。在方案中,对加氢站建设给予一定的补贴。自政策发布日起(2020年11月12日),按照"总量控制,先建先得"的原则进行补贴,省财政对2022年前建成并投用且日加氢能力(按照压缩机每日工作12h的加气能力计算)500kg及以上的加氢站给予补贴。其中,属于油、氢、气、电一体化综合能源补给站,每站补助250万元;独立占地固定式加氢站,每站补助200万元;撬装式加氢站,每站补助150万元。鼓励市区根据实际情况对加氢基础设施建设给予补贴,各级财政补贴合计不超过500万元/站,且不超过加氢站固定资产投资50%,超过部分省级财政补贴作相应扣减。

2)佛山市政策支持。为了巩固车用氢能产业先发优势,佛山市不断推进体制机制创新,加快车用氢能产业支持政策制定,出台了一系列创新程度高、支持力度大的政策措施,初步构建了车用氢能产业支持政策体系,有力促进了产业持续快速发展。

2018年6月,佛山市经济和信息化局发布了《佛山市加快新能源汽车产业发展及推广应用若干政策措施(征求意见稿)》,从"加强引进培育,推动新能源汽车产业集聚发展""加强技术研发,提高新能源汽车产品核心竞争力""加强推广力度,积极鼓励使用新能源汽车""加强推进落实的保障措施"四大方面推动新能源汽车产业跨越发展和传统汽车产业转型升级。引进培育方面,对于总投资达到一定额度的整车和关键零部件企业,按照标准分别给予500万~5000万元以及300万~2000万元的一次性奖励,对燃油车整车企业则鼓励其转型研发新能源汽车,研发销售后按标准分别给予乘用车100万元/款,客车、货车50万元/款,专用车40万元/款的一次性奖励;技术研发方面,对新落户的新能源汽车整车及关键零部件技术平台按标准予以奖励或配套扶持;推广应用方面,佛山市将大力推进新能源汽车在公共服务领域的应用,并制定了有利于新能源汽车使用便利性及实惠性的措施。

佛山市于2018年出台的《佛山市新能源公交推广应用和配套基础设施建设财政补贴资金管理办法》,明确规定了佛山市新能源公交车和公交加氢站的建设运营补贴标准。其中,氢能燃料电池公交车按照国家补贴的100%确定地方购车补贴,且各级财政对车辆购置的补贴总额不超过车辆销售价格的60%;加氢站方面,2018—2019年建成的加氢站,日加氢能力为300~500kg的固定式加氢站,补贴300万元,大于500kg的固定式加氢站,补贴500万元,对日加氢能力不低于200kg的撬装式加氢站,补贴150万元。

南海区是佛山车用氢能产业发展的重点区域,近年来陆续出台了系列区级产业扶持政策。2015年4月,南海区出台《佛山市南海区新能源汽车产业发展规划(2015—2025年)》,明确提出将南海打造成为国内领先的氢燃料电池汽车核心部件研发生产基地。2017年7月,南海区出台了《佛山市南海区促进新能源汽车产业发展扶持办法》,专门针对新能源汽车产业进行扶持，扶持对象包括区内从事新能源汽车产业（含氢能产业）的企业，且对新能源汽车产业企业在租金、人才引进、产业孵化方面给予政策支持。2018年4月，南海区针对氢能产业进一步推出扶持政策《佛山市南海区促进加氢站建设运营及氢能源车辆运行扶持办法（暂行）》，明确了加氢站建设与运营补贴政策，见表6-23和表6-24）。

表6-23 加氢站建设补贴标准 （单位：万元）

日加氢能力	建设类型	2018年12月31日前建成	2019年12月31日前建成	2020年后建成
500kg及以下	新建	500	300	200
	改建	400	300	200
500kg及以上	新建	800	500	300
	改建	600	450	300
350kg及以上	新建	250	150	—
	改建	200	150	—

表6-24 加氢站运营企业加氢补贴标准

年度	销售价格	补贴
2019年	40元及以下	20元/kg
2021年	35元及以下	14元/kg

3）云浮市政策支持。依托佛山—云浮对口帮扶平台，云浮市建成了覆盖制氢、氢燃料电池与动力总成、氢燃料电池整车、加氢站装备制造与建设运营及第三方检验检测等主要产业链环节的氢能产业园区。在地方产业扶持政策方面，云浮市也取得一定突破。

2017年12月，云浮市发布了《云浮市推进落实氢能产业发展和推广应用工作方案》，为云浮市氢能产业建设和氢能产业链完善提供具体工作方案。该方案明确支持简化加氢站建设审批程序、推进建设氢能小镇、争取政策扶持并将氢能与燃料电池产业纳入多项省投资基金的扶持范围，提出加大氢能产业招商、标准体系建设和氢能商用车推广应用等具体措施。

2. 佛山车用氢能产业进展

随着产业链构建趋于完善，以及氢燃料电池汽车推广应用逐步展开，佛山、云浮两地的车用氢能产业取得显著进展。

（1）佛山市车用氢能产业进展

1）产业链布局。近年来，佛山市车用氢能产业链布局取得显著进展，初步形成了"三个平台、两大基地、三个主要产业化项目"的格局，并明确打造"仙湖氢谷"的远景目标。

"三个平台"分别是国家技术标准创新基地（氢能）、佛山绿色发展创新研究院和佛山燃料电池及氢能源产业创新联盟。国家技术标准创新基地（氢能）是在广东省委、省政府的支持下，依托佛山市、云浮市较好的氢能产业发展基础申报的。2018年3月20日，国家标准化管理委员会批复同意广东省创建国家技术标准创新基地（氢能），并明确项目由佛山科学技术学院牵头实施，2018年4月1日，基地项目正式启动，明确了基地创建目标和实施步骤。通过创建国家技术标准创新基地（氢能），有望率先在广东省建立起完善的氢能标准体系，并在一些领域率先垂范，为国内其他地区发展氢能产业提供借鉴。佛山绿色发展创新研究院是由佛山市与中国标准化研究院联合创建，以促进氢能产业快速发展为突破口推动佛山市绿色转型升级发展的专业化平台。佛山绿色发展创新研究院具有良好的产学研基础，将成为佛山市氢能产业发展引进高端人才及团队、先进技术引进与转化、绿色产品体系构建的重要支撑平台。佛山燃料电池及氢能源产业创新联盟由爱德曼等 14 家企业和机构发起成立，致力于引进高端人才，在南海区建立"院士工作站"和"博士后工作站"，大力推进南海区燃料电池生产基地建设，并以燃料电池为核心，打造爱德曼大数据支持下的新型物流服务平台。

"两大基地"分别是广东新能源汽车核心部件产业基地和中车四方氢能源有轨电车修造基地。广东新能源汽车核心部件产业基地位于佛山市南海区，主要承载氢燃料电池汽车、燃料电池关键零部件研发和产业化项目，已先后引进氢能燃料电池工程中心、广顺新能源、科先精密机电等 34 家机构和企业，为佛山市车用氢能产业持续发展奠定了坚实基础。中车四方氢能源有轨电车修造基地位于佛山市高明区，主要推动氢能源有轨电车产业化发展和商业化运营。

"三个主要产业化项目"分别指燃料电池汽车核心零部件制造、爱德曼氢燃料电池及长江氢燃料整车制造基地与氢动力研发中心。佛山市是较早布局氢燃料电池核心零部件制造的地区，以广顺新能源为主要代表的零部件生产企业在氢气压气机、增湿泵、氢气循环泵、喷射泵、燃料电池加热器及电暖风等多个用于氢燃料电池动力装置的核心零部件研发与应用方面取得了突破。部分产品已在上汽集团等汽车制造公司的燃料电池汽车制造中取得了很好的应用效果，其与上汽合作开发的第二代离心涡轮压缩机 APM140-100W 机型，是国内目前唯一配套装车并供燃料电池系统使用的空气压缩机，已形成小批生产能力。2018 年 5 月 8 日，佛山市南海区与爱德曼氢能源装备有限公司正式签订合作协议，双方将在佛山南海建立氢燃料电池及动力总成生产基地，计划投资 30 亿元，年产能 8 万台氢燃料电池，年产值可在 200 亿元以上。2018 年 2 月，长江汽车与广东佛山市南海区签约，携手打造氢燃料商用车基地和研发中心。长江汽车将与广东泰罗斯汽车动力系统有限公司联合，在南海区设氢燃料整车制造基地和氢动力研发中心，在氢燃料电池寿命、氢燃料电池小型化、氢燃料汽车应用等领域展开研究。同时，长江汽车将在佛山建设整车生产基地，设计产能 6 万辆，将涵盖客车、货车及物流车型，兼顾纯电动和氢燃料电池两种形式。

佛山市的车用氢能产业布局科学合理，既能依托制造业等传统优势产业的发展基础，又能催生新动能。为了促进氢能产业集约发展，佛山市将氢能领域主要产业化项目集中到南海区丹灶镇仙湖片区，并规划打造"仙湖氢谷"。按照规划，仙湖氢谷占地约 47.3 km^2，包括仙湖组团、生态工业园、日本中小企业园及物流城等重要部分。计划依托仙湖生态核心，在南海区现有汽车产业基础上，发展新能源汽车，尤其是以氢燃料电池汽车的相关项目为核心，致力于成为整车及动力电池、驱动电机、电控等关键零部件全方位发展的新能源汽车产业基地和氢能产业"硅谷"。

2) 基础设施建设。加氢站等基础设施建设相对滞后是当前制约我国车用氢能产业快速发展的主要因素之一。近年来，佛山市在推动加氢站等基础设施建设方面进行了大量的探索，并取得了一定成效，有望为国内其他地区提供借鉴。

首先，佛山市在加氢站建设项目审批流程上做了创新与示范应用。2014年，为了支持实施"GEF/UNDP 中国燃料电池公共汽车商业化示范项目"二期，佛山市启动了瑞辉加氢站建设项目。由于加氢站在当时尚属新鲜事物，从立项审批到建设过程的管理，以及建成后的运营管理等环节，都缺乏既有的流程与管理制度。为了顺利推进项目建设，佛山市创新提出了全国首个"加氢站建设审批流程"，并于2016年9月委托全国氢能标准化技术委员会组织专家对其进行了评审。该流程成为推动瑞辉加氢站项目顺利实施的重要依据，同时也被国内其他车用氢能产业发展较快的城市借鉴。

其次，佛山市在加氢站等基础设施布局及建设推进上较为领先。2017年9月，瑞辉加氢站在佛山市南海区正式投产运营。为了全面推动佛山市加氢站等基础设施建设，2017年12月，佛山市与中石化、中石油签署了加氢加油合建站项目计划，依托已有的加油站网点，增设加氢功能。

3）推广应用及运行效果。2016年9月28日，佛山市在三水区开通了首条氢燃料电池公交线路，投入12辆氢能源公交车开展试运行。2017年8月18日，云浮市佛云新能源交通投资发展有限公司开通连接佛山西站的两条氢燃料电池公交线路（616路百威大道—佛山西站、620路三水万达广场—佛山西站），分别投入4辆和2辆氢燃料电池公交车载客运营。截至2017年7月，上述三条公交示范线共发班1470次，运行总里程超过5万km。2017年6月，佛山、云浮两地开始运行全国首条正式商业化载客运营的氢能源公交示范线，由佛山飞驰与国鸿和亿华通合作的氢燃料电池公交车先后投放运营。截至2017年年底，该线路一共28辆车，运营超40万km，发送2692班次，出动救援3次，百公里平均耗氢7.2kg。2015年制定了《佛山云浮氢能源产业"1135"战略部署方案》，2019年10月，佛山市副市长许国总结了佛山从2014年起推广发展氢能产业的发展经验。他表示，佛山发展氢能源产业的下一步将由以前的"1135"战略转变为"1111"战略。第一个"1"是打造一个国家级氢能产业标准化创新研发平台；第二个"1"是创建一个具有国际领先水平的研发平台；第三个"1"是在2019年召开一个高级别的中国氢能产业大会；第四个"1"是佛山将通过推广，成为1000辆以上氢能公交车运营的城市。

（2）佛山车用氢能产业发展前景分析及政策建议

1）前景分析。在全球应对气候变化、我国能源消费革命以及产业结构转型升级等背景下，氢能产业已经受到越来越多的关注，氢能在交通领域的应用既是氢能产业快速发展的突破口，也是氢能产业的重要基础市场，因此世界各大车企纷纷布局氢能燃料电池汽车产业。

佛山、云浮两地选择以氢能产业为主要抓手，带动地方产业结构转型升级，完全契合当前我国节能低碳、产业升级、产业扶贫等重大战略方针。在具体推进产业发展过程中，两地注重引进国际先进技术和高端人才团队，加快对先进技术的吸收与转化，提高氢能产业领域核心技术与装备的国产化率，逐步降低对发达国家的依赖；同时，两地重视融合发展，积极探索央地融合、军民融合、城乡融合、国企民企融合的共享经济发展模式；在佛山对口帮扶云浮发展中，以氢能产业为主要突破口共建产业园区，探索出一条产业兴城之路，有效避免了产业空心化、工业园区房地产化的发展陷阱。

目前，佛山、云浮两市的氢能产业发展仍相对滞后于发达国家，但已经初具规模。从产业发展阶段和发展环境看，已顺利度过产业导入期，进入产业快速成长期，基本确立了在当前国内氢能产业发展版图中的领先地位。

依托佛山市制造业的传统优势和雄厚的经济实力,以及佛山、云浮两地在氢能产业领域积累起来的持续创新能力,佛山、云浮两地的氢能产业发展前景良好,并有望在以下三个方面继续领先全国:

一是商用车氢燃料电池电堆与系统。目前,以爱德曼和广东国鸿为主要代表的燃料电池电堆生产企业,既具备大的产能规模,也具备稳定的系统性能;国鸿重塑是当前国内最大的燃料电池动力总成生产企业,目前为超过一半的国内氢燃料电池汽车提供动力总成;氢燃料电池电堆与系统自主创新体系基本构建完成,在大功率、高功率密度电堆的开发与应用方面,已经走在国内前列。这些都为佛山、云浮在未来较长一段时间内引领国内商用车用氢燃料电池与系统奠定了坚实基础。

二是核心关键零部件。目前,氢燃料电池动力总成需要的空气压缩机、氢气循环泵、增湿器、过滤器等核心关键零部件仍然主要依赖进口。广顺新能源、国能联盛、广东重塑等佛山、云浮两地核心企业积极布局核心零部件的开发与应用,空气压缩机和氢气循环泵等部分产品已经初步具备产业化推广的技术条件。南海区氢能产业发展分为近期(2020—2025年)商业化创新探索阶段、中期(2026—2030年)商业化推广阶段和远期(2031—2035年)商业化应用阶段等三个阶段。2020年,已上牌运营氢燃料电池汽车440辆,其中,公交车11辆,物流车426辆,宽体轻客车3辆;已招标氢燃料电池公交车386辆,将于2020年上半年投入运营。投入运营4条氢燃料电池公交线路,推动建设1条氢燃料电池有轨交通线路。

三是氢燃料电池电堆与系统的推广应用。首先,在氢燃料电池汽车推广应用方面,佛山、云浮两地高度重视加氢站等基础设施建设,预计到2022年年底,将基本建成能够覆盖公共交通系统的加氢站网络。此外,随着加氢站等基础设施日臻完善,氢燃料电池物流车也将大幅推广。预计到2025年,佛山、云浮两地氢燃料电池汽车保有量将突破5000辆,有望形成在国内的领先地位。其次,在通信基站、应急专用车辆等备用电源方面,佛山、云浮两地已经与中国铁塔、南方电网等终端用户建立良好的合作关系,燃料电池备用电源产品开发与验证进展顺利,目前已经率先开始示范推广。

2)政策建议。

① 加大氢燃料电池汽车推广应用。

一是建议明确要求氢燃料电池汽车在公交电动化推广应用中的最低比例,如在北京、上海及广东等车用氢能产业先发地区,该比例不低于30%。同时明确氢燃料电池物流车、出租车及专用车的推广计划。

二是建议细化氢燃料电池汽车购车补贴政策。以广东省为例,相关支持政策明确规定:"各市对2018年1月1日起在省内注册登记的氢燃料电池汽车,可按燃料电池装机额定功率进行补贴,最高地方单车补贴额不超过国家单车补贴额度的100%。各级财政补贴资金单车的补贴总额(国家补贴+地方补贴)最高不超过车辆销售价格的60%"。当前,氢燃料电池汽车的部分核心技术、关键设备、高新材料等不能完全国产化,需要同外企合作研发生产,或购买引进成套产品,导致现阶段厂家的研发成本和整车制造成本较高。同时,由于氢燃料电池汽车目前尚未全面形成规模化市场,其应用规模方面远少于纯电动汽车,不具备规模经济效应,导致市场价格难以快速下降。因此,建议对燃料电池汽车的补贴政策细分,短期内取消各级财政补贴资金单车的补贴总额（国家补贴＋地方补贴）限制，即"最高不超过车辆销售价格的60%"的政策规定。

三是建议扩大氢燃料电池汽车营运补贴范围。国家相关政策明确提出："地方应不断加大基础设施建设力度和改善新能源汽车使用环境，从2018年起将新能源汽车地方购置补贴资金逐渐转为支持充电基础设施建设和运营、新能源汽车使用和运营等环节"。对于氢燃料电池汽车，建议研究出台以加氢量为基准、与运营里程相挂钩的奖励补贴制度，由地方政府对氢燃料电池物流车、出租车、公务车及专用车给予车辆运营方面的补贴。

② 加快培育产业集群推动集聚发展。

一是建议支持加大完善产业配套。支持建设氢燃料电池汽车整车检测认证平台、氢燃料电池与动力系统检测认证中心。支持将广东、上海等地建设成为氢燃料电池国家级检验检测认证中心，支持建设长三角、珠三角等区域性新能源汽车检验中心。

二是建议统筹规划布局氢能基础设施建设。首先，研究制定车用氢气定价机制，优化资源配置，支持鼓励发展电解水制氢储能和工业副产氢；其次，鼓励中石油、中石化、中广核等能源企业积极布局建设加氢站，率先在北京、上海及广东等氢能产业先发地区逐步构建起跨区域的加氢站网络体系。

三是建议支持创建氢燃料电池技术研发创新平台。在省级政府层面，积极支持佛山（云浮）氢能产业与新材料发展研究院、广州鸿基氢能研究院、长江氢动力（佛山）研发中心、佛山绿色发展创新研究院、云浮（佛山）氢能标准化创新研发中心等创建省级创新平台。依托佛山绿色发展创新研究院和云浮（佛山）氢能标准化创新研发中心，加大力度支持国家技术标准创新基地（氢能）的建设，积极开展氢燃料电池与动力系统标准体系研究，制定标准体系规划和路线图，推动广东氢能产业技术及优势产品成为国家乃至国际标准。

四是建议支持成立"广东省氢能产业行业协会"。整合行业企业资源，搭建交流与服务平台，促进氢燃料电池与动力系统技术创新。

③ 加大引进高端人才，强化研发队伍建设。

在国家层面，加大对车用氢能高端人才与团队的支持力度，在重点支撑项目、产业化示范项目立项方面给予一定倾斜，支持氢能技术创新与产业化。

在省级层面，一是建议加大支持氢能产业地区引进培育高层次人才。在广州、深圳和佛山建设2~3家氢能产业院士工作站，优先纳入"珠江人才计划"等高层次人才计划支持，积极申报国家"千人计划""万人计划"等高层次人才计划。对云浮等具备一定氢燃料电池汽车产业发展基础的地区，实施产业扶贫和人才扶贫战略。二是建议给予资金补贴扶持。对引入国家"千人计划""万人计划"及省内"珠江人才计划""扬帆计划"等的高层次人才，在科研项目经费、创建研发团队等方面给予资金扶持。

6.6.4 聚焦2019年氢能零突破

2019年氢能热席卷全国，这大概是氢能在我国发展最快的一年，但事实上，氢能行业仍旧处于萌芽状态，业界期待的顶层设计始终未提上日程，氢能的发展之路才刚刚开始。

1. 制氢

制氢领域的年度重磅事件还是当属张家口沽源风电制氢项目，其年制氢可达1752万 m^3。

作为全球最大的风电制氢项目，它已进入最后阶段的调试。项目一期年底投产后可实现年制氢 700.8 万 Nm^3。

沽源风电制氢项目于 2015 年 5 月启动开工，为河北省重点项目，总投资达 20.3 亿元。该项目由河北建投新能源有限公司投资，与德国 McPhy、Encon 等公司进行技术合作，引进德国风电制氢先进技术及设备，在沽源县建设 200MW 容量风电场、10MW 电解水制氢系统以及氢气综合利用系统三部分。

2. 氢能 +5G

氢能与 5G 都是时下的热点领域，而这两者也开启了跨界合作：

1）国内首条氢能源公交线路实现 5G 网络全覆盖。

2019 年 12 月中旬，全国首条氢能源公交线路正式投入运行。高速上网、视频点播、移动办公及智能生活等基于移动 5G 网络下的出行新体验率先在济南市 K115 路公交线路上实现。济南移动为国内首条氢能源公交线路打造全覆盖 5G 网络，济南市公共交通系统迎来 5G 新时代。

2）全球首创氢动 5G + 自动化技术青岛港全自动化码头二期投产。

2019 年 11 月 28 日，山东港口青岛港全自动化码头（二期）投产运营。该项目推出了山东港口自主研发、集成创新的氢动力自动化轨道吊、运用 5G + 自动化技术等 6 项全球首创科技成果。据测算，以氢燃料电池加锂电池组的动力模式实现能量回馈的最优利用，使轨道吊每箱耗电下降约 3.6%；使单机节省动力设备购置成本约 20%，以年吞吐量 260 万 TEU⊖ 测算，每年减少 CO_2 排放约 2.8 万 t，减少二氧化硫排放约 300t。

3）中国移动"收割"全球首个纳入 5G 应用的燃料电池系统。

2019 年 10 月在美国俄勒冈州本德市，制氢技术的领先开发商 Element 1 Corp（e1）宣布，强伟氢能科技有限公司（Co-WIN）已将 e1 的甲醇制氢技术整合到燃料电池系统中，为中国的 5G 中国移动 10kW 电信示范系统提供备用电源。这是中国乃至全球首个被纳入 5G 电信应用的燃料电池系统。

3. 氢能交通运输

2019 年，我国在氢能交通运输领域的突破可为精彩，既有氢燃料电池公交车的推广，也有让人眼前一亮的高明氢能有轨电车正式运行。除此之外，氢能还在船舶、货车自卸车甚至共享自行车方面均有应用。

1）全国首批采用日本丰田燃料电池技术的 20 辆氢能源公交车抵达江苏常熟。

2019 年 12 月 30 日，20 辆氢能源公交车抵达常熟。江苏省常熟市引进的这批氢能源公交车是由苏州金龙生产及销售的海格第五代氢能源公交，是国内首批采用丰田燃料电池技术的公交车，加氢只需 3~5min，即可行驶 300km 左右。

2）首辆国产 200t 以上氢燃料-锂电池混合能源矿用货车自卸车成功下线。

2019 年 12 月 25 日，从中车永济电机有限公司获悉，首辆国产 200t 以上氢燃料-锂电池混合能源矿用货车自卸车成功下线。该车核心控制系统由中车永济电机公司自主研制；开启了矿用货车绿色动力的新篇章。

⊖ TEU，twenty foot equivalent unit，标准集装箱。

3）全球首款共享型氢燃料电池助力自行车。

2019年12月20日，永安行科技股份有限公司推出全球首款共享型氢燃料电池助力自行车，向部分体验者开放。该车无须充电，换氢仅需3min，续驶里程可达60~100km。据永安行透露，该款共享型氢燃料助力自行车预计小批量投产100~500辆，并在江苏常州或其他城市进行试点投放，验证其商业模式和使用便捷性。

4）我国首台百千瓦级船用燃料电池系统诞生。

2019年12月3日，在上海举行的第20届中国国际海事会展上，中国船舶第七一二研究所（简称"七一二所"）发布了拥有自主知识产权的全国首台500kW级船用燃料电池系统解决方案，为助推我国绿色船舶发展提供了新的动力。

据悉，七一二所研制的船用氢燃料电池系统具有能量转化效率高、振动噪声小、零排放无污染等优势，是高技术船舶未来发展的理想动力能源装备。

七一二所作为中国船舶集团在氢能与燃料电池系统领域的核心研究单位，长期聚焦于燃料电池在船舶、新能源汽车、分布式发电等领域的应用，坚持自主开发，积累了较全面的高安全性储氢与燃料电池技术基础，开发了多型燃料电池产品，在行业内具有领先优势。

氢燃料电池系统可用于多种用途船舶，包括游艇、公务船、渔船和货轮等。国外现阶段船用燃料电池功率一般在350kW以内，正在向500~1000kW的燃料电池系统发展。而由七一二所研制的船用燃料电池系统将在内河开展实船示范应用。此款船用氢燃料电池系统，七一二所拥有完全自主知识产权，核心组部件基本实现自主可控，关键性能指标达到国际先进水平，填补了国内该领域的空白。

5）世界首条商业运营氢能源有轨电车上线。

2019年11月29日，世界首条商业运营氢能源有轨电车——高明氢能源有轨电车举行上线仪式。高明有轨电车示范线全长约6.6km，总投资为10.7亿元。有轨电车采用永磁同步电机直驱技术，由氢燃料电池驱动，加氢一次运行150~200km，实现全程"零排放"。其最高运行时速为70km，最大载客量可达360人。

2019年12月30日，中车四方股份公司研制的氢能源有轨电车在佛山高明上线载客运行，标志着世界首条氢能源有轨电车正式投入商业运营，我国现代有轨电车驶入"氢时代"。

6）全球首辆固态储氢燃料电池公交车研制成功。

2019年4月，佛山市飞驰汽车制造有限公司（简称"佛山飞驰"）与深圳市佳华利道新技术开发有限公司（简称"佳华利道"）进行合作，成功研制出全球首辆固态储氢燃料电池公交车。该款公交车采用的低压合金储氢系统和加氢系统是佳华利道自主研发的产品，拥有自主知识产权。佛山飞驰已完成该款车的整车制造，并将进行相关测试。

该款公交车由佛山飞驰制造，其燃料电池系统采用固态合金储氢方式，相比于高压储氢，储氢瓶内工作压力小于5MPa。而且在相同体积下，固态低压合金储氢装置的压力降低为高压气瓶的1/7，可有效储存的氢气质量为高压气瓶的3倍。低压储氢燃料电池公交车使用低压加氢方式，对加氢站的加压设备要求低，可直接连接运氢槽罐车（20MPa）进行减压加注，无须使用高耗能的增压设备。

7）众企业在国内率先打造氢能轨道交通。

2019年4月14日，三环集团、湖北省铁路建设投资集团、氢阳新能源、中国民生信托及金凰实业集团等制造、研发和金融机构在湖北武汉签约,将率先在国内推动氢能源在交通领域的运用和推广。其实在2018年6月,三环集团就联手氢阳能源、金凰实业,合作研制出世界首辆常温常压液体有机储氢燃料电池物流车——"氢卡"。

根据上述五方共同签署的"氢能交通应用战略合作框架协议",各方一致同意充分发挥自己的资本、技术和产业链整合能力等优势,共同推进新能源汽车、火车机车氢燃料电池动力装置的研制,推广基于液体有机储氢技术的燃料电池在汽车、轨道交通、船舶、无人机和分布式储能领域大规模商用,加快安全节能环保的氢动力汽车的市场化进程,推进湖北省以氢燃料电池为代表的新能源发展,探索打造中国区域氢动力轨道交通示范工程,发展绿色出行新业态。

8) 中国首个氢能共享汽车项目落地重庆。

2019年4月11日,南岸区政府、重庆盼达汽车租赁有限公司、重庆地大工业技术研究院有限公司(简称"地大工研院")签订三方战略合作协议,将在重庆率先开展氢能"共享汽车"项目,这也是国内首个氢能共享汽车项目。根据三方合作协议,首批将会有200辆格罗夫氢能乘用车投入分时租赁业务,进行示范运营。计划在2020—2021年有1万辆格罗夫氢能乘用车在全国约30个一、二线城市推广应用。该项目还将引入人工智能、大数据和云端等技术,更好地服务于市场。

4. 加氢站

尽管截至2019年全国加氢站数量只有50座左右,但我国在加氢站领域进行了不少尝试,如油氢合建、氢电油气及氢储能等,而新疆、安徽、浙江等地区都传来加氢站零突破的消息。

1) 全国首座氢电油气综合能源站投运。

2019年12月25日,潞宝集团举行万吨级焦炉煤气提纯制氢示范工程、全国首座氢电油气综合能源站投运仪式。这座氢电油气综合能源站由潞宝集团和山西国投海德利森共建,其中,山西国投海德利森提供技术支持。该能源站具备500kg级的加氢能力,能够满足当下氢燃料电池车辆的加氢需求。

2) 国内首座油气氢综合能源站落地安徽铜陵。

2019年11月,在昆山举办的长三角一体化资本与项目对接(双招双引)铜陵市推介会上,签约的安徽铜陵国内首座油气氢加氢站(安徽灵通集团加氢站)于2019年12月开工建设。该站服务铜陵市首批氢能动力公交示范车。

3) 首座制氢、储氢、加氢、加油、充电"五位一体"合建站拟在湖南株洲建设。

2019年11月12日,国家电力投资集团有限公司(简称"国家电投")湖南核电有限公司来湖南株洲进行商业洽谈,协商在氢能和综合智慧能源产业方面与株洲市合作,推进国家电投氢能产业项目在株洲落地。根据洽谈会,国家电投计划投资建设株洲首座制氢、储氢、加氢、加油、充电"五位一体"合建站,并寻找氢能产业链中的其他投资机会。

4) 全国首批高密度商业化标准化加氢站投运。

2019年10月26日,广东省佛山市南海区投运全国首批高密度商业化标准化加氢站。参与本次投运仪式的加氢站包括瀚蓝松岗禅炭路加氢站、瀚蓝狮山桃园加氢站以及中国石化佛山樟坑油氢合建站。其中,瀚蓝松岗禅炭路加氢站和瀚蓝狮山桃园加氢站是南海区在全国氢标委专家指导下按照 GB 50516—2010《加氢站技术规范》和高密度商业化标准化加氢站标准建设,属于全国首批高密度商业化标准化加氢站,总储氢能力均可达 2000kg,日加氢量大于 2000kg,是国内目前最大的 35MPa 加氢站。中国石化佛山樟坑油氢合建站是全国首座油氢合建站,加注压力为 35MPa,储氢能力可达 712kg。

5) 全球首座低压加氢站落户辽宁葫芦岛。

2019 年 7 月 8 日,全球首座低压加氢站(非商业运营)在辽宁省葫芦岛市的兴城揭幕。

6) 全球规模最大加氢站落沪。

2019 年 6 月 5 日,名为驿蓝金山的加氢站在上海化工区落成,标志着全球规模最大、等级最高的加氢站落成并即将投运。

7) 全国首座制氢加氢一体站投入使用。

山西大同市在围绕清洁能源和高端制造中,积极布局新能源、新材料产业,全面打造现代能源产业体系。2019 年 4 月初,全国首座制氢加氢一体站的设备已经安装完毕,进入设备调试及各项工作优化阶段,并于 4 月下旬投运。截至 2019 年 11 月下旬,该加氢站已制氢、加氢 57000kg。

5. 百花齐放的氢能

1) 河钢集团计划建设全球首个氢冶金示范工程。

2019 年 11 月 22 日,河钢集团与意大利特诺恩集团(Tenova)签署谅解备忘录(MOU),商定双方在氢冶金技术方面开展深入合作,利用世界先进的制氢和氢还原技术,并联手中冶京诚共同研发,建设全球首个 120 万 t 规模的氢冶金示范工程。

2) 我国首批氢能"储油"在湖北宜都量产,破解储氢世界级难题。

国内首批液体有机储氢材料——"储油",在近 4 层楼高的化工设备中生成,注入密封桶。2019 年 3 月 28 日,在湖北省宜都化工园区氢阳新材料基地,这一改变氢能储运方式的重大科技创新成果从实验室走上生产线,实现量产。据悉,氢阳能源宜都"储油"项目计划总投资 30 亿元,建成后可年产 100 万 t 液体有机储氢材料,目前一期工程年产 1000t,主要用于各地产业导入示范运营项目。

3) 我国首套氢能源自主技术产业化电堆在六安下线。

中国首个氢燃料电池自主技术产业化基地于 2019 年 10 月 18 日在六安建成投产,国内自主技术生产的首套电堆正式下线,标志着我国自主技术电堆开启了产业化进程。

4) 国内首套车用氢阀-氢循环试验装置研发成功。

2019 年 5 月中旬,大连锅炉压力容器检验检测研究院有限公司气瓶试验中心氢能实验室自主设计研发的国内首套车用氢阀-氢循环试验装置调试成功,开始正式运行,为国内外氢阀制造企业提供包括氢气循环试验在内的整套车用氢阀试验服务。

5) 系统内首个氢站建设标准出台。

在前期多轮对关键设备、国内加氢站现场等充分调研并参照国内及行业相关规范的基础上,广东石油制定并发布了《加氢站、油氢合建站建设标准》(简称"标准")。该标准是系统内首个氢站建设企业标准,内容包括工艺路线、设备选型、建筑构物、安全控制和消防环保等 16 个环节的建设标准和管理规范,覆盖加氢站从选址规划到建设投营、安全管理、持证上岗等全流程。

6）中国首个"燃料电池工厂设计规范"正在编制中。

2019年7月1日，由东风设计研究院有限公司主办的《燃料电池系统工厂设计规范》首次研讨会在武汉圆满落幕。会上结合《燃料电池系统工厂设计规范》立项说明书讨论了编写大纲，明确编写分工（编写、审核），确定后续编写、评审计划等编写工作。该《燃料电池系统工厂设计规范》是中国首个有关燃料电池工厂设计的团体规范，目前已经通过中国汽车工业协会立项批复。

7）国内首个综合性氢能源汽车产业链项目奠基。

2019年3月25日，由浙江氢谷新能源汽车有限公司（简称氢谷新能源）投资建设的氢谷新能源产业园建设项目在浙江省湖州市德清县莫干山高新技术开发区举行奠基仪式。

该项目是目前国内首个综合性氢能源汽车产业链项目，预计总投资122亿元，规划建设用地1450亩。其中一期预计总投资57.74亿元，占地829亩，将于2021年前建成投产，设计产能为年产燃料电池及系统集成3万套、镁基锂电池集成9万套/50kW、新能源重型货车专用自动变速器15万套以及氢能源重型货车4万辆。

该项目的内容包括氢燃料电堆双极板和膜电极生产、氢燃料电池集成总成制造、氢能源商用车整车制造、锂离子电池PACK生产、燃料电池智能控制系统研发制造以及新能源汽车自动无级变速器等子项目。

8）国内首个"氢能源"高端研发应用平台落地。

2019年10月31日，由中国科学院理化技术研究所（简称"中科院理化所"）和重庆三十三科技集团有限公司共建的"氢能源/超低温应用技术与工程联合研究院"的揭牌仪式暨项目启动会在重庆举行。作为中国首家专注于超低温工程技术、液氢装备研制及氢能源产业化应用的高端研发应用平台，这也是继2019年4月中国科学院与重庆市人民政府签署"新型科教创产融合发展联合体战略合作协议"之后，中科院推出的院地合作的又一重大举措。

参 考 文 献

[1] AMPHLETT J, R BAUMERT, R MANN, B PEPPLEY, P ROBERGE. Performance modeling of the Ballard Mark Ⅳ solid polymer electrolyte fuel cell [J]. Journal of Electrochemical Society, 1995, 142: 9-15.

[2] BAO C, M OUYANG, B YI. Modeling and control of air stream and hydrogen flow with recirculation in a PEM fuel cell system—Ⅰ [J]. control-oriented modeling. International Journal of Hydrogen Energy, 2006, 31: 1879-1896.

[3] CHOE S, J AHN, J LEE, S BAEK. Dynamic simulator for a PEM fuel cell system with a PWM DC/DC converter [J]. IEEE Transactions on Energy Conversion, 2008, 23: 669-680.

[4] DANZER M A, J WILHELM, H ASCHEMANN, E P HOFER. Model-based control of cathode pressure and oxygen excess ratio of a PEM fuel cell system [J]. Journal of Power Sources, 2007, 176: 515-522.

[5] GOLBERT J, D R LEWIN. Model-based control of fuel cells: regulatory control [J]. Journal of Power Sources, 2004, 135: 135-151.

[6] GOU B, W NA, B DIONG. Fuel cells: modelling, control, and applications [M]. Boca Raton: CRC Press, 2010.

[7] GRUJICIC M, K M CHITTAJALLU, E H LAW, J T PUKRUSHPAN. Model-based control strategies in the dynamic interaction of air supply and fuel cell [J]. Journal of Power and Energy, 2004, 218: 487-499.

[8] HU P, G CAO, X ZHU, M HU. Coolant circuit modeling and temperature fuzzy control of proton exchange membrane fuel cells [J]. International Journal of Hydrogen Energy, 2010, 35: 9110-9123.

[9] KIM J, S LEE, S SRINIVASAN, C CHAMBERLIN. Modeling of proton exchange membrane fuel cell performance with an empirical equation [J]. Journal of the Electrochemical Society, 1995, 142: 2670-2674.

[10] KOLODZIEJ J R. Thermal dynamic modeling and nonlinear control of a proton exchange membrane fuel cell stack [J]. Journal of Fuel Cell Science and Technology, 2007, 4: 255-260.

[11] LARMINIE J, A DICKS. Fuel cell systems explained [M]. 2nd ed. Chichester: John Wiley and Sons Ltd, 2003.

[12] MEYER R T, B YAO. Modeling and simulation of a modern PEM fuel cell system [J]. Fuel Cell Science, Engineering and Technology, 2006: 133-155.

[13] NA W, B GOU. Exact linearization based nonlinear control of PEM fuel cells [J]. IEEE Power Engineering Society General Meeting, 2007: 1-6.

[14] NEHRIR M H, C WANG. Modeling and control of fuel cells distributed generation applications [M]. Hoboken: Wiley-IEEE Press, 2009.

[15] PATHAPATI P, X XUE, J TANG. A new dynamic model for predicting transient phenomena in a PEM fuel cell system [J]. Renewable Energy, 2005, 30: 1-22.

[16] PUKRUSHPAN J I, A G STEFANOPOULOU, H PENG. Modeling and control for PEM fuel cell stack system [J]. American Control Conference, 2002, 4: 3117-3122.

[17] PUKRUSHPAN J T, H PENG, A G STEFANOPOULOU. Control-oriented modeling and analysis for automotive fuel cell systems [J]. ASME Journal of Dynamic Systems, Measurement and Control, 2004, 126: 14-25.

[18] ROWE A, X LI. Mathematical modeling of proton exchange membrane fuel cells [J]. Journal of Power Sources, 2001, 102: 82-96.

[19] SOUSA R, E R GONZALEZ. Mathematical modeling of polymer electrolyte fuel cells [J]. Journal of Power Sources, 2005, 147: 32-45.

[20] SUH K W, A G STEFANPOLOU. Effects of control strategy and calibration on hybridization level and fuel economy in fuel cell hybrid electric vehicle [J]. SAE Technical Paper Series, 2006 (1): 38.